André Janssen | Hans Schulte-Nölke (eds.)

Researches in European Private Law and Beyond

Contributions in Honour of Reiner Schulze's Seventieth Birthday

Nomos

Die Deutsche Nationalbibliothek verzeichnet diese Publikation in der Deutschen Nationalbibliografie; detaillierte bibliografische Daten sind im Internet über http://dnb.d-nb.de abrufbar.

The Deutsche Nationalbibliothek lists this publication in the Deutsche Nationalbibliografie; detailed bibliographic data are available on the Internet at http://dnb.d-nb.de

ISBN 978-3-8487-5714-5 (Print)
978-3-8452-9846-7 (ePDF)

British Library Cataloguing-in-Publication Data
A catalogue record for this book is available from the British Library.

ISBN 978-3-8487-5714-5 (Print)
978-3-8452-9846-7 (ePDF)

Library of Congress Cataloging-in-Publication Data
Janssen, André / Schulte-Nölke, Hans
Researches in European Private Law and Beyond
Contributions in Honour of Reiner Schulze's Seventieth Birthday
André Janssen / Hans Schulte-Nölke (eds.)
414 pp.

ISBN 978-3-8487-5714-5 (Print)
978-3-8452-9846-7 (ePDF)

Onlineversion

1. Auflage 2020

Preface

Reiner Schulze turned 70 on 6 October 2018. Through his experience and knowledge, he has played a unique role in shaping European Private Law in recent years.

What was so unique was not only the many very important works that he wrote in his quiet little room, but also the vast numbers of personal ties he made with colleagues from all over the world. Hardly a day passed without him setting out to exchange views with colleagues, usually on the other side of Germany's borders, or having foreign colleagues with him at Münster, very often at his home at Hiltrup. These personal encounters were always devoted to hard work, usually resulting in one or more of the numerous influential joint publications that Reiner Schulze inspired with his sparkling energy and enthusiasm for his research.

It would be a fruitless undertaking to even address all of Reiner Schulze's fields of activity in this preface. But one thing has to be emphasised: for him there are no mere activities, but always only vocations, to which he devotes himself with concentrated energy in the work, and rhetorical charm in the form. None other than Salvatore Patti has honoured his many contributions and merits in an in-depth and touching laudation that opens this volume.

On the occasion of his birthday, the many friends and companions to which Reiner Schulze travelled, or who came to him, gathered together at in the castle of Osnabrück to deliver a special feast that focused on the topic of European Private Law from different, but always personal perspectives. The contributions formed a broad and complex panorama of the state and perspectives of research in European Private Law, and beyond. They often also added their personal reasons and ambitions for working in that field.

During this gathering, a desire was expressed to capture something of the special spirit of working with Reiner Schulze, and to make it accessible to a broader public. We are extremely grateful to the authors for their great readiness to contribute their thoughts.

We are especially grateful to the publisher, Nomos, who gave its careful and generous editorial care to this work. In particular, we would like to thank Mr. Alfred Hoffmann for having accompanied the creation of the work from the beginning, with great kindness and compassion. We also give thanks to Carina Lübberding and Dennis Grevinga for their careful co-ordination of the contributions.

We, the editors of this volume, offer very special thanks to our academic teacher, Reiner Schulze, for all the encouragement and inspiration that we have had the privilege to experience for so many years. *Ad multos annos!*

Nijmegen and Osnabrück, October 2019

André Janssen and Hans Schulte-Nölke

Content

Part 1: Reiner Schulze: a Truly European Scholar 11

Reiner Schulze, Zeuge und Schöpfer einer modernen europäischen Rechtskultur 13
Salvatore Patti

Part 2: Researches in European Private Law ... 25

Towards New Horizons: Commenting and Codifying European Business Law 27
Matthias Lehmann

The Amended Proposal COM (2017) 637: a 'New' European Sales Law? 43
Edoardo Ferrante

Towards a European Private Law of the Digital Economy? - Trends 65
Dirk Staudenmayer

Safety Expectations as the Basis of Product Liability 91
Geraint Howells

Machine Learning and European Product Liability 107
Francesco Paolo Patti

Unfair Contracts in European Contract Law 125
Stefano Delle Monache

The Dialogue Between Courts Concerning Directive 93/13 with Special Regard to the Default Interest Terms 141
Esther Arroyo Amayuelas

The Contracting Parties' Choice of European Soft Law: Its Validity and Limits 163
Pietro Sirena

Court of Justice 'light' – The Procedural Choices of the Court and Their Impact on the Quality of Private Law Decisions – 179
Jürgen Basedow

Legal Translation Within the EU and the Shift of National Legal Paradigms 193
Barbara Pasa

Part 3: … and Beyond: Researches in International Uniform Law, International Private Law, Comparative Law, Legal History, and other Areas of Law *219*

The Quest for Uniform Laws 221
Larry A. DiMatteo

CISG und Europäisches Privatrecht 241
Ulrich Magnus

Towards an Optimal Conflict Rule for Assignment 263
H.L.E. Verhagen

Recognition of Civil Status (Certificates), with Special Attention to Secondary Recognition of Documents Already Recognized in Another Member State 283
Gerard-René de Groot and David de Groot

Die Bedeutung der Rechtsvergleichung für die deutsche Zivilrechtslandschaft im 21. Jahrhundert 299
André Janssen

„Unser Privatrecht wird *sozialer* sein, oder es wird *nicht* sein" 325
Corjo Jansen

Les codifications nationales comme appel au dialogue. Illustrations centrées sur le rôle de la rétroactivité dans le projet de réforme du droit belge des obligations 335
Rafaël Jafferali

Civil Liability in the Criminal Code: a Spanish Peculiarity 353
Manuel Angel Bermejo Castrillo

Towards a European Culture of Legal Clinics: Transplanting the American Clinical Model 383
Cristina Amato and Elise Poillot

Author Index 413

Part 1:
Reiner Schulze: a Truly European Scholar

Reiner Schulze, Zeuge und Schöpfer einer modernen europäischen Rechtskultur

Salvatore Patti

I. *Ein Jurist, der sich der Entwicklung des europäischen Privatrechts, sowie dem kulturellen Austausch mit Kollegen anderer Länder widmet*

Reiner Schulze stellt seit langer Zeit die ideale Figur des modernen europäischen Juristen dar, mindestens unter zwei Gesichtspunkten. In erster Linie aufgrund seiner unermüdlichen wissenschaftlichen Aktivität, welche vorwiegend die Ausarbeitung des europäischen Privatrechts nach der historischen und vergleichenden Methode zum Gegenstand hat. So stellt André Janssen in seiner Einleitung zu dem von ihm herausgegebenen Band, der einen Teil der Schriften sammelt, welche Reiner dem europäischen Privatrecht gewidmet hat, fest:

> „Reiner Schulze wäre ohne das Europäische Privatrecht wissenschaftlich gesehen sicherlich nicht der, der er heute ist. Aber umgekehrt lässt sich ebenso sagen, dass das Europäische Privatrecht und die Forschung hierzu ohne ihn nicht ihr heutiges Gesicht tragen würden".[1]

In zweiter Linie – und dies erschient mir ein außerordentlich wichtiger Aspekt – aufgrund seiner Art, das akademische Leben und insbesondere die Beziehungen zu den Kollegen aus anderen Ländern aufzufassen. Sie ist geprägt von Herzlichkeit, Freundschaft und der Neugier für andere Kulturen und Erfahrungen. Nicht von ungefähr ist sein Institut an der Universität Münster zu einem wichtigen Treffpunkt für Juristen verschiedener Generationen aus vielen europäischen Ländern geworden.

1 *Schulze*, Auf dem Weg zu einem Europäischen Privatrecht. Beiträge aus 20 Jahren, Baden-Baden, 2012 (zitiert als: *Schulze*, S. …), S. 13.

II. Rechtsgeschichte und Rechtsvergleichung - die wissenschaftliche Methode des Reiner Schulze für die Harmonisierung des europäischen Privatrechts

Was die wissenschaftliche Arbeit von Reiner angeht, möchte ich von folgender Überlegung ausgehen. Alle Generationen von Juristen spüren die Notwendigkeit, sich mit Methoden des Zivilrechts auseinanderzusetzen und eine Wahl von Themen zu treffen. In Italien widmeten sich die besten Juristen nach dem Inkrafttreten des Codice civile (1942) und später der Verfassung (1948) zum Beispiel einer „neuen Auslegung" des Zivilgesetzbuches im Hinblick auf die Prinzipien der Verfassung, wobei sie so die Grundlagen für Reformen geschaffen haben – darunter die Reform des Familienrechts –, welche die Überwindung der *„autorità private"* zugunsten des Gleichheitsprinzips anerkannten.

In jüngerer Zeit wurde das Phänomen der *„Dekodifikation"* hervorgehoben, dass besonders der wachsenden Wichtigkeit von Spezialgesetzen geschuldet war, die häufig einer anderen Logik und Ideologie verpflichtet waren als das Zivilgesetzbuch. Schließlich wurde in besonderem Maß auch die Krise der Methodenlehre hervorgehoben.

Die Gewissheiten des 19. Jahrhunderts wurden von einer tiefen Unsicherheit eingeholt, die in Deutschland und in Italien dazu führte, dass sogar ein *uso alternativo del diritto* vertreten wurde, also ein politisch orientierter Gebrauch des Rechts zugunsten bestimmter sozialer Klassen. In den letzten Jahren vorigen Jahrhunderts verspürte man das Ende einer Epoche, jedoch war der einzuschlagende neue Weg noch nicht klar. Die Themen waren andere geworden, insbesondere weil der Mensch selbst eine zentrale Position in den Überlegungen der Zivilrechtler eingenommen hatte. Neue und komplexe Sachgebiete, die keinerlei Basis im Zivilgesetzbuch fanden oder sogar die traditionellen Lehren umstürzten, forderten die Aufmerksamkeit der neuen Generationen: Von der künstlichen Befruchtung, über den Transsexualismus hin zum Schutz der Umwelt. Das Zivilrecht öffnete sich gegenüber anderen Wissenschaften und setzte sich nicht nur mit der Soziologie, sondern auch mit der Medizin und der ökonomischen Analyse des Rechts auseinander.

Die Methodenwahl von Reiner war diejenige, vom *Ius commune* ausgehend ein Programm der historischen und vergleichenden Recherche mit dem Ziel des Aufbaus eines Europäischen Privatrechts zu realisieren. Mithin ein Programm, das getreu der Tradition einen Ausgangspunkt in der Vergangenheit festmachte um die Wurzeln zu suchen, aber auf das Europa der Zukunft sah. Oder – mit den Worten von Reiner Schulze:

> „Rechtsvergleichung im heute vorherrschenden Verständnis schließt zudem stets den Entwicklungsaspekt ein und erfordert damit auch die *historische* Betrachtung".[2]

Es geht hier um eine Methode, die einer der hervorragendsten italienischen Juristen des 20. Jahrhunderts (Salvatore Pugliatti) im Bereich der „Kontinuität" verortet hätte, also in der Beschreibung des rechtlichen Phänomens, das die zeitliche Dimension und die historische Erklärung der Rechtsinstitute vor alle anderen Methoden stellt.

III. Wandel von der nationalen zu einer europäischen Rechtskultur: Der Einfluss des Softlaw

Die europäische Rechtskultur war in den letzten beiden Jahrhunderten den einzelnen Nationen verbunden. Diese Charakteristik muss in erster Linie auf das Phänomen der Kodifikation zurückgeführt werden, findet ihre Grundlage aber in dem systematischen Gedanken und der Idee der Rechtssicherheit. Die Rechtsordnung eines jeden einzelnen Staates, vom liberalen Gedanken alimentiert, bestimmte die Regeln der sozialen Beziehungen und garantierte so Rechtssicherheit und Stabilität. Dies bezeugt auch ein Literat, Stefan Zweig, in seiner schönen Arbeit „Die Welt von gestern". Diese, auf den ersten Seiten des Buches beschriebene Welt, war eine Welt der *Sicherheit* und der *Rechtssicherheit.* Ein Beispiel jener Vision der Welt und der Veränderung der rechtlichen Beziehungen kann aus der Regelung der Verjährung und deren jüngsten Reformen in einigen europäischen Staaten gezogen werden. In Deutschland und Frankreich wurde die allgemeine Verjährungsfrist von 30 Jahren zugunsten von wesentlich kürzeren Fristen aufgegeben. Auch in den Prinzipien des europäischen Privatrechts und im *Draft Common Frame of Reference* ist eine allgemeine Verjährungsfrist von drei Jahren vorgesehen. Der Grund für diese radikalen Veränderungen kann in der Beschleunigung der rechtlichen Beziehungen festgemacht werden, in den *„esigenze del dinamismo"*, die schon den italienischen Gesetzgeber des Codice civile von 1942 dazu brachten, die Verjährungsfristen im Vergleich zu früher deutlich abzukürzen. Die modernen Rechtsbeziehungen sind nicht von der Langsamkeit anderer historischer Epochen gekennzeichnet, die sich auch in entsprechend langen Fristen für die Rechtsausübung niederschlugen. An der Grundlage der Abkürzung der

2 *Schulze*, S. 117.

Verjährungsfristen muss jedoch auch eine Änderung der Perspektive gesehen werden, da die langen Fristen den Rechtsinhaber absicherten. So konnte z.B. der Verkäufer viele Jahre abwarten, bevor er sein Recht auf die Zahlungsforderung ausübte, der Eigentümer hatte lange Zeit, inaktiv zu bleiben, ohne fürchten zu müssen, dass ein Dritter sein Eigentum ersitzt. Heute kommen die abgekürzten Verjährungsfristen dem Schuldner zugute, der nach wenigen Jahren frei wird und dem Subjekt, das gegenüber dem untätigen Eigentümer tätig wird.

Die Beschäftigung mit der Verjährung führt ferner zu der Überlegung über die bedeutende Veränderung der Sicht der Rechtsinstrumente und ihrer Erklärung. In den klassischen Arbeiten von Aubry und Rau oder in Italien von Santoro-Passarelli wird eine Basis formalen Typs genannt, nach der die Verjährung dazu dient, eine tatsächliche Situation der rechtlichen anzupassen. Es sind keine weiteren Worte nötig: die Formel ist magisch und trifft die Wahrheit, aber gleichzeitig erhellt sie die wesentliche Funktion der Verjährung nicht, noch ermittelt sie die Interessen, die davon betroffen sind.

IV. Der Beitrag von Reiner Schulze in den Arbeitsgruppen für die Ausarbeitung eines europäischen Privatrechts und für den Erfolg der ZEuP

Die europäische Rechtskultur hat sich in den letzten Jahrzehnten grundlegend gewandelt. Nicht nur ist die Europäische Union durch die Aufnahme neuer Staaten mit klaren kulturellen Auswirkungen größer geworden, auch die Einflussnahme auf die Rechtsbildung in den einzelnen Staaten hat deutlich zugenommen, insbesondere durch europäische Richtlinien und Verordnungen. Schon vor längerer Zeit wurde festgestellt, dass in etwa die Hälfte der Gesetze der Mitgliedsstaaten in mehr oder weniger hohem Ausmaß von europäischen Einflüssen gezeichnet sind. Auch die Arbeiten verschiedener Kommissionen haben zu Projekten für ein europäisches Vertragsrecht geführt, zum *Draft Common Frame of Reference*, zur Ausarbeitung von Prinzipien auf dem Gebiet des Familienrechts und des Deliktsrechts. Es wurden Zeitschriften zum Thema des europäischen Privatrechts gegründet, darunter die renommierte *Zeitschrift für Europäisches Privatrecht*, die vor kurzem ihr 25-jähriges Bestehen feiern konnte. Es wurden unzählige Seminare zum europäischen Privatrecht organisiert, hunderte Doktor- und Habilitationsschriften zu dem Thema verfasst. Einer der Protagonisten dieser Entwicklung ist seit deren Anfängen Reiner Schulze.

In einem Beitrag, der dem Freund gewidmet ist, welcher zwar den Lehrstuhl verlässt aber sicherlich nicht die Forschung und den Einsatz für die europäische Einigung, kann man versuchen, ein Bild der Welt des Zivilisten im Moment des Endes der ersten zwanzig Jahre des neuen Jahrtausends zu skizzieren.

Meiner Ansicht nach ist von den Gesetzbüchern auszugehen, welche die europäische Entwicklung der letzten beiden Jahrhunderte charakterisiert haben und ein Modell für viele Rechtsordnungen anderer Kontinente darstellen, wie die Arbeiten an dem nunmehr fast fertiggestellten neuen chinesischen Zivilgesetzbuch zeigen. Die Idee der Kodifikation überlebt, während die These, die den unabwendbaren Triumph der Spezialgesetze und eine endgültige Krise des Gesetzbuches als normatives Modell propagierte, überholt ist. Das Gesetzbuch hat vielmehr in vielen Ländern eine hartnäckige Vitalität gezeigt: man denke insbesondere an die bekannten Reformen des BGB und des Code civil. In Bezug auf Letzteren erscheinen mir die Worte von Català bedeutsam:

> „Das Gemeinschaftsrecht tendiert jetzt dazu, die traditionellsten Teile des Privatrechts zu durchdringen. Unter diesem Gesichtspunkt muss Frankreich ein Zivilgesetzbuch schaffen, das für seien Epoche passend ist, wenn es seine Rolle im europäischen Kontext beibehalten will.“.

Der nationale Geist des französischen Juristen geht zurück und die Reform des Code civil scheint vor allem diejenigen Stimmen aufzunehmen, die aus dem europäischen Umfeld kommen und Europa und der Welt ein Modell bieten wollen, das der französischen Tradition verbunden ist, aber insbesondere auch der Ausbildung des europäischen Rechts. Somit hat Frankreich – wie schon teilweise Deutschland – einen Weg eingeschlagen, der von den europäischen Projekten vorgezeichnet war und in diesem Sinne wurde das Land auch zum Modell für andere Staaten.

Auch scheint der Beitrag von Reiner Schulze im Hinblick auf die Beziehungen zwischen französischen und deutschen Juristen wichtig, der – unter anderem – in entscheidendem Maße an der Gründung der deutschen Gruppe der Vereinigung *Henri Capitant* mitgewirkt hat.

V. *Die Entwicklung der nationalen Rechtsordnungen unter dem Einfluss der europäischen Gesetzgebung*

Um die Charakteristiken der hier kurz beschriebenen Entwicklung besser zu verstehen, muss zunächst untersucht werden, in welchem Maße die Kultur des europäischen Zivilrechtlers – und somit der Rechtswissenschaft – vom Recht europäischer Provenienz beeinflusst wurde.

In den Richtlinien dominiert ein funktionaler Ansatz, nicht der systematische der Gesetzbücher: hieraus folgt das Risiko einer Überwindung des traditionellen Verständnisses der nationalen Rechtsordnungen, vielmehr ihre Zersplitterung.

Tatsächlich zielt jede Richtlinie darauf ab, ein konkretes Ziel zu erreichen, zum Beispiel, missbräuchliche Klauseln in Verträgen zu eliminieren, den Geschädigten eines Produktes oder den Käufer eines Konsumgutes zu schützen. Dies wird dadurch erreicht, dass dem nationalen Gesetzgeber auferlegt wird, das genannte Ziel umzusetzen, wobei in der Regel bei der Umsetzung des Ziels, also den gesetzgeberischen Techniken, ein weiter Ermessensspielraum zugestanden wird.

In gewisser Weise hat die Methode und folglich auch das einzelne Instrument keine Bedeutung, es ist aber offensichtlich, dass das Privatrecht aufgrund des Zwangs hinsichtlich der zu erreichenden Ziele seine traditionelle Neutralität verloren hat (auch, wenn diese zum Teil nur scheinbar bestand). Die Subjekte des Privatrechts werden nicht mehr als gleichberechtigt angesehen, einige sind vielmehr „schwach" und also solche müssen sie durch Spezialgesetze geschützt werden.

Innerhalb der nationalen Rechtsordnungen hat sich vor allem im Bereich des Vertragsrechts ein „Kern" gebildet, der europäischer Herkunft ist und andere Charakteristiken besitzt als diejenigen, die in den Gesetzbüchern vorhanden sind.

Ein bedeutendes Beispiel sind die Richtlinien zu missbräuchlichen Klauseln und zum Verbrauchsgüterkauf. Standardverträge, die häufig missbräuchliche Klauseln enthalten, stellen unter einem quantitativen Gesichtspunkt den wichtigsten Teil der Verträge dar. Der Kaufvertrag in seinen verschiedenen Formen ist derjenige, der am häufigsten abgeschlossen wird und das Modell des Kaufvertrags diente in der europäischen Erfahrung sogar zur Entwicklung der Regeln über den Vertrag im Allgemeinen. Die Wahl des europäischen Gesetzgebers, den Bereich der missbräuchlichen Klauseln und des Kaufvertrags zu regeln zeigt, dass sich bereits ein zentraler Bereich des europäischen Vertragsrechts gebildet hat.

Die nationalen Rechtsordnungen standen so der Notwendigkeit der Wahl gegenüber, diese Regelungen europäischen Ursprungs außerhalb der Gesetzbücher zu belassen oder sie in diese einzugliedern: die erstgenannte Möglichkeit wurde von Frankreich und in jüngerer Zeit auch von Italien mit dem Verbrauchsgütergesetz gewählt. Der deutsche Gesetzgeber, der vielleicht mehr als andere die Aufnahme von derart andersartigen Bestimmungen in das System des eigenen, renommierten, Gesetzbuches zu fürchten gehabt hätte, wählte die andere Lösung. Schon vor der am 1. Januar 2002 in Kraft getretenen Schuldrechtsreform hatte der deutsche Gesetzgeber den Katalog der Subjekte erweitert und unter §§ 13, 14 BGB die Definitionen von Verbraucher und Unternehmer eingeführt. Auf dieses Weise wurde bereits die Idee der Gleichheit der Rechtssubjekte aufgegeben, da das Vorhandensein von „anderen“ Rechtssubjekten anerkannt wurde, für die besondere Schutzbestimmungen notwendig waren. Der deutsche Gesetzgeber hat im Übrigen die Normen über den Verbraucherschutz – unter denen sich auch diejenigen befanden, die bereits im Jahr 1976 im AGB-Gesetz enthalten waren – nicht einfach in das Zivilgesetzbuch übernommen und sich auf diese Weise mit einer formalen „*Rekodifikation*“ zufrieden gegeben, wie dies teilweise in der italienischen Rechtsordnung der Fall war. In Italien wurden die neuen Bestimmungen teilweise einfach ohne jeden Versuch der Koordination in das Zivilgesetzbuch hineindiktiert (und danach in ein Verbrauchergesetzbuch umgelagert).

Neu kodifizieren bedeutet nicht einfach, Platz zwischen den bereits bestehenden Artikeln zu schaffen, da hierdurch lediglich vordergründig der Eindruck einer einheitlichen Regelung geschaffen wird, der Charakter der Kodifiktion jedoch verloren geht. Eine Neukodifikation bedeutet, dass eine neue Regelung unter Berücksichtigung und Neuordnung von bestehenden systematischen Grundlagen geschaffen wird. Diese Methode wurde vom deutschen Gesetzgeber angewandt, der folglich vor verschiedenen Entscheidungen gestellt war, unter anderem denjenigen Schutz, der auf europäischer Ebene nur für Verbraucher vorgesehen war, auch auf andere, schwache Rechtssubjekte auszudehnen. So schützen die Normen über die missbräuchlichen Klauseln tatsächlich seit Einführung des AGB-Gesetzes im Jahr 1974 nicht nur den Verbraucher, sondern in einem eingeschränkten Maß auch den unternehmerischen Verkehr.

VI. Die Rolle der Generalklauseln im Harmonisierungsprozess des europäischen Vertragsrechts

Eine weitere Charakteristik des europäischen Rechts, die Auswirkungen auf die nationale Rechtswissenschaft – insbesondere wohl auf die italienische – hatte, sind die Generalklauseln. Diesbezüglich stellte Reiner Schulze einmal fest:

> „In Hinblick auf *gemeinsame Rechtsinstitute* und *Prinzipien* hinter der Vielfalt der nationalen Gesetzgebung und Kasuistik schließlich hat der Europäische Gerichtshof eine Fülle allgemeiner Rechtsgrundsätze ins-

besondere auf der Grundlage der ‚gemeinsamen Verfassungsüberlieferungen' in den Mitgliedstaaten der EU formuliert".[3]

Das oben Gesagte trifft in hohem Maße auf das Prinzip von Treu und Glauben zu. In der europäischen Gesetzgebung findet sich dieses antike Prinzip wieder, man denke nur an die einschlägige Bestimmung in der Richtlinie über missbräuchliche Klauseln, und es hat dafür gesorgt, dass einige nationale Rechtsordnungen dieses Prinzip wiederentdeckt haben. Man mag darüber diskutieren, ob es unter dem Aspekt der Gesetzgebungstechnik sachdienlich ist, das Prinzip von Treu und Glaubens im Anwendungsbereich von unflexiblen/starren Normen zu betonen, oder ob es ausreichen würde, auf die bereits in den nationalen Gesetzbüchern vorhandenen Bestimmungen hinzuweisen.

Art. 1375 des italienischen Zivilgesetzbuches bestimmt zum Beispiel, dass „der Vertrag nach Treu und Glauben auszuführen ist " und diese Formulierung könnte für alle möglichen Fälle weit genug formuliert sein. Meiner Ansicht nach ist es nur dann sinnvoll, das Prinzip von Treu und Glaubens zu wiederholen, wenn – wie in § 9 AGB Gesetz (siehe jetzt: § 307 BGB) geschehen – die Norm in einem bestimmten normativen Kontext dem Gericht besondere Parameter aufzeigt: in diesem Fall ist die Norm nützlich, weil sie das allgemeine Prinzip genauer bestimmt. Mir scheint, dass seit dem Zeitpunkt, in dem das europäische Recht in die italienische nationale Rechtsordnung hinzugetreten ist, der gute Glauben eine wesentlich wichtigere Funktion erfüllt, vor allem in quantitativer Hinsicht. Früher wurde das Prinzip in der Rechtsprechung nur selten herangezogen, heute ist dies in zahlreichen Entscheidungen der Fall, und der Kassationshof entdeckte auch das Prinzip des Rechtsmissbrauchs neu, das über viele Jahre ignoriert wurde, inzwischen aber nicht nur vom Senat für Steuerangelegenheiten sondern auch von den Zivilsenaten geradezu massenhaft angewendet wird: einen hohen Bekanntheitsgrad hat das Urteil erreicht, in dem einigen Vertragshändlern gegenüber Renault Recht gegeben wurde, weil der Autobauer seine dominierende Rolle missbraucht habe und eine Reihe von (als missbräuchlich eingestufte) Kündigungen ausgesprochen hatte, obwohl die einzelnen Verträge das Rücktrittsrecht *ad nutum* vorsahen.

Somit verschärft sich das Problem des Verhältnisses zwischen Gesetz und richterlichem Ermessen. Dabei handelt es sich um ein Problem, das in den verschiedenen Mitgliedsstaaten in unterschiedlicher Ausprägung auf-

3 *Schulze*, S. 245.

tritt, aber dennoch einen gemeinsamen europäischen Kern hat. Da der Ermessensspielraum im Falle der Anwendung von Generalklauseln zweifellos höher ist, muss man sich unter dem Gesichtspunkt der Bildung von europäischem Recht darüber hinaus fragen, ob die Generalklausel dazu dient, die Harmonisierung leichter zu machen. So kommt man auf Fragen zurück, die man sich in der europäischen Rechtswissenschaft seit geraumer Zeit stellt, z.B. von Julius Hedemann und Stefano Rodotà, namentlich ob die massive Inanspruchnahme von Generalklauseln, insbesondere des Prinzips von Treu und Glauben sinnvoll ist. Eine oberflächliche Überlegung könnte zu dem Ergebnis führen, dass Treu und Glauben als elastischer Grundgedanke, der entsprechende Lösungen in den verschiedenen nationalen Rechtsordnungen findet, die Harmonisierung befördert. Dem ist aber tatsächlich nicht so, wie auch vom EuGH bestätigt wurde. Durch die Anwendung des Prinzips von Treu und Glauben wird die Harmonisierung nicht immer gefördert, da die jeweiligen nationalen Gerichte die Generalklausel im Rahme ihrer nationalen Rechtskultur auslegen. In letzter Konsequenz kann das Prinzip von Treu und Glauben die Rückkehr zum nationalen Recht markieren, da der Richter die Klausel bei ihrer Anwendung mit einer Bedeutung ausfüllt, die seiner eigenen Tradition und seiner eigenen Rechtskultur entspringt. Hierzu kommt – wie von Hein Kötz hervorgehoben –, dass Formulierungen, die auf *„good faith and fair dealing“* basieren, und dem Kontinentaljuristen geläufig sind, für viele unserer Britischen Kollegen entweder völlig unüblich oder sogar inakzeptabel sind.

Allgemein gesprochen betrifft das größte Problem heute die interne Kohärenz der Zivilgesetzbücher und der nationalen Gesetzgebung, welche das Recht europäischer Herkunft aufnehmen. In das nationale System und insbesondere in den alten Korpus des Gesetzbuches, die sich aus einer nationalen Kultur entwickelt haben, werden nun Bestimmungen eingepflanzt, die eine andere Prägung haben und zum Teil das Ergebnis einer anderen Rechtskultur sind. Es ist also notwendig, eine Anstrengung zugunsten einer systematischen Kohärenz zu unternehmen: hinsichtlich der neuen Regeln und insbesondere der Umsetzung von Richtlinien muss nach einer Konvergenz gestrebt werden, um eine tatsächliche Harmonisierung zu erreichen. Die Fortbildung und Verbesserung des nationalen Rechts hat im Lichte Europas zu erfolgen und daher ist in erster Linie die Tatsache zu akzeptieren, dass sich ein Wandel vollzogen hat von der Neutralität des Privatrechts hin zu einem Regelwerk, das unter Aufgabe der antiken Konventionen bestimmte Entscheidungen getroffen hat. So wurde z.B. der Schutz des Verbrauchers und anderer schwacher Rechtssubjekte befürwortet und der Mythos der Gleichheit der Subjekte im Privatrecht aufgegeben.

Es ist kein Zufall, dass die wichtigste Charakteristik des europäischen Privatrechts heute in dem Schutz der schwachen Positionen und der Erlangung von Zielen gesehen werden kann, welche die Ungleichheit der Rechtssubjekte voraussetzen.

VII. Entwicklung des europäischen Privatrechts und Schutz der Person

Wendet man sich Themenkomplexen zu, die außerhalb des Vermögensrechts liegen und nicht Gegenstand von Richtlinien waren, erkennt man auch hier den Einfluss des Europäischen Privatrechts. Ausreichend ist, diesbezüglich an die Reform des Instituts der Entmündigung zu erinnern, in der Praxis ein Instrument des Vermögensschutzes und von den Verwandten des Entmündigten dazu benutzt, die Person zu treffen und ihr Vermögen zu beanspruchen. Die europäische Rechtswissenschaft hat diese Sicht überwunden, in vielen Rechtsordnungen wurden die Bestimmungen über die Entmündigung abgeschafft und durch effektive Instrumente der Betreuung ersetzt. Somit hat sich in Europa eine andere Figur durchgesetzt, die des Betreuers. Der Vermögensschutz rückte in den Hintergrund, während das Institut der Betreuung eine höhere Sensibilität für den Willen und die Wünsche der Person zeigt.

Das Studium der Entwicklung des europäischen Privatrechts kann unter diesem Aspekt nützlich sein, auch für eine Verbesserung des nationalen Rechts im Hinblick auf Rechtsgebiete, die nicht Gegenstand von Regelungen auf europäischer Ebene sind. Das Thema der Verfügungen von Todes wegen beschäftigt seit geraumer Zeit die europäische Rechtswissenschaft, welche die Phänomene der letzten Phase des menschlichen Lebens in unterschiedlicher Weise betrachtet. In der Sprache der Gesetzbücher ist der Tod normalerweise auf einen „Moment“ beschränkt – wie z.B. in Art. 456 des italienischen Zivilgesetzbuches, der bestimmt, dass sich „die Erbfolge im Moment des Todes eröffnet“. Der Zivilrechtswissenschaftler muss sich aber der Tatsache bewusst sein, dass das Ende des Lebens einen Prozess darstellt, der häufig von Eingriffen und Entscheidungen anderer geprägt ist, die auf der Basis verschiedener Wertungen entscheiden können, die letzte Phase der Existenz zu unterbrechen. Die nationale Rechtswissenschaft muss diesen Themen große Aufmerksamkeit widmen, um die Beachtung der Verfassung, der europäischen Menschenrechtskonvention und anderer internationaler Rechtsquellen zu garantieren. In letzter Konsequenz sind Entscheidungen notwendig, welche die Rechtsentwicklung im Licht des gelebten Rechts und des von Europa eingeschlagenen Wegs beachten.

Allgemein ist also über die Beziehung zwischen den Prinzipien der Rechtsordnung, der Entwicklung der Rechtsprechung und der Wahl des Gesetzgebers in diesem historischen Moment nachzudenken. Wenn wir nach Europa sehen, zum Beispiel in Bezug auf das am 1. September 2009 in Deutschland in Kraft getretene Gesetz über Patientenverfügungen, scheint die Beziehung klar: es gibt grundlegende Prinzipien und die Rechtsprechung ist nicht nur legitimiert, auf diese zurückzugreifen, sondern in problematischen Fällen muss sie diese noch vor dem Tätigwerden des Gesetzgebers anwenden, da der Richter vor ein konkretes Problem gestellt ist und es lösen muss. Wo es notwendig ist, muss der Gesetzgeber diese Prinzipien konkretisieren, kann sie aber nicht abschaffen. Im Bereich der Patientenverfügungen ist der Weg damit unter Beachtung der allgemeinen Prinzipien von Würde und Selbstbestimmung der Person vorgegeben.

Dies bedeutet nicht, dass die Arbeit des Gesetzgebers nicht nützlich oder gar nicht notwendig wäre: der deutsche Gesetzgeber hat z.B. die Rechtsprechung des BGH konsolidiert und Probleme gelöst, die marginal erscheinen mögen, jedoch eine große Relevanz besitzen und nicht der Rechtsprechung überlassen werden können, da ihre Lösung nicht ohne Weiteres aus den Prinzipien ableitbar ist: man denke hierbei z.B. an eine etwaige Frist für die Wirksamkeit von Patientenverfügungen. Ferner ist es die Aufgabe des Gesetzgebers festzulegen, ob die Interpretation und die Anwendung des Patientenwillens allein dem Arzt überlassen werden soll oder auch dem Betreuer, wie in Deutschland geschehen, oder in welchem Maß die Verwandten am Dialog zwischen Arzt und Betreuer teilhaben können. Die Funktion des Gesetzgebers ist damit diejenige, eine präzise Regelung bezüglich aller Aspekte vorzugeben, die nicht dem Ermessen der Gerichte überlassen werden können, da deren Lösung sich nicht direkt aus den Prinzipien ableiten lässt.

VIII. Die Notwendigkeit der Ausbildung von europäischen Juristen im Lichte der europäischen Rechtskultur

Die hier kurz dargestellte Entwicklung beförderte die Bildung eines europäischen Juristen; heute richten nicht nur die Rechtsvergleicher den Blick auf Europa, denn viele Zivilrechtswissenschaftler haben eine Methode entwickelt, die man europäisch nennen kann. Auch Rechtshistoriker, die der modernen Realität nahestehen, haben eine entsprechende Wahl getroffen und nutzen die Kenntnis der Rechtsordnungen der Vergangenheit, um die gemeinsamen Wurzeln des europäischen Rechts zu analysieren und die Gründe zu erklären, die in einigen Fällen zur Entwicklung von unterschiedlichen Regeln geführt haben.

Die Ausbildung von europäischen Juristen ist heute im Vergleich zu früher erleichtert, da sich die grundlegenden Bedingungen geändert haben: der Austausch ist einfacher, schon von den ersten Jahren der universitären Ausbildung an, wie es die Programme Erasmus/Sokrates zeigen. Diese öffnen den Studenten, wenn auch innerhalb der bekannten Grenzen, die Türen nach Europa und erlauben in erster Linie den Erwerb von Fremdsprachen und den Austausch mit einer anderen Kultur. Im Übrigen ist der Beitrag, den die Mitgliedsstaaten für die Ausbildung des europäischen Juristen bereitstellen, nicht einheitlich. Ein gutes Modell stellen m.E. die Niederlande bereit: der niederländische Jurist spricht meist verschiedene Fremdsprachen und pflegt Kontakte mit den Kollegen anderer Länder, dahinter steht ein deutlicher politischer Wille. Es ist kein Zufall, dass die mit der Harmonisierung des europäischen Rechts beauftragten Kommissionen häufig ihren Sitz an den niederländischen oder jedenfalls nordischen Universitäten gefunden haben. In Bezug auf Italien sind die Initiativen der Universitäten Trient und Pavia zu nennen, und allgemein, dass diejenigen Mitgliedsstaaten, die wissenschaftliche Kommissionen organisieren, auch einen höheren Einfluss auf die Bildung des europäischen Rechts ausüben.

Das Beispiel, das in diesem Zusammenhang jedoch hervorzuheben ist, haben solche Wissenschaftler wie Reiner Schulze gesetzt, die aufgrund langjähriger Erfahrung, Überlegungen und Studien nicht *a priori* voraussetzen, dass die Norm der eigenen Rechtsordnung gegenüber denen anderer Rechtsordnungen vorzuziehen ist. Ein derartiges Ergebnis erfordert jedoch Kultur. Indem man sich den lateinischen Ursprung des Wortes in Erinnerung ruft – *cultus* – ist dessen breite Bedeutung unschwer zu erkennen: eine Gesamtheit von Traditionen, Erkenntnis, technischen Verfahren und Verhaltensmustern, die von einer Generation zu nächsten weitergegeben wird. Kultur ist somit die Charakteristik einer bestimmten sozialen Gruppe, eines Volkes oder eines ganzen Kontinents. Wenn wir in diesem Sinne an Europa denken, können wir – wie schon Rechtslehrer der Größe von Franz Wieacker und Gino Gorla vor uns – von einer *Euro-sprudenzia* sprechen, die es gilt, fortzusetzen. Nicht zuletzt auf dem von Reiner Schulze vorgezeichneten Weg.

Part 2:
Researches in European Private Law …

Towards New Horizons: Commenting and Codifying European Business Law

Matthias Lehmann

I. Introduction

1. A Restless Quest for Further Integration Through Private Law

Within the community of European private lawyers, Reiner Schulze has always cut a dynamic figure. With the foundation of the Centre for European Private Law, he has put the city of Münster firmly on the map of the discipline. There have been few major international projects in the last decades in which he has not been personally involved. Some of these he spearheaded, in others he took a major role, but he also did not shy away from the humbler function as a mere contributor. Whatever his position, his peers and collaborators have always appreciated Reiner's open-mindedness, brilliant intellect and sophistication, which is not limited to the law but also extends to the area of social relations. The latter characteristic allows him to strike a conciliatory tone and find the right mean between diverging positions. While such an ability is very useful in the domestic legal debate, it is of infinite value in European Private Law, with its abundant variance of views, traditions, and cultures. With his calm but firm manner, Reiner has helped building bridges between strong antagonisms and fostering convergence while respecting the particularities of national legal systems.

Another of Reiner's traits is that he looks at problems from a general vantage point. His formation as a legal historian helps him to distinguish between significant developments and ephemeral fads. He sees the law as an evolutionary process. Precisely because of this, he enthusiastically embraces change. In this sense, Reiner is a constant engine for innovation. Evidence of this is his dedication to the most modern topics, as illustrated by his current involvement in the regulation of electronic contracts and platforms. Probably the same ambition also drove him towards two projects that are the subject of this contribution.

Both of these projects concern business law, understood in a wide sense as encompassing not only commercial, company, competition and financial law, but also adjacent areas such as intellectual property, labour and tax law. None of these fields are, of course, alien to European private lawyers. Indeed, numerous protagonists of European Private Law are also experts in one or more of these specialised areas. The simple reason is that business law forms part of private law. It is therefore not surprising that special provisions for B2B-relations can be found both in the Draft Common Frame of Reference (DFCR) and the Proposal for Common European Sales Law (CESL).[1]

During the first decades of European Private Law, the focus of the discussion has clearly been on matters of classic civil law, particularly general contract law. The sensible proposals elaborated in this area have met resistance by the Member States.[2] This is not the place to argue about who is right or wrong. Suffice it to say here that the new approach favoured by the European Commission to replace minimum harmonisation with fully harmonising directives and to focus on new types of contracts like those for digital services has the potential to once again stir resistance by the Member States. It is therefore unsurprising that the new proposals have been considerably curtailed by the Council.

2. *Why Business Law?*

Given that further bold steps towards general private law harmonisation seem unlikely, it makes sense to look at new areas where progress towards deeper integration can be made. Business law is a prime candidate, for several reasons: The first is that the European Union, in its origin, spirit and core, is an economic community. It is built around the project of the Single Market, which is above all animated by businesses. The millions of consumer transactions entered into every day are very important, but they are dwarfed by the volume of large commercial relations. Moreover, consumer contracts are subject to the mandatory national provisions in force at the habitual residence of the consumer, while commercial actors enjoy a virtu-

---

1 See Book IV, Part E (Art IV.E.-1:101 – IV.E.-5:306) DCFR on commercial agency, franchise and distributorship, as well as Art 23 CESL on pre-contractual information to be given by a trader dealing with another trader and Art 86 CESL on unfair contract terms in contracts between traders.

2 See the letter by ministers from France, Germany, the UK, Austria, the Netherlands and Finland, reprinted in *Basedow*, Gemeinsames Europäisches Kaufrecht – Das Ende eines Kommissionsvorschlags, ZEuP 2015, 433-435.

al unlimited freedom in their choice of law.[3] It is indeed an anomaly that most businesses submit their intra-EU transactions to the laws of a current and a future third state, namely Swiss and English law.[4] This gives lawyers and courts versed in these legal systems an edge over their colleagues in the Member States. At the root of the problem is the European Union's omission to offer rules for transactions in its Single Market.

Besides the economic rationale for privileging the harmonisation of business law, there is also a historic reason for doing so: After the Westphalian divide in sovereign Nation-States, most uniform law projects started with commercial or business rules. The archetypical examples are the two *ordonnannces sur le commerce* that were adopted under the reign of Louis XIV at the behest of his minister Colbert.[5] In Germany, the *Allgemeine Deutsche Handelsgesetzbuch* preceded the *Bürgerliches Gesetzbuch* by many decades. Another lesson to be drawn from history is that common commercial law must not necessarily result in common civil law. For example, the Spanish *Código mercantil* provides uniform commercial law for the whole country, whereas the *Communidades Autónomas* can adopt diverging rules in many areas of civil law. Or look at the US, where the Uniform Commercial Code (UCC) has led to virtually identical rules for B2B transactions in the 50 states, while courts continue to apply slightly diverging Common law rules to the rest of private relations or, in the case of Louisiana, even follow the Civil law tradition. The situation in Canada is in this regard not very different. In Africa, OHADA has reached an important milestone by creating uniform business law for 17 states, while it has left the divergent civil laws of its member states untouched. The same model – uniform commercial law, different civil law – is now being followed by OHADAC for the Caribbean.

The pivotal importance of uniform business law, both from an economic and a historical perspective, does not imply that the past focus on harmonising private law in Europe was misguided. There were good reasons to begin with general contract rules, in particular their central function both for B2B and B2C relations, the common tradition and the strong sim-

3 See Art 3, 6 Rome I Regulation.

4 *Vogenauer*, Civil Justice Systems in Europe: Implications for Choice of Forum and Choice of Contract Law, Oxford, 2008, p. 14, available online see https://www.fondation-droitcontinental.org/fr/wp-content/uploads/2013/12/oxford_civil_justice_survey_-_summary_of_results_final.pdf (Accessed: 23 September 2019).

5 *Ordonnance sur le commerce de terre* (1673), *Ordonnance sur le commerce de mer* (1681). On these acts, see *Guyon*, Droit des affaires, vol. 1, 8th ed. 1994, Paris, p. 16.

ilarities of legal systems in this area. Yet it would be wrong to neglect the rest of business and commercial law in favour of the harmonisation of general contract law. Not only has unification in this area often played an important role in creating common markets, it is also instrumental from a competition perspective because it allows to level the playing field for all actors irrespective of their origin. This particularly serves small and medium sized enterprises that want to expand into bigger markets but cannot afford expensive legal advice on foreign law. Moreover, it is simply a fact that most EU law concerns businesses, entrepreneurs and markets. Therefore, business law undoubtedly also deserves a central place in European Private Law.

II. The Projects

1. International and European Business Law Commentary

The first project that Reiner and I tackled together in the area of business law is a multi-volume commentary published in cooperation by Nomos, Beck and Hart. As the title "International and European Business Law" indicates, this project is not limited to EU law, but also includes international conventions, such as those in the area of transport,[6] the Cape Town Convention[7] and the UCP 600[8]. These texts govern operations in the Single Market and therefore merit the full attention of the European private lawyer. The acts have been divided into eight different areas and volumes. The first five volumes cover commercial law, financial services law, corporate law, labour law, dispute resolution and conflicts of laws. The next wave of commentaries will concern consumer law, intellectual property law and competition law.

Each volume consists of a collection of key texts in the relevant area, which are commented on article by article. The foreign reader might question the value of this method. Commentaries are largely unknown, not only in the common law, but even in many civil law jurisdictions like France. On the other hand, they are widely used in countries like Italy,

6 Uniform Rules concerning the Contract of International Carriage of Passengers by Rail (CIV), Uniform Rules Concerning the Contract of International Carriage of Goods by Rail (CIM), Convention on the Contract for the International Carriage of Goods by Road (CMR), Montreal Convention on Air Carrier Liability.
7 Convention on International Interests in Mobile Equipment.
8 Uniform Customs and Practice for Documentary Credits.

Austria, Switzerland and particularly in Germany. Currently, there are no less than 18 commentaries on the German *BGB*. Germans also take a leading role in commenting on international texts, from the CISG to the UNIDROIT Principles.[9] Even the British (!) Companies Act has been annotated article by article by a group of German lawyers.[10]

Although writing a commentary thus seems to be a distinctive German quirk, there are indisputable benefits to this method. The first is that it fosters the rule of law. The commentary helps in centring the legal debate on the text of the law itself instead of any grand legal theory. A textual approach is of particular benefit in interpreting the European rules, which are often the result of political compromises between Member States and which could be undermined if lawyers were permitted to unpick them by resorting to nationally inspired theories. This makes a truly European commentary especially needed. The second benefit of a commentary is that it provides a platform for debate. By explaining the text's aims, background and context, it allows for a fully informed discussion on the application of the rules. The third benefit of a commentary is its enabling function: Through the overview of decisions and literature given on particular points of law, the reader is empowered to construct the law and apply it to unprovided-for cases. The publications provide courts and practitioners with arguments to solve problems that are not directly addressed in the law itself. Overall, they thus fulfil the prime function of a commentary, which is to build a nexus between legal science and legal practice.[11]

Writing commentaries on European law is an especially challenging task. This is due to several particularities of EU law. Many of the texts are directives and provide no final answer to legal questions. The different language versions sometimes diverge from each other, with the principle of the equal value of all official languages compounding the problem. Furthermore, the historical background of European acts is often unclear, for instance, when they are the result of a compromise in the Trilogue proce-

9 *Schwenzer/Schlechtriem*, CISG, 7th ed., Munich, 2019; *Vogenauer*, UNIDROIT Principles, 2d ed. Oxford, 2015.

10 *Schall*, Companies Act, Munich, 2014.

11 On the functions of commentaries see *Henne*, Die Prägung des Juristen durch die Kommentarliteratur – Zu Form und Methode einer juristischen Diskursmethode, Betrifft Justiz 2006, 352 ff; *Henne*, in: Kästle/Jansen (eds.), Kommentare in Recht und Religion, Tübingen, 2014, p. 317; *Lamparter*, Welt der Kommentare, Tübingen, 2017, p. 311-336.

dures. Particular challenges also arise due to the emergence of new European regulatory authorities, who have produced a tide of new rules.[12]

Yet none of these challenges has stopped us. In our view, they are reasons for having commentaries rather than arguments against them. Our goal was to provide the reader with as much material, views and information about international and European law as are available on national acts. This seemed all the more necessary given the constantly increasing number of directly applicable regulations. Since issues from market abuse to passenger rights are today determined by the EU without the interposition of the national legislator, a comment on EU rules has become indispensable. Our work has been guided by the principle of autonomous interpretation, which inhibits any recourse to particular domestic theories or legislation when constructing international or European law. Gaps in the legal texts have been covered through the use of the classic methods of interpretation. Preambles have been placed in the context in which they are relevant. And the affluence of sources has been managed by a careful selection of the most relevant ones.

2. *The European Business Code*

The work on the commentary on international and European business law provided us with a stark reminder of the difficulties in accessing and understanding Union law. As it stands, EU business law is in great disarray. There are myriads of directives and regulations, delegated and implementing acts, guidelines, communications, decisions, and judgments. It is of course possible to find any legal instrument on the internet. Yet in order to do so, one needs to know its precise number. Moreover, not all of the currently applicable acts are available in a consolidated version that incorporates the latest amendments. No wonder that even experts tend to lose sight of the various relevant sources in a particular field. For laymen, in particular businessmen, trying to inform themselves about EU law is simply a hopeless case.

12 See the acts adopted by the European Supervisory Authorities in the field of financial law (EBA, ESMA and EIOPA). On the resulting challenges for commentaries see *Noack/Zetzsche*, Kommentieren und Kommentare im europäisch-deutschen Wirtschaftsrecht, in: Limperg/Bormann/Filges/Graf-Schlicker/Prütting (eds.), Recht im Wandel deutscher und europäischer Rechtspolitik: Festschrift 200 Jahre Heymanns Verlag, Cologne, 2015, p. 213, 217-219.

These shortcomings can only be partially remedied by a commentary. An academic work can collect and supplement the available legal data, yet it cannot overcome their complexity. In order to tackle the heart of this problem, one must recast the current legislation.

This is the object of our second project, that of a European Business Code. This one is much more ambitious than the first. The idea of codifying EU business law goes back to a French entrepreneur, Paul Bayzelon, who used to work in the French Ministry for the Economy and Finance, where he became the *spiritus rector* of OHADA. Paul wondered why it was possible to create a common business law for 17 African nations, but not for the currently 28 Member States of the EU or at least for the 19 states of the Eurozone. His initiative was gladly taken up by the *Association Henri Capitant*, a group of comparative lawyers under its Secretary General Philippe Dupichot and Reiner Schulze as the founder and president of its German section. Also involved is the *Fondation pour le droit continental*, a French charity that endeavours to promote civil law values around the world. The ambitious goal of this project is nothing less than a comprehensive codification of the EU rules in the area of business law.

At first sight, the project may appear as a renewal of the earlier attempts to codify civil law. Indeed, one could see the European Business Code as a kind of substitute of the DCFR in the area of commercial law. However, there are a number of striking differences between the two projects.

The first is that the European Business Code originated in civil society. In particular, it is independent from EU institutions. Though the Commission has floated the idea of a European Business Code in the 2017 White Paper on the Future of Europe,[13] it does not support the project logistically or financially. We consider this not as a weakness but instead as a strength: The idea of systematically codifying law is difficult to reconcile with the current method of law-making in Brussels, which takes place mostly through specialised units with limited tasks, and which results in mostly fragmented texts. The Better Law initiatives[14] and the introduction of horizontal directives have only mildly improved this situation. In contrast, our project aims at a complete recast of the *acquis* in an accessible structure and with clear and intelligible language. Our ambition is to show that better EU law is indeed possible. Of course, the success of the project will ultimately depend on the will of the Commission, the Parliament and the

---

13 *European Commission*, White Paper on the Future of Europe, 1 March 2017, p. 12.

14 See lastly *European Parliament/Council/Commission*, Interinstitutional Agreement on Better Law-Making, OJ 2016 L 123/1.

Council. Yet we believe that we can convince them only if we first develop the text comprehensively and differently than it has been done so far. This does of course not exclude the exchange of views with politicians, practitioners, and stakeholders, who provide us with valuable input.

The second difference in comparison to the DCFR is that the European Business Code is mainly a restatement of the existing EU law. In particular, it does not aim at enriching EU law with common legal principles derived from the laws of the Member States. This is in other words not primarily a comparative law project. Our primary goal is to improve the structure, the style and the accessibility of the *acquis*. Yet where an apparent gap is identified that inhibits the smooth functioning of the Internal Market, we will not shy away from making a proposal for new rules by supposing new optional instruments, for instance, in the area of secured transactions, banking or company law.

The third difference is that the European Business Code is not restricted to private law, but also includes provisions of public law. Though the drafters of the DCFR also have been inspired by texts such as the Directive on Unfair Commercial Practices,[15] public law took a backseat. It is however central to our project. This is due to the fact that the majority of the *acquis* in the area of business law consists of regulatory interventions in certain markets. The sectoral directives and regulations of Union law often mix public and private law rules to the point that they become an inextricable mishmash.[16] The European Business Code reflects this reality. However, given that it is drafted as a tool for entrepreneurs, it focuses on those rules that directly affect the rights and obligations of private actors.[17] Purely institutional matters, such as the rules on the relations between authori-

15 See the provisions in Art. II. - 3:102 f. DCFR and the accompanying commentary in: v. Bar, Clive and Schulte-Nölke (eds.), DCFR Articles and Comments, Munich, 2009, p. 91.

16 See e.g. the rules of the Rating Agency Regulation (Regulation (EC) No 1060/2009 on credit rating agencies, as amended by Regulation (EU) No 462/2013 of the European Parliament and of the Council of 21 May 2013, OJ 2009 L 302/1) or of the GDPR (Regulation (EU) 2016/679 of the European Parliament and of the Council of 27 April 2016 on the protection of natural persons with regard to the processing of personal data and on the free movement of such data (General Data Protection Regulation, OJ 2016 L 119/1)).

17 One can therefore summarise its content best with the expression 'European Regulatory Private Law', see *Micklitz*, The Visible Hand of European Regulatory Private Law – The Transformation of European Private Law from Autonomy to Functionalism in Competition and Regulation, (2009) 28 Yearbook of European Law 3, 33.

ties of the EU and those of the Member States, will be left out. It is of no relevance to the citizen and the entrepreneur alike how the European Union and the Member States cooperate together and who has which competences. Incidentally, leaving out relations between the different institutions will also increase the code's legibility.

Despite its young age, the project has already been subject to stinging criticism.[18] One particularly sceptical article is entitled "And Now a European Business Code?".[19] Many observers will share the underlying concerns: What is the purpose of a new codification? Won't it lead to more red tape? Should EU law not draw its lesson from Brexit and assess the necessity of the existing rules rather than cast its legislative net even wider?[20]

This view belies a common misunderstanding of the Code. The goal is *not* to supplement the existing law with new and detailed rules that will inevitably increase compliance costs for businesses. Quite to the contrary, the main objective is to consolidate, shorten and condense the existing plethora of directives and regulations. They shall be brought in a logical order, cast in uniform terminology, and drafted in a style that can be easily understood. The goal can therefore also be called „EU business law 2.0": The Code shall be shorter, less complex and more principled than the *acquis*. This will increase the practical effectiveness ("*effet utile*") of EU law, because a law that is not properly understood will not be effective. If Brexit has shown anything, it is the fact that citizens, including entrepreneurs, do not understand the technicalities of EU law and therefore ignore the immense role that it plays in ensuring the functioning of the economy. The task lying ahead of us is therefore not so much to widen the scope of EU law but to explain it better to those who must obey it.

Codification is an ideal tool for this purpose. Nothing can better describe its usefulness than the following quote of Emperor Justinian, the founding father of codification:

> *"We have found the entire arrangement of the law which has come down to us from the foundation of the City of Rome and the times of Romulus, to be*

18 See e.g. Louis d'Avout, L'étonnant initiative en faveur d'un code européen des affaires, La semaine Juridique ed. G, 2019, p. 558.

19 *Riesenhuber*, Und jetzt ein Europäisches Wirtschaftsgesetzbuch?, European Union Private Law Review (GPR) 2017, p. 270.

20 In this sense *Riesenhuber*, GPR 2017, p. 270, 272.

> *so confused that it is extended to an infinite length and is not within the grasp of human capacity."* [21]

In this quote, one only has to replace the City of Rome with that of Brussels and the times of Romulus with the Single European Act of 1986 to see it has lost nothing of its significance. Codification can make the law more ordered, more accessible and more intelligible for the citizen. It can enable the user to quickly find the answer to a legal problem. It can suppress unnecessary legal text and eliminate contradictions. It helps overcoming legal uncertainty, and it allows the update and modernisation of the law.[22]

But the function of a code does not stop there. It can achieve even more. The codes that have been drafted in the spirit of the Enlightenment reveal to the reader the outer and inner system of the law, including the overarching principles that hold it together.[23] This view may seem academic, but it is actually quite pragmatic. Systemising the law not only contributes to a better understanding and facilitates its teaching, but also allows courts to adjudicate unprovided for-situations and lawyers to predict the courts' decisions, thereby increasing legal certainty. A systematic approach to the law also fosters equality before the law because cases are treated on the basis of the same principles and not according to ephemeral regulatory rules created ad hoc for a specific situation. By treating analogous situations similarly, the law complies with the requirements of justice. The latter cannot be fulfilled through the adoption of sectoral approaches and daily changing policies. With the abundance of piecemeal regulation, the lawyer risks functioning as a mere automat that does nothing else than to process regulatory commands. A systematic approach is the essence of legal thinking and the pre-condition for the just resolution of cases.[24] With the codification project, this type of thinking will again become critical in the interpretation of the law and prevail over a bureaucratic approach that is too often characteristic for the current law of the EU.

It should by now be apparent that the project is not heralding codification as *l'art pour l'art*, but has an immensely practical impetus. Its ambition is to really make EU law better. We nourish the hope that this will also im-

---

21 *Justinian*, Constitutio Deo auctore (A.D. 530) (transl. from *Moyle*, The Institutions of Justinian, 3d. ed., Oxford, 1889, p. 3).

22 See the benefits of codification listed in *Arden*, Time for an English Commercial Code, (1997) 56 Cambridge Law Journal 516, 532–534.

23 See *Weiss*, The Enchantment of Codification in the Common-Law World, (2000) 25 Yale Journal of International Law 435, 465.

24 On the relation between regulation and codification *Lehmann*, La régulation sonne-t-elle le glas des codes civil ?, Montréal 2018.

prove the tarnished image of the EU as a legislator. Indeed, the European Business Code can be seen as an academic attempt to contribute positively to the Union's functioning.

III. Problem Areas

Given the ambition and novelty of the two projects, it is unsurprising that they have met a number of obstacles. I will only address three of them: the delimitation between business and consumer law, the role of general contract law, and problems of primary law. There are many others that I am not able to discuss here.

1. Delimitation Between Business and Consumer Law

Concentrating on a certain part of European Private Law always has the downside of creating characterisation problems. The scope of the notion "business law" is already very wide. Given that areas such as tax law and labour law have been included, it raises the question of what does *not* belong to this category? Consumer law immediately comes to mind as a sort of antonym to business law. Yet how can one distinguish between consumer law on one side and business law on the other?

The answer to the question is less straightforward than it seems. One could of course simply exclude all situations in which a consumer is involved. Yet this would in part frustrate the goal of the Code to lay down the essence of the rights and obligations of entrepreneurs in the Single Market. Many, if not most, obligations of businessmen arise out of transactions with consumers, as illustrated by the variety of information duties in contract law or the rules on unfair commercial practices. The rights of the consumer necessarily result in duties of the businessman. Seen in this light, "business law" is in large part nothing but the mirror image of "consumer law".

For this reason, we included a volume on consumer law in the International and European Business Law commentary. Yet for the project of a European Business Code, it was decided to leave consumer law out. Several arguments were critical for this decision: The first is that the EU is already itself making great strides at bringing order to consumer law. A step in this direction was the horizontal directive on the rights of the consumer.[25] The Union is now doubling down with the fully harmonising directive on certain aspects of sales law.[26] Second, there have already been academic efforts to provide a coherent overview of EU acts in the area of consumer law. In the first place, one needs to mention the Principles elaborated by the Acquis Group[27] and the Consumer Law Compendium prepared by Hans Schulte-Nölke, Christian Twigg-Flesner and Martin Ebers[28]. Given these undertakings, it was assumed that there are already enough texts, institutions and individuals who deal with EU consumer law, and that an additional effort in this area does not promise or accomplish much at the moment.

If business law is thus to be separated from consumer law, how can the two be distinguished? One could come up with particular criteria, such as the focus on the weaker party, information asymmetries or differences in negotiating power. We have taken a more flexible approach in our first draft and decided to focus on typical B2B relations, such as competition, distribution, or financial law. Yet a clear-cut delineation between consumer and business law was impossible in those areas in which EU law extends to both B2B and B2C relations. As examples, one may cite the E-Commerce Directive[29] and the Payment Services Directive (II)[30]. To leave these acts out of the European Business Code would have created gaping holes and diminished its importance. Therefore, it was decided to include them.

As a result, there are some rules in the draft that also cover relations with consumers. Inevitably, there will be overlaps with a possible future EU Consumer Code. Yet we have made sure that the Business Code leaves

---

25 Directive 2011/83/EU of the European Parliament and of the Council of 25 October 2011 on consumer rights, OJ L 304, 22.11.2011, p. 64.

26 Directive (EU) 2019/771 of the European Parliament and of the Council of 20 May 2019 on certain aspects concerning contracts for the sale of goods, OJ L 136, 22.5.2019, p. 28.

27 *Acquis Group*, Principles of the Existing EC Contract Law (Acquis Principles), Munich, 2009.

28 *Schulte-Nölke/Twigg-Flesner/Ebers*, EC Consumer Law Compendium, The Consumer Acquis and Its Transposition in the Member States, Munich 2009.

29 Directive 2000/31/EC of the European Parliament and of the Council of 8 June 2000 on certain legal aspects of information society services, in particular electronic commerce, in the Internal Market ('Directive on electronic commerce'), OJ L 178, 17.7.2000, p. 1.

30 Directive (EU) 2015/2366 of the European Parliament and of the Council of 25 November 2015 on payment services in the internal market, OJ L 337, 23.12.2015, p. 35.

enough matters unaddressed so that it is still sensible to enact such a text as a separate work.

2. *Place of General Contract Law*

One of the thorniest and most discussed issues of the project concerns the question of whether it should also include rules of general contract law. Given the ambition of the Code to lay down all rights and obligations of an entrepreneur in the Single Market, it would of course be disappointing if contract law was left out of the project. On the other hand, the discussion around the CESL has shown that the Member States jealously watch over their civil codes and do not allow the EU to suggest even purely optional rules that could compete with them. Including general rules of contract law in the Code would thus increase the risk of rejection by the Member States in the Council.

The drafters of the Code have therefore decided to tread a fine line. Particular types of B2B contracts will be included in its ambit, such as franchising or distribution. Other types, such as sales and general service contracts, will probably be left out. In the area of sales contracts, this will only result in minor problems, given that most Member States have signed the CISG. However, incorporation of this convention into the Code could be envisioned in order to make it binding for those few Member States that have not done so.

Thorny issues continue to remain. The CISG lacks rules on many questions, such as the precontractual rights and duties, errors in the conclusion of the contract or the inclusion of general terms and conditions. Furthermore, the specialised contracts that are to be treated in the European Business Code, such as franchise and distribution, call for general rules on the formation of the contract, its performance and the remedies in case of non-performance. A code that does not address these problems resembles the proverbial castle built on sand because it could not achieve its purpose if its gaps must still be filled with national rules of contract law. This would in the end lead to different contract regimes and create difficult conflicts and characterisation problems.

At this juncture, the link of the project to general European Private Law becomes important. When I presented the dilemma in the spring of 2018 at the Max Planck Institute for Comparative and International Private Law in Hamburg, Professor Zimmermann suggested that the European Business Code could simply refer to the PECL or the UNIDROIT Rules on International Commercial Contracts. These could serve as gap-fillers for the questions normally dealt with in national codes. In this way, the Code could take advantage of the academic achievements that have already been made in European Private Law.

This idea is indeed brilliant and I was happy to submit it to the other members of the project. It convincingly demonstrates how general European Private Law and Business Law are interlinked with each other. There is no contradiction between the two. Instead, they are mutually supportive.

3. Competence, Proportionality and Subsidiarity

A final problem that I want to address is the question of whether the codification project is compatible with the treaties. Does the EU have the power to adopt a comprehensive business law codification? Is this proportional? And what about the principle of subsidiarity?

Let me start with the power. Normally one should avoid spending too much time and energy on problems of competence since their importance is often overestimated. As the old saying goes, if the EU wants to regulate something, it will also find a competence. Nevertheless, anyone who has ever dealt with officials in Brussels will be stunned by the priority they attach to this question. Their first reaction on any new project is: "Show me the competence".

So let us have a closer look at the Treaties. Article 114(1) Treaty on the Functioning of the European Union (TFEU) authorises the Union to "adopt the measures for the approximation of the provisions laid down by law, regulation or administrative action in Member States which have as their object the establishment and functioning of the internal market". The internal market and its functioning are thus at the heart of the EU, as is also confirmed by Article 3(3) of the Lisbon Treaty. There can hardly be any doubt that uniform business rules are an indispensable part of a functioning internal market. This is confirmed not only by the experience in countries like France, Germany and Spain, where commercial law has been harmonised in order to create a functioning market, but also by the US, where the UCC provides uniform rules in the area of business law. There should be few problems in showing that the EU has the power to adopt such rules, and that they must be comprehensive and directly applicable in order to achieve the goal of an internal market providing a level playing field to all actors. The possible counterargument that the internal market already functions well is specious: it is generally admitted that the internal market is not yet complete and does not function nearly as efficiently as, say, the internal market of the United States.

What about proportionality? Can comprehensive and uniform EU business rules be proportional? Asking the question this way seems lopsided. Rather, one should look at the current interplay of EU law with national law, which produces complex and difficult rules. In financial or banking law, for instance, the user currently must consult at least six different normative levels: First, the regulations and directives by the Parliament and the Council, second, the delegated and implementing acts by the Commission, third, guidelines, Q&As and decisions by the three European Supervisory Authorities ESMA, EBA and EIOPA, fourth, the national implementing legislation, fifth, national ministerial decrees, and sixth, guidelines, recommendations and circulars by the national supervisory authorities. In order to find the answer to a particular problem, the European citizen or company must cobble together information from these six levels. It is not exaggerated to say that this type of legislation is in and of itself disproportionate because it is too complex. Switching to uniform EU rules would not only be more efficient, it would effectively ease the burden for those who must obey the law. From the point of businesses, less complex rules would be more proportionate than the current labyrinth of regulations, directives and other texts.

But what about subsidiarity? Should Member States not reserve the right to enact business law rules that are adapted to their local circumstances? Again, one must not misunderstand the purpose of our project as being a total harmonisation of all rules concerning businesses. National rules shall remain in areas where a competition among national legislators is beneficial, for instance, in the field of company law. Subsidiarity requires that a task should only be dealt with on a Union level where it cannot be sufficiently achieved at a national level by the Member States. Now the goal of achieving a Single Market, with the same conditions for every company regardless of its origin, can by definition only be achieved at the Union level. The existence of different national rules per se harms the efficiency and the practical reality of such a market. The Member States must therefore, once and for all, make up their minds: Are they serious about the integration of their economy to a *Single* Market? Or do they want to keep national idiosyncrasies that obstruct its viability? It makes sense to leave the core competence for which the Union was founded, business law, fully within its grasp. Otherwise it would be unable to achieve its mission, and citizens will continue to misunderstand its purpose.

IV. Conclusion

Writing commentaries on European Business Law and a European Business Code are different exercises than drafting a European Civil Code. The first task is more about explaining and condensing the already existing law than to introduce new rules. In that, the two projects are less audacious than the DCFR. Yet we have taken many clues and drawn many lessons from the project that was steered from Osnabrück and became famous all over Europe. And we share its fundamental ambition, which is to make EU law more visible to European citizens. As the glossators and the drafters of the modern codifications knew all too well, law can only be effective where it is accessible, understandable and explained. A code and the accompanying commentaries are ideal tools for this. Lawyers from almost all Member States and a non-negligible number of citizens are familiar with these tools and appreciate their effectiveness. It is an irony that the European Union has so far failed to capitalise on this common cultural heritage and has not used the codification method, except for restricted and somewhat exotic matters like customs. This is of course the consequence of the primary law principles of enumeration of powers and subsidiarity. But if the EU is to thrive as an efficient legislator that can communicate with the population of the Member States, one will have to fundamentally review the way it enacts laws. Consolidating its rules on businesses in a code would be a step in the right direction.

The Amended Proposal COM (2017) 637: a 'New' European Sales Law?

Edoardo Ferrante

I. Begrüßung

The 70th birthday of such a great *Maestro* as Reiner Schulze, to whom we owe an entire life of teaching and research at the service of *Europäisches Privatrecht,*[1] is the best occasion to show Him our deep gratitude. Not only personal gratitude for all that a generation of foreign jurists had the chance to experience in Germany (and elsewhere) thanks to His scientific hospitality; but also deep academic gratitude for how He has been able to support European private law, despite the dissatisfaction of policy-makers and the indifference of some 'domestic' scholars.[2]

And among the several topics which were dear to Him, one seems to perfectly match with His 'story', a topic that, in a way, gave Him as many

1 A shapeless entity, looking more like a stream of thought than like the part of a system, would it be the national one or the European or a new bigger and world-wide one still to be built: *Schulze*, Le droit privé commun européen, Revue internationale de droit comparé 1995, p. 7 ff.; *Hondius*, Towards a European Civil Code: the debate has started, ERPL 1997, p. 455 ff.; *Basedow*, Un comune diritto dei contratti per il mercato comune, Contratto e impresa/Europa (CeI-Eur.) 1997, pp. 83-84 (more recently *Id*, Codification of Private Law in the European Union: The Making of a Hybrid, *ERPL* 2001, p. 35); *Bonell*, Verso un codice europeo dei contratti?, Europa e diritto privato (Eur. dir. priv.) 1998, p. 183 ff.; *Kötz*, Alte und neue Aufgaben der Rechtsvergleichung, JZ 2002, p. 259 ff.; *Id*, Savigny v. Thibaut und das gemeineuropäische Zivilrecht, ZEuP 2002, p. 432; *Schwintowski*, Auf dem Wege zu einem Europäischen Zivilgesetzbuch, JZ 2002, p. 205 ff.; *Grundmann*, Harmonisierung, Europäischer Kodex, Europäisches System der Vertragsrechte, NJW 2002, p. 393 ff.; *Rodotà*, Il codice civile e il processo costituente europeo, in: Somma (ed.), Giustizia sociale e mercato nel diritto europeo dei contratti, Torino, 2007, p. 195 ff.; *Max-Planck-Institut* […], Policy Options for Progress Towards a European Contract Law, RZ 2011, p. 420 ff.; *Alpa*, Towards a European Contract Law, CeI-Eur. 2012, p. 124.

2 *Schulze*, Towards a European Business Code?, CeI-Eur. 2016, p. 413 ff.; *Grossi*, Il messaggio giuridico dell'Europa e la sua vitalità: ieri, oggi, domani, ibid 2013, p. 681 ff., 685, 693; and *Alpa*, Diritto privato europeo, 2016, pp. 2, 23.

pleasures as disappointments: the hard but thrilling building up of a 'new' European sales law.

II. Short 'story' of the Amended Proposal

From the ashes of the Common European sales law (CESL)[3] and, going further back in time, the ones of the Draft Common Frame of Reference (DCFR),[4] in December 2015 the EU Commission drew the Directive Proposal 'on certain aspects concerning contracts for the online and other dis-

---

3 COM (2011) 635 def. Within the ordinary legislative procedure (first reading) the Commission's Draft had been submitted to the European Parliament legislative resolution of 26 February 2014 on the proposal for a regulation of the European Parliament and of the Council on a Common European Sales Law (COM[2011]0635- C70329/2011-2011/0284[COD]); on that point, *Groß*, Kaufrecht: Zustimmung des Parlaments zum Kommissionsvorschlag für ein Europäisches Kaufrecht, EuZW 2014, p. 204 ff.). Yet, as it is well known, the CESL Draft has been at least temporarily withdrawn by the Commission: *Svoboda*, The Common European Sales Law – Will the Phoenix rise from the Ashes again?, ZEuP 2015, p. 689 ff.; *Mayer/Lindemann*, Zu den aktuellen Entwicklungen um das Gemeinsame Europäische Kaufrecht auf EU-Ebene, ibid 2014, p. 1 ff.). As to scholarly contributions, while they are numerous on the general issue of harmonisation, on the CESL Draft they have not had enough time to develop and will, from now on, tend to become even rarer: Schulze (ed.), Common European Sales Law (CESL). Commentary, Baden-Baden, 2012; Schmidt-Kessel (ed.), Ein einheitliches europäisches Kaufrecht?, München, 2012; *Galgano*, Dai Princìpi Unidroit al Regolamento europeo sulla vendita, Cel-Eur. 2012, pp. 5-6; *Gsell*, Der Verordnungsentwurf für ein Gemeinsames Europäisches Kaufrecht und die Problematik seiner Lücken, in: Remien/Herrler/Limmer (eds.), Gemeinsames Europäisches Kaufrecht für die EU, München, 2012, p. 145 ff.; *Alpa/Conte/Perfetti/Graf v. Westphalen*, The Proposed Common European Sales Law – The Lawyers' View, 2013; *DiMatteo*, How Innovative is the Common European Sales Law? Using the CISG as a Benchmark, Cel-Eur. 2013, p. 513.

4 *Alpa/Conte*, Riflessioni sul progetto di Common Frame of Reference e sulla revisione dell'Aquis Communautaire, Rivista di diritto civile (Riv. dir. civ.) 2008, I, p. 141 ff.; *Eidenmüller/Faust/Grigoleit/Jansen/Wagner/Zimmermann*, Der Gemeinsame Referenzrahmen für das Europäische Privatrecht, JZ 2008, p. 529 ff.; *Schulte-Nölke*, Restatement – nicht Kodifikation: Arbeiten am 'Gemeinsamen Referenzrahmen für ein europäisches Vertragsrecht", in: Remien (ed.), Schuldrechtsharmonisierung und Europäisches Vertragsrecht, Tübingen, 2008, p. 26 ff.; Alpa/Iudica/Perfetti/Zatti (eds.), Il Draft Common Frame of Reference del diritto privato europeo, Padova, 2009; Schmidt-Kessel (ed.), Der gemeinsame Referenzrahmen: Entstehung, Inhalte, Anwendung, München, 2009; *Castronovo*, L'utopia della codificazione europea e l'oscura Realpolitik di Bruxelles dal DCFR alla proposta di regolamento di

tance sales of goods', i.e. COM (2015) 635 final, and the Directive Proposal 'on certain aspects concerning contracts for the supply of digital content', i.e. COM (2015) 634 final. Both of them are part of 'A Digital Single Market Strategy for Europe', COM (2015) 192, dating back to 6th May 2015.[5] This marks the return, at least in consumer contracts, of two old ideas: the harmonisation of the guarantees for lack of conformity and, what is more, the need for it to be a maximum harmonisation, 'homeward-trend-proof' even when inclined towards a stronger consumer protection.[6]

Yet, such proposals, for their very ambition towards full uniformity and their being limited to online and distance sales, contributed to the disaggregation of the subject rather than to its cohesion. Harmonisation reveals to be a far more complex task than the simple adding of new provisions or building of new special regulations.[7]

Not even the entering into force of the mentioned directives would be enough to create a uniform regulation on the guarantees for lack of conformity; it would just give rise to three separate sets of provisions: Directive 1999/44/EC with its implementation provisions on offline and face-to-face sales; the Commission Draft (2015) 635 for online and distance sales, and the Commission Draft (2015) 634 on the supply of digital content. This, obviously, bearing in mind that all such sales belong to consumer contracts and thus are subject to the national and European general provisions on consumer protection, first of all the ones provided by EU Directive 2011/83, which reshaped and consolidated the entire field.[8]

---

un diritto comune europeo della vendita, Eur. dir. priv. 2011, p. 837 ff.; *Vogenauer*, The DCFR and the CESL as Models for Law Reform, in: Dannemann/Vogenauer (eds.), The Common European Sales Law in Context, Oxford, 2013, p. 732 ff. The core idea of DCFR has been the research of the 'best rule': *Schulze*, Vom Entwurf für einen Gemeinsamen Referenzrahmen zum optionalen Europäischen Vertragsrecht, in: Ebke/Elsing/Großfeld/Kühne (eds.), Das deutsche Wirtschaftsrecht unter dem Einfluss des US-amerikanischen Rechts, Frankfurt, 2011, p. 120 ff.

5 Schulze/Staudenmayer/Lohsse (eds.), Contracts for the supply of Digital Content, Baden-Baden, 2017; Schulze/Staudenmayer (eds.), Digital Revolution: Challenges for Contract Law in Practice, Baden-Baden, 2016; De Franceschi (eds.), European Contract Law and the Digital Single Market, Cambridge, 2016; and *Basedow*, European Contract Law and the Digital Agenda, CeI-Eur. 2016, p. 423 ff.

6 Among others, *Tonner*, CESL and consumer contract law: integration or separation?, CeI-Eur. 2012, p. 316 ff.

7 *Ferrante*, Diritto privato europeo e Common European Sales Law (CESL). Aurora o crepuscolo del codice europeo dei contratti?, CeI-Eur. 2012, p. 461 ff.

8 *Weatherill*, The Internal Market as a Legal Concept, Oxford, 2017, p. 209 ff.; De Cristofaro/De Franceschi (eds.), Consumer Sales in Europe. After the Implementation of the Consumer Rights Directive, Cambridge-Antwerp-Portland, 2016, *pas-*

Moreover, it cannot be neglected that, while the latter attempts were inspired by the idea of maximum harmonisation, Directive 1999/44, with its almost 'fearful-of-national-peculiarities' attitude, did not actually bring any uniformity. At most, it reconnected some aspects of the guarantees for lack of conformity. This way, the original fragmentation of national systems has been replaced by a new one, introduced by the divergent implementation choices made by national legislators and by the necessity to coordinate them with the extant normative framework.[9]

Yet, the Commission now proves willing to fix such legislative fracture with the new 'Amended proposal for a Directive of the European Parliament and the Council on certain aspects concerning contracts for the online and other distance sales of goods, amending Regulation (EC) No 2006/2004 of the European Parliament and of the Council and Directive 2009/22/EC of the European Parliament and of the Council and repealing Directive 1999/44/EC of the European Parliament and of the Council', i.e. The Commission Draft (2017) 637 def., dating back to 31st October 2017 – hereafter 'Proposal' – the scope of which includes the very offline and face-to-face sales. A compound of uniform rules meant to replace, rather than side, Directive 1999/44.

It would be superfluous to say that the idea is all but new and rather looks like a *déjà-vu*: the Commission had already tried once to replace Directive 1999/44 and its minimum harmonisation, namely when it issued the original project of what would have then become Directive 2011/83/EU. The result was far below expectations: that, which had been announced as the 'maxi-Directive' on consumer protection, turned into nothing but a *maquillage* of extant provisions (perhaps with a few excepti-

sim; *Reinicke/Tiedtke*, Kaufrecht, Köln, 2009, pp. 73-75; *Sirena*, La tutela del consumatore e la parte generale del contratto, in: Macario/Miletti (eds.), Tradizione civilistica e complessità del sistema. Valutazioni storiche e prospettive della parte generale del contratto, Milano, 2006, p. 626 ff.; *Jäger*, Überschießende Richtlinienumsetzung im Privatrecht, Baden-Baden, 2006, p. 96 ff.; and *Sacco*, Il codice civile: un fossile legislativo?, in: Pizzorusso/Ferreri (eds.), Le fonti del diritto italiano. 1. Le fonti scritte (Tratt. dir. civ. Sacco), Torino, 1998, p. 468.

9 *Basedow*, Der Europäische Gerichtshof und das Privatrecht, AcP 2010, p. 157 ff.; *Id*, Der Europäische Gerichtshof und die Klauselrichtlinie 93/13: Der verweigerte Dialog, in: FS Hirsch, München, 2008, p. 51 ff. About Italy, *Ferrante*, Die neuen Vorschriften des italienischen Codice Civile über den Verbrauchsgüterkauf, Verbraucher und Recht (VuR) 2003, p. 165 ff.; *Id*, Die Umsetzung der Verbrauchsgüterkaufrichtlinie 1999/44/EG im italieni-schen Recht: Einige Bemerkungen zu den neuen Regelungen des Verbraucherschutzes, Recht der internationalen Wirtschaft (RIW) 2003, p. 570 ff.

ons). As it is well-known, the attempt was vane: the final version of Directive 2011/83, the one entered into force and then implemented in all the member states, did not provide any uniform regulation for the remedies at issue.[10]

Equally uncertain is the destiny of the Proposal. The increasing Euroscepticism of the other Institutions is hindering the legislative procedure for the Commission's text. A first sign comes from the Parliament, namely from the 'Draft Legislative Resolution' (report no A8-0043/2018), which was approved by the Committee on the Internal Market and Consumer Protection (IMCO) on 22nd February 2018 for the first reading. Recently, i.e. on 7th December 2018, also the Council had its say on the 'new' sales of goods directive, so that it is now ready to start the final negotiations with the Parliament, but nobody knows how long these negotiations will last.

However, before dealing with the issue and looking at the future of the Proposal, a glance is worth at the current situation.

III. Amended Proposal & CESL

Commenting a text *in fieri* and a legislative draft *in itinere* does always entail some risks, but it would not be too daring to claim that the guarantees for lack of conformity are a *rendez-vous* with European private law history which can be postponed but not cancelled.[11] The last *rendez-vous* – and the

10 *Gsell*, Europäischer Richtlinien-Entwurf für vollharmonisierte Mängelrechte beim Verbraucherkauf – Da capo bis zum Happy End?, ZEuP 2018, p. 502.

11 As it is well-known by German legal 'historians': see, *Schroeder*, Zur Gewährleistung für Sachmängel beim Kauf, Berlin, 1903, p. 6 ff., p. 25 ff.; *Schollmeyer*, Erfüllungspflicht und Gewährleistung für Fehler beim Kauf, Jherings-Jahrbücher, 1905, p. 93 ff.; *Wetzel*, Das Wesen der Zusicherung einer Eigenschaft der Kaufsache, Bamberg, 1910, p. 39 ff., 90 ff.; *Süß*, Wesen und Rechtsgrund der Gewährleistung für Sachmängel, Leipzig, 1931, p. 48 ff.; *Flume*, Eigenschaftsirrtum und Kauf, Münster, 1948, p. 35 ff.; *Graue*, Die mangelfreie Lieferung beim Kauf beweglicher Sachen, Heidelberg, 1964, p. 59 ff., 106 ff., 265 ff., 313 ff.; *Huber*, Zur Haftung des Verkäufers wegen positiver Vertragsverletzung, AcP 1977, p. 281 ff., 331 ff.; more recently, *Rust*, Das kaufrechtliche Gewährleistungsrecht, Berlin, 1997, p. 35 ff.; *Hanke*, Die Garantie in der Kaufrechtlichen Mängelhaftung, Baden-Baden, 2008, p. 25 ff., 79 ff.; and *Reinke*, Die Pflicht zur Nacherfüllung im Kaufrecht, Berlin, 2014, p. 57 ff.; Eckert/Maifeld/ Mathiessen, Handbuch des Kaufrechts, München, 2014, p. 130 ff. In Italy, see *Rubino*, La compravendita (Tratt. dir. civ. comm. Cicu Messineo e Mengoni, continuato da Schlesinger), Milano, 1971, p. 635 ff., 757 ff.; *Cubeddu*, Vizio apprezzabile e garanzia della cosa venduta, Riv. dir. civ. (II) 1990, p. 167 ff.; *Bonfante*, Il contratto di vendita (Tratt.

last failure – was certainly the Draft 'on a Common European Sales Law' (CESL). At first glance a comparison between the extant Proposal and the CESL would be *démodé*, given that the latter has been officially withdrawn and has no chance of being brought to life again,[12] and also merciless, because better than anything else it would convey the picture of a European private law in decline, downward or windward.[13] But everything may not be as it seems.

1. *Subjective scope*

a) art. 7, par. 1, CESL, in the Commission's original version, restricted the subjective scope of the new rules to consumer and commercial contracts where one of the parties is a small or medium business; the Com-

---

dir. comm. dir. pubbl. dell'economia Galgano), Padova, 1991, p. 78 ff.; *Bianca*, La vendita e la permuta (Tratt. dir. civ. Vassalli), Torino, 1993, p. 708 ff.; *Mazzamuto*, Equivoci e concettualismi nel diritto europeo dei contratti: il dibattito sulla vendita dei beni di consumo, in Eur. dir. priv. 2004, p. 1029 ff., 1060 ff.; *Alessi*, L'attuazione della direttiva sulla vendita dei beni di consumo nel diritto italiano, ibidem, p. 746 ff.; *Mantovani*, La vendita dei beni di consumo, Napoli, 2009, p. 275 ff.; *Piraino*, Adempimento e responsabilità contrattuale, Napoli, 2011, p. 301 ff.; *D'Amico*, La compravendita I (Tratt. dir. civ. CNN P. Perlingieri), Napoli, 2013, p. 371 ff.; and *Luminoso*, La vendita (Tratt. dir. civ. comm. Cicu Messineo e Mengoni, continuato da Schlesinger), Milano, 2014, p. 361 ff., 570 ff.

12 COM (2014) 910 def. See among others, *Canavan*, Contracts of sale, in: Twigg-Flesner (ed.), Research Handbook on EU Consumer and Contract Law, Cheltenham, 2016, p. 281 ff.; *Illescas*, The CESL compared with the UNIDROIT Principles, Cel-Eur. 2013, p. 537 ff., 540-541. But the CISG, the main source of a 'new' European sales law, has no need to be brought to life again: *Lando*, CISG and its Followers: A Proposal to Adopt Some International Principles of Contract Law, American Journal of Compar.tive Law (Am. J. Comp. L.) 2005, p. 379; *Bonell*, The CISG, European Contract Law and the Development of a World Contract Law, ibid 2008, p. 1 ff.; *Magnus*, CESL vs. CISG, in: Id (ed.), CISG vs. Regional Sales Law Unification, Munich, 2012, p. 97 ff.; again *Lando*, CESL or CISG? Should the proposed EU Regulation on a Common European Sales Law (CESL) replace the United Nations Convention on International Sales (CISG)?, in Remien/Herrler/Limmer, p. 15 ff.; *Loos/Schelhaas*, Commercial Sales: The Common European Sales Law Compared to the Vienna Sales Convention, ERPL 2013, p. 105 ff.; DiMatteo (ed.), International Sales Law, New York, 2014; and DiMatteo/Janssen/Magnus/Schulze (eds.), International Sales Law, Baden-Baden, 2016.

13 *Schulze*, Europäisches Privatrecht im Gegenwind, ZEuP 2014, p. 691 ff.; *Bach*, Leistungshindernisse, 2017, p. 4-5.

mission aimed at providing a uniform regulation for all asymmetrical sales, either B2C or B2B;

b) the EU Parliament proposed an amendment according to which art. 7 CESL would have been reduced to one paragraph only: 'The Common European Sales Law may be used only if the seller of goods or the supplier of digital content is a trader'. What can immediately be noticed is the disappearance of whatever subjective requirement for the buyer, while the only remaining one is the qualification of the seller as a trader;[14] here is something similar to a general set of provisions on sales (but something hybrid, as a regulation cannot be really general if it applies only to certain categories of buyers or sellers);[15]
c) now the picture changes, as far as the amended proposal overpoweringly leads back to consumer contracts (which was right the target of Directive 1999/44); however, one might wonder if it is a true decline or it is rather a back-to-basics.

The first version of art. 7, par. 1, CESL, would have blurred the distinction between included and excluded sales, leaving it to the uncertain and changeable criterion of the buyer's business size. Such a solution would have indeed mirrored the theory of asymmetrical contracts, but the idea of including both B2C and B2B under the label of unbalanced contracts is neither unanimously upheld by policy-makers nor by scholars.

The Parliament's version of art. 7 would unquestionably have smoothened some defects of the first one (assuming that the elimination of whatever dimensional requirement could prevent certain disputes); but it would have completely watered down the meaning of asymmetry. It would have weakened the very underlying idea of a protective tool, given that the buyer could have found itself even in a dominant position compared to the seller.[16]

---

14 Such solution, instead, was simply the object of a reservation in favour of the member states in the CESL original draft, by virtue of article 13, lett. *b*, CESL (on this point see, *De Cristofaro*, Il [futuro] «Diritto comune europeo» della vendita mobiliare: profili problematici della Proposta di Regolamento presentata dalla Commissione UE, CeI-Eur. 2012, p. 365).

15 *R. Peleggi*, Il progetto di Regolamento sul diritto comune europeo della vendita: una breve analisi nell'ottica dell'applicazione ai rapporti tra imprese, CeI-Eur. 2014, p. 635; more generally, Gitti/Villa (eds.), Il terzo contratto, Bologna, 2008.

16 *Castronovo*, Sulla proposta di regolamento relativo a un diritto comune europeo della vendita, Eur. dir. priv. 2012, p. 289 ff.

Art. 1, par. 1, Proposal, in its firmly reintroducing the field of consumer protection, represents the return of the legislation to its natural seat, the already mentioned back-to-basics.

Yet, it sounds even redundant to remark that consumer protection within EU law is instrumental not only to the safeguard of 'weak' parties, but also to the regulation and rationalisation of the market as a whole. In fact, to protect consumers, who are the final elements of the supply chain, means at the same time protecting fair competition among companies; and the competitiveness of the common market is all but a secondary goal of EU policies.[17]

2. *Objective scope*

Art. 5 CESL covered the whole spectrum of the sales of movables. After the first reading, the Parliament amended it as follows: 'The Common European sales law may be used for distance contracts, including online contracts (...)'; at its turn such amendment was the forerunner of the most recent Proposals COM (2015) 635 and COM (2015) 634.[18] As already said, they both date back to 9th December 2015 and they both mark the final evolution or involution of the CESL in the reformation plans of the Commission.

The amended Proposal takes a backward step: at least for now, the Proposal 'on [...] contracts for the supply of digital content', COM (2015) 634 final, remains, but the one on distance sales is extended or re-extended to all sales, both distance and *vis-à-vis*.

While such move is worth a positive judgement, it does not silence the echo of a wavering and almost moody communitarian policy. Though, we cannot call it a regression: on the contrary, the making of a uniform regulation on distance and face-to-face sales strikes a blow for the amended Proposal, which has, after all, been capable of re-launching more ambitious harmonisation purposes than the ones allowed by the Parliament to the CESL.

---

17 Sirena/Zoppini (eds.), I poteri privati e il diritto della regolazione, Roma, 2018, *passim*.

18 *Schulze*, The CESL's Innovative Features – a Brief Overview, Cel-Eur. 2013, pp. 500-501; and *Veneziano*, Un diritto europeo per le contrattazioni on-line (anche) tra imprese?, ibid 2012, p. 458 ff.

3. *The 'optional instrument'*

The CESL draft has always been conceived as a text the application of which is conditioned to the parties agreement (here we have CESL *vs* CISG; opting-in *vs* opting out).[19] Such an optional nature made it soft law under a double viewpoint, soft for its nature and soft for not being a default set of rules.[20] And that has raised several doubts with regard to unbalanced B2B sales, if the purpose was to protect the weaker company against the stronger one, but unsolvable doubts with regard to consumer sales, as consumer choices, unless protected by strict rules, are generally overwhelmed by the other party's unilateral terms.[21] The Parliament's version of the CESL overlaps the Commission's one completely.[22]

---

19 *Hesselink*, How to Opt into the Common European Sales Law? Brief Comments on the Commission's Proposal for a Regulation, ERPL 2012, p. 195 ff., p. 207; *Lando*, On a European Contract Law for Consumers and Business – Future Perspectives, in: Schulze/Stuyck (eds.), *Towards a European Contract Law*, Munich, 2011, pp. 213-214.; and *Schulte-Nölke*, Der Blue Button kommt – Konturen einer neuen rechtlichen Infrastruktur für den Binnenmarkt, ZEuP 2011, p. 749 ff.

20 Westerman/Hage/Kirste/Mackor (eds.), Legal Validity and Soft Law, Cham (CH), 2018, *passim*; *Arroyo Amayuelas*, The idea of an optional contract code, in Twigg-Flesner, p. 463 ff., 474 ff.; *Shelton*, Introduction: Law, Non-Law and the Problem of 'Soft Law", in: Id. (ed.), Commitment and Compliance: The Role of Non-Binding Norms in the International Legal System, Oxford-New York, 2000, p. 466; *Reding*, The Next Steps Towards a European Contract Law for Business and Consumers, in Schulze/Stuyck, p. 9 ff.

21 *Femia*, Autonomia e autolegislazione, in: Mazzamuto/Nivarra (eds.), Giurisprudenza per princìpi e autonomia privata, Torino, 2016, p. 37 ff.; *Basedow*, An Optional Instrument and the Disincentives to Opt in, CeI-Eur. 2012, p. 38; *Sefton-Green*, Choice, Certainty and Diversity: Why More is Less, ERPL 2011, p. 134 ff.; *Lando*, Comments and Questions Related to the European Commission's Proposals for a Regulation on a Common European Sales Law, ERPL 2011, p. 720; *Jansen/Zimmermann*, Restating the Aquis Communautarie? A Critical Examination of the 'Principles of the Existing EC Contract Law', MLR 2008, p. 505 ff.; *Eidenmüller, Faust, Grigoleit, Jansen, Wagner, Zimmermann*, Revision des Verbraucheracquis, Tübingen, 2011; *Bonell*, The need und possibilities of a codified European contract law, ERPL 1997, p. 505 ff.

22 Also «Rome-I» has followed that direction, as results in particular from *whereas* 11 Reg. (CE) n. 593/2008: see *Sirena*, Diritto comune europeo della vendita vs. Regolamento di Roma I: quale futuro per il diritto europeo dei contratti?, Contratti 2012, p. 634; and *Sendmeyer*, The Freedom of Choice in European Private International Law: An Analysis of Party Autonomy in the Rome I and Rome II Regulation, CeI-Eur. 2009, p. 792 ff.; from a general perspective, *Basedow*, Art. 114 AEUV als Rechtsgrundlage eines optionalen EU-Kaufrechts, Editorial, EuZW 2012, p.

On the contrary, art. 18 Proposal reintroduces not only the idea of maximum harmonisation, quite inconsistent with optional rules, but also the one of mandatory character. The 'overruling' could not be more striking: at first, an optional text which the parties could choose even when not on equal footing, now a mandatory text which applies even against the parties' will. But, once again, we could not call it a regression, if the idea of an optional instrument was not fully convincing even at the times of the CESL.[23]

What is lost of CESL, like the idea of asymmetrical or online contract or the opting-in method, is not worth particular regret: a backward step can be a progress whenever present ambitions are slow or prove hardly workable from the beginning.[24]

IV. Amended Proposal & Dir. 1999/44

According with art. 3 Proposal (Level of harmonisation) 'Member States shall not maintain or introduce provisions diverging from those laid down in this Directive including more or less stringent provisions to ensure a different level of consumer protection'.

The *whereas* (7) holds: '(7) While online sales of goods constitute the vast majority of cross-border sales in the Union, differences in national contract laws equally affect retailers using distance sales channels and retailers selling face-to-face and prevent them from expanding across borders. This Directive should cover all sales channels, in order to create a level playing field for all businesses selling goods to consumers. By laying down uniform rules across sales channels, this Directive should avoid any divergence that would create disproportionate burdens for the growing number of omni-channel retailers in the Union. The need for retaining consistent rules on sales and guarantees for all sales channels was confir-

---

1 ff.; *Id*, Theorie der Rechtswahl oder Parteiautonomie als Grundlage des Internationalen Privatrechts, RZ. 2011, pp. 54-56.

23 It is one or the other: either to give up regulating unbalanced relationships, no matter if B2B or B2C, or to provide at least partially mandatory rules. The former approach of the CESL Draft did not seem useful to the purpose (again *Lando*, Comments, p. 720; *Max-Planck-Institut* […], p. 416 ff.; see also *Castronovo*, Diritto privato generale e diritti secondi. La ripresa di un tema, Eur. dir. priv. 2006, p. 409 ff.; more recently, *Gentili*, Contratti del consumatore e diritto comune dei contratti, Riv. dir. civ. 2016, p. 1488).

24 *Howells/Twigg-Flesner/Wilhelmsson*, Rethinking EU Consumer Law, London-New York, 2018, p. 167 ff.

med in the Fitness Check of EU consumer and marketing law, which also covered Directive 1999/44/EC'.[25]

Between the old and the new shape of the European guarantees for lack of conformity there is a gap, not only (and not much) in terms of policy, but rather in terms of 'substantive' bindingness: from a formal viewpoint Directive 1999/44 and the Proposal are both Directives, but the 'minimum harmonisation clause' does not appear in the latter, while at that time art. 8, par. 2, Directive 1999/44 was almost the icon of European private law ('Member States may adopt or maintain in force more stringent provisions, compatible with the Treaty in the field covered by this Directive, to ensure a higher level of consumer protection'); it used to convey the idea of a gentle and gradual communitarian law taking on board diverse but converging domestic solutions.[26] Whoever wished for a higher degree of consumer protection would not have found any hurdle there. The minimum harmonisation reaffirmed the subsidiarity and proportionality of communitarian law.[27]

With art. 3 Proposal the formal effectiveness of the source still remains – in both cases the national legislator was and will be entitled to execute or implement it –, but the substantive force changes. While the European regulation at issue was once meant to merge with the domestic one, thanks to the various connection criteria elaborated at a local level, from now on it will unconditionally prevail over the pre-existing normative framework. Whether one likes the maximum harmonisation or not, the needs of the Commission and of whoever cares for the future of European private law cannot remain unheard.

25 About Directive 1999/44/EC, Grundmann/Medicus/Rolland (eds.), Europäisches Kaufgewährleistungsrecht, Köln, 2000; Grundmann/Bianca (eds.), EU-Kaufrechts-Richtlinie, Köln, 2002; Schermaier (ed.), Verbraucherkauf in Europa, München, 2003; and *Mazzamuto*, La vendita di beni di consumo, in: Castronovo/Mazzamuto (eds.), Manuale di diritto privato europeo, II, Milano, 2007, p. 879 ff.

26 Among others, *Magnus*, The CISG's impact on European Legislation, in: Ferrari (ed.), The 1980 Uniform Sales Law, Milano, 2003, p. 132; *D'Amico*, La disciplina della vendita come «tipo generale» (Elogio della differenziazione), in Macario/Miletti, p. 455 ff.; and *Zerres*, Die Bedeutung der Verbrauchsgüterkaufrichtlinie für die Europäisierung des Vertragsrechts, 2007, *passim*.

27 *Wagner*, Der Verbrauchsgüterkauf in den Händen des EuGH: Überzogener Verbraucherschutz oder ökonomische Rationalität?, ZEuP 2016, p. 87 ff.

1. *The hierarchy of remedies against the lack of conformity*

Under art. 3 Dir. 1999/44, in the case of a lack of conformity, consumers can firstly require the seller to repair or to replace the non-conforming good; if such a request is not appropriate, or where the repair or replacement is not completed within a reasonable time or cause the consumer significant inconvenience, then – in a second stage –, the consumer is entitled to claim a reduction of the price or the termination of the contract.

Art. 3, par. 3, line 1, and par. 5 and 6 Directive 1999/44/EC provide: '3. In the first place, the consumer may require the seller to repair the goods or he may require the seller to replace them, in either case free of charge, unless this is impossible or disproportionate. [...] 5. The consumer may require an appropriate reduction of the price or have the contract rescinded: – if the consumer is entitled to neither repair nor replacement, or – if the seller has not completed the remedy within a reasonable time, or – if the seller has not completed the remedy without significant inconvenience to the consumer. 6. The consumer is not entitled to have the contract rescinded if the lack of conformity is minor'.[28]

Whereas sixteen Members States[29] faithfully followed this approach, six Member States[30] went beyond this minimum requirement and offered the consumer, from the beginning, a free choice between repair, replacement, price reduction or termination. Finally two Member States, the United

---

28 But the buyer-consumer is entitled to claim, within the same trial, first for the termination of the contract and, in case of denial, the reduction of the price: in this direction, ECJ, 3th October 2013, C-32/12, *Duarte Hueros vs. Autociba SA.*, ECLI: EU:C:2013:637 (commented by *Mazzamuto*, *Il contratto di diritto europeo*, Torino, 2017 p. 434 note 66; and *Pagliantini*, Principio di effettività e clausole generali: il canone 'armonizzante" della Corte di Giustizia, in Mazzamuto/Nivarra, pp. 100-101).

29 Austria, Belgium, Bulgaria, Cyprus, Czech Republic, Finland, France, Germany (see, among others, *P. Huber*, Der Nacherfüllungsanspruch im neuen Kaufrecht, NJW 2002, p. 1004 ff.; *Lorenz*, Rücktritt, Minderung und Schadenersatz wegen Sachmängel im neuen Kaufrecht: Was hat der Verkäufer zu vertreten?, NJW 2002, p. 2497 ff.; and *Henrich*, Die Reichweite des Nacherfüllungsanspruchs bei Vorliegen eines Sachmangels, Baden-Baden, 2015, p. 37 ff.), Italy (but for Italy such conclusion is not unquestioned: see *Luminoso*, Chiose in chiaroscuro in margine al D.Legisl. n. 24 del 2002, in: Bin/Luminoso [eds.], Le garanzie nella vendita dei beni di consumo [Tratt. dir. comm. dir. pubbl. econ. Galgano], Padova, 2003, p. 53 ff. e p. 114 ff.; *Id*, La vendita, p. 545 ff.; and *Bin*, Introduzione, in Bin/Luminoso (eds.), pp. 4-5), Latvia, Malta, The Netherlands, Romania, Slovakia, Spain and Sweden.

30 Croatia, Hungary, Greece, Lithuania, Portugal and Slovenia.

Kingdom and Ireland, adopted the hierarchy of remedies, but added a further one: the right to reject a non-conforming good within a short deadline.[31]

The hierarchy established by art. 3 of the Directive is confirmed by art. 9, in particular par. 3, of the Proposal, but this time, with the maximum harmonisation approach: in fact the rule becomes mandatory. This way, national systems cannot change or eliminate the order of the remedies.

2. *The duration of the legal guarantees*

Art. 5, par. 1, 1st proposition, Directive 1999/44 provides as follows: 'The seller shall be held liable under art. 3 where the lack of conformity becomes apparent within two years as from delivery of the goods'.

While twenty-three Member States have made use of this two-year period, Sweden introduced a three-year legal guarantee, and in Finland and the Netherlands national guarantees are based on the expected lifetime of products. In Ireland and the United Kingdom there is no specific legal guarantee period, but the consumer rights are limited by a prescription period.

Art. 14 Proposal confirms the two-year time limit already fixed by art. 5, par. 1, 1st proposition, Directive 1999/44 (even if the *dies a quo* is not the delivery anymore but 'the relevant time for establishing conformity'): 'The consumer shall be entitled to a remedy for the lack of conformity with the contract of the goods where the lack of conformity becomes apparent within two years as from the relevant time for establishing conformity'.

But now, with the maximum harmonisation, the time limit becomes non-modifiable and cannot be extended by national law.

3. *The time limit for the notice*

Member States were authorised to require that consumers, in order to benefit from their rights, inform the seller of the defect within two months from its discovery. Failing to do so would result in the consumer's loss of

31 *Jud*, Die Rangordnung der Gewährleistungsbehelfe. Verbrauchsgüterkaufrichtlinie, österreichisches, deutsches und UN-Kaufrecht im Vergleich, in: Jahrbuch Junger Zivilrechtswissenschaftler 2001, Stuttgart, 2001, p. 205 ff.

whatever remedy. According with art. 5, par. 2, Dir. 1999/44, '2. Member States may provide that, in order to benefit from his rights, the consumer must inform the seller of the lack of conformity within a period of two months from the date on which he detected such lack of conformity'.

While seven Member States did not impose such a notification duty,[32] fourteen Member States obliged the consumer to notify the defect within two months.[33] Another group of Member States required the consumer to do so within different periods, i.e. 'within a reasonable time',[34] 'without undue delay',[35] 'promptly',[36] 'immediately',[37] or 'within six months'.[38]

Instead, now, the *whereas* (25) Proposal sets the goal of abolishing the obligation, or better the burden, of giving a timely notice of the lack of conformity. In fact, there is no trace of it in the body of the Proposal: if this latter becomes a Directive, consumers will be entitled to the remedies within the time limit of two years as provided by art. 14 Proposal and will not be required to do anything before that time.[39] Like it or not – for the trader the time limit for the notice rationalises the after-sale phase and facilitates the estimation of its costs –, it is a matter worthy of reflection.

32 Austria, France, Germany, Greece, Ireland, Poland and United Kingdom.

33 Bulgaria, Belgium, Croatia, Cyprus, Estonia, Finland, Italy (see *Pinna*, I termini nella disciplina delle garanzie e la direttiva 1999/44/CE sulla vendita dei beni di consumo, Cel-Eur. 2000, p. 516 ff.; *Chessa*, I nuovi termini di prescrizione e decadenza, in Bin/Luminoso, p. 493 ff.), Latvia, Luxemburg, Malta, Portugal, Romania, Slovenia and Spain.

34 Denmark, Lithuania and Sweden. One can hear the 'CISG sound' (art. 39 CISG): *Schwenzer*, Divergent Interpretations: Reasons and Solutions, in DiMatteo (ed.), International Sales, pp. 108-111; and *Sono*, *Art. 39*, in: Bianca/Bonell (eds.), Commentary on the International Sales Law. The 1980 Vienna Sales Convention, Milano, 1987, p. 303 ff.

35 Czech Republic.

36 The Netherlands.

37 Hungary.

38 Slovakia.

39 '(25) The optional possibility for Member States to maintain notification obligations for consumers may lead them to easily lose well-substantiated claims for remedies in case of delayed or lack of notification, especially in a cross-border transaction where a law of another Member State applies and the consumer is not aware of this notification obligation resulting from the law of another Member State. Therefore a notification obligation for consumers should not be established. Accordingly, Member States should be prevented from introducing or maintaining a requirement for the consumer to notify the seller the lack of conformity within a certain deadline'.

4. The presumption of pre-existence of the lack of conformity

According with art. 5, par. 3, Dir. 1999/44, unless the seller proves otherwise, a lack of conformity which becomes apparent within six months from the delivery of the goods is presumed to have existed at the time of delivery, unless this is incompatible with the nature of the goods or the lack of conformity[40]. Twenty-five Member States opted for this six months period, but three other Members States extended this period: Poland to one year, France and Portugal to two years.
Now, instead, art. 8, par. 3, Proposal provides as follows:

> 'Any lack of conformity with the contract which becomes apparent within two years from the time indicated in par. 1 and 2' – i.e. from the 'relevant time for establishing conformity with the contract' – 'is presumed to have existed at the time indicated in par. 1 and 2 unless this is incompatible with the nature of the goods or with the nature of the lack of conformity.'

The duration of the presumption thus changes from six months to two years, and in light of the maximum harmonisation any derogation will be forbidden; no doubt that the picture will be simplified. In fact, from the combination between art. 8, par. 3, and 14 Proposal it can be inferred that both the seller's liability and the presumption at issue will last for two years. In other words, the presumption of pre-existence of the lack of conformity will apply as long as the seller can be held liable for it.

Instead, another problem remains open: not the evidence of the pre-existence but the evidence of the existence of the defect. Who bears the burden of proof? The buyer claiming the lack of conformity or the seller, that is to say the defendant? And what is the object of proof the lack of conformity itself or the fact that this latter was caused by the seller and he is liable for it? Much ado about 'when', none about 'if'. It would have been enough to recollect some of the hints from the European Court of Justice.[41]

Anyway, from what has been just outlined it emerges that Directive 1999/44 has not created a real 'European buyer' of consumer goods, but se-

---

40 '3. Unless proved otherwise, any lack of conformity which becomes apparent within six months of delivery of the goods shall be presumed to have existed at the time of delivery unless this presumption is incompatible with the nature of the goods or the nature of the lack of conformity'.

41 ECJ, 4th Juny 2015, C-497/123, *Faber vs. Autobedrijf Hazet Ochten*, ECLI: EU: C: 2015:357; and in Germany, BGH, 12.10.2016 – VIII ZR 103/15.

veral national consumers which are only partially similar to each others.[42] Significant fragments of their normative identity still remain committed to domestic law and its disaggregation – just consider the tormented issue of the guarantees for lack of conformity in the BGB and in the Italian civil code,[43] but even where Europe wanted to pursue uniformity, the result was a mess, due to the multiple divergent implementation choices.[44]

Time is now ripe for looking at the future of the Proposal.

V. Amended Proposal & EU Parlament (& EU Council)

The legislative procedure for the Proposal appears to be hard from the beginning and a first sign of such difficulty can be found in the 'Draft Legislative Resolution', already approved by the European Parliament. The main amendments will be described hereafter.

As anticipated, art. 3 Proposal, in its original version, sounded: 'art. 3. Level of harmonisation. Member States shall not maintain or introduce provisions diverging from those laid down in this Directive including more or less stringent provisions to ensure a different level of consumer protection'. That is a typical full-harmonisation clause.

On the contrary, art. 3 Draft, a provision that it would be simply ironical to call amendment, provides: 'art. 3. Level of harmonisation. 1. Member States may maintain or introduce in their national law more stringent provisions, compatible with the Treaty in the field covered by this Directive, in order to ensure a higher level of consumer protection. 2. Notwith-

---

42 Among others, see *Franzen*, Privatrechtsangleichung durch die Europäische Gemeinschaft, Berlin, 1999, p. 483 ff.; *Corapi*, La direttiva 99/44/CE e la convenzione di Vienna sulla vendita internazionale: verso un nuovo diritto comune della vendita?, Eur. dir. priv. 2002, p. 655 ff.; and *Luminoso*, Chiose, pp. 10-11.

43 *Zoll*, The problems associated with the implementation of directives into national legal systems – a few examples from the codified legal traditions, in Twigg-Flesner, p. 68 ff.; *Nivarra*, Rimedi: un nuovo ordine del discorso civilistico?, Eur. dir. priv. 2015, pp. 586-587; and *Moscati*, La vendita di beni di consumo: un dilemma tra garanzia e responsabilità, Riv. dir. civ. 2016, pp. 354-355.

44 *Graziadei*, Fostering a European legal identity through contract and consumer law, in Twigg-Flesner, p. 82 ff.; *Alpa*, Compar.zione e diritto straniero nella giurisprudenza della Corte di Giustizia dell'Unione europea, Contratto e impresa (CeI), 2016, p. 879 ff.; *Fries*, Verbraucherrechtsdurchsetzung, Tübingen, 2016, p. 108 ff., p. 187 ff.; *Nuzzo*, Regolamento sul diritto comune europeo della vendita ed evoluzione del diritto interno, CeI-Eur. 2013, pp. 629-631; *Vogenauer*, Elaborare il diritto europeo dei contratti, ibid 2012, pp. 155-156.

standing par. 1, Member States shall not maintain or introduce in their national law provisions diverging from those laid down in art. 3a, 4, 5, 6, 7, 8, 8a, 9, 9a, 10, 12, 13, 15 and 18, unless otherwise provided for in this Directive. 3. Notwithstanding par. 2, Member States may maintain or introduce in their national laws provisions on remedies for 'hidden defects' or on a short-term right to reject to ensure a higher level of consumer protection. In the case of art. 8(2a), Member States may maintain more stringent provisions in their national law that are already in force at the date of entry into force of this Directive.'

The so-called 'amendment', actually an abrupt 'overruling', is preceded by a modification of *whereas* (8) and (32).[45]

Art. 9, par. 3, Proposal, which reaffirms the hierarchy of remedies established by art. 3 Directive 1999/44, is substantially maintained by the Draft; but the new version of art. 3 Proposal, once the related amendment approved, would make the mentioned hierarchy optional. This way, the current diaspora of national solutions on the point would remain unchanged.

Art. 14 Proposal, which forbids any derogation from the two-year time limit provided by art. 5, par. 1, Directive 1999/44, has now been – or

---

45 *Whereas* (8), in the Commission's version, provides: '(8) (…) this Directive should repeal the minimum harmonisation Directive 1999/44/EC and introduce fully harmonised rules on contracts for the sales of goods.'; but the Parliament smoothens it as follows: '(8) (…) this Directive should repeal the minimum harmonisation Directive 1999/44/EC and introduce a new framework of harmonised rules on contracts for the sales of goods. However, Member States should be allowed to maintain or introduce in their national laws provisions on remedies for 'hidden defects' or on a short-term right to reject'. *Whereas* (32), again in its original version, provides: '(32) In order to increase legal certainty for sellers and overall consumer confidence in cross-border purchases it is necessary to harmonise the period during which the seller is held liable for any lack of conformity which exists at the time when the consumer acquires the physical possession of goods. Considering that the large majority of Member States have foreseen a two-year period when implementing Directive 1999/44 and in practice this is considered by market participants as a reasonable period, this period should be maintained'. But that's how the Parliament replies: '(…) However, in order to preserve the level of consumer protection that consumers have acquired over the years as a consequence of the implementation of Directive1999/44 EC, Member States may maintain longer periods during which the trader is held liable in their national law that are already in force at the date of entry into force of this Directive. Moreover, during a period of repair or replacement of goods, the period during which the trader is held liable should be suspended. Also, it should start running anew for replaced components and for the goods the consumer receives as replacement for the faulty goods'.

would be – abolished according with the Parliament Draft (and the Council itself, with its position of the 7th December 2018, allows member states to lengthen, but not to shorten, this two-year time limit). Should this mean no European time-limit for the seller's liability? If so, it would be a nonsense even to envisage a minimum harmonisation. This would mean as many time-limits as the member states are.

On the contrary, the *whereas* (25) Proposal has remained untouched, so that the abolition of the notice must be considered as approved by the Parliament. But in the Commission's perspective such abolition was meant to fix, as the only time limit for remedies, the two years established by art. 14 Proposal. If this latter provision is eliminated, as the Draft intends to do, the seller-consumer's remedies, braking free even from the time limit for the notice, will spread beyond control depending on the single time limits established by domestic law. Once again harmonisation is not even minimum.

Finally, art. 8, par. 3, Proposal is abolished but replaced by a new art. 8 a, par. 1, which provides as follows: '1. Any lack of conformity with the contract which becomes apparent within one year from the relevant time for establishing conformity with the contract pursuant to paras 1 and 2 of art. 8 shall be presumed to have existed at that time unless this is incompatible with the nature of the goods or with the nature of the lack of conformity'. From six months (art. 5, par. 3, Directive 1999/44) to two years (art. 8, par. 3, Proposal) to only one year (but the Council, in order to remain coherent with the existing legislation of some member states, with its position of the 7th December 2018, re-awarded to the various countries the freedom to fix the time-limit in two years instead of one). A choice that, in light of the cancellation of the time limit for notice and the two-year one for the seller's liability, becomes in any case arbitrary and volatile.

Therefore, even though the explanatory statement concluding the Draft publicly praises maximum harmonisation, the above described reservation clauses in favour of national systems – and other unconvincing choices (due to the Council as well) – are likely to undermine even the small achievements of minimum harmonisation.[46]

46 *Gsell*, Europäischer Richtlinien-Entwurf, p. 503 ff.

VI. *Grundfragen of maximal harmonization: the citizen-consumer, the European jurist and the challenge of non-harmonised national law*

Yet, instead of commenting in details amendments and sub-amendments – or first, second and third readings – we must rethink the fundamental underlying questions that lead to them. Actually, such questions are two; one more specific and the other more general, but both capable of interfering with the legislative 'train' and the very idea of maximum harmonisation.

1. *First Grundfrage: is the consumer still a cives or a Bürger under the allgemeiner Teil?*

The more specific question may sound as follows: is it fair that due to maximum harmonisation a consumer-seller is treated worse than a trader-seller? It would not be easy for a consumer to accept it as 'European-law bound', given that consumer protection has become a constitutional goal of the European Union (arts. 169 TFUE and 38 EU Charta).[47]

Yet, such risk appears not to be so serious. First of all, even a fully harmonised sectoral regulation, as the guarantees for lack of conformity might be, does not deprive consumers of the remedies provided by the *allgemeiner Teil*, the *allgemeines Schuldrecht* or the Italian *Contratto in generale.*[48] For example, there is no reason why consumers should not be entitled to the remedy under § 123 BGB, if its requirements are met.

Instead, the mentioned risk of unequal treatment between consumers and sellers still persists. Among the possible examples, consider this one: if the two-year time limit provided by art. 14, 1st proposition, Proposal (and already by art. 5, par. 1, 1st proposition, Directive 1999/44) was fully harmonised, national law should deprive consumers of any remedies, whenever

---

47 ECJ, 27th May 2014, C-129/14, *PPU-Spasic*, ECLI:EU:C:2014:586 (§§ 52-53); ECJ, 14th October 2004, C-36/02, *Omega vs. Oberbürgermeisterin Bonn*, ECLI: EU: C: 2004:614 (§ 37); ECJ, 26th February 2013, C-399/11, *Melloni vs. Ministerio Fiscal*, ECLI:EU:C:2013:107 (§ 60); ECJ, 26th February 2013, C-617/10, *Åklagaren vs. Åkerberg Fransson*, ECLI:EU:C:2013:280 (§ 29); ECJ, 22nd January 2013, C-283/11, *Sky Österreich vs. Österreichischer Rundfunk*, ECLI:EU:C:2013:28 (§§ 23, 58-61). See, in Italy, *Pagliantini*, in Mazzamuto/Nivarra, p. 103; *Busnelli*, La faticosa evoluzione dei princìpi europei tra scienza e giurisprudenza nell'incessante dialogo con i diritti nazionali, Riv. dir. civ. 2009 (I), p. 287 ff.; and *Grossi*, L'ultima Carta dei diritti, in: Vettori (ed.), Carta Europea e diritti dei privati, Padova, 2002, p. 253.

48 *Ferrante*, L'attuazione della direttiva negli altri ordinamenti europei. La nuova disciplina della vendita nei paesi di lingua tedesca, in Bin/Luminoso, p. 597 ff.

the lack of conformity became evident after two years from the delivery (or after the other relevant time limit). But if, by chance, non-harmonised national law established an extended time limit for buyers in general, the non-consumer buyer would receive a better treatment than the consumer one.

Such problem could not arise in Italy. In fact, the general provisions on sales law provide that the guarantees are, in any case, time-barred in one year (art. 1495, par. 3, Italian Civil Code). Thus, nothing would be wrong with the system: consumers would have two years' time, the other buyers just one.[49]

The problem could instead arise in Germany, to the extent that the statute of limitations under § 438, line 1, nn. 1 and 2, and line 3, BGB, which applies to whatever buyer, is more than two years. Then what should be done? The first option may be 'nothing'. Perhaps it would be a system of little coherence, but in the end respectful of European law and the formal efficiency of its multi-level sources. The reasoning might sound simplistic, but systems are programs rather than data, they are not established once and for all in their final layout, but they become an 'ordering' day by day. One could, even just for sometimes, accept the idea that a national but Europe-oriented system maintains a different and higher standard of protection for non-consumers.[50]

2. *Second Grundfrage: who is supposed to act on pre-existing non-harmonised law?*

And here comes the more general question underlying maximum harmonisation: given that this latter always leads to an identity crisis in the harmonised system, but such awareness cannot hinder all ambitions of reform, who can or should take charge of pre-existing and non-harmonised law? Who can or should face the 'disruption' created by the maximum harmonisation?

There are grounds to believe that the last word is not up to the national legislator: in order to restore 'harmony after harmonisation' a legislative attempt is not required (and we all know how little alert and active the legislator normally is, above all in some European countries, in the coordinati-

49 *Ferrante*, La vendita nell'unità del sistema ordinamentale. I 'modelli' italo-europei e internazionali, Napoli, 2018, p. 277 ff., 289.

50 *Contra*, *Gsell*, Europäischer Richtlinien-Entwurf, pp. 504-505.

on, rationalisation and tidying-up of the system).[51] By contrast, it is a task that the legislator had better not undertake if, for the most various reasons, he is not well equipped.[52]

The answer is the jurist, what the Romans used to call *jurisprudentia*, without distinguishing between practical and theoretical case-law.[53] The making of the private European law patchwork is up to jurists, also with those pieces that will come from the Proposal. But it has to be done in a way that also such pieces will harmoniously merge with the others in and out the national system.[54] Though unintentionally, the technique of maximum harmonisation, with or without reservation clauses in favour of national systems, will more and more bring the role of jurists back in the spotlight and, just like several other times in the past, also in the future he will be the real '*artifex*' of common European law.[55]

Thinking back to the *Maestro*, to whom this volume and this contribution are devoted, this may be the crucial point of Reiner Schulze's teachings: the making of *Europäisches Privatrecht* is up to jurists, not only because they study it, but mostly because they shape it day by day through interpretation. Reiner Schulze has put the European jurist at the heart of everything

---

51 For some examples see *Medicus*, Dogmatische Verwerfungen im geltenden deutschen Schuldrecht, in: Schulze/Schulte-Nölke (eds.), Die Schuldrechtsreform vor dem Hintergrund des Gemeinschaftsrechts, Tübingen, 2001, p. 33 ff.

52 *Rabel*, Das Recht des Warenkaufs. Eine rechtsvergleichende Darstellung, 1936, *passim*; *Vassalli*, Estrastatualità del diritto civile, in: FS Cicu (II) 1951, p. 479 ff.; *David*, The Methods of Unification, Am. J. Comp. L. 1968, p. 13 ff., 27; *Markesinis*, The Gradual Convergence, Foreign Ideals, Foreign Influences and English Law on the Eve of the 21st Century, 1994, *passim*; more recently, *Rüthers*, Die heimliche Revolution vom Rechtsstaat zum Richterstaat, 2016 (2nd ed.).

53 'Soll diese Regel in das Leben übergehen, so ist es nötig, daß wir von unserer Seite etwas dazu tun, daß wir sie auf bestimmte Weise in uns aufnehmen' (*v. Savigny*, System des heutigen Römischen Rechts, I, 1840, p. 206); *Zweigert*, Rechtsvergleichung als universale Interpretationsmethode, RZ 1949-50, p. 5 ff.; *Esser*, Grundsatz und Norm in der richterlichen Fortbildung des Privatrechts, Tübingen, 1964, p. 345; *Lombardi Vallauri*, Saggio sul diritto giurisprudenziale, Milano, 1967, p. 205 ff.

54 *Boodman*, The Myth of Harmonization of Laws, Am. J. Comp. L. 1991, p. 701 ff.; *Mistelis*, Is Harmonisation a Necessary Evil? The Future of Harmonisation and New Sources of International Trade law, in: Fletcher/Mistelis/Cremona (eds.), Foundations and Perspectives of International Trade Law, London, 2001, p. 3 ff.; *Femia*, Desire for Text: Bridling the Divisional Strategy of Contract, Law and Contemporary Problems 2013, p. 151 ff., 157.

55 *Ferrante*, Vers un public de masse pour le droit privé européen, Zeitschrift für Gemeinschaftsprivatrecht (GPR) 2012, pp. 287-288.

and He played such role Himself with His work and His life. And He will keep on doing it.

Towards a European Private Law of the Digital Economy? - Trends

Dirk Staudenmayer[1]

I. Introduction

Reiner Schulze and I met for the first time in 1998, but our first academic encounter was in February 1999 at a colloquium in Bad Homburg, which he and Hans Schulte-Nölke had organised. The title of the colloquium was 'Europäische Rechtsangleichung und nationale Privatrechte' – European Approximation of Laws and National Private Laws. At that time, I was engaged on behalf of the European Commission in negotiating the Consumer Sales Directive.[2] The directive was adopted shortly afterwards. At the colloquium I discussed the directives on consumer contract law as bricks upon which to build a future European Private Law.[3] The title of this colloquium and the subject of that paper became a leitmotiv for one major strand of a long-standing professional relationship with Reiner, which also led to a personal friendship.

However, my subject today concerns the other, much more recent strand of our professional relationship. In 2015, we founded – a year later joined by Sebastian Lohsse - the 'Münster Colloquia on EU Law and the Digital Economy', which took place for the fifth time in spring 2019. The objective of the Münster Colloquia on EU Law and the Digital Economy is to discuss how EU law should react to the challenges and needs of the Digital Economy.

1 The present contribution expresses only the personal opinion of the author and does not bind in any way the European Commission.

2 Directive 1999/44/EC of 25.5.1999 on certain aspects of the sale of consumer goods and associated guarantees, OJ L 171, 7.7.1999, p. 12; cf. *Staudenmayer*, The Directive on the Sale of Consumer Goods and Associated Guarantees – a Milestone in the European Consumer and Private Law, European Review of Private Law (ERPL) 2000, p. 547 et seq.

3 *Staudenmayer*, Die Richtlinien des Verbraucherprivatrechts – Bausteine für ein europäisches Privatrecht, in: Schulze/Schulte-Nölke (eds.), Europäische Rechtsangleichung und nationale Privatrechte, Baden-Baden 1999, p. 63 et seq.

Our cooperation on both strands showed me two of Reiner's most remarkable personality features: his inspiring enthusiasm and his commitment to the project of European integration. In addition, over the past few years when we worked on the consequences of the transition to the Digital Economy I recognised another of Reiner Schulze's strong character features: his lively interest in new developments. Undaunted by the complexity of the emerging technologies, he has engaged into thinking about this groundbreaking trend and the corresponding implications and angles for private law with his familiar enthusiasm and strength of commitment.

Digitalisation is a fundamental trend of the current century that will change our economy and society as fundamentally as the invention of the steam engine by James Watts.[4] Although statements such as this have become something of a cliché in recent times, that should not lead us to underestimate the implications. When one speaks about the 'Digital Economy', it is important to keep in mind that this does not mean a separate economy or a specific sector of the overall economy. The changes in our economy caused by digitalisation will ultimately lead to the entire economy becoming digital.

While it is essential in this transformation process to safeguard the fundamental values of our society, political system and market structure, what is of imminent importance is to provide a framework, which allows for this transition to work and the Digital Economy to thrive.

In this contribution I propose to briefly describe a few selected trends in the relationship between the Digital Economy on one hand and private law on the other. These trends could constitute clusters for possible adaptions of the private law framework if, and to the extent these are required to help the Digital Economy to thrive.

While each of the trends identified below individually merits an in-depth discussion, this can, however, not be achieved in the present contribution to this Festschrift for Reiner Schulze. The aim of this contribution is purely to identify these developments and contribute preliminary reflections upon the emerging debate on these topics.

For another trend, the adaptation of tort law rules to emerging technologies like Artificial Intelligence, where the European Commission has

4 Cf. the fundamental thesis of *Brynjolfsson/McAfee*, The Second Machine Age, New York 2014, p. 6 et seq. While steam power replaced human and animal muscle power, digitalisation will multiply exponentially the possibilities of using the human brain.

launched some work[5] and which has already been the subject of academic cooperation with Reiner Schulze, I restrict myself to refer to the respective publication.[6]

II. Some Major Trends in the Relationship between the Digital Economy and Private Law

The digitalisation of our economy and society, in particular, the rollout of the Internet of Things (IoT) and the datafication of business processes, has led to a data economy with a huge mass of processed and stored data, the so-called phenomenon of 'big data'. Big data is often characterised by the 3 V's:[7] high volume, high velocity and high variety.

A couple of examples can make the 'volume' aspect of 'big data' more comprehensible. Even by 2013,[8] Google was processing more than 24 petabytes[9] of data in a single day. This corresponds to thousands of times

5 Accompanied by an initial assessment (Staff Working Document on Liability (SWD (2018)137), the European Commission Communication on Artificial Intelligence for Europe (COM (2018) 237 final of 25.4.2018) announced a report on the broader implications for, potential gaps in and orientations for, the liability and safety frameworks for Artificial Intelligence (AI), Internet of Things and robotics. For this purpose, the Commission had created an Expert Group (http://ec.europa.eu/newsroom/just/item-detail.cfm?item_id=615947, last accessed on 28.7.2019) in two branches. The first branch helps to interpret the provisions of the Product Liability Directive 85/374/EEC (PLD) and assess the extent to which the provisions of the PLD are adequate among others to new technologies like AI. It also assists the Commission in drawing up guidance on the PLD implementation, also with a view to AI. The second branch assesses whether and to what extent existing liability schemes are adapted to the development of the new technologies such as AI. In case the existing overall liability regime is deemed not to be adequate, it provides recommendations on how it should be designed and assists the Commission in developing EU-wide principles which can serve as guidelines for possible adaptations of applicable laws at EU and national level as regards new technologies such as AI.

6 See the contributions in Lohsse/Schulze/Staudenmayer (eds.), Liability for Artificial Intelligence and the Internet of Things - Münster Colloquia on EU Law and the Digital Economy IV, Baden-Baden 2019.

7 It is unclear who came up first with this very frequently mentioned characterisation. In the meantime, other V's and characteristics without 'V' have also been added.

8 The following examples are taken from *Mayer-Schönberger/Cukier*, Big Data, München 2013, p. 8 et seq.

9 A petabyte is 10^{15} or 1 000 000 000 000 000 bytes, while 1 byte is a single character.

the quantity of all printed material in the U.S. Library of Congress. Already in 2013, the global amount of stored information was estimated at 1,200 exabytes.[10] If this had been saved on CD-ROMs, the result would have created five towers of CD-ROMs reaching the moon. However, the year 2013 is, in terms of data processed and stored, almost the Stone Age. The rapid increase of processing and storing data is even more impressive. It is estimated[11] that in 2016 and 2017, 90 % of the data worldwide was created; the amount of data created in 2018 every day would amount to 2, 5 quintillion[12] bytes.

1. *Data as Counter-performance*

The Digital Economy has led to the appearance of new products in the form of digital content and services, as well as goods that contain digital content or are linked to digital services. Digital content and services as well as goods with digital elements constitute a fast-growing part in many retail sectors. For example, in 2018 the total amount of worldwide subscriptions to online video services for the first time surpassed the amount of cable subscriptions.[13] In the same year, paid streaming, free streaming and downloads accounted for 59 % of the total recorded music revenues worldwide and made up more than 50 % of revenue in 38 markets.[14] The percentage of individuals aged 16-74 reading/downloading online newspapers/news magazines in the EU has nearly tripled from 20, 7 % in 2007 to

10 An exabyte is 10^{18} or 1 000 000 000 000 000 000 bytes.

11 www.forbes.com/sites/bernardmarr/2018/05/21/how-much-data-do-we-create-every-day-the-mind-blowing-stats-everyone-should-read/#2d35a00560ba, last accessed on 28.7.2019.

12 A quintillion is 10^{30} or a 1 with 30 zeros.

13 https://www.mpaa.org/wp-content/uploads/2019/03/MPAA-THEME-Report-2018.pdf, p. 31, last accessed on 28.7.2019.

14 https://www.billboard.com/articles/business/8505270/ifpi-global-report-2019-music-sales-rise-paid-streaming (using data from the annual Global Music Report 2019 by International Federation of the Phonographic Industry), last accessed on 28.7.2019.

60, 6 % in 2017.[15] Because of the rapid growth of the IoT[16] and the increasing number of smart homes[17] the sale of consumer goods with digital elements is also increasing rapidly, especially where they are linked with Artificial Intelligence (AI). For instance, Amazon Echo Dot was the best-sold article on amazon.com for three Christmas sales in a row (2016, 2017 and 2018).[18]

This trend on its own is combined with another trend of the data economy, i.e. that data is seen as a tradable asset. This can be relevant in a business-to-business transaction, but has also led in business-to-consumer transactions to the phenomenon that digital content and services are no longer paid exclusively with money but also with access to data.

With respect to these two trends, the adaptation of the private law framework to the needs of the Digital Economy has already started. The EU legislator adopted on 20. 5. 2019, the two first major steps towards the private law of the Digital Economy: the Directives concerning contracts on digital content and digital services[19] (DCD) and on the sales of goods.[20]

These Directives[21] cover new legal territory since they regulate remedies for digital content and services respectively goods which contain digital

15 https://stats.oecd.org/ → Information and Communication Technology → ICT Access and Usage by Households and Individuals → ICT Access and Usage by Individuals → indicator D1G: Individuals using the Internet for reading/downloading online newspapers/news magazines, last accessed on 28.7.2019.

16 The number of Internet of Things devices has evolved from 3.81 billion (2.28 billion in the consumer sector) in 2014 to 11.2 billion in 2018 (7.04 billion in the consumer sector) and is prospected to reach 20.41 billion (12.86 billion in the consumer sector) in 2020, https://www.statista.com/statistics/370350/internet-of-things-installed-base-by-category/, last accessed on 28.7.2019.

17 Household penetration is 10.9 % in 2019 and is expected to hit 22.5 % by 2023. There are 34.5 million smart homes in 2019 (+32.8 % year-over-year), https://www.statista.com/outlook/279/102/smart-home/europe?currency=eur,__last accessed on 28.7.2019.

18 https://voicebot.ai/2018/12/26/amazon-echo-device-sales-break-new-records-alexa-tops-free-app-downloads-for-ios-and-android-and-alexa-down-in-europe-on-christmas-morning; last accessed on 28. 7. 2019.

19 Directive 2019/770 of 20.5.2019 on certain aspects concerning contracts for the supply of digital content and digital services, OJ 2019, L 136, 1. Cf. *Staudenmayer*, Auf dem Weg zum digitalen Privatrecht - Verträge über digitale Inhalte, Neue Juristische Wochenschrift (NJW) 2019, p. 2497ff.

20 Directive 2019/771 of 20.5.2019 on certain aspects concerning contracts for the sale of goods, OJ 2019, L 136, 28. Cf. *Staudenmayer*, Waren mit digitalen Elementen - Die Richtlinie zum Warenkauf, NJW 2019, p. 2889 ff.

21 The common denominators and main differences of these Directives concerning their scope, the notion of conformity with the contract and consumer remedies

content or are linked with digital services. They also introduce, for the first time in EU private law, software update obligations upon a supplier of digital content and digital services or a seller of goods with digital elements, i.e. goods which contain digital content or are linked with digital services.

In addition to regulating at least the aspects of remedies for products which are not in conformity with the contract, the DCD also contains another major step towards the private law of the Digital Economy in relation to the second above-mentioned trend.

Based on studies and an EU-wide survey, the Commission noted in the Impact Assessment of its proposal[22] that a very large proportion of digital content provided to consumers is not paid with money but supplied against access to personal data granted by the consumer.[23] This was noted as particularly prevalent in the sectors involving audio-visual access to sports events and other audio-visual content, listening to digital music, playing online games and reading e-books.

At the same time, this trend goes hand in hand with a growing consumer awareness that their data is worth money and that they are indeed 'paying' with data when they are using online offers 'for free'.[24]

Therefore, the DCD includes not only digital content and digital services paid with money[25] but also when they are provided against granting access to data. This relates mainly to personal data, like the consumer's name, address, e-mail address, age, gender etc. which are often requested if one 'registers' for supply of digital content or a digital service 'for free'. The time when data is provided does not matter.[26] It could be at the moment of conclusion of the contract or at a later stage during the continuous supply of a digital service, for instance when data is provided during the use of social media.

---

are explained in *Staudenmayer*, Die Richtlinien zu den digitalen Verträgen, Zeitschrift für Europäisches Privatrecht (ZEuP) 2019, 663 ff.

22 COM (2015) 634 final of 9.12.2015.

23 Impact Assessment of 9.12.2015, SWD (2015) 274 final, p. 15. This is confirmed for instance for Germany, where 76 % of internet users use exclusively or above all online offers where no money is paid; cf. Deutsches Institut für Vertrauen und Sicherheit im Internet (DIVSI) study 'Daten – Ware und Währung', 2014, p. 10, available at: www.divsi.de (last accessed on 28.7.2019)

24 This applies to three quarters of German internet users. Cf. DIVSI study (*ibid.*), p. 11.

25 Art. 3 para. 1 sub-para. 1, Art. 2 number 7 and Recital 23. It includes also digital representations of value such as electronic vouchers or e-coupons as well as virtual currencies, but only if the latter are recognised by national law.

26 Recital 24.

The DCD recognises that data, if not already a 'currency' today, probably will become a *de facto* 'currency' tomorrow. In addition to any significance for the market, another reason was that the borderline between business models using money and those using data is often blurred. For example, the so-called 'freemium' business models. This is where the access to digital content or a digital service takes place initially through granting access to data, but where at a later stage more extensive access or an upgrade has to be paid for with money.

The inclusion of data as counter-performance under the Directive because its significance in terms of economic impact and legal policy proved a very controversial point both in Council and the European Parliament. The respective majority followed the Commission proposal and included contracts, where the consumer provides data to the supplier, into the DCD scope.[27]

However, this controversial discussion also impacted on the drafting of several relevant clauses and recitals. Firstly, the Directive avoids mentioning, in contrast to the wording under the Commission proposal, that "in exchange, ... the consumer ... provides counter-performance other than money in the form of personal data or any other data...".[28] However, the adopted wording cannot hide that in practice it is precisely like that. Secondly, the Directive in its Art. 3 para. 8 and the respective recitals 24, 37 – 40 contains an emphasis upon (one might say an exaggerated emphasis upon) clarifying that the General Data Protection Regulation[29] (GDPR) still applies to personal data.

Thirdly, not all data as counter-performance would lead to the application of the Directive. The Commission proposal already had not the intention to regulate the entire internet.[30] Art. 3 para. 1 sub-para. 2 excludes the cases where personal data provided by the consumer is processed by the trader exclusively for the purposes of supplying the digital content or digital service in accordance with the Directive or to comply with legal requirements. However, if the data is also processed for other purposes, the respective contract falls into the scope of the DCD. The former category concerns data, which the trader has to have in order to supply the digital

27 Art. 3 para. 1 sub-para. 2.

28 Art. 3 para. 1.

29 Regulation 2016/679 of 27.4.2016 on the protection of natural persons with regard to the processing of personal data and on the free movement of such data, and repealing Directive 95/46/EC, OJ L 119, 4.5.2016, p. 1.

30 As to the approach of the Commission proposal, see *Staudenmayer*, Digitale Verträge, ZEuP 2016, p. 808.

content or digital service at all or in conformity with the contract, for instance the location of the consumer in case of a navigation app. Recital 25 gives an example of the latter category, i.e. that the registration of the consumer is legally required for security and identification purposes. In both cases, the trader cannot avoid processing the data and should therefore not be burdened with the liability resulting from the Directive.

Finally, recital 24 leaves it to the Member States to assess whether supplying personal data by the consumer fulfils the requirements for the conclusion of a valid contract.[31] Recital 25 is interpreting the term 'contract' to the extent that the collection of metadata such as information concerning the consumer's device or the browsing history is not sufficient as constitutive element for a contract, except if national law sees this differently. This result makes sense; the Commission proposal did not include either the IP- address or metadata which are retained in case the consumer surfs on the internet.[32] It is doubtful, however, whether from a regulatory technique point of view it was necessary to proceed in the way the DCD did. The references to national law with regards to the conclusion of a valid contract are an expression of a general intention under the DCD[33] to interfere as little as possible with the more general provisions of national contract law.

While non-interference with homegrown traditions of national law is understandable, it leaves a number of questions open. To give one example,[34] the DCD explicitly[35] does not regulate the consequences for the contract if the consumer as data subject withdraws the consent given for the processing of the data. At the implementation stage, this will raise the question of the impact of the GDPR on contract law, thereby touching the nature of a synallagmatic contract (or the criterion of 'consideration' in Common law etc., depending on the national laws). In practice, consent according to Art. 6 para. 1 a) GDPR is often likely to be the legal base for data processing. The fact that the consumer can at any time withdraw its consent granting the trader access to the consumer's personal data, i.e. the counter-performance for the supply of digital content or the digital service, puts the national legislator in front of the choice of e.g. whether to grant

---

31 *Metzger*, Verträge über digitale Inhalte und digitale Dienstleistungen: Neuer BGB – Vertragstypus oder punktuelle Reform?, Juristenzeitung (JZ) 2019, 584 is right in affirming that this will frequently be the case.

32 Cf. *Staudenmayer*, ZEuP 2016, p. 808.

33 Cf. *Staudenmayer*, ZEuP 2019, p. 676 ff.

34 Cf. more examples in *Metzger*, JZ 2019, p. 584.

35 Recital 40.

the trader a right not to have to continue to supply the digital content or digital service anymore. In this context, it needs to be taken into account that in practice, access to data granted as counter-performance is monetarised very quickly. Furthermore, one needs also to consider the GDPR rules on consent. One may indeed raise the question whether in a situation where consent is withdrawn according to Art. 7 para. 3, 1st sentence GDPR and the contractually due performance is no longer delivered, consent is still freely given according to Art. 7 para. 4 GDPR.

If this and other issues are regulated differently in national implementation laws, this may have significant impact on cross-border business models based on data as counter-performance.

With the inclusion of data instead of money as counter-performance, the DCD may possibly open a new approach to contract law in the Digital Economy. Contract law is a very flexible area of law and a "contract law 2.0" [36] is therefore probably not necessary. However, an approach undertaking some adaptations could be sensible.

Beyond the necessity to comply with the GDPR, the inclusion of data into the scope of the DCD may also change the way in which personal data is regarded. The Directive and the practice around contractually dealing with – personal – data[37] is not about putting a price tag on a human right.[38] One cannot ignore that data - including personal data - has economic value and is being used as an asset in economic transactions. The intention therefore should not be to regulate business dealing with personal data out of the market but to frame these transactions. While ensuring full compliance with the GDPR, the DCD takes therefore care that the equivalence relationship between digital content and services as contractual performance and data access provided as counter-performance is maintained, if the digital content or services turn out not to be in conformity with the contract. Such framing should also make sure that the data subject has

36 Cf.: the contributions in Lohsse/Schulze/Staudenmayer, Data as Counterperformance – Contract Law 2.0?, Baden-Baden 2019 (forthcoming); *Wendland*, Sonderprivatrecht für Digitale Güter – Die neue Europäische Digitale Inhalte Richtlinie als Baustein eines Digitalen Vertragsrechts für Europa, Zeitschrift für vergleichende Rechtswissenschaft (ZvglRWiss) 2019, 196.

37 See infra under 2.d)bb).

38 In order to take into account such concerns, Recital 24 expressly states that "the protection of personal data is a fundamental right and that therefore personal data cannot be considered as a commodity".

control over personal data in a way to get a fair economic value out of the respective transaction, which corresponds, to what consumers want.[39]

2. *New Dependencies in the Digital Economy*

The Digital Economy has created new forms of dependencies, which emerge in several dimensions. Firstly, data is the blood in the veins of the Data Economy. This means any existing business models, but more importantly future business models that will drive innovation as well as create competition and economic growth, will depend on being able to access and use data. This reliance on access to, and use of, data may create a new dependency, in terms of when a business would need access to data held by another business to develop and run its business model. The question arises whether the access to this data should be granted and under what conditions. Access to, and sharing of, data has become another field of academic cooperation where I had the pleasure to work together with Reiner Schulze.[40] Secondly, platforms have revolutionised[41] our economy, among others they facilitate the bringing together of offer and demand. This has given platforms a market significance which may create new dependencies for business users. Thirdly, the cloud has become a central infrastructure within the Digital Economy. Access to the cloud has become indispensable for developing and running a business model in the Digital Economy. I explore these phenomena below.

a) *Data Access and Data Sharing between Data-Haves and Data-Have-Nots*

The importance of data access is among other factors linked to the growing importance of the Internet of Things (IoT). The number of IoT devices has evolved from 3.81 billion (2.28 billion in the consumer sector) in 2014 to 11.2 billion in 2018 (7.04 billion in the consumer sector) and is project-

---

39 See the DIVSI study, pp. 12, 15.

40 Cf. Lohsse/Schulze/Staudenmayer (eds.), Trading Data in the Digital Economy: Legal Concepts and Tools – Münster Colloquia on EU Law and the Digital Economy III, Baden-Baden 2017.

41 *Parker/Van Alstyne/Choudary*, Platform Revolution – How Networked Markets Are Transforming The Economy And How To Make Them Work For You, New York/London 2016.

ed to reach 20.41 billion (12.86 billion in the consumer sector) in 2020.[42] For instance, business concepts relying on the IoT like 'predictive maintenance'[43] or 'precision farming'[44] are only possible because of access to data.

This can be probably best explained with a practical example, using a hypothetical predictive maintenance business model. Soon a consumer driving in his car will be informed by the IoT-capable sensors in his tires that the profile of the rear tires is lower than 1, 6 mm[45] and that these tires should be replaced as soon as possible. Together with this message the digital display in the car will inform the consumer that costs for replacing two tires in the next garage accredited by the car producer would be 298,99 € and suggest the consumer contact that garage directly. In addition, the display might advise the consumer not only to replace the rear tires but all four tires which could be done at the same garage for the promotional price of 348, 99 €. If not only the car producer but also independent after-sales companies have access to the same data, the latter could at the same time inform the consumer that the same operation of replacing two or four tires at an independent garage would cost 248,99 €, respectively 295, 99 €. While the case is comparable, the need for access to vehicle data as described in this example is not regulated in a comparable way as it is done for vehicle repair and maintenance information in technical law[46] and

---

42 https://www.statista.com/statistics/370350/internet-of-things-installed-base-by-category/, (last accessed on 28.7.2019).

43 Predictive maintenance aims at informing the operator of a device in advance when a specific maintenance operation is necessary. Contrary to routine maintenance, which schedules maintenance at regular intervals, predictive maintenance is less expensive and helps in a more efficient way avoiding accidents. It depends among others on data collection through sensors, which will be often connected through the IoT.

44 Precision farming would for instance allow a tractor or another agricultural machine to arrange watering specific crops at the moment when the lack of moisture in the soil requires it. It uses among others technology like drones or sensors connected through the IoT, which collect the data allowing making that decision.

45 Minimum profile for instance in Germany according to § 36 Abs. 3 S. 3 Straßenverkehrzulassungsordnung.

46 Regulation 715/2007 of 20.6.2007 on type approval of motor vehicles with respect to emissions from light passenger and commercial vehicles (Euro 5 and Euro 6) and on access to vehicle repair and maintenance information (OJ L 171, 29.6.2007, p. 1), as well as Commission Regulation 692/2008 of 18.7.2008 implementing and amending Regulation 715/2007 on type- approval of motor vehicles with respect to emissions from light passenger and commercial vehicles (Euro 5 and Euro 6) and on access to vehicle repair and maintenance information (OJ L

competition law;[47] extending such regulation[48] would have very clear limits and not solve the issue presented here.[49]

Finally, not only the independent after-sales sector but also the tire producer and the consumer's car insurance company will be interested in access to this data in order to improve their products or adapt the insurance premium depending on the driving style of the consumer. Similar issues are likely to arise in relation to non-personal data. For instance, this might be relevant to an issue over whether a jet engine producer, a plane producer or an independent third party could have access to the jet engine sensor data from the party who factually or contractually controls the data in order to offer predictive maintenance services.

Data as a resource has many features, but the example demonstrates two which are relevant in this context. Data is a non-rivalrous resource, which means that the use of data by one market player does not limit the availability of the same data for use by another market player. Although this

---

199, 28.7.2008, p. 1) created a system for disseminating repair and maintenance information in respect of passenger cars put on the market from 1.9.2009. Regulation 595/2009 of 18.6.2009 on type approval of motor vehicles and engines with respect to emissions from heavy duty vehicles (Euro 6) and on access to vehicle repair and maintenance information (OJ L 199, 28.7.2008, p. 1) and the ensuing implementing measures provided for such a system in respect of commercial vehicles put on the market from 1.1.2013. The requirements for the provision of repair and maintenance information laid down in Regulations 715/2007 and 595/2009 have been consolidated in Articles 61-63 of Regulation (EU) 2018/858 on the approval and market surveillance of motor vehicles and their trailers, and of systems, components and separate technical units intended for such vehicles (OJ L151, 14.6.2018, p. 1).

47 Commission Regulation 461/2010 of 27.5.2010 on the application of Article 101(3) TFEU to categories of vertical agreements and concerted practices in the motor vehicle sector, OJ L 129 of 28.5.2010, p.52, and supplementary guidelines on vertical restraints in agreements for the sale and repair of motor vehicles and for the distribution of spare parts for motor vehicles, OJ C 138 of 28.5.2010, p.16, n. 62 et seq.

48 *Drexl*, Designing Competitive Markets for Industrial Data, Journal of Intellectual Property, Information Technology and Electronic Commerce Law (jipitec) 2017, p. 287, suggests that the Commission should consider creating a generally applicable access regime in favour of suppliers in the framework of its block exemption regulation.

49 As *Drexl* (*ibid.*) points out correctly, this would apply to contract terms between the vehicle manufacturer and a parts producer. It could also concern agreements between the vehicle producers and accredited garages to the disadvantage of independent repairers. However, it would still require such an agreement in order to fall under Art. 101 TFEU.

could suggest that this should make data sharing easier, data is nevertheless an excludable resource, i.e. it is by no means automatically available for use by anyone since its use can *de facto* be easily restricted.

Data could easily be shared and sharing could be done for commercial purposes.[50] For instance, some services providers share data because they have a strategic interest in influencing future business standards or because they want to provide an incentive by embedding their own services into other businesses' products and services. Mostly, however, data analytics and use takes place in-house by the business that holds the data or by sub-contractors for a specific purpose and within contractual limits. Data is used for instance for improving the efficiency of internal processes, enhancing existing or developing and marketing new products and services.[51] Unless however data holders have an incentive[52] like the above-mentioned ones they may not sell data or may do so at a price which makes it very costly or even prohibitive for market entrants to develop their business model.

One issue which may arise is whether a business customer can get access to the data required for developing and running a specific business model in the digital economy. This should not concern the market where the data has been collected for the purpose of being used in this market. It would go far to grant a right to access to data allowing the business receiving the data to compete with the data holder who has collected the data for the purposes of its own business in the respective market. However, it could concern for instance a downstream, neighboring or unrelated market for the use in which the data has not been collected. The second question would be at what conditions the data access is given. This would be particularly relevant if the business requesting access to data is a start-up, i.e. a microenterprise or an SME, which would not have the bargaining power to face unfavorable or even prohibitive contract conditions which would make their business model economically difficult to realise or even fail.

In the 2017 Data Economy Communication,[53] the Commission had explained the problem, put forward some objectives for data sharing and

---

50 Cf. the typology of data-sharing models in the Commission Staff Working Document of 10.1.2017 on the free flow of data and emerging issues of the European Data Economy, SWD (2017) 2 final, p. 14 et seq.

51 *Ibid*, p. 15.

52 Cf. *Crémer/De Montjoye/Schweitzer*, Competition Law in the Digital Era, Luxembourg 2019, p. 27 et seq. on the incentive to monopolise data.

53 Commission Communication 'Building a European Data Economy' of 10.1.2017, COM (2017) 9 final, p. 11 et seq.

launched based on some potential actions a public consultation process. In the light of the results of this public consultation, the Commission took a careful approach, based on freedom of contract and leaving the question of whether, and if so, how to share data to be resolved contractually. The Data Sharing Communication[54] focused therefore on promoting voluntary data sharing. It put forward certain principles like transparency, shared value creation, respecting each other's commercial interest, ensuring undistorted competition and minimising data lock-in. The Commission Staff Working Document accompanying the Communication contained guidance on sharing private sector data.[55] However, this guidance is addressed to those data-holders who are willing to share data and upon reasonable conditions. While promoting voluntary data-sharing is useful, an approach, which restricts itself to this, falls short of providing the above-mentioned incentive to data holders who are not inclined to share data or only at conditions which are prohibitive or close to it.

b) *Platforms*

Obviously, there are many categories of platforms and a large variety of business models, but the focus here is on those platforms which function as marketplaces. Such platforms play a very important and positive economic role, as they bring together offer and demand. Especially in cross-border markets, they have great potential to distribute and offer efficient access to goods and services one would normally not be able to sell or have access to. They constitute nowadays a main tool for businesses, especially small and medium-sized enterprises (SME) to market their goods and services particularly across borders.

The role of platforms is strengthened through the network effect, i.e. the effect that platforms are increasing their value the more customers use it and a bandwagon effect, i.e. the more important the network of the platform becomes, the more customers will be attracted. These features give them a strong bargaining position as they make it difficult for possible competitors to enter the market and win a sufficient number of customers

54 Commission Communication 'Towards a Common European Data Space' of 25.4.2018, COM (2018) 232 final, p. 10.

55 Guidance on sharing private sector data in the European data economy, SWD (2018) 125 final, pp. 5-8.

to constitute their own network and create a comparable value, thereby being able to challenge the incumbent platform in the respective market.[56]

In spite of the significant positive impact of platforms, there are also potential downsides to their strong position. The issue discussed here could be probably best explained with a hypothetical practical example. For instance, business B wants to sell the sneakers it produces across borders and chooses a well-known platform P on which it can offer its sneakers to consumers in other European countries. Platform P takes care of all contacts with the clients as well as the transport to and the payment by the purchasers. As the sneakers are of a good quality and the price is attractive, many European consumers buy the sneakers on the platform. Business B could, however, face two problems. Platform P could start to sell sneakers on its own behalf the same or very similar sneakers and rank them on that platform ahead of the sneakers of business B. Alternatively, the increasing brand image of the B sneakers could lead business B to want to create its own direct marketing in certain countries for which it would like to use the data of the clients who had previously bought the B sneakers on Platform P. This may relate to not only the data of each specific purchase but also to preferences of the respective customer, their search behavior or products purchased together with the sneakers. However, according to the standard terms and conditions of Platform P, B does not have access to this data. In addition to these examples, platforms often largely determine the contents of the contract the business user concludes with its customer,[57] for instance by imposing model contracts, which contain standards for delivery, return policies or price determination.

The issue here is therefore not so much one of access to the platform itself but, as with the issue of access to data field, under what conditions can a customer gain access to information which is essential to marketing its products. Given the "unavoidable trading partner"[58] position of platforms, not even major companies, let alone smaller companies (such as about start-ups, i.e. microenterprises or SMEs), are likely to be able to avoid standard contract terms and conditions that reflect the extremely strong bar-

56 On the difficulties for a new market entrant to compete with an incumbent platform cf. *Crémer/De Montjoye/Schweitzer*, p. 36 ff.

57 *Busch*, Self-Regulation and Regulatory Intermediation in the Platform Economy, in: Cantero/Gamito (eds.), The Role of the EU in Transnational Legal Ordering: Standards, Contracts and Codes, 2019 calls these contracts "remote-controlled contracts" (forthcoming).

58 *Crémer/De Montjoye/Schweitzer*, pp. 4, 49.

gaining power of platforms. The potential concern therefore is the possible transfer of all the economic burden on the platform's contracting partners.

The Commission reached the conclusion that the potential of the platform economy cannot be fully exploited due to a number of harmful trading practices,[59] as described above. It therefore put forward in 2018 a proposal for a Regulation,[60] which, in combination with the case-based approach of competition law and policy, aimed at the same time to moderate some of the negative effects and to fully harvest the economic advantages in terms of the growth potential of the platform economy. The Regulation[61] recognises in its definition of 'terms and conditions'[62] that platforms have a superior bargaining position which allow them to unilaterally impose contract terms on business users wanting to contract with them. This is also reflected in other provisions, which pre-suppose that platforms can include in the standard terms and conditions clauses or foresee practices, which can be strongly unfavorable to their business customers.[63] Despite this recognition, the regulation does not prohibit or restrict the use of those contractual clauses or business practices but instead, those provisions contain a number of transparency requirements. In a nutshell, they oblige platform providers to include in their terms and conditions clauses describing the possibilities the contract grants platform providers towards business users in terms of how to modify terms and conditions, how to restrict, suspend or terminate the platform service, how ranking is done on or influenced by the platform, whether and how products and services offered by the platform or third parties and linked to those offered by the business users can be foreseen, how products and services offered on the platform can be treated differently and whether and if so, how access to data is granted.

While the European Parliament was trying to go further in terms of regulating practices by platforms, this was, except some rather rudimentary changes, not accepted in Council. In addition, the Regulation also aims at facilitating redress between the platform and the business user. For this purpose, it does however, neither foresee any specific substantive rights in

---

59 For a detailed description of the problems to which the proposal reacts cf. the Impact Assessment, SWD (2018) 138 final.

60 Proposal for a Regulation on promoting fairness and transparency for business users of online intermediation services of 12.4.2018, COM (2018) 238 final.

61 Regulation 1150/2019 on promoting fairness and transparency for business users of online intermediation services of 20.6.2019, OJ L 186, 11.7.2019, p. 57.

62 Art. 2 No. 10.

63 Art. 4-10.

the contracts or any control of the substantive contractual content which could be enforced nor impose a mandatory alternative dispute resolution system like arbitration. Instead, while the problem of having to complain to a contractual party in a superior bargaining position and the consequential fear of possible economic retaliation persists, the Regulation obliges platforms to create an internal complaint-handling system, which they can largely design at their discretion. Platforms also need to include in their terms of conditions the option of mediation. Finally, the Regulation allows certain defined organisations to defend the collective interest of business users in case of infringements of the Regulation.

Part of the approach followed by the Commission was to create an Observatory.[64] Given the speed and impact of technological change and development of corresponding commercial practices in the platform economy, this Observatory is tasked with monitoring its evolution, in particular, harmful business practices, and to underpin targeted policy measures. This is intended to assist with the review of the Regulation before January 2022.[65]

Clearly, Commission and Council intended to tread carefully and did not want to block or even slow down the positive effects of the platform economy, but rather to reduce in a soft manner certain negative collateral effects. One will have to see in the review of the Regulation whether this soft approach, which takes the form of a combination of transparency obligations (rather than substantive contractual rights or a control of contractual clauses and commercial practices) and redress measures (which do not concern statutory rights but just the contract imposed by the platform) achieves this objective. In any case, the Regulation already foresees that unfair commercial practices or contract law remain untouched by these measures.[66]

c) *Cloud*

The position of platforms demonstrates just one side of what is possibly a new trend in the Digital Economy: the creation of new major players with an almost unavoidable market position and a resulting very strong bargain-

64 Commission Decision of 26.4.2018 on setting up the group of experts for the Observatory on the Online Platform Economy, C(2018) 2393 final.

65 Art. 18 para. 1 and 4.

66 Art. 1 para. 4.

ing power. This issue may emerge not only in relation to platforms, but also potentially in relation to the Cloud. The Cloud is on its way to become the grid for the Digital Economy. Companies which want to develop their business model, especially if this model depends on using Big Data or connecting to AI, which are available in the Cloud, are likely to need the access to the Cloud. Access to this grid may therefore become as important for the Digital Economy as access to important infrastructures like the electricity network is for the traditional economy.

Thereby the Cloud may become a type of 'essential facility'. It is not argued here to apply the 'essential facilities' doctrine in competition law; its conditions are not fulfilled.[67] The Cloud market is dominated by five (US and Chinese) market leaders (with a very clear lead of Amazon Web Services). In Q4 2018, 66, 1 % of the market share belonged to them. Compared to the year before, this situation has been stable in terms of the relative importance of the market leaders, but their market share (61, 2 % in 2017) has even grown by 5 %.[68] However, despite the high concentration in the Cloud market business customers will still be able to choose a provider. Therefore, it will be possible to get access to the Cloud in order to realise business models depending on Cloud access.

Here the issue is again (as with access to data and platform fields) under what conditions can a business customer get access to the Cloud. If these customers are major companies, they can request from the Cloud provider a tailor-made Cloud product and may also have the bargaining position to negotiate balanced contract conditions. If, however, they are smaller customers (such as start-ups, i.e. microenterprises, or SMEs), which do not

---

67 The essential facilities doctrine has been developed for the purposes of applying Art. 102 TFEU. According to this doctrine, it would constitute an abuse of a dominant position, if access to a facility which is indispensable to compete in a downstream market is refused without objective justification with the consequence that effective competition in that downstream market is eliminated. For refusals to license intellectual property rights, the ECJ added the condition that the refusal is preventing the emergence of a new product for which there is a potential consumer demand. Cf. ECJ, 6.4.1995 joined cases C-241/91 P and C-242/91 P, *RTE and ITP/Commission (Magill)*, para. 50 et seq.; 26.11.1998, C-7/97, *Bronner/Mediaprint*, para. 37 et seq.; 29.4.2004, C-418/01, *IMS Health/NDC Health*, para. 35 et seq.; General Court, 27.6.2012, T-167/08, *Microsoft/Commission*.

68 Q 4/2018: Amazon Web Services 32, 3 % market share, Microsoft Azure 16, 5 %, Google Cloud 9,5 %, Alibaba Cloud 4,2 % and IBM Cloud 3, 6 %; Q4/2017: Amazon Web Services 32, 2 % market share, Microsoft Azure 13, 7 %, Google Cloud 7,6 %, Alibaba Cloud 3,5 % and IBM Cloud 4, 2 %; cf. https://www.canalys.com/newsroom/cloud-market-share-q4-2018-and-full-year-2018, last accessed on 28. 7. 2019.

have such strong bargaining power, they are likely to end up with off-the-shelf Cloud products based on take-it-or-leave-it contracts, where all risks are put on the shoulders of the customers. In addition, even major companies are likely to have a problem with the lock-in effect. This refers to a lack of tools, procedures and standard data formats in Cloud products which do not allow users to switch providers;[69] as a consequence they may be locked-in to one provider.

A study[70] on contract-law related problems and their economic impact in Cloud contracts for SMEs was launched by the European Commission. It found that the usage rate of Cloud computing was,[71] at 16 %, still fairly low. Of the surveyed SMEs, 64 % were in the situation described above: they signed standard terms and conditions put forward by the Cloud provider. Of the 36 % which negotiated the contents of the contract, only 20 % had the contents tailored for their needs. This confirms that the very large majority of SME customers, even when trying to negotiate, get an off-the-shelf product. A quarter of the micro enterprises and SMEs which had used cloud computing experienced contract-law related problems. The most serious problems encountered were unsatisfactory availability or discontinuity of the service, low speed of the Cloud and forced updates. When exploring the causes of the most serious problems, the non-conformity with the contract was perceived to be the main reason, followed by the unfairness of the contract terms and conditions.

d) *How Could a Regulatory Solution be Designed?*

aa) General Approach

Having described these problems begs the question whether and, if so in what form or to which extent, a regulatory intervention would be necessary or opportune. Simply identifying problems in the Digital Economy does not necessarily trigger a need for immediate regulation. One would

69 European Network and Information Security Agency (ENISA) report on Cloud Computing –Benefits, Risks and Recommendations for Information Security, 2009, p. 25 et seq., https://www.enisa.europa.eu/publications/cloud-computing-risk-assessment, last accessed on 28.7.2019.

70 https://ec.europa.eu/info/business-economy-euro/doing-business-eu/contract-rules/cloud-computing/study-cloud-computing-contracts_en, last accessed on 18.11.2019.

71 The field data were from 2016 – 2017, the study was done in 2018.

first need to see whether the market in combination with existing laws can deal with any negative consequences of the above-mentioned trends. Consequently, economic analysis would need to ascertain whether the above-described issues are sufficiently widespread and constitute possible market failures in the Digital Economy.[72] If this analysis confirms the existence of sufficiently concrete problems, that constitute market failures, one would need to look at how existing laws are equipped to deal with them.

This raises a further question whether and to what extent competition law can remedy problems. Its two main weaknesses are intervention threshold and intervention time. The threshold and conditions for a competition law intervention are high and experience to date suggests that, particularly where it is necessary to prove dominance, these will often not be fulfilled in the Digital Economy. Even in highly concentrated markets like the markets for cloud service providers or B2C market platforms, it would be at present very difficult, not to say impossible, to demonstrate the existence of a dominant position according to Art. 102 TFEU. Equally problematic is the time for taking a competition law decision and to implement it, including the time for any appeals to run their course. In extremely fast-moving markets like in the digital economy, the relevant market would be fundamentally transformed or potential innovative business models would have disappeared before an ad-hoc competition case decision is validly taken and implemented. It seems possible to adapt competition law and policy to make its application more suitable for the technological features, resulting markets and economic needs of market players and users in the Digital Economy.[73] While this may help to a certain extent, on its own it is not likely to achieve the desirable results. Competition law and policy should therefore be complemented with a regulatory intervention.[74]

---

72 Such analysis will focus on specific markets and sectors and cannot be undertaken in this contribution.

73 Cf. *Crémer/De Montjoye/Schweitzer*, p. 52 et seq. on the position of competition law and policy in the regulatory landscape and p. 70 et seq. how competition law could be adapted.

74 *Crémer/De Montjoye/Schweitzer*, p. 52 et seq., pp. 100, 107 consider for certain case scenarios also a regulatory regime preferable to the application of Art. 102 TFEU or necessary as a complementary element, p. 126, in which case 'competition law would then return to its original role: to function as a background regime of an otherwise well-ordered marketplace based on the general rules of both private and public law that addresses the specific tensions that arise in the light of economic power'.

Once having ascertained a potential need for regulatory intervention, there would be two categories of problems, which may need to be dealt with. The first concerns the question whether and how access to data, essential for developing or running a successful business model in the Digital Economy, should be granted. The second one concerns the question how it can be avoided that the access to facilities, which are not 'essential facilities' but are nevertheless important to develop and run a business model in the digital economy and which are managed by players with an almost unavoidable market position and a resulting very strong bargaining power, is given at conditions which put all the economic burden on the weaker contractual party. Both categories would be relevant for the data access/transfer issues described earlier[75] while for the platforms and Cloud issues[76] only the second is pertinent.

For both categories and all three issues described (data access/transfer, platforms, Cloud), a possible regulatory intervention should be market specific. This means that it should only take place in those sectors where the market on its own is not able to deliver a solution. An example could be the after-sales market of the automotive sector as mentioned in the hypothetical example above.

Ultimately, one may come to a bundle of solutions involving adaptations of competition law,[77] coupled with a regulatory right granting access to data in sectors where competition pressure on its own is not able to deliver a solution. This could be combined with an adaptation of the contract law framework. Such adaptation should avoid that superior bargaining positions, stemming from technological features and economic effects specific to the Digital Economy, are abused in a contractual relationship. The existence of such a superior bargaining position should be one of the conditions for opening up the scope of the B2B unfairness control. Such a position should not be automatically taken for granted in all cases of data holders, platforms and cloud providers, but should translate a certain market power threshold. However, it should not be required that this superior position is so significant as to reach the level of a dominant position according to art. 102 TFEU. For the determination of the market where a

---

75 See supra under a).

76 See supra under b) and c).

77 Cf. *Crémer/De Montjoye/Schweitzer*, p. 70 et seq., while, however, this would ultimately still require to ascertain a dominant position (*Crémer/De Montjoye/Schweitzer*, p. 109). Similarly to the regulatory approach submitted here, *Crémer/De Montjoye/Schweitzer* suggest a FRAND approach also for a data access right under Art. 102 TFEU.

regulatory intervention may be necessary and the translation of this market power into a regulatory scope criterion, the kind of economic analysis and criteria as used in competition law would be helpful.

In both categories one would also need to take into account the B2B nature of the underlying relationship. The principle of freedom of contract in its aspects of whether and with whom to conclude a contract at all as well as under which conditions, should be left untouched as far as possible. Any intervention into this principle would need to safeguard the legitimate interests of the contracting parties. It should therefore follow the objectives already put forward by the Commission in the Data Economy Communication. It should improve access to data, facilitate and incentivise the sharing of data. At the same time, it should also protect (and encourage) investments and assets by yielding equitable profit as well as avoid disclosure of confidential data.

bb) Data Access Right on FRAND Basis

For the first category, the Commission had already suggested an access right to data against remuneration on a FRAND (Fair, Reasonable And Non-Discriminatory) basis.[78] Beside competition law, FRAND principles are used in a number of different regulatory approaches.[79] While the underlying reasoning of the use of the FRAND approach differs, the regulatory use cases share the fundamental idea that because of a public policy need identified access to data is granted and use also the same broad features of its content. Therefore, one could indeed envisage such an access right based along FRAND principles.[80]

As explained earlier,[81] such a right should not concern the same market where the data have been collected for the purpose of being used in this

---

78 Data Economy Communication, COM (2017) 9 final, p. 13 and SWD(2017) 2 final, p. 36 et seq.

79 Cf. SWD(2017) 2 final, p. 38, the more comprehensive overview in *Heim/Nikolic*, A FRAND Regime for Dominant Digital Platforms, jipitec 2019, p. 41 et seq. and the case of the REACH Regulation (Regulation 1907/2006 of 18.12.2006 concerning the Registration, Evaluation, Authorisation and Restriction of Chemicals, OJ L 304, 30.12.2006, p. 1, in more detail in *Drexl*, jipitec 2017, p. 289 et seq.

80 See also *Drexl*, jipitec 2017, p. 290 et seq., taking the example of REACH as a model; *Crémer/De Montjoye/Schweitzer*, pp. 97, 109 and *Heim/Nikolic*, jipitec 2019, pp.53, 55 (albeit for platforms).

81 See supra under a).

market.[82] It would go far to grant a right to access to data allowing the business receiving the data to compete with the data holder who has collected the data for the purposes of its own business in the respective market. However, it could concern a downstream, neighboring or unrelated market. It would need clear conditions and limits, some of which can be borrowed from competition law practice, in particular the access to data should be indispensable. This means that without it the respective business model could not be developed or run and the relevant data could not be substitutable, i.e. obtained elsewhere or the same purpose fulfilled with similar data. It should not be possible where the relevant data is protected as a legal right, be it by intellectual property rules or as a trade secret.[83]

In case of disagreement between the parties on the FRAND compensation, the precedent of REACH foresees default rules, which could indeed be transferred and adapted[84] as well as complemented by the principles set out by the ECJ in the Huawei[85] jurisprudence.[86]

One advantage of such a scheme would indeed be to be contractually exercised, given that it contains an element of contractual agreement. It would thereby at the same time leave the parties some margin for adaptation to the specificities of the sector at stake[87] and avoid the legislator to play the role of a price regulator.

As far as personal data are concerned, the GDPR needs to be respected, in particular the requirements of a legal base according to its Art. 6 need to be fulfilled. As explained earlier,[88] beyond the need to ensure compliance with the GDPR one should make sure that data subjects have control over their data in a way that they can get a fair economic value out of the re-

82 See the pertinent distinction of *Drexl*, jipitec 2017, p. 289 between the data set being only the by-product of the main business of the data holder and the collection of the respective data as key element of the data holder's business model in competition with other firms.

83 According to Art. 2 n. 1 of Directive 2016/943 of 8.6.2016 on the protection of undisclosed know-how and business information (trade secrets) against their unlawful acquisition, use and disclosure, OJ L157, 15.6.2016, p. 1.

84 *Drexl*, jipitec 2017, p. 290.

85 ECJ 16. 7. 2015, C-170/13, *Huawei/ZTE*, para. 60 et seq.

86 *Drexl*, jipitec 2017, p. 285, suggests to devise a negotiation framework similar to the Huawei case law and, p. 290, arbitration in case no agreement is reached.

87 *Drexl*, jipitec 2017, p. 290; *Heim/Nikolic*, jipitec 2019, p. 47.

88 See supra under 1.

spective transaction, having their personal data as its object. This would go beyond the portability right of Art. 20 GDPR.[89]

In this context, one may even consider designing schemes, which at the same time help to implement the GDPR and support data subjects in their management of how their personal data are processed.[90] Smart contracts could be an interesting tool in this context and could help to enforce the data subject's rights, thereby putting not only the enforcement of rights in the hand of the data subject but also allowing the data subject to draw economic benefit from the commercial use of personal data.

Smart contracts,[91] i.e. self-executing agreements directly between parties, in the blockchain,[92] are another trend which raises interesting and sometimes fundamental[93] questions for the relationship between the Digital Economy and private law, which unfortunately cannot be dealt with in the limits of this contribution.

cc) Rules on Fairness Control of Business-to-Business (B2B) Contracts adapted to the Digital Economy

For the second category, it could, as already mentioned by the Commission,[94] make sense to create rules on ensuring fairness in business-to-busi-

---

89 *Drexl*, jipitec 2017, p. 286, makes the interesting point that Art. 20 GDPR is not really a data protection, but a consumer protection right.

90 Another approach going broadly in the same direction has been suggested by *Wendehorst*, Of Elephants in the Room and Paper Tigers: How to Reconcile Data Protection and the Data Economy, in: Lohsse/Schulze/Staudenmayer (eds.), p. 349 et seq.

91 As an introduction cf. *Guggenberger*, The Potential of Blockchain Technology for the Conclusion of Contracts, in: Schulze/Staudenmayer/Lohsse (eds.), Contracts for the Supply of Digital Content: Regulatory Gaps and Challenges, Münster Colloquia on EU Law and the Digital Economy II, Baden-Baden 2017, p. 83 et seq.

92 For an overview of the blockchain technology and it legal aspects cf. *De Filippi/Wright*, Blockchain and the Law: The Rule of Code, Cambridge 2018. As to the large number of business models possible, cf. *Tapscott/Tapscott*, Blockchain Revolution – How The Technology Behind Bitcoin Is Changing Money, Business And The World, New York 2016, p. 178 et seq.

93 Emerging in the development of code is law (cf. *Lessig*, Code, 2nd ed., New York 2006, p. 5.) and law is code. Cf. *De Filippi/Hassan*, Blockchain technology as a regulatory technology: From code is law to law is code, First Monday, 5.12.2016, available at: https://firstmonday.org/ojs/index.php/fm/article/view/7113, last accessed on 28.7.2019.

94 Data Economy Communication, COM (2017) 9 final, p. 12.

ness (B2B) contracts.[95] While such rules exist in some Member States like Germany and the Nordic countries, they do not exist in the majority of EU countries. At EU level, there are only a few examples. A horizontal precedent is the Unfair Contract Terms Directive (UCTD)[96] which applies to all business-to-consumer (B2C) transactions. The other examples have a more narrow scope or concern more specific contracts. The Late Payments Directive (LPD)[97] regulates payment aspects in (mainly) B2B transactions. It foresees a fairness control of contractual clauses related to payment details.[98] The Common European Sales Law (CESL),[99] which contained rules on B2B unfair contract terms,[100] mainly for sales contracts, was not adopted. The Directive on Unfair Trading Practices in the Agricultural and Food Supply Chain (UTPD – food)[101] covers contracts between SME suppliers in the food supply chain and buyers who are not SMEs.

The Late Payments Directive and CESL follow, like the UCTD, the approach of a general clause. The standard used is higher than the one in the UCTD covering B2C contracts with their structural imbalance between a trader and a consumer[102] because a higher level of diligence can be expected in commercial transactions. Still, the existing B2B acquis uses a common, substantive benchmark,[103] i.e. the criterion of 'a gross deviation from good commercial practices, contrary to good faith and fair dealing'.[104] In-

95 Cf. *Lohsse/Schulze/Staudenmayer*, Trading Data in the Digital Economy in: Lohsse/Schulze/Staudenmayer (eds.), p. 23.

96 Directive 93/13 of 5.4.1993 on unfair contract terms in consumer contracts, OJ 95 L, 21.4.1993, p. 29.

97 Directive 2011/7 of 16.2.2011 on combating late payments in commercial transactions, OJ L 48, 23.2.2011, p. 1, replacing the former Directive 2000/35 of 29.6.2000, OJ L 200, 8.8.2000, p. 35.

98 Art. 7.

99 Proposal for a Regulation on a Common European Sales Law, COM (2011) 635 final.

100 See its Chapter 8 on the control of unfair contract terms. It includes in its sections 1 and 3 also standard terms and conditions in commercial contracts into its scope. In addition, the respective provisions are mandatory not only for consumer contracts but also for commercial contracts. Cf. *Staudenmayer* (ed.), Proposal for a Regulation of the European Parliament and of the Council on a Common European Sales Law, Textbook, 2012, p. XXV et seq.

101 Directive 2019/633 of 17.4.2019 on unfair trading practices in business-to-business relationships in the agricultural and food supply chain, OJ L 111, 25.4.2019, p. 59.

102 *Staudenmayer*, in: Schulze/Schulte-Nölke (eds.), p. 67 et seq.

103 With slight differences in structure and precise wording.

104 Art. 7 para. 1 sub-para. 2 LPD, Art. 86 para. 1 b) CESL, Art. 1 para. 1 UTPD-food.

stead of a general clause, the UTPD-food uses as a tool a black list of unfair contract terms (and trading practices) which are always considered unfair and should therefore be prohibited.

The approach envisaged here for a fairness control of B2B contract clauses in selected sectors of the Digital Economy could be based on a general clause. This general clause should use the already established 'gross-deviation-from-good-commercial-practices,-contrary-to-good-faith-and-fair-dealing' test. As such a general clause would require concretisation, it could be accompanied by a 'black' list of clauses which are as such unfair and a 'grey' list of clauses which are presumed to be unfair, following the CESL approach on B2C clauses.[105] While the effect of black and grey lists as such is limited, they could constitute useful guidance for courts in interpreting the general clause. In addition, for the interpretation of the general clause, efficiency reasoning could play a role. While it is important to safeguard a fair distribution of burden and risk, this should not either go at the expense of the efficiency of the respective business model. Therefore, clauses could be allowed that impose restrictions which are necessary for instance to make a platform function in a competitive and therefore profitable way.

The right to access to data on FRAND basis is an advantage because it would be contractually exercised. The present approach of an unfairness control of B2B contract clauses would only cover excessive cases. It would present a similar advantage because it would leave the great majority of contract clauses intact and therefore maintain a relatively large margin for contracting.

III. Some final words

When one considers these few selected trends in the relationship between the Digital Economy on one hand and private law, it is tempting to delve into more depth. While it is frustrating not to be able to do this in the context of the present contribution, it is uplifting that there are many more fascinating subjects for future discussion and cooperation with Reiner Schulze. Or in other words – many more subjects for our Münster Colloquia.

I am looking forward to still many years of fascinating cooperation with my friend Reiner Schulze.

105 Art. 83-85 CESL.

Safety Expectations as the Basis of Product Liability

Geraint Howells

I. Working out the defectiveness standard

Tort law covers a range of standards ranging from fraud and deceit through to strict or absolute liability. For most of the twentieth century negligence or fault liability dominated products liability. In the UK this was famously established in the landmark ruling on the duty of care in *Donoghue v Stevenson*.[1] The alleged decomposed snail in the ginger beer bottle was a product liability case that established a general duty of care standard. The limitations of fault in achieving a fair balance between the interests of producers and consumers was, however, appreciated especially as products became more complex and in some jurisdictions a reversal of the burden of proof was introduced.[2] In other legal systems the standard was objectivised to the extent that fault could be established by the mere supply of a defective product.[3] Yet many still considered there to be a gap in the protection afforded those injured from products that were becoming increasingly more technological and advanced, but also bringing with them new risks that the consumer was not well placed to assess and protect themselves against. The European Directive of Product Liability[4] was introduced as a response to the need to find a "fair apportionment of liability inherent in modern technological production."[5] Specifically it was a response to the Thalidomide or Contergan crisis under which many legal

1 [1932] A.C. 562.

2 In Germany this was achieved for manufacturing defects in the 'chicken pest' case BGHZ 51, 91 for design defects in the 'brake decision' [1988] NJW 1414 and in the 'Milupa Baby Bottle Syndrome' case the reversal of the burden of proof was applied to failure to provide adequate instruction when the product was first placed on the market (though subsequent duties to warn must be proven by the plaintiff): [1992] NJW 560.

3 See, for example, the French cases Cass. Civ. 1, 21 March 1962, Bull. civ. 1, 155; Cass. Civ. 3, 28 April 1972, Bul. Civ. III, no 233, p. 167.

4 Council Directive 85/374/EEC on the approximation of the laws, regulations and administrative provisions of the Member States concerning liability for defective products: OJ 1985 L 210/29.

5 Recital 2.

systems were struggling to compensate the children who were damaged by birth defects caused by their mothers using the drug as a sickness preventative drug during pregnancy.[6] The Directive removed the need to prove fault and instead required there be merely proof of a causal link between a defect in the product and the damage suffered. In many ways it fell into a well-known tort law approach of making those in control of potentially dangerous things liable under a strict liability standard.[7]

Strict liability is not the same as absolute liability. Liability does not ensue merely because a product causes harm.[8] The injury must be linked to a defect. Herein lies the nub of the problem, what is the essence of the defect and to what extent can it be established by solely focusing on the condition of the product without bringing into play producer conduct and thereby risking collapsing back into a fault/negligence type analysis. This problem is most extreme in the majority of member states that have included the optional development risks defence which focuses on the ability of the producer to have discovered the defect given the prevailing state of scientific and technical knowledge. The existence of this distinct defence should mean such considerations are excluded from consideration when establishing defect, but the ultimate question of liability comprises a finding of defectiveness and non-availability of a range of defences, of which the development risks defence is only one.[9]

Fixing a mid-point between fault and absolute liability premised on a strict liability standard of defectiveness is challenging. Leading common law scholars have challenged the coherency of the Directive's defectiveness standard.[10] It provides that a product is defective if it does not provide the safety which a person is entitled to expect. This is indeed circular[11] as it

6 *Teff/Munroe*, Thalidomide: The Legal Aftermath (Saxon House, 1976). Germany responded earlier than the Directive with a specific liability regime for medicines in its Medicines Act 1976.

7 Pre-Donoghue v Stevenson cases in the UK had foreseen liability independent of contract for 'articles dangerous in themselves': see *Longmeid v Holliday* (1851) 6 Ex 761 and *Dominion Natural Gas Co. Ltd. V Collins & Perkins* [1909] AC 640. In French law manufacturers were seen as remaining liable for the intrinsic dangerous qualities of their products under art. 1384.1. See also *Honoré*, 'Responsibility and Luck: The Moral Basis of Strict Liability' (1988) 104 LQR 530.

8 See Australian Law Reform Commission Report No. 51, *Product Liability*.

9 Art. 7.

10 *Stapleton*, Product Liability (Butterworths, 1994); *Stapleton*, 'Products Liability Reform – Real or Illusory' (1986) 6 OJLS 392 and C. Newdick, 'The Future of Negligence in Product Liability' (1987) 104 LQR 288.

11 *Stapleton*, Product Liability (Butterworths, 1994) .

provides few clues to what level of safety one can be entitled to expect. Moreover, the standard can be criticised as inefficient if it imposes liability in situations where the precautions are not justified under a cost benefit analysis[12] and can be challenged for setting a standard that it is impossible to meet as it is not possible to know what more can be done to avoid liability. Remember the defectiveness standard itself, as discussed above, may imply liability for development risks if it is accepted that the presence of the defence suggests such risks would otherwise fall within the defectiveness standard. These may all be valid criticisms, but equally it is clear that there is a new standard in play that is stricter than fault or negligence. This is evident from decisions in the UK,[13] other member states[14] and the Court of Justice of the European Union.[15] There may be a case for reforming the standards or adopting some alternative approach such as no fault liability. However, whilst the Directive's standard remains the legal base of liability there is a need to find a way to give it a sensible interpretation that recognises that it is distinct from negligence and more protective.

Previously, several years ago, in a conference co-organised with Reiner Schulze, I sought to find a way to explain the new approach in a way that avoided these criticisms.[16] The general thrust of the argument was that the defect should not be viewed as necessarily involving anything wrong with the condition of the product or the conduct of the producer, but rather be based on the defeating of expectations. Failing to meet these expectations was in itself the defect. This might arise in several ways. It might be because the product had a manufacturing defect and so did not behave as expected had the product been in conformity with the design. It could be that the design itself failed to offer the safety expected and this assessment

12 *Owen*, 'Product Liability: Principles of Justice for the 21st Century' (1990) and 'The Moral Foundation of products Liability Law: Towards First Principles' (1993) 68 Notre Dame L Rev 429.

13 *A v National Blood Authority*, [2001] 3 All ER 289.

14 Examples might be the Tribunal de Grande Instance, Aix –en-Provence, decision of 2 October 2001 that a glass fire window was defective because it exploded unexpectedly, the Court of Appeal Toulouse decision of 7 November 2000 that a car tyre that burst for no reason was defective and the Austrian Supreme Court (OGH 22. 10. 2002 10 Ob 98/02p) finding that a coffee machine that simply blew up was defective.

15 *Boston Scientific v AOK Sachsen –Anhalt Gesundheitskasse*, Case C503/13 00; *NW v Sanofi Pasteur*, C-621/15 [2018] 1 C.M.L.R. 16.

16 *Howells*, 'Information obligations and product liability – a game of Russian Roulette?', in: Howells/Janssen/Schulze (eds.), Information Rights and Obligations – A challenge for party autonomy and transactional fairness (Ashgate, 2005).

could take account of the product's presentation, which includes instructions and warnings. It might also be that the presentation of the product raised expectations of safety to an extent beyond that normally achievable by such products and that heightened expectation could of itself be the basis for a finding of defectiveness. Defect could therefore be seen as amounting to the failure of the product to fulfil legitimate expectations.

Legitimate expectations has been advocated as a general principle for consumer law.[17] It seeks to combine a market based approach so that the well informed consumer can have his expectations fulfilled, but only to the extent that these are legitimate and reasonable. Consumers cannot have unrealistic expectations and traders should have the ability to fashion their offer so that consumers understand the bargain they are striking and have expectations in line with the bargain. In more recent times behavioural economics has come to the fore and explained how consumers can be manipulated by the manner in which the information is presented.[18] Indeed businesses may have a commercial imperative to manipulate consumers.[19] If others use such techniques, but they do not, producers will be at a competitive disadvantage. This would seem to imply that a fair system should take care to control the freedom suppliers have to present risks so that consumers gain a clear understanding of the bargain they are striking. The impact of marketing can run in both directions – the presentation of the product can both raise and lower consumer expectations. In some circumstances traders by careful marketing may be able to play up the benefits and give consumers confidence in their product and yet still present the risks in a way that immunises them from liability as consumers either accept them or liability exposure is reduced by the use of careful warnings or detail in the documentation. Traders therefore benefit from consumers desiring their product, but become insulated from the risks which become socially accepted. This may be legitimate, but the fear is that there may be occasions where such defences are too readily accepted because of routinized warnings that fail to allow the consumer a full understanding of the nature and extent of risks and hence the safety they should be entitled to expect.

---

17 *Micklitz*, 'Principles of Justice and the Law of the European Union' in: Paasivirta/Rissaanen (eds.), Principles of Justice and the Law of the European Union, Helsinki: University of Helsinki, Institute of International Economic Law (1995).

18 *Howells*, 'The Potential and Limits of Consumer Empowerment by Information' (2005) 32 Journal of Law and Society 349.

19 *Hanson/Kysar*, 'Taking Behaviouralism Seriously: Some Evidence of Market Manipulation' (1999) 112 Harv Law Rev 1420.

The legitimate expectations approach seemed to gain support from the judgment of Burton J in *A v National Blood Authority.*[20] This English High Court decision will be discussed before two more recent High Court cases *Wilkes v DePuy*[21] and *Gee v Depuy*[22] are commented on. They challenged the value of the legitimate expectations approach and also took a more defendant friendly approach to the process of determining defectiveness as well as on the relevance of (i) risk, benefit, avoidability and cost, (ii) provision of information to intermediaries and (iii) regulatory approval.

II. *The high water mark of legitimate expectations? A v National Blood Authority*

In *A v National Blood Authority*, Mr Justice Burton held that blood infected with Hepatitis C was defective even though at the relevant time no test could have identified the virus. The judge considered it was "inappropriate to propose that the public should not 'expect the unattainable' – in the sense of tests or precautions which are impossible – at least unless it is informed as to what is unattainable or impossible.'[23] He was keen to establish strict product liability as a principle distinct from negligence and to challenge academic assessments that strict liability was at best a form of super-negligence.[24] For him it was a test based on expectations rather than risk-utility and he preferred the term 'legitimate expectations' to 'entitled expectations', but seemed comfortable that the consumer must be entitled to those expectations.[25] He considered the judge should assess the product as 'an informed representative of the public at large.'[26]

His methodology was to first identify the harmful characteristic that caused the injury. This approach was criticised in *Wilkes v DuPuy and Gee v Depuy*, but in fact having a harmful characteristic was never solely determinative of defectiveness. At least where the consumer was aware of the

20 [2001] 3 All ER 289, see C. Hodges 'Compensating Patients' (2001) 117 LQR 528; *Howells/Mildred*, 'Infected Blood: Defect and Discoverability: A First Exposition of the EC Product Liability Directive (2002) 65 MLR 95–105.

21 [2016] EWHC 3096 (QB); [2018] Q.B. 627; [2017] 3 All ER 589.

22 [2018] EWHC 1208; [2018] 5 WLUK 394;[2018] Med. L.R. 347.

23 Para 56.

24 See *Stapleton*, Product Liability (1994); *Stapleton* 'Products Liability Reform – Real or Illusory' (1986) 6 OJLS 392 and *Newdick*, 'The Future of Negligence in Product Liability' (1987) 104 LQR 288.

25 Para 31 (vi).

26 *Bartl*, Produkthaftung nach neuem EG-*Recht* (Moderne Industrie, 1989).

harmful characteristic it was still necessary to determine whether it was socially acceptable.[27] In assessing social acceptability warnings would be important, but even warnings might not be sufficient as art 12 of the Directive prohibited limitations or exclusions of liability.[28] An important, although disputed, principle from the case was that it was not sufficient that the medical profession be informed; the public also had to be made aware of the knowledge.

Crucially, the judge decided that despite the Directive referring to all the circumstances the factors to be taken into account were in fact restricted to only the *relevant* circumstances. Naturally irrelevant factors cannot influence the assessment, but it was his view as to what was relevant that was radical. In the context of a non-standard product he argued consideration of the avoidability of the harmful characteristic, i.e. impossibility or unavoidability in relation to precautionary measures, was to be excluded. Support for this approach was based on the existence of the development risks defence, which suggested the producer should only be exonerated for such reasons only in the narrow circumstances where that defence operated. In the judge's opinion also the impracticality, cost or difficulty of taking such measures as well as the benefit to society or utility of the product were also irrelevant, except where – with full information and proper knowledge – the public does and ought to accept the risk.[29]

This was a bold judgment, but as subsequent cases revealed some question marks remained (over the test of legitimate expectations, the value of identifying the harmful characteristic at the outset and as to which factors were relevant when assessing defectiveness). In particular it should be noted the judge had invented a distinction that did not exist on the face of the Directive between non-standard/standard defects. This made it easier for him to characterise the blood that was actually infected as being defective. The approach to non-standard defects was dealt with in detail, but the discussion of the far harder questions of when standard products are defective was clearly obiter and more limited.

27 Para 70.
28 Para 65.
29 Para 68.

III. Challenging the usefulness of the legitimate expectations test

The Directive talks about the safety which "persons generally are entitled to expect". In *A v National Blood Authority*, the parties and Burton J had agreed this concerned the "legitimate expectation of persons generally". Hickinbottom J in *Wilkes v DePuy International Ltd.*[30] considered this gloss unhelpful as it risked changing the approach from one of assessing what one is legally entitled to to an analysis of expectations in a more general empirical sense. The analogous example was used of someone having a spinal operation that carried a 1 % risk of non-negligent complications. If that risk had materialized then whilst the patient might not have expected to be in the unfortunate 1 % that suffered such a complication, they cannot be said to be entitled to expect it would not happen as they had been warned about the possibility. Andrews J in *Gee v DePuy International Ltd*[31] agreed. One can agree with the judges in the later cases that as a legal test there should be no difference between legitimate and entitled expectations. Indeed, the choice of nomenclature did not seem to carry with it any real substantive significance when used in *A v National Blood Authority*. Nevertheless, whichever adjective is used one can still appreciate that at the heart of the defectiveness test is the need to establish a defeating of expectations. The conduct of the producer and the condition of the product are only circumstances that help form or defeat those expectations. In short the discussion of legitimate or entitled expectations adds little to the substantive debate. An approach that is based on the defeating of expectations can work with either a legitimate or entitled expectations test. There should no difference as what one is entitled to is what one can legitimately expect. This does not affect the central question of how to assess such expectations.

IV. Challenging the harmful characteristic approach

At the heart of Burton J's approach was a method involving first identifying the harmful characteristic and then judging in all the circumstances whether that meant the product met the safety expected. If it did not the harmful characteristic became the defect and causation was straightfor-

30 Para 70.
31 Para 95.

ward to establish. In *Wilkes v DePuy International Ltd.*[32] Hickinbotton J criticized this approach for establishing causation before defect had been proven. This need not be a damning criticism of the harmful characteristic approach. A harmful characteristic may be identified, which has clearly caused the resulting harm, but that does not mean the product should be held to be defective. Take an inherent risk in a product – sharp edge to a knife, cancer risk from tobacco, obesity risk from chocolate- all have harmful or potentially harmful characteristics that may be causally linked to damage but whether that harmful characteristic amounts to a defect may be contested. Indeed in all three of these examples the risk is probably a socially acceptable, albeit, harmful characteristic of the product.

Andrews J in *Wilkes v DePuy International Ltd.*[33] was more concerned about the impact of first establishing if there was a harmful characteristic on the process of establishing defect. Psychologists may be able to show that the impact of discussing the product in terms of its harmful characteristics may well slant the odds in favour of finding a defect as the decision-maker may well have that negative aspect to the fore of their mind. Therefore to avoid this risk it may be better to not treat the identification of the harmful characteristic as a necessary first step in a legal test, especially as Burton J conceded it may be more complex to apply that approach to standard products. However, the harmful characteristic is really no more than stating why the product fails to meet consumer expectations. Andrews J seems to throw the baby out with the bath water by not only rejecting identification of the harmful characteristic, but by going on to insist there must be something abnormal about the condition or character of the product that elevates the underlying risk that renders the product defective.[34] However, some products may have inherent risks that justify their being classed as defective and probably banned.

As in so many of these product liability cases the discussion of principle becomes intertwined with the factual context. The judges cannot resist suggesting general principles informed by the specific facts of their cases. This is the case even though Hickinbottom J and Andrews J both stressed that the test was intentionally left broad and flexible as it had to apply to a wide variety of products. The pinnacle hip litigated in *Gee v DePuy Intrenational Ltd.* was a Metal on Metal (MoM) hip and the claim was that the risk of Adverse Reaction to Metal Debris (ARMD) caused by the wearing of the

32 Para 58.

33 Paras 101-135.

34 Para 112.

two metal components was the defect because it caused the need for revisions of the hips. The MoM hip was introduced to provide longer durability than the previous models that had involved using ceramic or polyethylene components and thus had less risk of metal debris. One can fully understand that the judge wanted to avoid concluding that just because there was ARMD that necessitated some revisions this should be taken as an indication that the product was defective. This may be a necessary side effect of this design, which may nevertheless have important benefits. Particularly if these were explained to patients so they made an informed choice there may be no defect even if the product causes some harm to some consumers. However, to say that the product risk must be abnormal goes too far. There may be many products that contain risks that are not abnormal, but nevertheless may render a product defective. Even leaving to one side the issue of warnings some products simply present too high a risk to safety. Counsel for the claimants seems to have possibly appreciated this when he argued that abnormality should only be one of the relevant circumstances.[35] The defect may often lie in an abnormally high risk posed by the product, but can be due to an inherent characteristic that is not abnormal for that product. Asbestos may be a relatively non-controversial example of a product that carries a risk that is not abnormal for the product, but which does not provide the safety the public is entitled to expect. That risk is abnormal compared to other products, but for asbestos all products carry the same risk which within the range is not abnormal and can be the basis for a finding of defectiveness. Again, however, there is no need to disagree with Andrews J's conclusion that we should "move away from the concept of a 'defect' being some flaw or failing in the product, and concentrate instead on whether in all the circumstances the product meets the requisite objectively assessed safety standard."[36] However, this does not mean the causing of ARMD may not be linked to a design choice of using MoM that might in the circumstances be a defect. This might be because of improper warnings or because it is poorly designed *per se*. In particular if a particular design of MoM hip risks more ARMD that might lead to a finding of defectiveness.

The claimants' alternative contention in *Gee v DePuy International Ltd.* was that the hips were defective by comparison with revision rates on hips made with alternative substances. At the conclusion of the statistical analysis the judge found that the revision rates for the litigated hips were actual-

35 At para 118.
36 At para 108.

ly lower and so there was no material increase in risk. Several comments can be made about this. The claimants' had argued for revision as the test of defectiveness, but is that the right test? Everyone is aware that artificial hips have a finite life. You might choose a MoM hip believing it had greater durability. If your hip had to be replaced due to a factor that nobody knew about, it may still not have offered the expected safety, even if in other respects it was more durable than the alternatives. You might not have expected the need for revisions due to ARMD, for instance. Therefore in relation to ARMD the question should be whether users were adequately informed of this risk so they could make an informed choice. Also was the comparison with alternative types of hips the right comparator? Should the comparator not be with other MoM hips? If the design of these pinnacle hips gives rise to more ARMD than alternative MoM hips then even if the generic risk had been warned of the particular design might render the product defective. However, the judge actually found these hips being litigated actually had a potentially lower rate of debris than larger head MoMs.[37] Clearly, the hip litigation requires more expert knowledge to fully understand all the factual and technical nuances and the paper will continue by focusing on the general features of the liability standard. It can be accepted that elevating identifying a harmful characteristic to an essential part of the process of identifying defect is not necessary, without undermining the potential value of identifying what is considered harmful. This may be an abnormal risk, but can also be an inherent risk that is simply not socially acceptable or not properly warned about.

V. Challenging the restriction on relevant circumstances

1. Risk:benefit, avoidability and cost

Burton J was obviously right in stating that only relevant circumstances should be taken into account when assessing safety. Irrelevant circumstances obviously should not affect the determination. It is more debatable whether he was too broad in his assessment of what was relevant. In both *Wilkes* and *Gee* the approach was to be generous in allowing factors into potential consideration, although then being more cautious about when they would actually affect decisions. Risk-benefit, avoidability and even costs were considered factors that may be relevant in *Wilkes* and *Gee*, but

37 Para 134.

often might not be. This always seemed a weakness in Burton J's judgment in relation to standard products. Such factors of course will not normally be relevant where a product is non-standard. Indeed, even technical limits to quality assurance systems have not been accepted as a defence in relation to lemon products.[38] Safety, however, is often inherently many instances is a trade-off between many factors. Products will often contain risks that can potentially be justified by the benefits the product brings and which cannot be avoided or only at excessive costs. One could imagine a legal regime that made the producer the insurer of the attendant risks, but the current regime does not seem to make the producer the insurer. Instead it forces the producer to inform the consumer so that expectations of safety can be established. Whether a product undermines expectations of safety will frequently turn on whether and if so how well the risks have been warned about. It should be remembered that in *A v National Blood Authority* it was ultimately the lack of effective warning to the public of the risk of contamination that rendered the product defective.

2. *Role of learned intermediaries*

Burton J also held that warnings supplied to learned intermediaries were not relevant. This was relatively easy for him to find given that blood was often supplied in situations where the hospital was not able to consult the patient, perhaps because they were unconscious from an accident. Where products are selected with the assistance of a professional, as in the case of hip replacements, information and warnings supplied to the doctors seem to be relevant circumstances.

3. *Compliance with standards and regulations*

There was also a willingness in *Wilkes* and *Gee* to take compliance with standards and regulations into account. As Andrews J noted this was easier to do in *Wilkes* where the issue concerned was directly addressed in the standard, than in *Gee* where the state of science was such that it was impossible to set product specification in relation to ARMD.[39] One can understand the temptation to use standards and regulations as a proxy for what

---

38 German Supreme Court Mineral Water Bottle case: [1995] NJW 2162.
39 Para 176-178.

the public is entitled to expect. However, this depends upon the faith you have in the regulatory systems. Both the general structure of medical device regulation in Europe and their application to metal on metal implants have been criticised.[40] In her defence Andrews J would probably say these criticisms would potentially affect the weight given to the approvals. Though there is a risk that criticisms of the established system may be downplayed and hard to demonstrate in a litigation where the court is simply likely to view it as the prevailing politically accepted system. Fundamentally, though it would be preferable if instead of the fact of approval being relevant, the evidence that the authorities relied on was presented and tested to inform the judicial decision-making. The regulator's determination should not be a surrogate for judicial determination.

So far we have agreed that legitimate expectations and harmful characteristics need not be key elements within the process of defining defect, but have baulked at the requirement for establishing an abnormality. The requirement of abnormality would seem to take us back to needing to find something wrong with the condition of the product, rather than focusing on the defeating of expectations of safety as the basis for a finding of defectiveness. We have also seen that potentially a wide range of factors should be taken into account, but have argued that those excluded by Burton J should be handled with great caution. Hickinbotton J and Andrews J give the same cautionary note, but their tone seems rather sympathetic to defendant arguments.

VI. Defeating expectations of safety – the pivotal role of warnings

Expectations of safety can be defeated in several ways. Most obviously this is where there is a flaw in the product, meaning the defect arises from the non-standard nature of the product. The design of the product can also be so poor that the product is less safe than expected. However, many designs attempt to fairly balance risks and benefits and then the expectations of the product turn on the instructions and warnings given. Even *A v National Blood Authority* can essentially be viewed as a case of failure to warn the public so that they had no expectation that the blood was contaminated. In *Wilkes* the very risk of failure that had been warned about in the Instructions for Use (IFU) occurred and indeed relevant risk factors such as excessive weight and manual labour had been highlighted. The relevant warn-

40 *Cohen*, 'How safe are metal-on metal implants?' BMJ 2012;344:e1410.

ings in *Gee* were less helpful and were not unsurprisingly were not relied upon to any great extent. The technical documentation included statements like "full biological response to metal particles or ions is currently unknown" and "overall the biological effects of particulate or ionic metal ...are somewhat uncertain." [41]

Statements like the above seem to ask the patient to play a game of Russian roulette with no way of being properly informed about the risks. My contention is that we should be far more concerned than currently seems to be the case about how these are allowed to affect expectations and hence determinations of safety. They are far less specific than the 1 % risk of non-negligent complication from side-effect in a spinal operation discussed in *Wilkes*. They give no basis for making a fully informed choice. To allow this to be a defence risks undermining the strict liability regime. This does not deny that this may be the best warning that can be given based on current knowledge. It simply reflects that such vague statements should not be used to cushion the producer from any liability when there is a known uncertainty that cannot be adequately explained to consumers. There are at least three arguments suggesting liability should not be avoided by general, vague and uninformative statements. First, Burton J in *A v National Blood* made the point that the public should expect safety until told otherwise. Statements that are too general, however, give no opportunity to the public to understand and make a sensible calculation of the risk. The CJEU in *Commission v United Kingdom*[42] in relation to the development risks defence said the defence was not available once the risk was potentially known, even if unavoidable. The producer had then to decide whether to withdraw the product, insure or undertake further research. It did not suggest that a general statement explaining your lack of understanding would be a way to immunise yourself from liability. Comparisons can also be made with the defence of *volenti non fit injuria*, where a very clear understanding and acceptance of risk is needed. As Diplock LJ said in *Wooldridge v Sumner*[43] there must have been "full knowledge of the extent as well as the nature of the risk." It would be strange if liability could be evaded more easily under a strict liability regime than in negligence.

Second, a useful comparison might also be drawn with the standard of transparency required by CJEU case law on unfair terms. There has been considerable litigation on unfair terms about their transparency. The out-

41 Para 214.

42 Commission v UK C-300/95 [1997] ECR I-2649.

43 [1963] 2 Q.B. 43 at 69.

come is a very strict jurisprudence that requires not only that the terms be grammatically clear, but also that their impact is understandable to the average consumers. Thus foreign currency loans need to be explained so consumers understand the impact of the costs structure.[44] Energy contracts can be varied only on the basis of circumstances that consumers can predict.[45] It would be strange if a lesser standard of transparency were applied when the consumer's physical safety is at issue.

Warnings have an important role. Under the Directive's regime producers should be able to market without fear of liability products that are beneficial, but contain socially acceptable risks, so long as the users are clearly informed of those risks so they can make an informed choice whether to accept them. But the warnings need to be specific and clear if they are to establish reduced safety expectations.

More generally, account needs to be taken of the lessons from behavioural economics. The warnings must not be framed in ways that encourage consumers to downplay risks. There are various psychological factors that producers can manipulate to have the double effect of giving consumers confidence in their product whilst avoiding liability for risks that are rendered socially acceptable. Consumers can be prone to this as they tend to anchor assessments around initial judgments and interpret information to fit it with their initial perceptions[46] and rely on real life experiences rather than statistics.[47] People also tend to be over optimistic about the chance of the risk affecting them.[48] There is a difficult issue about how to present risks, where there may be numerous risk factors in relation to the product and information overload can be a real problem.[49] Often consumers are confronted with a list of potential risks that are presented as being so small that they should not affect the decision to use the product.

---

44 *Kásler v OTP Jelzálogbank* Zrt, C-26/13, EU:C:2014:282; [2014] 2 All E.R. (Comm) 443.

45 *RWE Vertrieb AG v Verbraucherzentrale Nordrhein-Westfalen eV*, Case C-92/11, EU:C:2013:180;[2013] 3 WLUK 596; [2013] 3 C.M.L.R. 10.

46 *Lord/Ross/Lepper*, 'Biased Assimilation and Attitude Polarisation: The Effects of Prior Theories on Subsequently Considered Evidence' (1979) 37 J. of Personality and Social Psychology 2098.

47 *Jennings/Amabile/Ross*, `Informational Covariation Assessment: Data-based Versus Theory-based Judgments' in: Kahnemann/Slovic/Tversky (eds.), Judgment Under Uncertainty (CUP, 1982).

48 *Weinstein*, 'Optimistic Biases About Personal Risks' (1989) 245 Science 1232.

49 It is said that people struggle to process more than seven pieces of information at once: *Miller*, `The Magical Number Seven, Plus or Minus Two: Some Limits on Our Capacity for Processing Information' (1956) 63 Psychological Rev 81.

One might argue that such small risks could effectively be socialized into the cost of the product; but we do not seem to be there with the current Directive. A transparency requirement is a potential proxy for such liability that might at times be used to achieve justice.

VII. Conclusions

It is easy to sympathise with those who are frustrated by the lack of guidance on what defect means and the lack of a principled basis for the exposition of the strict liability principle. However, simply to state the obvious does not move us on. Empirically something has changed. Many courts have stated that that defect is distinguishable from fault. Many cases have led to liability that would not have been established under a fault based liability regime. Sometimes the reasoning is not fully explained. In several continental cases the judges seem to have accepted there must have been a defect simply because the product caused an accident in an unexpected manner.[50] Even in the common law system the judges in the recent cases of *Wilkes* and *Gee* have favoured adopting a flexible approach that is not rule bound. Personally I have argued some more certainty could be gained from guidance being given on contentious issues.[51] Some principle and structure can be given to the debate if it is accepted that the defect is in fact the defeating of expectations. In that regard the role of warnings are crucial and need to be far better scrutinized and general vague warnings not be viewed too readily as providing an escape route from liability.

The above accepts the debate taking place within the confines of the Directive. This is often described as a strict liability scheme. It is also sometimes called a no-fault liability scheme as the defect does not need to be caused by fault. However, many no-fault liability regimes seek to compensate injuries caused by activities without including additional requirements like defectiveness. The recent discussion of liability for autonomous vehicles in which no fault liability have been put forward as a possible solution is a case in point.[52] Suggestions of no fault liability are doubtless driven both by considerations of the fairness of providing compensation and wanting to promote the activity by providing a manageable means of

---

50 See fn. 14.

51 *Fairgrieve/Howells/Pilgerstorfer*, 'The Product Liability Directive: Time to Get Soft?' (2013) Journal of European Tort Law 1.

52 *Evas*, A Common EU Approach to Liability rules and Insurance for Connected and Autonomous Vehicles, (European Parliamentary Research Service, 2018).

compensating inevitable harm. Similar ideas were behind academic proposals in USA to compensate smokers,[53] though there was certainly a less benevolent attitude towards the industry. One could imagine a system that removed the defect requirement and based liability on causation,[54] although there would be a need to show the product was the real cause of the accidents and not a mere circumstance (e.g. a cut from a sharp knife should not normally lead to compensation). Such a regime is a large step beyond where we are now. It would require accepting liability for inherent risks that users had no means of controlling (e.g. risk of bleeding from aspirin would be covered, but risk of cutting from knife would not) and unknown risks. Many may consider this extension of liability as politically too radical. However, it may not be as politically unattractive as it sounds as the Foundation Rosselli study found that solutions were normally found to compensate for genuine development risks cases where liability under the Directive was excluded.[55] This would, however, require determining whether such risks fall within the commercial risk of producers or are a societal risk protected by a public scheme. Until the distant day when such a no-fault system is introduced a degree of fairness can be established by controlling the way warnings are viewed as affecting expectations and by appreciating that defectiveness is established when products that fail to meet the public's expectation of safety.

---

53 *Garner*, 'Cigarettes and Welfare Reform' (1977) 26 Emory LJ 269; *Ausness*, 'Compensation for Smoking Related Injuries: An Alternative to Strict Liability in Tort' (1990) 36 Wayne L Rev 1085; *Hanson/Kysar*, 'Taking Behaviouralism Seriously: Some Evidence of Market Manipulation' (1999) 112 Harv Law Rev 1420.

54 See Australian Law Reform Commission Report No. 51, *Product Liability* noted above.

55 *Fonazione Rosselli*, Analysis of the Economic Impact of the Development Risks Clause as provided by Directive 85/374/EEC on Liability for Defective Products, (2004) available at http://ec.europa.eu/enterprise/regulation/goods/docs/liability/2004–06-dev-risk-clause-study_en.pdf.

Machine Learning and European Product Liability

Francesco Paolo Patti

I. Introduction

Reiner Schulze is a European scholar capable of looking to the past and to the future. He deeply knows the historical foundations of European private law, participated actively to all the most important passages of its development in the last decades[1] and was one of the first scholars to devote attention to the impact on European legal systems of the so-called 'digital revolution'.[2] He quickly understood that technological changes will require precise responses by the European Union and that the new task of scholarship is discussing on the current legal framework and its possible modifications.

In this sense, one of the most striking challenges for present legal thinking are liability issues related to machine learning. The latter is an important subset of artificial intelligence which creates mathematical models of sample of data, able to effectively perform a specific task without using instructions. On the one side, machine learning has enormous potentialities and can be used to ameliorate European citizen's quality of life.[3] On the other side, as choices dictated by data processing are not predictable, machine learning poses also severe risks.

Given that machine learning implemented on robots may produce benefits to the society, it is necessary to steer producers in investing in new technologies. They need to make reference to a clear and certain legal framework in order to predict their exposure to liability. At any rate, one should also remember that an effective protection of potentially harmed people should be assured.

Among others, a sector in which machine learning will play a significant role in civil society is autonomous driving. According to predictions,

1 See *Janssen* (eds), Auf dem Weg zu einem europäischen Privatrecht. Beiträge aus 20 Jahren von Reiner Schulze, Baden-Baden 2012.

2 Cf. *Schulze/Staudenmayer*, Digital Revolution: Challenges for Contract Law in Practice, EuCML 2015, 215 ff.

3 See *Micklitz/Pałka*, Algorithms in the Service of the Civil Society, EuCML 2019, 1 ff.

new technologies should dramatically diminish the number of road accidents through the elimination of human errors.[4] Moreover, they will improve traffic flows, provide for social inclusion in rural areas and cities, and act in favour of aging and disabled persons.[5] The automation of vehicles could eventually produce additional positive changes if linked to the shared economy and to the decarbonisation of transport in pursuit of a zero-emission society.

In drafting an agenda to plan the steps to be taken in view of automated mobility, the EU Commission assumes a clear position in declaring that 'no changes are necessary as regards autonomous vehicles'.[6] The Commission believes that the still existent Motor Insurance Directive[7] and an interpretative guidance concerning the Product Liability Directive[8] are sufficient tools to tackle the evolutions in the transport sector. In the present contribution some issues related to the Product Liability Directive will be addressed, in order to evaluate the approach of the Commission.

II. AI Algorithms and Machine Learning

Before explaining how the new technology could impact on the current European legal framework, it is necessary to briefly highlight some features of machine learning. To understand the functioning of autonomous

4 According to data provided by the World Health Organization, every year over 1.2 million people die as a result of car accidents. It is stated that 90 % of accidents each year are caused by human error. The figure is at 94 % according to the Commission's report on 'Saving Lives: Boosting Car Safety in the EU', COM(2016) 787.

5 *Douma/Lari/Andersen*, The Legal Obligations, Obstacles, and Opportunities for Automated and Connected Vehicles to Improve Mobility and Access for People Unable to Drive, Mich. St. L. Rev. 2017, 75, 92–96.

6 Communication from the Commission to the European Parliament, the Council, the European Economic and Social Committee, the Committee of the Regions of 17 May 2018 'On the road to automated mobility: An EU strategy for mobility of the future', COM(2018) 283 final.

7 Directive 2009/103/EC of the European Parliament and of the Council of 16 September 2009 relating to insurance against civil liability in respect of the use of motor vehicles, and the enforcement of the obligation to insure against such liability [2009] OJ L263/11.

8 Council Directive 85/374/EEC of 25 July 1985 on the approximation of the laws, regulations and administrative provisions of the Member States concerning liability for defective products [1985] OJ L210/29.

vehicles (hereafter, 'AVs'), one has to rely on the distinction between hard-coded computer programs and machine learning.[9]

In hard-coded computer programs, the programmer manually writes a code in order to set what the system will decide in a possible scenario. For instance, it is possible to instruct the system to stop if there is a red light in front of the AV. In theory, an AI machine could work only through hard-coded programming. In practice, this seems impossible because a developer of an AV would have to write millions of lines of codes.

Therefore, there is the need that the AVs' operating systems have the ability 'to execute functions without being explicitly programmed to do so'.[10] This is the task of machine learning, which can learn from experience in processing data. An algorithm detects patterns in data and makes use of statistics and mathematical models to predict similar patterns in new data. Thus, the operating system is basically fed with data, which permit to the latter to make choices.

Of course, there are different types of machine learning, but the very central question is how to deal with a damage caused by an operating system that took a decision without being instructed to do so.[11] As it was indicated, the behaviour of the machine cannot be directly referred to the human developer. The system learns from its experience and takes decisions according to its ability to recognise data. The difficult question that arises from the technology is how to assess the liability of the manufacturer, given that the system learns on its own motion.

It should be noted that machine learning is a kind of statistical learning based on probability theorems.[12] This means, that the capacity of the system depends on the data that it receives during the training. In other words, the functioning of the algorithm is strictly connected to the size of the dataset and in order to work properly the algorithm requires hundreds of thousands of examples of relevant situations.[13] In looking to the func-

9 See *YeeFen Lim*, Autonomous Vehicles and the Law, Cheltenham, UK-Northampton, MA, 2018, 84-92.

10 Ibid. 85.

11 See *Tjong Tjin Tai*, Liability for (semi)autonomous systems: robots and algorithms, in Mak/Tjong Tjin Tai/Berlee (eds), Research Handbook on Data Science and Law, Cheltenham, UK-Northamption, MA, 2018, 55; *Koch*, Product Liability 2.0 – Mere Update or New Version?, in Lohsse/Schulze/Staudenmayer (eds), Liability for Artificial Intelligence and the Internet of Things, Baden-Baden 2019, 99, 108; *Zech*, Liability for Autonomous Systems: Tackling Specific Risks of Modern IT, ibid. 187, 189–190.

12 See *Surden*, Machine Learning and Law, 84 Washington L. Rev. 2014, 87.

13 *YeeFen Lim* (Fn. 9) 94.

tioning of machine learning it is easily understandable why testing assumes an enormous importance in the field of AVs and why car manufacturers are investing very much in AVs' driving sessions.

The absence of a driver is the most evident distinction between AVs and conventional vehicles. This leads one immediately to think that in cases of accidents involving AVs the manufacturer of the vehicle will be the liable party. Due to the ability to take autonomous decisions that the algorithms have, the issue seems to be more problematic. In general terms, even if robots and algorithms are the product of human creation, the producer or developer may be unable to predict the way in which the algorithm may respond to all possible conditions.[14] However, it appears correct to say that machine learning stays under humans' control if one considers that the ability to perform is related to the dataset and the programming and that the operating system may be constantly controlled from outside.[15]

The liability for a damage caused by a machine learning system could lay on different subjects: the manufacturer, the owner, the operator. In the following, the issue related to manufacturers will be analysed, considering that the latter is the person who creates the risk. Among the possible grounds for liability, it seems that at the present stage the application of negligence poses considerable problems, due to the absence of accepted standard of care. General standards, as the one of the 'reasonable person', are not of help in a brand new field as the one analysed here. Within the grounds of strict liability, product liability assumes a significant role,[16] also with respect to the need of fostering a harmonised set of rules in the European Union.

III. The Current European Framework and the Strategy for the Future

As is well known, under the Product Liability Directive of 1985 a product is defective when it does not provide the safety which a person is entitled to expect, taking all circumstances into account, this including the presentation of the product, the reasonable use of the product and the time when

14 *Tjong Tjin Tai* (Fn. 11) 60.

15 Ibid. 61–62.

16 See *Chagal-Feferkorn*, Am I an Algorithm or a Product? When Products Liability Should Apply to Algorithmic Decision-Makers (February 27, 2018). TPRC 46: The 46th Research Conference on Communication, Information and Internet Policy 2018. Available at SSRN: https://ssrn.com/abstract=3130675.

the product was put on the market.[17] The victim bears the burden of proof with respect to the actual damage, a defect in the product and a causal link between the damage and the defect. Even though there is not an onus to prove the manufacturer's negligence or fault, it could be hard for the victim to fulfil the aforementioned requirements.

In general terms, it is questionable whether the European product liability regime could be a useful tool to regulate AVs' accident liability. Moreover, at an institutional level it is currently discussed whether the more than thirty-years-old regime needs to be updated through a new legislative instrument that is capable of facing the more recent technological developments, also concerning the field of machine learning.[18]

In the European context, the product liability regime is at the moment being analysed in order to understand whether it could eventually cope with the rise of self-driving technologies and provide convincing solutions.[19] It is assumed that product liability will gain much more importance than in the current situation.[20] Nevertheless, within countries that impose strict liability on the owner/keeper – because of the onus of proving a defect in the product and the other elements of civil liability – it would be foolish for victims to bring a claim against the manufacturer and not against the owner/keeper.[21] In addition, compulsory insurance guarantees that damage suffered by the victim is covered.[22] In such legal systems,

17 Art. 6 Directive 85/374/EEC. See *Koch* (Fn. 11) 107–108, arguing that also for AI products a reasonable expectation about the safety can be identified.

18 The Commission has set up an expert group on liability and new technologies. The group has 2 formations. The 'product liability formation' will assist the Commission in drawing up guidance on the Directive. The 'new technologies formation' will assess the implications of emerging digital technologies for the wider liability frameworks at EU and national level. See also See *Koch* (Fn. 11) 99; *Kramer*, Liability for Robotics: Current Rules, Challenges, and the Need for Innovative Concepts, in Lohsse/Schulze/Staudenmayer (eds.), 117, 119.

19 Cf. *Gomille*, Herstellerhaftung für automatisierte Fahrzeuge, JZ 2016, 76, 77–80; *Wagner*, Produkthaftung für autonome Systeme, AcP 2017, 708, 724 ff.

20 See *Ebers*, Autonomes Fahren: Produkt und Produzentenhaftung, in: Oppermann/Stender-Vorwachs (eds), Autonomes Fahren. Rechtsfolgen, Rechtsprobleme, technische Grundlagen, München 2017, 93, 96. For the US see *Colonna*, Autonomous Cars and Tort Liability, 4 J.L. Tech. & Int. 2012, 81, 114–116; *Smith*, Automated Driving and Product Liability, Mich. St. L. Rev. 2017, 1, 30–32.

21 *Wagner*, AcP 2017, 760.

22 Ibid.

product liability could have a pivotal role only for the insurance company when it comes to seeking relief from the manufacturer.[23]

It is true that a complete shift in liability towards the manufacturer may pose a disincentive to invest in new technologies,[24] but allowing the latter to easily exempt liability may considerably impact on AI's social desirability. People need to trust in manufacturers and in the fact that they are ready to cover the unavoidable losses that will arise because of the new technologies. At any rate, it appears correct to affirm that the actual state of the art regarding product liability on a European level does not require a reduction of manufacturers' liability to boost innovation. On the other hand, it also appears correct to affirm that the already existing product liability regime could serve an important preventive effect with respect to manufacturers and induce them to take reasonable care in order to avoid defects.[25] Taking all this into consideration, when dealing with machine learning in AVs in the European context, the issue related to the Product Liability Directive should be somewhat reversed. It is not a matter of deciding whether to exempt manufacturers from liability, but to verify if the protection granted by the Directive is adequate[26] and if it provides for satisfactory incentives.[27]

---

23 See, especially in German literature, *Armbrüster*, Verantwortungsverlagerungen und Versicherungsschutz – Das Beispiel des automatisierten Fahrens, in: Gless/Seelmann (eds), Intelligente Agenten und das Recht, Baden-Baden, 2016, 205, 216–217; *Gomille*, JZ 2016, 81; Wagner, AcP 2017, 760–761; *Ebers*, in: Oppermann/Stender-Vorwachs (eds), 98.

24 *Lohmann*, Liability Issues Concerning Self-Driving Vehicles, 7 Eur. J. Risk. Reg. 2016, 335, 338; *Tjong Tjin Tai* (Fn. 11) 74: 'A disadvantage of such an approach is that this might discourage socially beneficial developments'.

25 *Wagner*, AcP 2017, 762. See also *Eidenmüller*, The Rise of Robots and the Law of Humans, ZEuP 2017, 766, 771–772, who argues that without liability the manufacturers 'would have the wrong incentives'. A different opinion is expressed in the US by *Colonna*, 4 J.L. Tech. & Int. 2012, 118 ff.

26 A possible lack of protection affects the passengers of the vehicle. As they participate in the risk of using a motor vehicle, legal systems traditionally put them in a less advantageous position than the third parties involved in accidents: see *von Bar*, The Common European Law of Torts, vol. 2, Oxford 2000, 412–414.

27 See especially *Palmerini/Bertolini*, Liability and Risk Management in Robotics, in: Schulze/Staudenmayer (eds), Digital Revolution: Challenges for Contract Law in Practice, Baden-Baden, 2016, 225, 253–254.

IV. The Product Liability Directive of 1985: An outdated piece of legislation

The Product Liability Directive of 1985 took into consideration the 'increasing technicality' and the need of 'a fair apportionment of the risks inherent in modern technological production'.[28] Nevertheless, after more than thirty years, evolutions in technology make the Directive an outdated construction incapable of tackling the fundamental problems that could arise from software embedded in AVs that operate independently in the public space.[29] As it was stated several times among legal scholars, placing the onus of proof on the victim could hinder the effectiveness of the Directive.[30] Some of the issues may be resolved through very strict safety requirements that necessarily will be enacted in order to assure an appropriate level of safety.[31] In addition, compulsory insurance would avoid the possibility of undercompensation.[32] It seems that the Product Liability Directive does not comprise an effective measure to protect injured people in the sector of AVs.[33]

Unlike other branches where the 'internet of things' is involved, there is not inadequate protection of victims due to the presence of the traffic liability regime and mandatory insurance.[34] Nevertheless, some rules con-

---

28 2nd recital of Directive 85/374/EEC.

29 *Gasser*, Fundamental and Special Questions for Autonomous Vehicles, in: Maurer/Gerdes/Lenz/Winner (eds), Autonomous Driving. Technical, Legal and Social Aspects, Berlin-Heidelberg 2016, 523, 525. See also *Davola/Pardolesi*, In viaggio col robot: verso nuovi orizzonti della r.c. auto (driverless)?, Danno e resp. 2017, 616, 627–629.

30 See Report from the Commission to the European Parliament, the Council and the European Economic and Social Committee on the Application of the Council Directive on the approximation of the laws, regulations, and administrative provisions of the Member States concerning liability for defective products (85/374/EEC) (COM(2018) 246 final): 'Overall, the Directive can be considered to contribute to a reasonable balance between protecting those who suffer injury and ensuring fair competition on the single market. However, some of the Directive's concepts require guidance and/or clarification as they hamper the effectiveness of the Directive. In particular, a better common understanding of what is meant by 'product', 'damage' and 'defect' as well as clarifications on the burden of proof would render the Directive's application more effective'.

31 *YeeFen Lim* (Fn. 9) 109–110; *Tjong Tjin Tai* (Fn. 11) 76.

32 See above Fn. 7.

33 From a comparative law perspective, see *Micklitz/Saumier* (eds), Enforcement and Effectiveness of Consumer Law, Berlin-Heidelberg 2018.

34 *Teubner*, Digitale Rechtssubjekte? Zum privatrechtlichen Status autonomer Softwareagenten, AcP 2018, 155, 159. On the same issue, see also *Wendehorst*, Consumer Contracts and the Internet of Things, in: Schulze/Staudenmayer (eds), 189,

tained in the Product Liability Directive pose serious concerns with respect to the protection of injured parties and can be analysed to point out problems that, generally speaking, may arise with machine learning systems.

First of all, it appears difficult to accept that, given the possibility of updating the software, a product cannot be considered defective for the sole reason that a better product is subsequently put into circulation.[35] In addition, it seems quite easy for the manufacturer to escape liability by proving that, 'having regard to the circumstances, it is probable that the defect which caused the damage did not exist at the time when the product was put into circulation by him or that this defect came into being afterwards'[36] or that 'the state of scientific and technical knowledge at the time when he put the product into circulation was not such as to enable the existence of the defect to be discovered'.[37]

In the long run, a modification or a clarification of the rules will be needed in order to assess with a higher degree of certainty when the manufacturer is liable for a choice that was taken by a computer through a machine learning system. A detailed analysis of all the issues related to product liability would be beyond the scope of the present contribution. It nevertheless seems of interest to analyse some of the issues that recently were discussed with respect to the liability of AV manufacturers.

V. *Some Proposals for Possible Amendments*

In the following sections, three examples of possible interventions on a European level will be presented in respect of AV liability issues: first, a case in which there is a need to eliminate a provision; second, a case in which a consistent interpretation of an existing provision is needed; third, a case in which it is necessary to add a provision.

195–196, who refers to a 'dispersion of responsibility'. See also *Kryla-Cudna*, Consumer contracts and the Internet of Things, in: Mak/Tjong Tjin Tai/Berlee (eds), 83, 105–106.

35 Art. 6(2) Directive 85/374/EEC.

36 Art. 7(b) Directive 85/374/EEC. See *Straetmans/Verhoeven*, Product Liability Directive, in: Machnikowski (ed.), European Product Liability. An Analysis of the State of the Art in the Era of New Technologies, Cambridge-Antwerp-Portland 2016, 40, 60–61.

37 Art. 7(e) Directive 85/374/EEC.

1. *The Development Risk Defence*

Through what has been termed the 'development risk defence',[38] the Product Liability Directive provides that a producer is exonerated from liability if the state a producer bears no liability if the state of scientific and technical knowledge at the time in which the product was put into circulation was insufficient to uncover the defect. [39]

The presence of the provision inspired significant disagreement among Member States during the procedure that led to the enactment of the Directive.[40] The difficulties in finding an agreement led to the possibility of omitting the rule in implementing the Directive.[41] The aim of the exoneration ground is clear: manufacturers should not be deterred from investing in new products and technological innovation. Nevertheless, the final wording of the provision adopted by the EU lawmakers raised some doubts. In fact, commentators had to tackle the unsolved issue of whether the exoneration applied only for absolute undiscoverability or also for a mere undiscoverability by reasonable means. The latter interpretation is problematic because it substantially resembles the fault requirement that, in theory, was abandoned by the Directive. The ECJ could not definitively solve the issue but expressly declared that the rule refers to the 'objective state of scientific and technical knowledge, including the most advanced level of such knowledge, without any restriction as to the industrial sector concerned'.[42] Apart from the different opinions that may exist on its interpretation, it is undisputable that the practical significance of the rule is to shift the risk of injury caused by a new technology onto the victim and not onto the manufacturer 'who reaps the benefits of distributing the product'.[43]

---

38 *Machnikowski*, Product Liability Directive, in: Id. (ed.), 62, 77–79.

39 Art. 7(e) Directive 85/374/EEC.

40 *Mildred*, The development risks defence, in: Fairgrieve (ed.), Product Liability in Comparative Perspective, Cambridge 2005, 167.

41 Art. 15 (1)(b) Directive 85/374/EEC: 'Each Member State may: ... (b) by way of derogation from Article 7 (e), maintain or, subject to the procedure set out in paragraph 2 of this Article, provide in this legislation that the producer shall be liable even if he proves that the state of scientific and technical knowledge at the time when he put the product into circulation was not such as to enable the existence of a defect to be discovered'.

42 ECJ Case C-300/95, *Commission v United Kingdom* [1997] ECR I-2649, paras 26–29. For a very in-depth analysis of the judgment, see *Whittaker*, Liability for Products. English Law, French Law, and European Harmonisation, Oxford 2005, 495–502.

43 *Machnikowski*, in Id. (ed.), 78.

There is poor case law on the legal meaning of the defence,[44] but its practical significance could dramatically increase due to the development of technology. Autonomous systems which rely on choices determined by algorithms pose serious concerns as regards the ground of exemption. The systems adopt autonomous decisions that could be wrong and cause harm also if the manufacturer has fulfilled the required safety duties.[45] It is questionable whether in the future it would be a suitable solution to wholly eliminate the development risk defence the described type of systems.[46] AV manufacturers should at any rate not escape liability if the state of scientific and technical knowledge at the time when the AV was put into circulation was not yet advanced enough to allow for the delegation of the behaviour at issue to algorithmic decision. Every decision taken by the software that amounts to a defect, i.e. that does not entail the safety which a person is entitled to expect,[47] should trigger strict liability. As it is, single Member States, due to the option provided by the Product Liability Directive, could adopt such a measure with reference to AV manufactures.[48] However, especially to assure competition in the single market and a high level of protection for the victims, it seems preferable to exclude the development risk defence by means of a European legislative intervention.

2. *How to Discover a Defect in the Design*

The more important difference between conventional vehicles and AVs is that crashes involving the latter could be caused by the hardware and software components of the operating system.[49] In tackling the problems of AVs, it is useful to adopt the Anglo-American distinction between different types of defects, namely 'manufacturing defects' and 'design defects'.[50]

In its recent communication, the EU Commission has proposed that AVs be fitted with data recorders in order to clarify who was driving dur-

44 *Mildred*, in: Fairgrieve (ed.), 170 ff.

45 *Teubner*, AcP 2018, 190.

46 *YeeFen Lim* (Fn. 9) 108.

47 See below V.2.

48 With regard to the French legal system, see *Andreu/Dubois/Dugue/Knetsch/Lequette/Netter*, Des voitures autonomes. Une offre de loi, Paris 2018, 108–109.

49 *Geistfeld*, The Regulatory Sweet Spot for Autonomous Vehicles, 53 Wake Forest L. Rev. 2018, 337, 354–357.

50 *Stapleton*, Bugs in Anglo-American products liability, in: Fairgrieve (ed.), 295, 300–302; *Green/Cardi*, United States of America, in: Machnikowski (ed.), 575, 585–589.

ing an accident, namely the software or the driver.[51] Additionally, the EU Parliament has indicated the need for clear legislation obligating the installation of event data recorders 'in order to clarify and enable the tackling, as soon as possible, of issues of liability'.[52] The importance of data recording must be stressed because such recording would make it possible to understand *ex post* what events actually caused the damage, which is a decisive issue for the attribution of liability. Where a full automation level has been engaged,[53] it can be assumed that passengers do not devote attention to what happens on the road, and in the event of an accident they would not be able to reconstruct the events that led to the damage.[54]

Assuming that by means of track recording it will be possible to demonstrate the events that led to an accident, an additional important issue remains: was the accident caused by a defect? In this respect, difficult questions arise with regard to the qualification of a design defect in cases in which the AVs operating system is fully functioning. How can one assess the existence of a defect in the design? Is an incorrect decision made by the software that drives the vehicle enough to consider the AV defective? Can a crash be considered a proof of defective design?

On these issues, an article recently published by US author Mark Geistfeld attempted to apply settled product liability doctrines to AVs in order to outline a roadmap for future regulation.[55] The starting point of the examination is the fact that 'AVs will transform the individualized behaviour of human drivers into a collective, systematized form of driving'.[56] A single driver, the software, will have the capacity to drive an entire fleet of AVs and determine their movements. Another important assumption of the analysed study is that the AV's operating system will be designed in a manner that is not completely safe.[57] Users will also have to accept a certain

51 'On the road to automated mobility: An EU strategy for mobility of the future', COM(2018) 283 final (Fn. 6) 10.

52 European Parliament 2014-2019 Committee on Transport and Tourism 2018/2089(INI) of 20.7.2018 'on autonomous driving in European transport' (2018/2089(INI)).

53 Reference is made to the criteria provided by the Society of Automotive Engineers (SAE): Level 5 describes a System that 'can cope with all situations automatically during the entire journey. No driver required'.

54 *Lutz*, Automatisiertes Fahren, Dashcams und die Speicherung beweisrelevanter Daten, Baden-Baden 2017, 29.

55 *Geistfeld*, A Roadmap for Autonomous Vehicles: State Tort Liability, Automobile Insurance, and Federal Safety Regulation, 105 Calif. L. Rev. 2017, 1611.

56 Ibid 1632 ff.

57 Ibid 1635.

risk when deciding to be transported by an AV and, of course, they must be warned from the manufacturers about the inherent safety risks related to AVs.

In this future scenario, premarket testing plays an important role and permits detection of whether an AV fulfils the required safety expectation. In particular, it is proposed that the manufacturer would be providing a safe design if the aggregate premarket testing data shows that the fleet of fully functioning autonomous vehicles performs at least twice as safely as conventional vehicles.[58] To avoid liability for AV crashes, a manufacturer who respects the indicated safety benchmark must only adequately warn consumers about this inherent risk.[59] In Geistfeld's contribution, Waymo was chosen as a reliable premarket testing example.[60] AV operating systems are learning machines that through testing acquire experience in order to prevent accidents. It is further argued that AV crashes are substantially different than those caused by humans.[61] An AV could encounter difficulties in what are termed 'corner cases', very peculiar scenarios that were not addressed during the premarket testing.[62]

Taking into consideration all the listed features of AVs, it is contended that in order to ascertain the presence of a design defect in an AV which has been involved in a crash caused by the AV's fully functioning operating system, an overall assessment of the systemised driving should be made through performance data for the fleet, regardless of the particular circumstances of the crash.[63] In other words, one has to consider whether the fleet fulfils the safety requirements independent of what happened in the particular case because AVs do not act as humans and their behaviour depends on an operating system which is embedded in an entire fleet of vehicles.

---

58 Ibid 1651–1652. The above-mentioned parameter is based on a risk-utility test.

59 Ibid 1654 ff. The author further explains that on the basis of this data, auto insurers can establish the risk-adjusted annual premium for insuring the vehicle. Through the disclosure of such a premium to the consumers, the manufacturer would satisfy its obligation to warn of the inherent risk of crash, 'eliminating this final source of manufacturer liability for crashes caused by a fully functioning autonomous vehicle'.

60 For an explanation of the premarket testing techniques currently used by Waymo, see *Hawkins*, Inside Waymo's strategy to grow the best brains for self-driving cars. The Google spinoff has a head start in AI, but can they maintain the lead?, *The Verge*, 9 May 2018, available at https://www.theverge.com/2018/5/9/17307156/google-waymo-driverless-cars-deep-learning-neural-net interview.

61 *Geistfeld*, 105 Calif. L. Rev. 2017, 1651.

62 *Lipson/Kurman*, Intelligent Cars and the Road Ahead, Cambridge, MA 2016, 5.

63 Ibid.

This means that respecting the safety rate previously specified (i.e. half the accidents of conventional vehicles) would permit escape from liability (if the consumer was properly informed of the product's inherent risks) no matter what the circumstances of the accident were.

It is clear that the liability test depends on the way in which courts will formulate the expectation of how a fully functioning operating system should execute the dynamic driving task. The above discourse has a strong impact on the standards that have to be taken into consideration in evaluating the safety expectations of the users. According to the described view, it is wrong to compare the behaviour of a single AV with that of a hypothetical reasonable human driver facing the same traffic situation (referred to as the 'anthropocentric standard'[64]). The safety expectation must be assessed with the overall data concerning the fleet (i.e. the total number of crashes over a certain period of time).

In the absence of clear rules concerning the safety expectations in product liability,[65] the theory has gained approving support by a European scholar.[66] Nevertheless, it does not seem to be acceptable, at least in the near future when AVs are going to operate together with conventional vehicles. Not focusing on the circumstances of the crash means accepting the possibility that an AV's manufacturer will elude liability even if in the individual circumstances the vehicle causes a crash that a human could easily avoid. For instance, in the case that involved a Tesla in Florida, the operating system confused a tractor-trailer with a lit sky and failed to apply the brakes.[67] It is indisputable that a human concentrating on the driving task would have had the capacity to prevent the crash. Rejecting the manufacturer's liability in such a case would be an unacceptable outcome, even if the operating system's data shows that the accident's rate respects the aforementioned level of safety. Here, the software replaces human be-

64 *Teubner*, AcP 2018, 164–165.

65 Cf. Art. 6 (1) 85/374/EEC: '1. A product is defective when it does not provide the safety which a person is entitled to expect, taking all circumstances into account, including: (a) the presentation of the product; (b) the use to which it could reasonably be expected that the product would be put; (c) the time when the product was put into circulation'.

66 *Wagner*, AcP 2017, 733 ff. See also *Zech* (Fn. 11) 196–197.

67 Tesla declared that 'the vehicle was on a divided highway with Autopilot engaged when a tractor trailer drove across the highway perpendicular to the Model S. Neither Autopilot nor the driver noticed the white side of the tractor trailer against a brightly lit sky, so the brake was not applied': The Tesla Team, A Tragic Loss (June 30, 2016), available at https://www.tesla.com/blog/tragic-loss. For further analysis, see *YeeFen Lim* (Fn. 9), 33–50.

haviour and, therefore, reasonable human behaviour is the first reference to be taken into consideration as a minimum safety standard that must be fulfilled by the operating system.[68] It does not mean that statistics are not a viable way to assess the safety expectations, but account should be given to data only if it is demonstrated that a reasonable human driver could not have avoided the crash. In reality, the suggested assessment of liability based on accident rates similarly entails a comparison between human behaviour, expressed by the accident rate of a group of drivers, and the AVs' fleet behaviour, expressed by a different accident rate. The distinction does not have a qualitative nature, but only a quantitative nature. In a period in which it is certain that AVs and conventional vehicles are going to be subject to the same traffic rules, it does not therefore seem appropriate to omit a focus on the specific accident and a comparison of the individual AV's response with that of a hypothetical human driver. This is particularly important for reasons of deterrence. Liability could more strongly induce manufacturers to learn from their mistakes and to improve or update their systems.

The indicated minimum standard of the reasonable human will not remain applicable forever. In the future, in a context where only linked AVs will circulate on the roads, traffic will look completely different than it is now. For instance, it can be expected that traffic lights will disappear, given that all the vehicles will be able to calculate the movements of other vehicles and decelerate or accelerate as needed in road intersections.[69] In such a future scenario, the hypothetical behaviour of a human driver will only be an historical artefact useless for resolving issues of liability. Instead, the benchmark in order to assess the presence of a defect could predominantly be based on data related to the performances of different AV operating systems.[70]

---

68 *Teubner*, AcP 2018, 194: 'Anfangs wird sich das Rechtswidrigkeitsurteil an den Fähigkeiten menschlicher Akteure orientieren. Das aber ist nur der Minimalstandard, der stets einzuhalten ist'.

69 *Smith*, MIT thinks it can create a world without traffic lights, *BGR*, 18 March 18 2016: https://bgr.com/2016/03/18/mit-smart-intersection-traffic-lights/. With respect to smart traffic, engineers are currently working on new solutions built upon slot-based systems similar to those commonly used in aerial traffic: se in particular *Tachet/Santi/Sobolevsky/Reyes-Castro/ Frazzoli/Helbing* et al., Revisiting Street Intersections Using Slot-Based Systems, 11(3) *PLoS ONE* 2016: https://doi.org/10.1371/journal.pone.0149607.

70 See *Wagner*, AcP 2017, 735–737 and 764–765.

3. *A Duty to 'Observe' the Product*

The type of product under examination makes it difficult to accept the applicability of the rule contained in the Product Liability Directive, according to which a product is not to be considered defective for the sole reason that a better product is subsequently put into circulation.[71] Beginning with the ways to assess the defectiveness of the product, the Directive focuses on the moment when the product is put into circulation as the relevant point in time.[72] This characteristic does not fit with a deep learning operating system such as the one embedded in AVs. Such a technology is able to learn from mistakes and to ameliorate its performances through experience. It is possible that shortcomings in the functioning of the AVs could come to light only after the product is put into circulation. If this were the case, it would be advisable for manufacturers to react in order to fix the previously unknown problem with respect to the entire fleet of AVs. In other words, where it is possible to align a product with the safety level of products subsequently put into circulation through a mere update of the software, it must be done.

It is arguable that in cases of risks for passengers and bystanders, the manufacturers' policy would be to recall the AVs and fix the problem anyways. However, due to the inherent risks, it would be better to provide for a specific 'observation duty' extended to the entire fleet of autonomous vehicles. Observation duties on products are known to some legal systems,[73] as for instance in Germany, where pursuant to rulings of the Federal Court manufacturers have a duty towards the community to observe their products and detect potential damaging features and inform themselves of risks deriving from usage.[74] It is observed that the AVs' manufacturers will easily have the opportunity to control the functioning of their connected operating systems and that the duty to observe will therefore be strictly evaluated.[75] The problem is to understand what exactly the manufacturers' duties are when a situation of risk is detected. Should they merely warn the users about the risks, or is a positive action required? The German Federal Court

---

71 Art. 6(2) Directive 85/374/EEC.

72 On the notion of defect, see also Art. 6 (1) (c) 85/374/EEC.

73 See, with regard to US, German and French Law, *Borghetti*, La responsabilité du fait des produits. Étude de droit compare, Paris 2004, 79–80, 132–134, 331–333.

74 On the so-called 'Produktbeobachtungspflichten', see *Gomille*, JZ 2016, 79–80; *Wagner*, AcP 2017, 750–751; *Ebers*, in: Oppermann/Stender-Vorwachs (eds), 112–113.

75 *Gomille*, JZ 2016, 80; *Wagner*, AcP 2017, 750.

has been reluctant in imposing more than a duty to warn.[76] This is predominantly due to the high costs associated with the recall of products and modification of their design. Things may be different with AVs, given that very good results could be achieved through simple updates of the software.[77] It seems that an 'observation duty' should be regulated at a European level in order to avoid inconsistencies between Member States' laws that could impair competition in the single market and yield imbalances in the level of protection.

The observation duty would be of special importance also to avoid effects that could be detrimental to the development of technology. As it well known, the ECJ has ruled that 'where it is found that products belonging to the same group or forming part of the same production series, such as pacemakers and implantable cardioverter defibrillators, have a potential defect, such a product may be classified as defective without there being any need to establish that that product has such a defect'.[78] Even if AVs could entail great risks for the personal safety of the involved people, it seems wrong to automatically extend the assessment of defectiveness to an entire fleet. The ECJ judgment scrutinised a very peculiar product that is difficult to inspect, and therefore one has to be careful in extending the reasoning to other products.[79] At any rate, to avoid any uncertainty on the issue it seems worthwhile to clarify that the occurrence of a single accident, caused by a design defect, does not necessarily imply the defectiveness of the entire fleet which has embedded the same operating system. In these cases, the fulfilment of the observation duty and, potentially, an update of the software could be sufficient to protect against liability.

VI. *Conclusive Remarks*

Machine learning entail a disruptive technology that will grossly impact the behaviour of market actors. At this stage, the task of product liability is

76 *Wagner*, AcP 2017, 754–755.

77 *Wagner*, AcP 2017, 754–755.

78 CJEU Joined Cases C-503/13 and C-504/13, *Boston Scientific Medizintechnik GmbH v AOK Sachsen-Anhalt. Die Gesundheitskasse, Betriebskrankenkasse RWE*, ECLI:EU:C:2015:148.

79 Cf *Janssen*, Die Produkthaftungsrichtlinie von der Wiederbelebung?, GPR 2015, 236, 237; *Straetmans/Verhoeven*, in: Machnikowski (ed.), 56.

to provide the right incentives in order to balance the aim of promoting innovation alongside the need to protect people from injuries.[80]

In the field of AVs, immediate and radical changes in the legal framework would provoke a substantial limitation on individual motorised mobility. In this field, a step-by-step approach is called for. People need to gradually change their habits and acquire confidence in the new technology. The task of private law is to foster – and not hinder – technological evolutions that could be beneficial to society while at the same time avoiding undercompensation.

Against this background, the Product Liability Directive should be amended in order to provide adequate solutions in accordance with technological change. It is clear that there is not a need to change the rules in order to boost innovation.[81] The Directive contains provisions that, in the light of machine learning's features, could easily let the manufacturers elude liability. This has the positive effect of not hindering innovation, but some minor adjustments are needed in order to produce a sufficient level of deterrence.

With regard to the matters discussed in the present contribution, it seems necessary to eliminate the development risk defence. Moreover, a specific interpretation of the design defect must be elaborated in advance in order to know with certainty just when an AI machine with a fully functioning operating system can be considered defective in the event of a crash. Undeniably, accidents will not disappear; subsequent to the launch of AVs it seems correct to refer to the behaviour of a reasonable driver as a kind of minimum standard of expected safety when attempting to ascertain a design defect. A comparison between the accident rate of conventional vehicles and the accident rate of a particular fleet of AVs could be used as an additional parameter in cases where the minimum standard is fulfilled.

With respect to the 'strategy' for the future, the difficult challenges of the new technologies seem insufficiently tackled by the 'soft approach' adopted by European institutions. The existing EU law represents only the starting point, namely a set of rules that grant full compensation and do not prevent technological development. Discussions held within national jurisdictions show that the establishment of a consistent system of liability

80 On market regulation through tort law, see especially *von Hein*, Marktregulierung durch Deliktsrecht – Zukunftsperspektiven der Rechtsvergleichung, in: Zimmermann (ed), Zukunftsperspektiven der Rechtsvergleichung, Tübingen 2016, 223, 234 ff.

81 See also *Palmerini/Bertolini* (Fn. 27) 249–250.

for AVs at a European level is far from being reached. Only comparative and interdisciplinary research by European scholars may provide for the construction of a complete legal framework capable of competing in the global context. In this sense, the research projects started by Reiner Schulze in the last years represent a model to be followed for future generations.

Unfair Contracts in European Contract Law

Stefano Delle Monache

I. Contractual freedom as a main principle of contract law

There is no denying that 'freedom of contract' is a main principle of contract law.[1]

Generally speaking, the parties are in the best position to decide about their own interests and consequently should be allowed to enter into contracts as they please.[2] On this basis, freedom of contract is recognized in all European legal systems '*as an essential part of the liberal politics of* laissez-faire'.[3]

Nonetheless, the principle involves several distinct freedoms,[4] as now indicated by the new art. 1102 of the French Code (*Code civil*),[5] a provision at the top of the '*hiérarchie des valeurs*' expressed by the legislator.[6] More precisely, the contractual parties are free to: contract or not; choose the other party; determine the form and the content of the contract; determine the law applicable to the contract.[7]

---

1 See *Weller*, Die Vertragstreue, Tübingen, 2009, p. 153, who refers to *Vertragsfreiheit* as the most important cornerstone of private autonomy.

2 See again *Weller*, p. 155: '[*Vertragsfreiheit*] *fuß auf der … Annahme, jeder Mensch könne seine Bedürfnisse und Interesse am besten selbst beurteilen, verfolgen und realisieren*'.

3 *Smits*, Contract Law, A comparative introduction, Cheltenham-Northampton, 2014, p. 10.

4 In the Spanish literature, *Díez/Picazo*, Fundamentos del derecho civil patrimonial[6], I, Cizur Menor, 2007, p. 155.

5 *Helleringer*, The Anatomy of the New French Law of Contract, European Review of Contract Law 2017, p. 361-362; *Mekki*, Les principes généraux du droit des contrats au sein du projet d'ordonnance portant sur la réforme du droit des obligations, *Recueil Dalloz* 2015, p. 820-821. See also *Pérès*, La liberté contractuelle et l'ordre public dans le projet de réforme du droit des contrats de la chancellerie, Recueil Dalloz, 2009, p. 381 et seq.

6 *Deshayes/Genicon/Laithier*, Réforme du droit des contrats, du régime général et de la preuve des obligations. Commentaire article par article, Paris, 2016, p. 45.

7 With reference to the Proposal for a Regulation on a Common European Sales Law (CESL), see *Schulze/Zoll*, European contract law, Baden-Baden, 2016, p. 72: 'The ability to choose the optional European sales law is a particular form of expressing the principle of party autonomy'.

Of the different aspects of this principle, it is the freedom to choose the content of the contract that currently raises the most complex questions and constitutes the core of academic interest.[8]

Allow me to put it in simple terms by reviewing the perspective of the Italian legal system, as interpreted by the traditional doctrine:

1. the parties – art. 1322 c.c. – are free to determine the content of the contract at will, but within the mandatory limits provided for by the law;
2. rescission is available in case of exploitation of the other party's economic difficulties, provided that the performance of this party is worth more than twice the amount he or she is to receive (*laesio enormis*);
3. the discipline about flaws that invalidate the contract appears to be rather strict: in particular, relevant mistakes are the only ones specifically considered by the law, on the basis of a case-by-case approach;
4. furthermore, the legislator seems to identify the concept of 'Deceit' as a positive conduct capable of misleading a party to the advantage of the other;
5. general clauses such as public policy and immorality, although indicated as limits to private autonomy, are rarely recalled by judges in order to declare a contract void.

In this context, it would be easy to conclude that the contract entered into by the parties is binding regardless of its contents, and especially regardless of the possible existence of a mismatch between the two performances,[9] except whenever a specific flaw occurs, namely one of the flaws that the legislator indicates as capable of rendering a contract void or voidable.

Even going beyond the Italian experience, the fact that someone has entered into a bad bargain seems to be insignificant. In general, a fair balance between the performances agreed by the parties is not a requisite demanded by the law and the contract is binding although one of the parties will be economically damaged as a result of the exchange of those performances.[10] The recent reform of the *Code Civil*, in force since 1 October 2016,[11] confirms this principle through art. 1168: '*Dans les contrats synallagmati-*

---

8 *Basedow*, Freedom of Contract in the European Union, European Review of Private Law, 2008, p. 906.

9 *Balestra*, Introduzione al diritto dei contratti, Bologna, 2015, p. 126 and 193.

10 *Kötz/Flessner*, European contract law, I, Oxford, 1997, p. 125.

11 *Ordonnance* n° 2016-131 of 10 February 2016.

ques, le défaut d'équivalence des prestations n'est pas une cause de nullité du contrat …'.[12]

As someone wrote, looking at the situation in Europe in the first half of the nineteenth century, '*it was an article of faith that people were sufficiently businesslike and judicious to look after themselves, and that any rule which allowed the judge to avoid a contract because of substantial inequality was paternalistic and prejudicial to legal certainty*'.[13] Therefore, the lack of an objective equilibrium in the exchange or, as the common lawyers would say, going by the s.c. *peppercorn theory*,[14] the 'inadequacy of consideration' is not a sufficient reason to consider the contract void or voidable.[15] In other words, as has been said, '*the fact that a person pays 'too much' or 'too little' for a thing … does not of itself affect the validity of the contract*'.[16]

Finally, this is the traditional meaning of the freedom to choose the contents of the contract: it is up to the parties, not to the judge, to evaluate the exchange and the merit of the bargain. No substitution is admitted in this evaluation. The judge may only respond to the claim of one party that a specific flaw has occurred or that the general limits of private autonomy (mandatory rules, public policy, good morals) have been violated.[17]

A well-known sentence describes the most rigid and traditional version of the above point of view: '*qui dit contractuel, dit juste*'.[18]

However, it is hard to believe that many scholars in Europe, nowadays, would be ready to subscribe such an assertion. On the contrary, only a few would doubt that a rigid conception of the freedom of contract is to be abandoned.

Rethinking the entire issue is one of the most important topics in the debate on modern private law in Europe.

---

12 About such a principle, at the beginning of the process leading to the reform, *Fauvarque Cosson-Mazeaud*, L'avant-projet français de réforme du droit des obligations et du droit de la prescription, *Rev. dir. unif.*, 2006, pp. 126-127. See also *Chantepie*, Article 1170: la lésion, Revue des contrats 2015, p. 763 et seq.

13 *Kötz/Flessner*, p. 131.

14 In the American doctrine, also with reference to freedom of contract, *Hunter*, Modern law of contracts, Boston, 1987, § 17.03.2a.

15 *Cartwright*, The English Law of Contract. An Introduction for the Civil Lawyer, p. 6-7 (not yet published, courtesy of the Author).

16 *Treitel*, The law of contract, London, 2007, p. 81.

17 *Kötz/Flessner*, cit., p. 126: '… in principle a judge may not treat a contract as invalid just because he thinks that it is not a fair exchange'.

18 *Fouillée*, La science sociale contemporaine, Paris, 1880, p. 440.

II. The freedom of contract in European law

All the countries whose economic system is based on the principles of free market also share the principle of freedom of contract.[19] Therefore, there is no questioning the fact that contractual freedom is a fundamental principle of European law.

Market freedom constitutes the premise of the freedom of contract,[20] while the latter, at the same time, is the necessary prerequisite for the European internal market to grow.[21]

Looking beyond the European borders, the PICC (*Principles for International Commercial Contracts* - Unidroit 2016) clearly provide evidence of the link existing between freedom of contract and market freedom. Indeed, the comment to art. 1.1 reads as follow:

> *'The principle of freedom of contract is of paramount importance in the context of international trade. The right of business people to decide freely to whom they will offer their goods or services and by whom they wish to be supplied, as well as the possibility for them freely to agree on the terms of individual transactions, are the cornerstones of an open, market-oriented and competitive international economic order'*.

The principle of freedom of contract does not find explicit mention in primary EU law. However, it is implicitly safeguarded not only by the EC Treaty, but also by the 'Charter of Fundamental Rights of the European Union', which has become a binding component of the primary EU law through the Treaty of Lisbon.[22]

At the same time, it is apparent that most Directives are based on contractual freedom, to the extent that their scope is to set some limit to it. It is the case, for instance, of Directive 2000/35/EC of the European Parliament and of the Council of 29 June 2000 on combating late payment in commercial transactions: indeed, recital 19 reads as follows: '*The Directive should prohibit abuse of freedom of contract to the disadvantage of the creditor*'.

---

19 *Weller*, cit., p. 155. In the American literature, with reference to freedom of contract as a way, historically, *'to break free from the arbitrary restrictions of an order determined by status'*, *Hunter*, cit., § 25.01.2.

20 *Patti*, Contractual autonomy and European Private Law. Freedom of Contract and its Limits in the Economic Constitution, in: Rutgers-Sirena (curated by), Rules and principles in European Private Law, Cambridge, 2015, p. 126.

21 See *Basedow, cit., p. 921:* '… the principle of contractual freedom can be construed in connection with the protection of competition'.

22 *Basedow*, cit., p. 907 et seq.

In addition, freedom of contract is often mentioned in the so-called 'soft law', as testified by the instruments mentioned here below.

Principles of European Contract Law (PECL), Art. 1:102: Freedom of Contract: '*(1) Parties are free to enter into a contract and to determine its contents, subject to the requirements of good faith and fair dealing, and the mandatory rules established by these Principles*'.

Draft Common Frame of Reference (DCFR), II-1:102: Party autonomy: ' *(1) Parties are free to make a contract or other juridical act and to determine its contents, subject to any applicable mandatory rules*'.

Unidroit Principles of International Commercial Contracts (PICC), Art. 1.1, Freedom of contract: '*The parties are free to enter into a contract and to determine its content*'.

Terminology sometimes differs, and indeed PECL and PICC refer to '*freedom of contract*', whilst the DCFR refers to '*party autonomy*'. Nevertheless, these expressions have an identical substantial meaning, the contract being a product of party autonomy.

At the same time, it is clear that PECL and DCFR, in particular, set limitations and restriction to the freedom of contract, as they refer, respectively, to good faith and fair dealing, and to the applicable mandatory rules.

III. The protection of the weaker party by means of mandatory rules

Mandatory rules constitute a general limit to private autonomy. The need to protect common or general interests that private subjects may violate by means of their agreements is generally recognised.

Within such a broad definition, however, mandatory rules are not relevant with reference to the topics discussed herein. Instead, attention should be attached to the mandatory rules that have the specific scope of protecting the weaker party in a contract.

European contract law has created a broad system of protections to the benefit of the weaker contracting parties. The growing presence of mandatory rules of this kind is something which needs to be underlined,[23] in consideration of the strong impact that such rules seem to have on the traditional concept of contractual freedom.[24]

---

23 *Basedow*, cit., p. 903.

24 See *Smits*, cit., p. 10: '... sometimes so little is left of the freedom to contract that one speaks of regulated contracts'.

It has been emphasised that '*social justice in the modern welfare state calls for a restriction of freedom of contract where the economic superiority of one of the parties might well lead to an agreement unfairly prejudicial to the legitimate interests of the other*'.[25] But the point is that it becomes questionable, in such a context, if the basic social model inspiring the EU regulation '*is still fundamentally premised upon contractual freedom and the promotion of a market economy*'.[26]

Indeed, a significant role is played, above all, by mandatory rules concerning the consumers, such as the special rules for consumer sales, whose main scope is to guarantee adequate remedies to the consumer in the event of defects in the goods.

IV. Control of standard terms of business

European contract law also restricts contractual freedom by controlling non-negotiated contractual clauses. The purpose is to protect the weaker and less experienced parties against the economic superiority of the party who imposes unilaterally drafted clauses. In the field of B-to-C contracts, the Unfair Terms Directive adopts a general clause included in art. 3, whereby not individually-negotiated contractual terms are to be tested for fairness.[27]

Nonetheless, the phenomenon of unfair contractual terms is wider. The Late Payment Directive 2011/7/EU, in its art. 7, deals with contractual terms (relating to payment dates, interest rates for late payments or compensation for recovery costs) that are grossly unfair to the creditor in contracts between businesses (B-to-B contracts). Based on the Directive, the control on these contractual terms shall lead them to be considered unenforceable or shall give rise to a claim for damages.[28]

---

25 *Kötz/Flessner*, cit., p. 129.

26 *Basedow*, cit., p. 903.

27 *Schulze/Zoll*, cit., p. 72: 'This provision plays a specific role in European legislation because it expresses the substantive requirement for the limitations of party autonomy'.

28 See *Schulze/Zoll*, cit., p. 73: '*... this control can even be carried out when the term has been negotiated by the parties*'.

Therefore, European law provides a protection that is not limited to consumers but that, in specific fields, also covers the action of firms in the course of their business.[29]

In this context, some doubts have been voiced as to whether, in European contract law, the freedom to determine the content of the contract remains a component of contractual freedom. A marked difference is indeed visible between bespoke contracts and standard form contracts, whose terms are subjected to the fairness test.[30]

However, the problem can be seen from a different standpoint. The fact that the customer agrees to a set of conditions posed by the professional does not make it incompatible with the principle of contractual freedom for the law to control such conditions, since it is only when each of the parties is in the position to influence the content of the contract that his or her freedom is guaranteed.[31]

In any case, as is known, this kind of control is fundamentally associated – as the Germans would say – with *'die vertraglichen Nebenbestimmungen'*, not with the essential elements of the contract, such as performance and counterperformance. This is confirmed, in the context of the French reform, by the second limb of art. 1171: *'L'appréciation du déséquilibre significatif ne porte ni sur l'objet principal du contrat ni sur l'adèquation du prix à la prestation'*.

V. *Pre-contractual duties and effective party autonomy*

The aim of European contract law is to avoid the risk that persons capable of responsible action make unfavourable contracts because they are not sufficiently informed.

Many mandatory rules state pre-contractual information duties, in particular in the area of consumer contracts.[32]

---

29 On the reform of the *Code Civil*, see *Helleringer*, cit., p. 358, who underlines that *'protection against unfair terms has been extended to cover all standard contracts, not merely contracts in which one of the parties is dealing as a consumer'*.

30 Again, on French law, *Helleringer*, cit., p. 362.

31 See *Micklitz*, On the Intellectual History of Freedom of Contract and Regulation, 4 Penn. St. J.L. & Int'L Aff. 1, 2015, p. 30-31: *'... the enabling of autonomy and the limitation of autonomy go hand-in-hand'*.

32 *Schulze/Zoll*, p. 138: *'One aspect of pre-contractual duties has been subject to comprehensive regulation at European level: information duties'*.

We are not properly in the field of the restrictions to contractual freedom. These mandatory rules create no specific limits in the choice of the contents of the contract. Instead, their scope is to remove information asymmetries between the contractual parties, so that each contracting party can know the characteristics of the transaction and make a fully-informed choice.[33]

The aim pursued by legislators is therefore to ensure and encourage the effective autonomy of both contracting parties.[34] Even though the '*continuously increasing number of information duties … does have the negative effect that consumers are often overwhelmed because they are not able to cope with volume of information*', with the result that the performance of such duties happens to be reduced '*to a formality that has no positive influence on improving the consumer's actual level of information*'.[35]

Anyway, the fact that these rules are functional to the protection of one party, because of his or her typical situation of weakness, allows these rules to be considered as '*halbzwingende Normen*'. And the same can be stated of the above mentioned rules referring to control of non-negotiated general terms of contract.

At the same time, it has to be underlined that the area of mass contracts, as opposed to individually-negotiated contracts, is very specific. In this context, the need to ensure that the weak party, especially the consumer, makes a free decision is pursued by the European legislator through special instruments: not only pre-contractual information duties, but also the right of withdrawal, introduced in a wide set of cases to the benefit of the party in the weaker contractual position. So that the problem arises about the influence of this withdrawal right on the functioning of traditional rules on defects in consent.[36]

---

33 *Patti*, cit., p. 126.

34 See again *Patti*, cit., p. 131, 133, on information duties as an instrument to 'ensure actual freedom of contract'.

35 *Schulze/Zoll*, cit., p. 141.

36 *Schulze/Zoll*, cit., p. 158-159.

VI. *General clauses as a limit to freedom of contract: abusive conducts and unfair contracts in the framework of § 138 BGB*

Some soft law provisions on freedom of contract not only set mandatory rules as a limit to it, but also recall the principles of good faith and fair dealing (art. 1 PECL).[37]

The question raised is the following: up to what extent does European law protect the party who has entered into an unfair contract, namely a contract characterized by inequality of performances?

As we have seen, the legal systems of most European countries have been initially guided by the idea, in a context of predominant liberalism, that the parties are in the best position to evaluate how to realize their own interests and that the judge should not be allowed to make a contract void merely based on the fact that the relationship between performance and counterperformance is unfair.[38]

Nevertheless, a special role should be recognized to a provision already included in the BGB at the time of its entry into force in 1900, although the text of the provision, in its second limb, was modified in 1976.

I am referring to § 138, whose meaning, going by the traditional doctrine, is to establish a general and negative limit to private autonomy.[39]

There is nothing remarkable in the opening expression of § 138 BGB, as to the '*Nichtigkeit von sittenwidrigen Rechtsgeschäften*'.[40] I do not consider it useful here to dwell upon the vast meaning which is commonly accorded to the provision, in its recognized attitude to include not only '*sozialethische Prinzipien*' but also '*rechtsethische Prinzipien*', so that in the words '*gute Sitten*' we find the concept of '*public policy*' as well.[41]

Of great importance, instead, is the '*Wucherverbot*' expressed by the second limb therein. This limb contains a general rule that renders a contract void if:

---

37 With reference to these principles see also art. III-1:103 DCFR, whose wording reveals, as underlined by *Schulze/Zoll*, cit., p. 90, 'the use of good faith as a 'shield' rather than a 'sword'' in accordance with 'the English doctrine of estoppel'.

38 *Kötz/Flessner*, cit., p. 130 et seq.

39 *Larenz/Wolf*, Allgemeiner Teil des Bürgerlichen Rechts, München, 1997, p. 743.

40 See in general *Sack/Fischinger*, in: Staudingers Kommentar zum Bürgerlichen Rechts, I, Allgemeiner Teil, §§ 134-138, Berlin, 2011, p. 296: '§ 138 Abs 1 ist anwendbar, wenn ein Rechtsgeschäft wegen seines Inhalts sittenwidrig ist … Damit dient diese Vorschrift, ebenso wie § 134, der Inhaltskontrolle von Rechtsgeschäften'.

41 *Larenz/Wolf*, cit., p. 746. See also *Markesinis/Unberath/Johnston*, The German Law of Contract. A Comparative Treatise, Oxford and Portland, 2006, p. 247 et seq.

1. there is a clear disproportion between performance and counterperformance (*'auffälliges Missverhältniss'*);
2. the contract is the result of the exploitation by one party of the weakness of the other party (*'unter Ausbeutung der Zwangslage, der Unerfahrenheit, des Mangels an Urteilsvermögen oder der erheblichen Willensschwäche eines anderen'*).

The abuse of the situation is in the spotlight: one party takes advantage of particular conditions that render the other party weaker.

It is important to underline the relationship between the two limbs of § 138: the second limb is apparently a specification of the general clause expressed by the first. Indeed, the first limb states that the contract is void *'das gegen die guten Sitten verstößt'*, while the opening of the second limb hints to the fact that the invalidity affects *'insbesondere'* the contract concluded taking advantage of the other party's situation.[42]

This means that the contrast with *'bonos mores'* is not just a matter of content, but may be revealed by the conduct adopted by the parties in order to conclude the contract. In other words, such a contrast, in addition to emerging through *'die Bewertung der von den Parteien im Rechtsgeschäft gesetzten Regelung'*, can find its roots in a *'verwerfliches Handeln'* of one party to the detriment of the other, when this leads to an imbalance in the contents of contract or, more precisely, to a disproportion between the performances whose burden is borne by the parties.[43]

The explanatory words used by German scholars are meaningful: the contract can be in contrast with *bonos mores*, and void therefore, *'aufgrund ihres Inhalts'* or on the basis of *'das sittenwidrige Verhalten'* of one party against the other.[44] And it is clear that in the latter case, governed by the second limb of § 138 BGB, the rule provided for by the law aims at protecting the victim of such a conduct.

The perspective is different in Italy, where the prohibition of contracts contrary to *'bonos mores'* is not interpreted so widely as to include contracts concluded by means of an abuse to the detriment of a weaker party.[45]

---

42 *Sack/Fischinger*, in: Staudingers Kommentar, cit., p. 373-374: 'Einen Sonderfall der Sittenwidrigkeit regelt der Wuchertatbestand des § 138 Abs 2, wonach Rechtsgeschäfte 'insbesondere' bei Wucher nichtig sind'.

43 *Larenz/Wolf*, cit., p. 743.

44 *Larenz/Wolf*, cit., p. 748 et seq.

45 *Trabucchi*, Buon costume, Enc. dir., V, Milano, 1959, p. 700 et seq. According to a certain tradition, founded on the scope to prevent an abuse should be, instead, the ancient rule directed to prohibit restitutions when the contract is an immoral

From the point of view of the Italian experience, moreover, it should be noted that § 138 BGB implies overcoming the distinction between '*verträglicher Tatbestand*' and pre-contractual duties founded on '*Treu und Glauben*'.[46] If you are dishonest in the conduct leading to the conclusion of a contract, this could make the contact void, provided that its contents are conspicuously disadvantageous for the victim of the conduct. On the contrary, '*ein auffallendes Mißverhältnis zwischen Leistung und Gegenleistung begründet für sich allein keine Sittenwidrigkeit*'.[47]

To draw to the conclusions on this point, two types of invalidity are covered respectively by the general clause stated in Abs 1 and by the *Sondertatbestand* of Abs 2 § 138 BGB: one form of invalidity is due to the very contents of the contract (a party, for instance, undertakes to do something immoral in exchange for a counterperformance); the second form of invalidity is based on one party's abuse of the other party's situation of weakness.[48] And I would like to restate that the latter kind of invalidity goes beyond the sphere of application of the rule that in Italy declares void the contracts in contrast with '*bonos mores*'.

There is another aspect to underline in this context. Who is weak and deserves to be protected by the law against the abuse of the other party? § 138 BGB, in its Abs 2, makes reference to a broad catalogue of situations that the counterparty might tend to exploit to its own advantage.[49] These situations, though, are so widely defined by the law (*Zwangslage*, *Unerfahrenheit*, *Mangel an Urteilsvermögen*, *erhebliche Willensschwäche*) that the concept of weak party, in a certain sense, is left open. This is the key for the whole discussion on the role of the above said provision.[50]

---

one: in the French literature, with specific reference to the canonist doctrine, see *Le Tourneau*, La règle 'nemo auditur', Paris, 1970, p. 16.

46 See *Mengoni*, Autonomia privata e Costituzione, Banca, borsa e titoli di credito, 1997, p. 9,17.

47 *Larenz/Wolf*, cit., p. 755.

48 It has to be remarked, however, that also in the context of Abs 1 itself the German doctrine distinguishes beetween cases in which *Sittenwidrigkeit* emerges directly from the contents of the contract (*Inhaltssittenwidrigkeit*) and cases in which the special circumstances that accompany the contract put in evidence a contrast with the *gute Sitten* (*Umstandssittenwidrigkeit*): *Sack/Fischinger*, in: Staudingers Kommentar, cit., p. 296 et seq.

49 See *Sack/Fischinger*, in: Staudingers Kommentar, cit., p. 387 et seq., who observe that 'nach dem Normzweck geht es um den Schutz von Personen, die sich ... in einer unterlegenen, das Verhandlungsgleichgewicht ausschließenden Situation befinden'.

50 On the *subjektiven Tatbestandsmerkmale* of § 138 Abs 2 BGB see again *Sack/Fischinger*, in: Staudingers Kommentar, cit., p. 385 et seq.

At the same time, however, it should be considered that the importance of the situations indicative of the weakness of one party, as listed in § 138 Abs 2 BGB, in practice tend to lessen due to the category of the so called '*wucherähnliche Verträge*'. The idea in the German doctrine, although not undisputed, is that even if the conditions to apply Abs 2 are lacking, a contract might nevertheless be void, under Abs 1, when there is a considerable disproportion between performance and counterperformance and some other circumstances occur that justify the conclusion that such a contract is *gegen die guten Sitten*.[51]

VII. *Other rules regarding cases of abuse in private autonomy*

The concepts, typical of English law, of duress and undue influence also focus on cases of abuse. Both concepts are treated by common lawyers as exceptions to the principle that a nominal consideration is sufficient to consider a contract valid. The idea is that a promise cannot be held invalid just because there is a disproportion with what has been given for it: but the case can be different when some additional factor intervenes.

Duress and undue influence provide a relief to the party to the contract whose consent has been obtained by means of some sort of illegitimate or improper pressure.[52]

Besides the cases of duress intended as a form of illegitimate threat directed at the person of the contracting party, economic duress is of special interest as the situation in which a contract has been entered into under economic pressure, so that such a contract is the consequence of an unfair exploitation to the detriment of the other party.[53]

Instead, undue influence embraces cases in which one party is in a special relationship of trust and confidence with the other party, so that, if a contract is concluded whose contents are unfair and to the manifest disadvantage of the reliant party or, more widely, if a transaction is made that calls '*for explanation*', this will give rise to a (rebuttable) presumption that

---

51 *Sack/Fischinger*, in: Staudingers Kommentar, cit., p. 397 et seq.

52 *Treitel*, cit., p. 441 et seq.; *Beale*, Duress and Undue Influence, in Chitty on Contracts, I, General Principles, 28 ed., London, 1999, p. 432 et seq. See also *Cartwright*, Unequal bargain: a study of vitiating factors in the formation of contract, Oxford, 1991.

53 *Treitel*, p. 444: '*The aim of the courts is to distinguish between agreements which are the result of mere 'commercial pressure', and those which are the consequence of unfair exploitation*'.

such a transaction was procured by undue influence (and therefore by means of an abuse).[54]

Also focused on abusive conducts is, for instance, art. 21 of the Swiss Law of Obligations and now the new provision of art. 1143 *Code civil*, introduced with the recent reform '*du droit des contracts*'.[55] The concept of violence now also includes the case in which a party obtains, by means of a contract, a manifestly excessive advantage '*abusant de l'état de dépendance*' of the other party.[56] And there is no doubt that the situation of dependence can be an economic one.[57]

In the end, the soft law draws a picture consistent with the trend to consider the situations of abuse as relevant.

Very important, even because we are in the field of international commercial contracts, is art. 3.2.7 of Unidroit Principles (2016), where, under the voice 'Gross disparity', we find a provision whereby a contract may be avoided '*if, at the time of the conclusion of the contract, the contract … unjustifiably gave the other party an excessive advantage*'.[58]

In this context, the exploitation of the other party's weakness is a key to understand whether or not the disproportion is justifiable, and whether there is a case of 'Gross disparity'. The exemplification of factors relevant in the judgment on the weakness of the disadvantaged party is very large: '*dependence, economic distress or urgent needs … improvidence, ignorance, inexperience or lack of bargaining skill*'.

The scenario is dominated by abuse also in the DCFR.

Art. 7:207, 'Unfair exploitation', provides that: '*(1) A party may avoid a contract if, at the time of the conclusion of the contract:*

1. *the party was dependent on or had a relationship of trust with the other party, was in economic distress or had urgent needs, was improvident, ignorant, inexperienced or lacking in bargaining skill; and*

---

54 *Treitel*, p. 446 et seq.

55 On such a provision see *Deshayes/Genicon/Laithier*, cit., p. 218 et seq.; *Chagny*, Les contrats d'affaires à l'épreuve des nouvelles règles sur l'abus de l'état de dépendance et le déséquilibre significatif, AJCA 2016, p. 113 et seq.

56 See also *Ancel*, Article 1142: violence économique, in Revue des contrats, 2015, p. 747 et seq.

57 *Deshayes/Genicon/Laithier*, p. 223. See also *Grundmann/Schäfer*, The French and the German Reforms of Contract Law, Pers. e mercato, 2018, p. 22 f.n. 73, who underline that '*pre-reform jurisprudence … only acknowledged economic dependence, as a source of vitiated consent*'.

58 *M.J. Bonell*, An international restatement of contract law: the Unidroit principles of international commercial contracts, Ardsley (NY), 2009, 165 et seq.

2. *the other party knew or could reasonably be expected to have known this and, given the circumstances and purpose of the contract, exploited the first party's situation by taking an excessive benefit or grossly unfair advantage*'.

The inequality of performances is not sufficient. In this system also, a contract cannot be considered unfair based on the mere fact that a party has agreed to pay too much for the performance received.[59]

A remedy is necessary, on the contrary, if an imbalance between performances is the consequence of an abuse. But the situation of the party capable of suffering the abuse is very broadly determined: it is sufficient for this party to be '*lacking in bargaining skill*'!

The remedy is the avoidance of contract. But a court may introduce an adaptation, if appropriate, in order to bring the contract '*into accordance with what might have been agreed had the requirements of good faith and fair dealing been observed*'.

IIX. Broadening the area of vitiated consent

We have just considered the provision of the DCFR regarding '*Unfair exploitation*'. This provision is included in Section 2 of Chapter 7, i.e. the Section dedicated to '*Vitiated consent or intention*' as a possible ground of invalidity.

The specific place of the rule within the DCFR system sheds light on how the problem of unfair contracts has to be dealt with. The approach must be 'procedural' and not 'substantive'.[60]

Vertragliche Gerechtigkeit is not something that can be evaluated looking at the content of the contract *per se*. Instead, it is necessary to consider the process that leads to the conclusion of the contract in order to understand if one party abused of the situation, exploiting the weakness of the other party in order to obtain an unfair dealing. The focus must be on the process, not on the mere imbalance between performance and counterperformance.

In this scenario the insight could be broadened, embracing the hypothesis of 'Fraud' as a flaw in consent, together with 'Mistake' and 'Threat'. Ba-

59 See Principles, Definitions and Model Rules of European Private Law (Draft Common Frame of Reference: DCFR), Full edition, Munich, 2009, p. 532.

60 See, however, *Schulze/Zoll*, cit., p. 172: 'It is … an unanswered question whether this provision represents a barrier to the acceptable content of the contract or whether a defect in consent exists'.

sed on the traditional view, in Italy there cannot be a 'Fraud' without a positive conduct aimed at misleading the other party, inducing him or her to make a mistake.[61] Consequently, if the conduct is negative, for example if a relevant piece of information has not been revealed to the other party, this will not amount to what we call 'Fraud'.[62]

However, a different standpoint is accepted by the DCFR. Art. 7:205 reads as follows:

> *'(1) A party may avoid a contract when the other party has induced the conclusion of the contract by fraudulent misrepresentation, whether by words or conduct, or fraudulent non-disclosure of any information which good faith and fair dealing, or any pre-contractual information duty, require that party to disclose. …'.*[63]

This perspective is in line with that of the French legislator in the recent reform of the *Code civil*. In this respect, it must be highlighted that the old text of art. 1116 identified '*le dol*' with '*les manoeuvres*' operated to the detriment of the other party.[64] Instead, according to the new art. 1137, '*le dol*' can be constituted also by '*la dissimulation intentionnelle … d'un information … determinant*' for the other party.[65] Furthermore, the new art. 1139 clarifies that a mistake induced by '*dol*' makes the contract voidable even if its object is the '*valeur de la prestation*'.[66]

In my opinion, the above gives evidence to the fact that broadening the area occupied by the flaws of consent is in itself a means to ensure *vertragliche Gerechtigkeit*. The perspective is and must in any case be aimed at combatting 'procedural' unfairness, while mere 'substantive' unfairness merits to remain immaterial.[67]

---

61 *Trabucchi*, Il dolo nella teoria dei vizi del volere, Padova, 1937, p. 227 et seq.

62 *Santoro Passarelli*, Dottrine generali del negozio giuridico, Napoli, 1978, p. 170 et seq.

63 See Principles, definitions and model rules of European private law, p. 518 ff.

64 See *Chauvel*, *Dol*, in Rép. civ. Dalloz, 2014, 1 et seq., also with reference to the topic of '*réticence*'.

65 *Deshayes/Genicon/Laithier*, p. 202: '*La modernisation majeure qu'opère le texte résulte de l'inscription dans la loi de la réticence dolosive. Ce faisant, l'ordonnance ne fait que consolider une jurisprudence bien acquise depuis 1974 et qui rend compte de la majorité des cas de dol rencontrés en pratique*'. See also *Grimaldi*, Proposition de modification de l'article 1137 alinéa 2, du Code civil relatif à la réticence dolosive, Revue des contrats 2017, 175 et seq.

66 See *Smits*, cit., p. 13-14.

67 The provision has to be considered in the light of art. 1136, which declares that the '*simple erreur sur la valeur*' is irrelevant.

It is questionable, therefore, whether approval should be given to the decision made by the Italian Constitutional Court in a recent case. The point under discussion was whether the law's silence on the option for the judge to reduce a confirmation deposit (*caparra confirmatoria*) was in accordance with the Constitution, also considering that the *Codice Civile* explicitly allows the judicial reduction of the penalty clause under certain circumstances (art. 1384).

The Court ruling stated that, on the basis of the solidarity principle combined with good faith, the judge should always be in the position to declare void a contractual clause, when it renders the contract grossly detrimental towards one of the parties.[68] The scepticism of many Italian scholars with respect to such a view is to be seen positively.[69]

68 Corte Cost., ord., 21.10.2013, n. 248. See the comment of *D'Amico*, Applicazione diretta dei principi costituzionali e nullità della caparra confirmatoria 'eccessiva', Contratti, 2014, 926 et seq.

69 *Balestra*, Introduzione al diritto dei contratti, cit., p. 128, 198.

The Dialogue Between Courts Concerning Directive 93/13 with Special Regard to the Default Interest Terms

Esther Arroyo Amayuelas

I. *Introduction*

I met Reiner Schulze exactly 20 years ago, when I was still a young scholar in the early stages of my academic career who had recently been awarded her Ph.D. It was at a talk on the centenary of the BGB (German Civil Code) that he gave at the Autonomous University of Barcelona. After his lecture, we greeted one another and exchanged a few brief impressions, but what impressed me most of all was that Reiner Schulze, that professor that I had just met a few hours before, didn't hesitate to offer me a grant from the European Training and Mobility for Researchers (TMR) programme to undertake research at the University of Münster, where he had moved after leaving Trier University shortly before. The suggestion pleasantly surprised me and, with great enthusiasm, I accepted it almost immediately. I could never have imagined then how many times I would return to Münster (a city I had only heard of before in a historical context) and certainly not that it would ever be with a grant from the Alexander von Humboldt Foundation, thanks to Reiner Schulze, then Faculty Dean, offering to be my *Gastgeber*. The grant would clearly not have been possible had it not been preceded by a long and fruitful professional and personal relationship that was full of mutual understanding.

Throughout my career, Reiner Schulze has been a window on European Private Law, since long before its study was felt to be necessary in Spain. I remember, in particular, how impressed I was by one of his first articles published in Spain, on the contribution of the history of law to a science of European private law.[1] At that time the stimulating debate about the need and opportunity for a European Civil Code was increasing and a new quarterly magazine, the ZEuP, had been launched; it was through Reiner Schulze, one of its founding members, that I discovered the progressive Europeanisation of Private Law and learned how important it was to bring

1 Anuario del Derecho de Historia Español (AHDE), 1996, p. 1003-1013.

together scholars from different Member States to promote and broaden debate on a wide range of topics. Reiner's outstanding leadership is the natural consequence of his personal *Weltanschauung*, combining commitment, trust and generosity, and the ability to bring out the best of people regardless of their position or knowledge. Thanks to Reiner's prominent role in Academia, I have met people who with time came to be good colleagues and friends, and I have been involved in projects that have inspired and boosted my career that I could have never ever dreamed of. I only need to mention the two TMR networks (1998, 2002), the Acquis Group, the Trans Europe Experts Association and a recent project on the *Code des affaires*. All these initiatives have mostly focused on contract law and this subject was therefore the natural choice with which to honour Reiner Schulze's academic career at this event. What I would like to offer are some thoughts on the importance of the dialogue between national courts and the Court of Justice of the European Union (CJEU) with regard to unfair default interest terms in bank loans, which have always been highly controversial in Spain.[2] As we will see, the CJEU has always been extremely favourable towards consumer protection, although the recent CJEU judgment of 7 August 2018, C-96/16 and C-94/17, *Banco Santander / Banco de Sabadell* is to some extent an unexpected turn.

II. Interest on arrears in consumer loans and mortgages

Art. 1108 of the Spanish Civil Code (hereafter CC) is a general rule for all types of monetary obligations, setting the damages for which lenders are to be compensated when borrowers are in default (i.e., interest on late payment); it does so in abstract terms and without the need for proof. According to the provision these damages are legal interest, but parties are allowed to agree otherwise, that is, to agree on higher interest rates.[3] The legislature sets limits on these agreements for certain types of loan; thus overdrafts cannot be charged interest at a rate that results in an annual rate of above 2.5 times the legal interest rate, and since 2013 the law has imposed a limit of three times the legal interest rate on certain mortgage loans on

2 This contribution has been completed in October 2018. For a more general point of view and a critical assessment on the role of this dialogue, see *Józon*, "Unfair contract terms in Europe in times of crisis: Substantive justice lost in the paradise of proceduralisation of contract fairness", Journal of European Consumer and Market Law (EuCML), 2017, 4, p. 157-166.

3 *Ordás Alonso*, El interès de demora, 2004, p. 46 ff.

the main residence.[4] However, apart from these exceptions, it should be borne in mind that all bank credit agreements with consumers normally contain general or non-negotiated terms, and that in accordance with art. 4.1 Directive 93/13, which was transposed onto art. 85.6 of the Spanish General Law for the Protection of Consumers and Users (hereafter TR-LGDCU), these terms could be classed unfair. According to Annex 1 (e) of Directive 93/13, clauses aiming to impose disproportionately high sums in compensation on consumers who do not fulfil their obligations may be regarded unfair. Whether usury controls are applicable to default interest is less clear.

1. *Some facts*

According to data provided by the Bank of Spain, between 1999 and March 2009, the lowest legal default interest was 5.5 % and the highest 7 %; the rate stalled at 5 % from April 2009 until 2014 and has fallen consistently ever since, reaching 3.75 % in 2108.[5] These figures contrast with others supplied by the Spanish Case Law Directories during the first decades of the twenty-first century. Default interest on personal consumer

4 See arts. 89.7 Royal Legislative Decree 1/2007 of 16 November, approving the recast text of the General Law for the Protection of Consumers and Users and other complementary laws (TR-LGDCU) (Official State Gazette [BOE] no. 287 of 30 November 2007), and 114.3 Land Register and Mortgage Act (LH), according to the reform carried out by Law 1/2013, of 14 May on measures to strengthen protection for mortgage holders, debt restructuring and social renting (BOE no. 116 of 15 May 2013).

5 https://clientebancario.bde.es/pcb/es/menu-horizontal/productosservici/relacionados/tiposinteres/guia-textual/tiposinteresrefe/Tabla_de_tipos__e648e590f-f32f51.html.

loans could reach 18 %,[6] 19.5 %,[7] 21.8 %,[8] 24 %,[9] and 29 %.[10] For mortgages, it sometimes exceeded 20 % a year.[11]

These figures are scandalous, but the courts have not always found the terms containing this high default interest to be unfair. Many and varied explanations have been found to justify this, among the most common being that these are the market interest rates; that there was no other security for the loan; that default has a negative impact on the profit outlook and obliges the bank to comply with a system of provisions to secure insolvency risks, or that the interest originated for reasons solely attributable to the borrower. The most inappropriate argument, since it should not be forgotten that we are in the realm of standard contract terms, is one that refers to "the legitimate basis" provided by the principle of freedom to negotiate (art. 1255 CC).[12]

---

6 See Provincial Court (hereafter PC), Álava (First Division) judgment of 13 April 2011 (AC 2011\519).

7 See PC, La Rioja (First Division) judgment of 13 March 2013 (AC 2013\1086), which alluded to a 2007 contract with a 9.5 % ordinary interest rate agreement.

8 The Supreme Court of Spain (hereafter, SCS) judgment (First Chamber) of 22 April 2015 (RJ 2015\1360) alluded to a 2007 contract with nominal annual interest of 11.80 % and nominal annual default interest of 21.80 % (ten percentage points above ordinary interest rate).

9 PC, Salamanca (First Division) judgment of 19 June 2015 (AC 2015\1335), which referred to a 2006 contract with 6.73 % annual ordinary interest rate and 24 % annual default interest rate (over 17 percentage points).

10 PC, Valladolid (Third Division) judgment of 22 February 2011 (AC 2011\2011\938); SCS judgment (First Chamber) of 8 September 2015 (RJ 2015\3977): contract with 9 % annual nominal interest, which could be altered after the first year by adding a spread to a benchmark rate, and a default interest rate consisting of adding twenty percentage points to the ordinary interest rate applicable at any one time.

11 PC, Jaén (First Division) judgment of 26 October 2012 (AC 2016\2012), alluding to an agreement with an 8 % annual ordinary interest rate and 27.6 % default interest, which was 19.6 points above ordinary interest rate; PC, Tarragona (Third Division) judgment of 15 March 2011 (JUR 2011\209739): 27 % annual default interest; PC, Barcelona (Fourth Chamber) judgment of 16 April 2018 (JUR 2018\129226): a 24 % annual default interest rate.

12 PC, Valladolid (Third Division) judgment of 22 February 2011 concerning the legality of a 29.04 % default interest clause. The PC, Cantabria (Third Division) judgment of 21 July 2002 (JUR 2002\12510) had previously stated that freedom existed when 29 % default interest was agreed. On the role of will in general conditions, *Miquel González*, "Condiciones generales abusivas en los préstamos hipotecarios", Revista Jurídica de la Universidad Autónoma de Madrid (RJUAM) 2013, 1, p. 234 ff.

2. The Aziz judgment and the Spanish case law mishmash

It is only fair to acknowledge that what has just been described is not the way that the courts typically behave; in any event, the CJEU Judgement of 14 March 2103, C-415/11, *Aziz* delivered in the context of a mortgage foreclosure, obliged some judges to reassess their criteria when making decisions on the unfair nature of these terms.[13] In accordance with this judgment, national courts have to ascertain whether the lender could reasonably suppose that a consumer that had been treated in a fair, equitable manner would accept a clause of this type in the framework of individual negotiations (§ 69).[14] In particular, the courts have to compare the clause's content with the law that would be applicable if the clause did not exist, and moreover verify whether the default interest rate established in the agreement is appropriate to achieve the objectives pursued by the legal interest rate in the member state (§ 74).

In the wake of the *Aziz* judgment, interest above 18 % and 19 % has almost always been deemed unfair.[15] The courts have sometimes found rates of 15 %,[16] 12.478 %[17] and 10.5 % acceptable.[18] These significantly different outcomes were the consequence of applying different valuation parameters: more often than not, a few points were added to the contractual ordinary interest rate or the legal rate; sometimes the ordinary rate was doubled, and every now and then there was an additional limit of not exceed-

13 On the effect of the Aziz Ruling, see *De la Rosa*, "The Treatment of Unfair terms in the process of foreclosure in Spain. Mortgage Enforcement Proceedings in the Aftermath of the ECJ's "Ruling of the Evicted", Zeitschrift für Europäisches Privatrecht (ZEuP) 2015, 2, p. 366 ff.

14 Reiterated in the CJEU Judgment of 26 January 2017, C-421/14, *Banco Primus* (§ 60).

15 See *Agüero Ortiz*, "Guía sobre la abusividad de los intereses de demora en los préstamos hipotecarios", in: https://previa.uclm.es/centro/cesco/pdf/notasJurisprudencia/jurisprudencia/GUIAINTERESESABUSIVOS.pdf.

16 PC, Asturias (First Division) judgment of 2 March 2015 (AC 2015\440): the default interest was 16 % and the ordinary 5 % during the first year, after which interest was set at Euribor + 2.75 points.

17 Thus, PC, Valencia (Ninth Division) Order of 22 December 2014 (AC\2015\270), for default interest at 12.478 %, which was four times the agreed ordinary rate (2.84 %) and just over three times the legal interest rate (which was 4 %).

18 PC, Cádiz (Eighth Division) Order of 16 March 2016 (AC\2016\1154) did not consider 10.5 % default interest unfair, a rate representing a 6-point increment on the 4.5 % ordinary rate. The ordinary interest rate was 6.25 % for the first year and then had to be paid at Euribor + a 2.25 % spread.

ing twice the legal interest rate or the APR.[19] The criterion imposed by art. 20.4 of Law 16/2011 on consumer credit (now also art. 89.7 TR-LGDCU) for current account overdrafts, which is 2.5 times the legal interest rate, has frequently also been adopted for mortgages and personal loans.[20] Furthermore, especially after the Law 1/2013 came into force,[21] the courts adhered to the parameter provided by the new provision of art. 114.3 of the Land Register and Mortgage Act (hereafter, LH), which is three times the legal interest rate. It is debatable whether these objective parameters actually have the guidance function that has been attributed to them: art. 89.7 TR-LGCDU covers interest rates on a specific type of loan, and although it is disputed, it may only concern ordinary interest;[22] on the other hand, art. 114.3 LH limits its scope of application to mortgage backed loans on the main residence, intended for the purchase of said main residence. Nevertheless, these can be considered quantitative limits that clearly illustrate the deterrent nature that default interest must have, and are thus understood to be good benchmarks.[23] In any event, it is important to note what generous sums can be paid out when these rates are applied (cfr. §§ 288.1, 497.1 BGB; in a different context, art. 166.2 CESL).[24]

---

19 The PC, Asturias (First Division) judgment of 18 September 2009 included some of these criteria (AC 2009\2020); PC, Barcelona (First Division) judgment of 24 February 2014 (JUR 2015\116160); PC, Granada of 14 March 2014 (AC \2014\594). There is a general overview in *Carballo Fidalgo*, La protección del consumidor frente a las cláusulas no negociadas individualmente, 2013, p. 203; *González Pacanowska*, Art. 85.6 TR-LGDCU, in: Bercovitz Rodríguez-Cano (ed.), Comentario del Texto Refundido de la Ley General para la Defensa de los Consumidores y Usuarios y otras leyes complementarias, 2ª ed., 2015, pp. 1237-1238.

20 See SCS judgment of 23 September 2010 (RJ 7296), which considered 29 % annual default interest on a mortgage loan unfair; the ordinary rate was 16 % nominal annual; The PC, Girona (Second Division) judgment of 9 June 2010 (AC 2011\588) considered default interest of 14.82 % abusive; PC, Tarragona (Third Division) judgment of 11 March 2011 (JUR 2011\209739) declared 27 % default interest unfair. Subsequent to the CJEU Judgement of 14 March 2103, C-415/11, *Aziz* the PC, La Rioja (First Division) judgment of 26 March 2013 (AC \2013\1086) considered default interest on a consumer loan granted in 2007 unfair; it was 19.5 %, and the ordinary rate was 9.5 %.

21 See references in fn 4.

22 Proposing a corrective reading of the rule, *Miquel González*, RJUAM 2013, p. 247.

23 *Carballo Fidalgo*, p. 175.

24 On the different ways of setting interest rates in some legal systems in the EU and in European private law texts (although there may be special rules for loan contracts), see *Zimmermann*, "Interests for Delay in Payment of Money", in: Essays in Honour of Hugh Beale, 2014, p. 321-322.

Otherwise, when assessing unfairness the courts have not always taken sufficiently into account the different circumstances that could have advised safeguarding the lender's position and/or penalising the borrower (e.g. performance facilities, overlapping penalties, effects produced by the clause when performance is claimed).[25]

3. *The legislature intervenes and creates confusion: if the interest is legal, can it be unfair?*

The fact that the Spanish legislature has imposed limits on default interest terms for (some) mortgage loans has already been mentioned in preceding paragraphs. It was compelled to do so as a consequence of the economic and financial crisis that hit the country during the last decade, and particularly in the face of the distressing situation of borrowers that had secured loans with mortgages on property purchased with these loans.[26] As a result of the *Aziz* case in particular, Law 1/2013 was enacted, which introduced a cap into art. 114.3 LH on the amount of interest on arrears on outstanding capital of a maximum of three times the legal interest rate, although, as already mentioned, the limit only applied to loans for the purchase of the main residence which are backed by a mortgage on said property. This ceiling was also applied to interest generated in the future on loans granted before the law came into force, and those that had already been generated but not paid. It was applied not only to mortgage enforcement proceedings, but also to extrajudicial sales that had been initiated but not concluded, in accordance with Transitory Disposition (DT) 2 of Law 1/2013.

The CJEU Judgment of 21 January 2015, C-482/13, C-484/13, C-485/13 and C-487/13, *Unicaja* attacked the notions of some Spanish judges who held that as the interest was legal, it could not be unfair (§§ 40-42).[27] According to the CJEU, the judges' obligation to respect the default interest ceiling equivalent to three times the legal interest rate did not in any way

25 *Carballo Fidalgo*, p. 173.

26 See *Anderson / Simón Moreno*, "The Spanish Crisis and the Mortgage Credit Directive: Few Changes in Sight", in: Anderson / Arroyo Amayuelas (eds.), The Impact of the Mortgage Credit Directive in Europe. Contrasting Views from Member States, 2017, p. 50 ff, 92-93, 96 ff.

27 But see PC, Seville (Fifth Division) order of 28 May 2015; PC, Seville (Fifth Division) order of 19 June 2015 (AC\2015\1593); PC, Seville (Fifth Division) order of 27 November 2015 (JUR\2015\104015), all dated after the CJEU Judgment of 21 January 2015, C-482/13, C-484/13, C-485/13 and C-487/13, *Unicaja*.

pre-empt their assessment of the unfair nature of the interest on arrears clause (§ 36).[28] The immediate effect was that the courts only applied the more balanced interest in art. 114.3 LH when the clause setting default interest in an agreement was not unfair.[29]

4. *Towards legal certainty*

a) *The Supreme Court of Spain's new assessment criteria*

Aiming to put an end to the legal uncertainty created by the fact that every court was using different criteria to assess the lawfulness of default interest clauses, the Supreme Court of Spain (hereafter SCS) ruled that any clause stipulating default interest of more than two points above the agreed ordinary interest rate would be unfair, and therefore, void and non-binding.[30] The Court justified adopting this criterion on the basis of the extremely high ordinary interest on personal loans, given the lack of any real security, but the criterion was at odds with the rules covering default interest in a wide range of other contexts in Spain (insurances,[31] commercial contracts,[32] post-judgment interest,[33] etc.) which the Court stated it had at sight, because all these rules set default interest by adding a few points to *legal interest.* In contrast, as previously mentioned, the Supreme Court took

28 See also CJEU Order of 11 June 2015, C-602/13, *Banco Bilbao Vizcaya Argentaria* (§§ 42-46); CJEU Order of 8 July 2015, C-90/14, *Banco Grupo Cajatres* (§§ 41-42); CJEU Order of 17 March 2016, C-613/15, *Ibercaja* (§ 33).

29 PC, Barcelona (First Division) of 3 March 2015 (JUR 2015\112557) and PC, Cantabria (Second Division) of 17 March 2015 (JUR\2015\274638), both expressly citing the CJEU Judgment of 21 January 2015, C-482/13, C-484/13, C-485/13 and C-487/13, *Unicaja*. Previously, PC, Castellón (Third Division) of 7 November 2014 (JUR\2015\77353), based on the Advocate General's conclusions and PC, Santa Cruz de Tenerife (Third Division) of 5 November 2014 (AC\2015\222), on the basis of the impossibility of moderating clauses established in the CJEU Judgment of 14 of June 2012, C-618/10, *Banco Español de Crédito*.

30 SCS judgment of 22 April 2015 (RJ 2015\1360); SCS judgment of 7 September 2015 (RJ 2015\3976); SCS judgment of 8 September 2015 (RJ 2015\3977); SCS judgment of 23 December 2015 (RJ 2015\5714); SCS judgment of 18 February 2016 (RJ 2016\619); SCS judgment of 3 June 2016 (RJ 2016\2300).

31 See Art. 20.4 of Law 50/1980, of 8 October 1980, on insurance contracts (BOE no. 250 of 17 October 1980).

32 See Art. 7 of Law 3/2004, of 29 September 2004, establishing measures to combat late payment in commercial transactions (BOE no. 314 of 30 December 2004).

33 Art. 576 Civil Procedure Law.

into account an increment of a fixed number of points on top of the agreed ordinary interest (which is higher on consumer loans than legal interest). It is therefore clear that the Supreme Court was deviating from CJEU case law which suggested taking into account the *default* law that would be applicable if the clause did not exist.[34]

Since June 2016, SCS case law has also failed to distinguish between personal (consumer) loans and loans secured by a mortgage on the main residence. That is to say, with the aim of not discriminating between different types of borrowers, the SCS decided that default interest on a loan backed by a mortgage on the main residence must also be declared unfair when the loan has been used to purchase this property, if the default interest rate are more than two points higher than the ordinary interest agreed by the contracting parties. Therefore, the cap set down in art. 114.3 LH (three times the legal interest) does not serve as a guideline for the judicial scrutiny of unfairness of the default interest term in mortgage credit agreements with consumers.[35]

b) This case law's questionable opportunity

SCS case law raises numerous interesting questions, which will be analysed shortly. For the time being, as a side issue which is not worth debating in any detail, it is sufficient to mention that this case law had an unexpected side effect: the General Directorate of Registries and Notaries (DGRN) deduced from it that mortgage loan deeds with clauses setting default interest that was lower than ordinary interest could not be registered. It is surprising that the DGRN understands the need for an objective cap on the latter rates, aside from any legal provision.[36]

---

34 CJEU judgement of 14 March 2103, C-415/11, *Aziz* (§ 74); CJEU judgment of 26 January 2017, C-421/14, *Banco Primus* (§ 59). For criticism, *Carballo Fidalgo*, "Hacia un concepto autónomo y uniforme de cláusula abusiva. La jurisprudencia del TJUE y su recepción por los tribunales españoles", *InDret*, 2019, 1, p. 1 ff, p. 16, 18.

35 SCS judgment of 23 December 2015 (RJ 2015\5714); SCS judgment of 18 February 2016 (RJ 2016\619), SCS judgment of 3 June 2016 (RJ 2016\2300).

36 Thus, DGRN Resolutions of 22 July 2015 (BOE no. 229 of 24 September 2015); 10 February 2016 (BOE no. 60 of 10 March 2016), 7 April 2016 (BOE no. 101 dated 27 April 2016), 20 June 2016 (BOE no. 175 dated 21 July 2016). General overview, *Ballugera Gómez*, "Los intereses en el crédito al consumo tienen límite máximo", Revista de Derecho Civil, 2016, 3, p. 93-107. However, the DGRN Resolu-

The following questions arising from the SCS judgment are more interesting for our purposes.

aa) What is the parties' hypothetical will?

The SCS based its decision on the idea that default interest should not only compensate lenders for damages, but should also motivate borrowers to repay loans within the agreed timeframe. This is an acknowledgement of the punitive or deterrent function of interest, which is not the function accorded to legal default interest by the generic art. 1108 CC, the rule applicable in the absence of a specific agreement between the parties.[37] The SCS interprets the parties' hypothetical will in terms of a penalty clause, in spite of the fact that it is somewhat illogical for consumer protection to require adopting a punitive valuation parameter. Setting aside the fact that on many occasions agreed default interest is lower than ordinary interest,[38] and it could be on others as a result of changes in interest rates, the SCS tries to prevent opportunistic non-fulfilment of borrowers' obligations, which it believes could happen if paying interest for delays were cheaper than paying ordinary interest. The Court takes it for granted that lenders are entitled not only to the profits that they miss out on (ordinary interest) but also to additional damages, and fails to explain why the benchmark for interest that could reasonably be required in cases of default should not be positioned at the ordinary interest ceiling. In fact, it would be reasonable to believe that this is what the contracting parties would have forecast had they taken into account the specific situation of the clause's annulment, instead of the situation of borrower default – which, on the other hand, is the only scenario that the SCS takes into account. Ultimately, if paying the same after defaulting as they were paying before is not sufficient disincentive to borrowers, it is certainly not an incentive to default either, nor can it be considered detrimental for the lender.

---

tion of 21 March 2017 (BOE no. 82 of 6 de April 2017) did not prevent the registration of default interest clauses at rates above the cap set by the SCS.

37 However, not all academic opinion agrees with this statement. Among the many voices raised against it, *Pertínez Vílchez*, Art. 85 TR-LGDCU, in: Cámara Lapuente (ed.), Comentarios a las normas de protección de los consumidores, 2015, p. 815.

38 See PC, Madrid (Fifth Division) judgment of 21 July 2014 (AC\2014\1699): personal loan with a 4.75 % annual ordinary interest rate and a default interest rate of 4 %.

bb) What if there is an imbalance but legal default interest is not high?

Ordinary interest rates in variable interest mortgage loans are usually much lower than on consumer or personal loans, and in accordance with SCS doctrine interest on arrears of between 3 % and 4 % could well be unfair at the present time. The percentage would be even lower than the legal interest rate, which would be the result were art. 1108 CC applied. The figure would not be high, nor would it be disproportionate with respect to the ordinary interest agreed, yet according to SCS case-law, the amount has to be deemed unfair.[39]

cc) Ordinary interest is a malleable benchmark

SCS case law can also be criticised because it leaves the power to set the legally acceptable delay interest payment figure at any time in the hands of the lender (the bank), in spite of the fact that the courts have no control over ordinary interest agreements.[40] Leaving apart transparency control, the only limit is usury regulation; yet, no usury can be perceived because of the simple fact that ordinary interest is very high, but only because it also openly bypasses market rates and on occasion clearly takes advantage of the borrower's position of weakness.[41]

---

39 *Carrasco Perera*, "Interés remuneratorio y límites de abusividad en intereses moratorios al consumo. Crítica de la doctrina del Tribunal Supremo", in: Centro de Estudios de Consumo (CESCO), 2015, p. 5 (available at: https://previa.uclm.es/centro/cesco/trabajos15.asp); *Agüero Ortiz*, "Los intereses moratorios que superen en dos puntos porcentuales a los remuneratorios también serán abusivos en los préstamos hipotecarios", Revista Cesco de Derecho de Consumo, 2016, 18, p. 156 (available at: file:///C:/Users/usuari/Downloads/1107-4692-2-PB.pdf); *Carballo*, InDret 2019, p. 18.

40 Along these lines, *Agüero Ortiz*, Revista Cesco de Derecho de Consumo 2016, p. 155-156.

41 The PC, Granada judgment of 14 March 2014 (AC\2014\594) did not regard an ordinary interest rate of 15.055 % on an unsecured loan for 3,000 euros over five years as usurious. In fact, the judgment deemed the market rate for a loan of these characteristics to be between 19.21 % and 27 % annually, and thus that the agreed rate is actually lower than normal. On this subject, *Basozábal Arrue*, Estructura básica del préstamo de dinero (sinalagma, interés, usura), 2004, p. 102 ff.; *Zunzunegui Pastor*, "Limitaciones a los intereses en el mercado del crédito y tutela del cliente en tiempos de crisis", in: Cuena Casas (ed.), La prevención del sobreendeudamiento privado. Hacia un préstamo y consumo responsables, 2017, pp. 578 ff. See SCS judgment of 25 November 2015 (RJ 2015\5001), which deemed interest

dd) Tension arises between the mandatory rule and the control of unfairness

Establishing that the only mandatory benchmark for judging the unfairness of the default interest term is the amount of default interest payable involves dispensing with other circumstances and especially with art. 4.1 Directive 93/13 and the European case law interpreting it.[42] So, the amount of capital borrowed, the repayment period and when the borrower stops paying or the loan is declared overdue are not taken into account. The term's possible consequences under the law applicable to the contract are also relevant, which requires referring to the national legal system (e.g., whether the interest is capitalised or not, whether it starts to run with or without the need to give notice, whether other damages or costs can be recovered by the creditor, or whether the borrower can lose the main residence).

ee) More food for thought at CJEU level

It was only to be expected that a preliminary ruling on the adequacy of this rationale would be sought from European law sooner rather than later. In fact, in the end the request was lodged by the SCS itself, along with other judges. This subject will be returned to later, for the purpose of analysing the recent CJEU judgment of 7 August 2018, C-96/16 and C-94/17, Banco

of 24.6 % on a revolving loan to be usurious. Concerning the application of market interest rates to judge the possible usury of a loan at a 12 % ordinary interest rate, see DGRN Resolution of 1 February 2018 (BOE of 14 February 2018).

42 See CJEU judgment of 1 April 2004, C-237/02, *Freiburger Kommunalbauten* (§ 21); CJEU judgement of 14 March 2103, C-415/11, *Aziz* (§ 71); CJEU judgment of 27 February 2014, C-470/12, *Pohotovosť* (§ 59); CJEU order of 3 April 2014, C-324/13, *Sebestyén* (§ 29); CJEU judgment of 21 January 2015, C-482/13, C-484/13, C-485/13 and C-487/13, *Unicaja* (§ 37); CJEU order of 11 June 2015, C-602/13, *Banco Bilbao Vizcaya Argentaria* (§ 44); CJEU judgment of 8 July 2015, C-90/14, *Banco Grupo Caja Tres* (§§ 27-30); CJEU order of 17 March 2016, C-613/15, *Ibercaja* (§§ 32-33); CJEU Judgment of 26 January 2017, C-421/14, *Banco Primus* (§ 61). See also Advocate General Wahl in the conclusions to the *Unicaja* case (§§ 41-42). For critiques, *Agüero Ortiz*, Revista Cesco de Derecho de consumo 2016, p. 157; *Ruiz de Valdivia*, "Intereses abusivos y concepto de consumidor. Comentario a la STS de 3 de June de 2016 (RJ 2016, 2300)", Cuadernos Cívitas de Derecho Civil (CCJC) 2016, 102, p. 610-611.

Santander / Banco de Sabadell,[43] which also deals with a further issue that is addressed in the next section.

III. *The consequences of declaring default interest terms unfair*

The CJEU was asked for its opinion on the correctness of a standard legal practice in Spain that consisted of recalculating default interest once the unfair term had been declared void. Using a range of valuation parameters,[44] the Court positioned the term at the limits of what was permitted by law, on the basis of not applying the part that was deemed unfair.

1. *Unfair default interest terms are invalid and cannot be moderated*

The CJEU Judgment of 14 of June 2012, C-618/10, *Banco Español de Crédito* and other subsequent judgments understood that once the term had been declared unfair, the courts should confine themselves to exclude the term from the contract in order that it could not produce binding effects, because it is the only way of ensuring that lenders are dissuaded from using unfair terms. If the courts were able to revise the content or reduce the amount of the penalty, lenders could be tempted to use the same unfair term over and over again in the knowledge that, even when they were declared void, the national court could still adjust the contract, thus guaranteeing the lenders' interests and not those of consumers (§§ 65, 69).[45] Preventing the courts from helping lenders to reformulate the clauses was cer-

43 See Section IV below.

44 See Section II.2. above

45 See also CJEU judgment of 30 May 2013, C- 488/11, *De Man Garabito* (§§ 57, 59); CJEU judgment of 30 April 2014, C-26/13, *Árpád Kásler* (§ 79); CJEU judgment of 21 January 2015, C-482/13, C-484/13, C-485/13 and C-487/13, *Unicaja* (§§ 28-29, 31); CJEU judgment of 8 July 2015, C-90/14, *Banco Grupo Caja Tres* (§§ 33-37); CJEU order of 17 March 2016, C-613/15, *Ibercaja* (§ 36); CJEU judgment of 21April 2016, C-377/2014, *Radlinger* (§ 97); CJEU judgment of 31 May 2018, C-483/16, *Zsolt Sziber* (§ 32).

tainly the right choice.[46] The CJUE judgment forced the Spanish legislature to modify its drafting of art. 83 TR-LGDCU.[47]

2. *Moreover, the default law is not applied to close the gap*

The courts of first instance followed up the CJEU Judgment of 14 of June 2012, C-618/10, Banco Español de Crédito judgment in a very patchy fashion. To some, not being able to revise and moderate the clauses did not mean that the contract could not be adjusted by applying the default law to close the gap.[48] The default law should have been art. 1108 CC,[49] but on many occasions art. 114.3 LH was applied,[50] despite the fact that this provision only set limits on the agreement and was not therefore a default rule. In contrast, other courts and a sector of academic opinion understood that once a clause had been declared unfair, it was removed from the contract

46 Academic opinion in Spain generally agrees. Hence, *Carballo Fidalgo*, p. 200; *Basozabal Arrue*, p. 452; *Díez García*, "Intereses moratorios en los préstamos hipotecarios: interpretación del art. 114.III LH y de la Disposición Transitoria 2ª de la Ley 1/2013 tras la STJUE de 21 de enero de 2015 (entre lo ilegal y lo abusivo), in: Díez Alabart (ed.), La protección del consumidor en los créditos hipotecarios, 2015, p. 335-336; *Carrasco Perera*, Derecho de contratos, 2010, p. 830-831; *González Pacanowska*, "Efectos de la no vinculación del consumidor a las cláusulas abusivas (Abusa, que algo (ya) no queda)", CCJC 2013, 91, p. 348-349.

47 CJEU judgment of 14 of June 2012, C-618/10, *Banco Español de Crédito* (§ 73): "In the light of the foregoing, the answer to the second question is that Article 6(1) of Directive 93/13 must be interpreted as precluding legislation of a Member State, such as Article 83 of Legislative Decree 1/2007, which allows a national court, in the case where it finds that an unfair term in a contract concluded between a seller or supplier and a consumer is void, to modify that contract by revising the content of that term". See Law 3/2014 of 27 March (BOE no. 76 of 28 March 2014).

48 See PC, Albacete (First Division) judgment of 14 November 2014 (AC 2309); PC, Albacete (First Division) judgment of 12 May 2014 (AC 1013); PC, Jaén (First Division) judgment of 18 March 2014 (AC 132573).

49 PC, Barcelona (First Division) order of 3 March 2015 (JUR\2015\112557). Note that CJEU judgment of 30 April 2014, C-26/13, *Árpád Kásler* already existed. In favour, *Díez García*, in: Díaz Alabart, p. 339; *González Pacanowska*, CCJC 2013, p. 350.

50 Hence, among many, in relation to consumer loans, see PC, Córdoba (First Division) judgment of 3 November 2014 (AC\2014\2384); PC, Córdoba (First Division) judgment of 15 January 2015 (AC 409). For a mortgage loan, PC, Córdoba (First Division) judgment of 20 November 2014 (AC\2014\2124). When this judgment was issued the CJEU judgment of 30 April 2014, C-26/13, *Árpád Kásler* was already known.

and no interest on arrears was then owed.[51] In an excess of zeal, some even refused applications for post-judgment interest.[52]

The CJEU Judgment of 30 April 2014, C-26/13, *Árpád Kásler* stated that the court could only replace the unfair term by applying a supplementary provision of national law when the contract could not continue in existence or be implemented after the unfair term has been deleted, an argument that was repeated in subsequent judgments/orders.[53] The power to replace an unfair clause with a national law default rule was limited to cases in which declaring the unfair clause non-binding or void would force the judge to annul the entire contract, thus leaving the consumer exposed to consequences that would amount to a penalty (§§ 82-84).[54] If this doctrine is taken to its limits, it is not even clear whether lenders can claim any damages that they manage to prove, in accordance with art. 1101 CC,[55] as both this provision and art. 1108 CC are default law.

---

51 PC, Santa Cruz de Tenerife (Third Division) judgment of 5 November 2014 (AC \2015\222), issued when the CJEU judgment of 30 April 2014, C-26/13, *Árpád Kásler* had already been made public, although it was not cited. See also *Soler Solé*, "Intereses de demora, TS, TJUE y principio de primacía", Diario La Ley, dated 18 June 2016, p. 6; *Ruiz-Rico Ruiz / Castaños Castro*, "Intereses moratorios declarados abusivos: reflexiones sobre las consecuencias derivadas de la nulidad de la cláusula de intereses moratorios en préstamos con consumidores", Diario La Ley, dated 13 November 2015, p. 6-7; *Serrano de Nicolás*, "Crisis hipotecaria: Una crónica de la muerte anunciada de la hipoteca inmobiliaria como derecho de realización del valor, en su actual configuración", in: Estudios en homenaje a José Luis Mezquita del Cacho, 2013, p. 219-220; *Anderson / Simón*, in: Anderson / Arroyo Amayuelas, p. 57.

52 PC, Santa Cruz de Tenerife (Fourth Division) judgment of 11 July 2014 (JUR \2015\8334). Academic opinion did not question that these were applicable, however. See *Basozábal Arrue*, "Límites imperativos en materia de condiciones financieras del préstamo", in: Espejo Lerdo de Tejada / Murga Fernández (eds.), Vivienda, Préstamo y Ejecución, 2016, p. 460.

53 For example, CJEU judgment of 21 January 2015, C-482/13, C-484/13, C-485/13 and C-487/13, *Unicaja* (§ 33); CJEU order of 17 March 2016, C-613/15, *Ibercaja* (§ 38); CJEU judgment of 26 January 2017, C-421/14, *Banco Primus* (§ 71).

54 Along these lines, see CJEU judgment of 30 April 2014, C-26/13, *Árpád Kásler* (§§ 82 a 84); CJEU judgment of 21 January 2015, C-482/13, C-484/13, C-485/13 and C-487/13, *Unicaja* (§ 33-34); CJEU judgment of 8 July 2015, C-90/14, *Banco Grupo Caja Tres* (§ 38); CJEU judgment of 21April 2016, C-377/2014, *Radlinger* (§ 97); CJEU judgment of 7 August 2018, C-96/16 and C-94/17, *Banco Santander / Banco de Sabadell* (§§ 74, 78).

55 This is what part of academic opinion states, as a consequence of the impossible application of art. 1108 CC. Thus, *Ruiz-Rico Ruiz / Castaños Castro*, Diario La Ley 13 November 2015, p. 6, 8-9; *González Pacanowska*, Art. 83 TR-LGDCU, in: Bercovitz Rodríguez-Cano (ed.), p. 1166-1168; *Álvarez Lata*, "Comentario a la Sentencia

IV. A new Supreme Court of Spain doctrine regarding default interest

It has already been noted that the SCS set a precedent by deciding that the default interest term is unfair when it is two points higher than the agreed ordinary interest. It should now be added that the SCS also states that once the courts find the default interest term unfair, they must refrain from applying the unfair default interest. Nevertheless, always according to the SCS, lenders that are deprived of default interest as a consequence of the clause being voided and non-binding must still be able to collect the ordinary interest corresponding to the unpaid share while the borrower fails to repay the money. Until this point, the most that academic opinion had discussed was whether the agreed ordinary interest should be the parameter used to compensate for the damages arising from a default, instead of resorting to the legal interest provided for in art. 1108 CC.[56] It is important to note that the SCS takes a step further and states that overdue loans generate ordinary interest. This is clearly cheating.[57]

The SCS case law created perplexity among authors, and some lower courts also doubted whether it could be compatible with European Union law. For some judges it was particularly important to know if it is right to disregard the circumstances of specific cases when it is ascertained that a term is unfair; whether it contradicts Directive 93/13 to set an unfairness criterion that could benefit lenders by leaving the application of generally very high ordinary interest to their discretion, and whether the SCS's reasoning contravenes CJEU case law, in the understanding that the use of ordinary interest in a scenario in which default interest applied can be seen as an action that entails a content modification, either of the contract or the unfair term, that EU case law did not allow. Indeed, is that not what actually happens when courts are allowed to eliminate the additional charges entailed by adding default interest to ordinary interest? In the

de 7 de September de 2015 (RJ 2015, 3976): Intereses moratorios abusivos y consecuencias de la nulidad de la cláusula: reinterpretación por el TS de la doctrina del TJUE", CCJC 2016, 100, p. 575.

56 On this subject, *Ruiz-Rico Ruiz / Castaños Castro*, Diario La Ley 13 November 2015, p. 7; *Álvarez Lata*, CCJC 2016, p. 573. Recently, *Fernández San Miguel*, "Los incomprendidos intereses de demora", *Revista de Derecho Bancario y Bursátil* (RDBB) 2018, 149, p. 131-154.

57 In support of this view, in spite of considering the solution intelligent, *Basozábal Arrue*, in: Espejo Lerdo de Tejada / Murga Fernández, p. 459-460. See also, *Carballo Fidalgo*, InDret 2019, p. 19-20. Praising the legal reasoning, without a hint of criticism, *Martínez Escribano*, "El problema de las cláusulas abusives en los intereses moratorios de los préstamos personales", RDBB 2015, 140, p. 321-322.

SCS's opinion, the unfair default interest term is eliminated from the contract, but there is another way of looking at things. Admittedly, since a loan which has fallen due does not bear ordinary interest, it is difficult not to understand that this ordinary interest that the court deems due is in fact nothing more than the default interest. The nullity of the unfair term therefore has no detrimental effects for the creditor.

V. *The CJEU judgment of 7 August 2018, C-96/16 and C-94/17, Banco Santander / Banco de Sabadell*

The CJEU was asked for different preliminary rulings by Barcelona Court of First Instance No. 38,[58] Madrid Court no. 60,[59] and the SCS itself, in an attempt to validate its own case law.[60] It has taken the CJEU almost two years to respond. The CJEU judgment of 7 August 2018, C-96/16 and C-94/17, *Banco Santander / Banco de Sabadell* is the outcome of the joint processing of the two questions submitted by the Barcelona judge and the SCS; it endorses the SCS doctrine only partially and, as is generally the case, falls short of dispelling all doubt.

1. *In consumers' favour: judge-made criteria is as binding as a legal black list*

The CJEU deems it perfectly possible to develop a jurisprudential criterion that protects consumers better than the Directive. It adds that if this criterion had force of law, it would fit into what art. 8 Directive 93/13 envisaged (§§ 69-70). Moreover, it understands that although the SCS may have established a *iuris et de iure* presumption of unfairness, a lower court could always declare a clause in which lower default interest had been agreed to be

58 The question lodged via Order of 2 February 2016 can be read in *Diario La Ley*, 3 March 2016 and here: http://notasdejurisprudencia.blogspot.com/2016/03/cuestiones-prejudiciales-planteadas-por.html, from which the explanations of the text have been taken. The judge was concerned about other issues that are not relevant here.

59 Request for a preliminary ruling lodged by Madrid Court of First Instance no. 60 on 29 February 2016 – *Abanca Corporación Bancaria S.A. / Juan José González Rey y Otros* (Case C-120/16) (OJ C 175 of 17 May 2016). This was understood by the judge issuing the judgment that was later overturned on appeal and resulted in the PC, Barcelona (Fourth Chamber) judgment of 16 April 2018 (JUR 018\129226).

60 Order of 22 February 2017 (RJ\2017\597).

unfair, depending on the circumstances of the case (§§ 61, 67). This is a setback for SCS case law, which had intended to establish a mandatory rule with the aim of guaranteeing legal certainty. However, it is worth noting what the CJEU does not say; in particular, it does not state that a court may disregard the unfairness of a clause setting a higher percentage.[61] It could therefore be thought that, this being the case, the criterion established by the SCS could be mandatory – binding – in consumers' favour.[62] This is much more than arts. 3.3, 4.1 and Annex 1 (e) of Directive 93/13 anticipated, but on the one hand this is a minimum harmonisation Directive, and on the other the criterion is in keeping with what is provided for in art. 85.6 TR-LGDCU, although this automatic application may be highly questionable for this type of clause.[63]

2. *In banking's favour: the courts must only stop applying the unfair term*

The CJEU feels that the default interest term's unfairness does not imply that ordinary interest is also void, as this fulfils a different function in the contract and its fairness is not in question. The Court indicates that this is so even if the default interest term had been drafted using the benchmark

61 CJEU judgment of 7 August 2018, C-96/16 and C-94/17, *Banco Santander / Banco de Sabadell* (§ 61): "Furthermore, it must be noted that, whilst it follows from the case-law of the Tribunal Supremo (Supreme Court) at issue in the main proceedings that any contractual term which satisfies the criterion referred to in paragraph 18 of the present judgment is presumed to be unfair, that case-law does not, however, appear to deprive the national court of the possibility of considering that a term contained in a loan agreement concluded with a consumer which does not satisfy that criterion — *that is to say, a term fixing a default interest rate not exceeding by more than two percentage points the ordinary interest rate provided for in the agreement* — is nevertheless unfair and, where appropriate, setting it aside, a matter which it is for the referring courts to determine" (the italics are mine).

62 Conclusions of Advocate General Nils Wahl presented on 22 March 2018 (§ 67) and then CJEU judgment of 7 August 2018, C-96/16 and C-94/17, *Banco Santander / Banco de Sabadell* (§ 59). However, the Advocate General concluded far more generally that the criterion established by the SCS could only be in line with Directive 93/13 if the judge were able to deviate from it, without specifying in which direction (§§ 81, 93).

63 The CESL, which provides for both a grey list (art. 85) and a black list (art. 84) of unfair clauses in B2C contracts, however, includes on the grey list clauses that: "require a consumer who fails to perform obligations under the contract to pay a disproportionately high amount by way of damages or a stipulated payment for non-performance" (art. 85 [e]).

of ordinary interest agreed with the aim of increasing it by two points (§§ 76-79). The fact that these are two different clauses, which moreover have different legality control parameters, is indisputable. Furthermore, it is clear that the CJEU cannot mediate in the controversy about whether ordinary interest continues to accrue after the borrower defaults because this is a problem of national law. Nevertheless, it cannot have escaped the CJEU's notice that when the SCS declares that it is eliminating the additional charge entailed by adding interest on arrears to ordinary interest, its tactic is not to eliminate default interest completely, but to set it at a sum equivalent to the amount of the ordinary interest. Therefore, if judges can still impose the default interest they deem appropriate after the clause is declared null and void, this should be understood as being a modification of the contract. In the worse scenario the SCS could be understood to be moderating the term, which would continue to bind the parties once the amount of the interest has been reduced.[64]

In the cases that were brought and resulted in the preliminary ruling, ordinary interest was 4.75 %, 8.5 % and 11.20 % respectively. In contrast, had the clause on default interest been voided, *tout court*, without modifying the contract or the term, the consumers would not have paid anything. A further problem to arise from the new SCS judgment is that if ordinary interest continues to accrue during the period of arrears -and this seems inevitable regardless of whether or not the loan is declared overdue – it would then have to be understood that when the default interest term is not void on grounds of unfairness, default interest accumulates on top of ordinary interest. This solution has usually had a poor reception from Spanish jurisprudence.[65]

---

64 This impression is shared by a large part of academic opinion. Among many, see *Carrasco Perera*, CESCO 2015, p. 9-10; *Agüero Ortiz*, Revista Cesco de Derecho de Consumo 2016, p. 7-8; *Álvarez Lata*, CCJC 2016, p. 574-575; *Ruiz de Valdivia*, CCJC 2016, p. 616; *Carballo Fidalgo*, InDret 2019, p. 20.

65 PC, Granada judgment of 7 February 1995 (AC 1995\318); PC, Santa Cruz de Tenerife (First Division) judgment of 9 February 2004 (JUR 2004\103509); PC, Zaragoza (Fourth Division) of 12 December 2008 (JUR\2008\175554): PC, Valladolid (Third Division) of 22 February 2011; SCS judgment of 2 November 2000 (RJ 8492). See also *Carballo Fidalgo*, p. 172; *Agüero Ortiz*, "STJUE de 7 de Agosto de 2018, sobre la cesión de créditos y el criterio de abusividad de los intereses moratorios", Novedades Cesco, septiembre 2018 (http://centrodeestudiosdeconsumo.com/images/STJUE_7_agosto_2018_intereses_moratorios.pdf). However, see other case law cited by *Pertínez Vilchez*, Art. 85 TR-LGDCU, in: Cámara Lapuente, p. 818-819. In favour of compatibility between interests, also *Llamas Pombo*,

VI. What conclusions can be drawn from this fruitful dialogue between courts?

Thanks to the frequency with which Spanish courts have lodged requests for preliminary rulings - and continue to do so – it has been somewhat easier for borrowers to withstand the terrible effects of the economic and financial crisis in Spain. However, in spite of what has turned out to be an intense dialogue – with other national courts as well – it is still difficult to know what criteria should prevail when interpreting Directive 93/13. Prevention and a deterrent effect and balance between the parties' rights and obligations are sometimes incompatible.[66]

These two elements come together in the CJEU Judgment of 14 of June 2012, C-618/10, *Banco Español de Crédito*. If on one hand, the deterrent effect prevents judges from modifying the clause,[67] on the other, the purpose of eliminating the unfair term entirely is to replace the formal balance between the parties' rights and obligations established by the contract with a real balance capable of re-establishing equality between them.[68] What actually happens is that the deterrent effect also extends to a prohibition on the application of default law.[69] There will be cases in which this is neither necessary nor possible. However, in others, only applying the default law – as well as supplementary contract interpretation by courts - will enable balance to be restored between the parties' rights and obligations. However, the courts are only allowed to do this if the contract cannot exist without the clause and its annulment is to the detriment of the consumer. This is clearly not what happens when a default interest term is eliminated.[70]

Art. 1108 CC, in: Domínguez Luelmo (ed.), Comentarios al Código Civil, 2010, p. 1223.

66 On this subject, *Gsell*,"Prävention als oberstes Ziel der Klauselkontrolle bei Verbraucherverträgen? Die Zulässigkeit ergänzender Vertragsauslegung im Lichte des Europarechts – Aktuelle Judikatur in Deutschland und Österreich", in: Leupold (Hrsg.), Forum Verbraucherrecht 2015, 2015, pp. 35-57.

67 CJEU judgment of 14 of June 2012, C-618/10, *Banco Español de Crédito* (§ 73).

68 CJEU judgment of 15 of March 2012, C-453/10, *Jana Pereničová* (§ 28); CJEU judgment of 14 of June 2012, C-618/10, *Banco Español de Crédito* (§ 40); CJEU order of 17 March 2016, C-613/15, *Ibercaja* (§ 35); CJEU judgment of 31 May 2018, C-483/16, *Zsolt Sziber* (§ 32). The balance argument was sometimes used to justify not annulling the contract.

69 CJEU judgment of 30 April 2014, C-26/13, *Árpád Kásler* (§ 77).

70 CJEU judgment of 21 January 2015, C-482/13, C-484/13, C-485/13 and C-487/13, *Unicaja* (§ 34); CJEU judgment of 8 July 2015, C-90/14, *Banco Grupo Caja Tres* (§ 39); CJEU order of 17 March 2016, C-613/15, *Ibercaja* (§ 38).

In view of the above, it could be concluded that the purpose of Directive 93/13 is not to achieve balance, but rather to sanction lenders, contrary to what the CJEU itself stated in the *Perenicova*[71] and *Jörös*[72] judgements, in which, for the benefit of the legal certainty of business activities, it advocated restoring balance and stipulated that an objective approach to deciding whether a contract should be annulled or not must be adopted. Moreover, if default rules apply as the source of contractual effects, regardless of the contracting parties' will, unless they expressly exclude it, it follows that when the unfair clause is declared unfair and should be excluded from the contract, the default rules should also close the gap in the contract and supplement its effects. This would leave the seller or supplier in the same situation as if the clause had never existed and would in no way contradict the intendet deterrent effect of Directive 93/13.[73] In the absence of any default law it follows that the courts should be able to establish a fair assessment of the parties' interests, but if the aim is to give prevalence to a punitive purpose, it could also certainly be concluded that the courts are denied this supplementary interpretation.[74] However, the CJEU has not expressed its position on this issue, or at least, it is not clear that it has done so.

National courts enjoy wide discretionary powers to declare contracts null and void, in accordance with domestic law. It is therefore possible that some judges may understand that a contract is null in consequence of a serious imbalance to the detriment of the seller or supplier (e.g. § 306.3 BGB). In fact, a Spanish judge has asked the CJEU for a preliminary ruling to know precisely whether it is compatible with art. 6.1 Directive 93/13 to understand that annulling the clause can cause unreasonable hardship for the seller or supplier that would determine the nullity of the contract; and whether, to avoid this, "in the interest of protecting the consumer, the national court could be entitled to save the contract by applying a provision of supplementary law, or would it have to remedy the contract with a rule that is minimally tolerable for the seller or supplier", which would be especially important when it could be proved that bad faith was lacking (because the supplier could not expect the term to be unfair).[75] For the time being, Advocate General Maciej Szpunar has stated that it is not a question

---

71 CJEU judgment 15 of March 2012, C-453/10, *Jana Pereničová* (§ 36).

72 CJEU judgment of 30 May 2013, C-397/11, *Erika Jörös* (§§ 25, 47-48).

73 *Carballo Fidalgo*, p. 205; *Gsell*, in: Leupold, p. 48.

74 Along these lines, *Gsell*, in: Leupold, p. 45.

75 Order of Fuenlabrada Court of First Instance no. 1 of 8 February 2016, published in the European Law Reports on 15 February as a request for a preliminary ruling lodged by Justice Jesús Alemany Eguidazu, Case C-92/16, *Bankia* v. *Henry-Rodolfo*

of taking into account considerations such as whether or not the bank would have granted a loan without the mortgage guarantee or what the consequences would be for the creditor if an unfair term were removed, but of whether or not the contract is annulled under national law. [76]

Before the CJEU delivered its judgment in the *Banco Santander/Banco Sabadell* case, the Advocate General Nils Wahl did suggest that the fact that a national judge is forced to declare unfair a contractual term setting default interest at a level above a specific threshold may raise problems from the perspective of overall contractual balance considered in the abstract (§ 78). Nevertheless, the CJEU replied that the Directive: "does not so much aim to guarantee an overall contractual balance between the rights and obligations of the parties to the agreement as to prevent an imbalance between those rights and obligations from arising to the detriment of consumers" (§ 69). Yet, how can it be denied that allowing ordinary interest on a loan to accrue during the default period is clearly a solution that favours the bank? Since the SCS tactic is to replace the interest rate that has been declared unfair, the CJUE should not have disregarded that this is tantamount to modifying either the term or the contract, not precisely in consumers' interest; however, this time the CJEU has opted for recovering the traditional version of the overall contractual balance, recalling that "[…] the objective pursued by that directive consists in […] restoring the balance between the parties by not applying those contractual terms held to be unfair" (§ 75). As the rule's purpose cannot be one or another depending on the issue at stake at any one time, perhaps the only option is to conclude that the CJEU is furtively trying to correct its own doctrine. It is clear that its own case law is being challenged by SCS case law and that this time the CJEU prefers to turn a blind eye.[77]

Rengifo Jiménez and Sheyla-Jeanneth Felix Caiza. The question is general, but is especially interesting in the context of the possible unfairness of an acceleration clause in mortgage foreclosure proceedings. The court reiterated its request in an order of 21 February 2017 (JUR 2017\92533).

76 AG Conclusions, 13 September 2018, C-92/16, *Bankia vs. Henry-Rodolfo Rengifo Jiménez, Sheyla-Jeanneth Felix Caiza* and C-167/16, *Banco Bilbao Vizcaya Argentaria, S.A.,vs. Fernando Quintano Ujeta, María Isabel Sánchez García* (§ 58).

77 In broad agreement, Pantaleón Prieto, Fernando, "De nuevo sobre los intereses moratorios abusivos en contratos de préstamo", in the blog: El almacen de Derecho en: https://almacendederecho.org/de-nuevo-sobre-los-intereses-moratorios-abusivos-en-contratos-de-prestamo/ (accessed 7 October 2018).

The Contracting Parties' Choice of European Soft Law: Its Validity and Limits

Pietro Sirena

I. The PECL and their functions

Since the 1980s autonomous groups of researchers and scholars have carried out several projects of a European private law, thus showing how far the process of Europeanisation of legal studies has advanced. According to Prof. Reiner Schulze's depiction, the jurists of the old continent are by now on the track of a European private law.[1]

One of the major achievements of the kind is to be acknowledged in the Principles of European Contract Law (PECL), which constitute a great work of 'scientific law',[2] overall developed between 1980 and 2002. It is 'scientific law' because the PECL were drawn up by a commission of academic jurists, who have operated under an exclusively cultural legitimation and outside of a proper mandate by any legislator (even if, in doing so, they were initially funded by the European institutions).[3] Furthermore, it is 'scientific law' because the PECL were drafted on the basis of a histori-

1 *Janssen* (ed.), Auf dem Weg zu einem Europäischen Privatrecht. Beiträge aus 20 Jahren von Reinhard Schulze, 2012.

2 *Lando*, Principles of European Contract Law: An Alternative to or a Precursor of European Legislation, American Journal of Comparative Law (Am J Comp Law) 40, 1992, p. 573 ff.; *Zimmermann*, Die Principles of European Contract Law als Ausdruck und Gegenstand europäischer Rechtswissenschaft, 2003; *Castronovo*, I Principi di diritto europeo dei contratti e l'idea di codice, Rivista di diritto commerciale 1995, I, p. 21 ff.; *Alpa*, La seconda versione dei Principles of European Contract Law, Nuova giurisprudenza civile commentata (NGCC) 2000, II, p. 121 ff.

3 For an exhaustive description of the method of work adopted by the PECL commission, see especially *Lando*, European Contract Law, Am J Comp Law 31, 1983, p. 653 and *Zimmermann*, Ius Commune and the Principles of European Contract Law: Contemporary Renewal of an Old Idea, in: McQueen/Zimmermann (eds.), European Contract Law: Scots and South African Perspectives, 2006, p. 4 ff.

cal-comparative analysis of the legal systems of most European countries, without pursuing specific legal policy objectives.[4]

This does not detract from the fact that, as to the technique of their drafting, the PECL have been conceived and designed as a true system of legal norms, which can be applied to solve a practical case or to decide the solution of a dispute ('black letter rules').

The PECL were drafted by an international commission chaired by Ole Lando, from whom they frequently take the name. They are therefore also known as 'Lando Principles'.

Part I of the PECL encompasses 59 articles and regulates: performance, non-performance and remedies.[5] Together with a revised edition of Part I, Part II of the PECL was published in 2000 and encompasses 73 articles, which regulate: formation, authority of agents, validity, interpretation, contents of contract.[6] In 2002, Part III was finally published, which covers 69 articles and regulates: plurality of debtors and creditors, assignment, substitution of new debtor and transfer of contract, set-off, prescription, illegality, conditions and capitalization of interests.[7]

The PECL are applicable to a contract when, as provided for by their Art. 1:101 (2), 'the parties have agreed to incorporate them into their contract or the contract is to be governed by them'.[8]

Moreover, Art. 1:101 (3) PECL states that they are also applicable when the parties '*(a)* have agreed that their contract is to be governed by "general principles of law", by the "*lex mercatoria*" or the like; or *(b)* have not chosen any system or rules of law to govern their contract'. This rule is not astonishing, because uniform contract law has generally been conceived as a

---

4 On the notion of 'scientific law', see *Zimmermann*, Wissenschaftliches Recht am Beispiel (vor allem) des europäischen Vertragsrechts, in: Bumke/Röthel (eds.), Privates Recht, 2012, p. 21 ff.

5 Lando/Beale (eds.), Principles of European Contract Law, Part I, Performance, Non-Performance and Remedies, drafted by the Commission of European Contract Law, 1995.

6 Lando/Beale (eds.), Principles of European Contract Law, Parts I and II (Combined and Revised), drafted by the Commission of the European Contract Law, 2000. For a translation into Italian, see Carlo Castronovo (ed.), Principi di diritto europeo dei contratti, Part I and II, 2001.

7 Lando/Clive/Prüm/Zimmermann (eds.), Principles of European Contract Law, Part III, prepared by the Commission of the European Contract Law, 2002.

8 See *infra*, § 4.

rationalization of the *lex mercatoria*, i.e., the corpus of legal uses that arose in the field of international trade.[9]

It is thus implicitly assumed that an arbitration clause has been affixed to the contract, by which the parties are bound to settle through arbitration any disputes that may arise between them. Differently, it is called into question by scholars of international private law whether a national court could settle a dispute by allowing the general principles or the *lex mercatoria* to prevail over national law.[10]

At any rate, it is hard to measure the impact and the fortune of the PECL in the field of arbitration dispute resolution (where the PICC seem to be more frequently applied,[11] as it will be subsequently argued).[12]

II. The legal nature of soft law instruments

The PECL can therefore be conceived as the source of a quasi-legislative law,[13] since it becomes applicable by choice of the contracting parties.

---

9 *Bonell*, The Law Governing International Commercial Contracts and the Actual Role of the Unidroit Principles, Uniform Law Review 23, 2018, p. 15 ff.; *Lando*, The Principles of European Contract Law and the Lex Mercatoria, Private Law in the International Arena: From National Conflict Rules Towards Harmonization and Unification, in: FS Siehr, 2000, p. 391 ff. For a critical assessment, see *Legros*, Common Core, PECL and DCFR: Could They be Used to Interpret Shipping Law?, in: Verheyen/Smeele/Hoeks (eds.) Common core, PECL and DCFR: Could they change shipping and transport law?, 2015, p. 13.

10 See *infra*, § 4.

11 *Derya Tarman*, Non-national Rules in the Arbitration of Commercial Contracts, in: de Elizalde (ed.), Uniform Rules for European Contract Law?, 2018, p. 71 ff. During the twentieth conference of the *Académie International de Droit Comparé (AIDC)*, which was held in Fukuoka in 2018, the following issue, among others, was dealt with: *The UNIDROIT Principles as a common frame of reference for the uniform interpretation of national law*. For German reports, see *Erler/Schmidt-Kessel*, The Use of the UPICC in Order to Interpret or Supplement German Contract Law, in: Schmidt-Kessel (ed.), *German National Reports on the 20th International Congress of Comparative Law*, 2018, p. 39 ff.; for Italian reports, see *Veneziano/Finazzi Agrò*, The Use of the UNIDROIT Principles in Order to Interpret or Supplement National Contract Law, Annuario di diritto comparato e di studi legislativi I, 2018, p. 39 ff. Furthermore, see *Berger*, International Arbitral Practice and the UNIDROIT Principles of International Commercial Contracts, Am J Comp Law 46, 1998, p. 129 ff.

12 See *infra*, § 2.

13 For a critical assessment of this concept, see *Riesenhuber*, Privates Recht, wissenschaftliches Recht, Systembildung. Systembildung im Europäischen Vertrags-

One can therefore speak of 'soft law' or 'optional law',[14] which is not binding in a strict sense, but dictates rules that can be used by the legislator, by judges and also by the parties. The terms of 'principles' does not mean that the PECL consist in vague and general directives of the law, but that, even if they are punctual and well-defined rules, they are not in force in a positivistic sense.[15]

Therefore, the PECL may be said to pose a 'law beyond the State',[16] which is hard to be conceptualized according to the patterns of legal positivism that has characterized a large part of the twentieth century's legal culture.

As for their purpose, the PECL aim at creating a non-binding supranational law instrument, which constitutes an alternative to legislation. Similar features can be found in the Draft Common Frame of Reference (DCFR) prepared by the commission chaired by Christian von Bar,[17] as well as outside the European context, in the Principles of International

---

recht, in: Bumke/Rötel, p. 49 ff., and, previously, *Gentili*, Il contratto d'impresa e il diritto comune europeo, in: Sirena (ed.), Il diritto europeo dei contratti d'impresa. Autonomia negoziale e regolazione del mercato, 2006, p. 94 ff., p. 97 ff.

14 In this regard, see the fundamental work by *Jansen*, The Making of Legal Authority: Non-Legislative Codification in Historical and Comparative Perspective, 2010.

15 On the conceptual redefinition of principles in the perspective of supranational law, see the essays collected in: Vogenauer/Weatherhill (eds.), General Principles of Law: European and comparative perspective, 2017; Sirena/Rutgers (eds.), Rules and Principles in European Contract Law, 2015; Grundmann/Mazeaud (eds.), General Clauses and Standards in European Contract Law: Comparative Law, EC Law and Contract Law Codification, 2006. Among monographic works, see *Reich*, General Principles of EU Civil Law, 2014; *Metzger*, Extra legem, intra ius: Allgemeines Rechtsgrundsätze im Europäischen Privatrecht, 2009.

16 On the theme 'Beyond the State? Rethinking Private Law', see the papers delivered at the namesake conference held in MPI in Hamburg, on 12-13 July 2007, and published in issue 3 of 2008 American Journal of Comparative Law.

17 *Schulze*, Der DCFR – Funktionen, Methoden und Strukturen, in: Janssen (ed.), p. 183 ff.; *Pfeiffer*, Von den Principles of European Contract Law zum Draft Common Frame of Reference, Zeitschrift für Europäisches Privatrecht (ZEuP) 2008, p. 679; Alpa/Iudica (eds.), Draft Common Frame of Reference (DCFR), What for?, 2013; *Carlo Marchetti*, Il DCFR: lessici, concetti e categorie nella prospettiva del giurista italiano, 2012; *Riesenhuber*, Wettbewerb für das europäische Vertragsrecht, Juristenzeitung 2011, p. 537 ff.; *Maugeri*, Alcune perplessità in merito alla possibilità di adottare il DCFR come strumento opzionale (o facoltativo), NGCC 2011, II, p. 253 ff.; *Antoniolli*, A Factual Assessment of the Draft Common Frame of Reference, 2011; *Breccia*, Principles, definitions e model rules nel 'comune quadro di riferimento europeo' (Draft Common Frame of Reference), I Contratti, 2010, p. 95 ff.; *Wagner*, The Common Frame of Reference: A View from Law & Economics, 2010; *Antoniolli/Fiorentini/Gordley*, A Case-Based Assessment of the

Commercial Contracts (PICC) set out by the UNIDROIT,[18] which are characterized by a global scope.[19]

Mainly, such works of scientific pseudo-codification of private law are designed on the model of the restatements drawn up by the American Law Institute.[20] They are based on an application of a comparative method which is not mechanistic, but oriented to the choice of the better rules, namely the ones which can more effectively achieve the objective of the standardization of the law.[21] Such rules may be not present as such in the majority of the legal systems taken into consideration, or even in any of them.[22]

Draft Common Frame of Reference, Am J Comp Law 58, 2010, p. 343 ff.; *Eidenmüller/Faust/Grigoleit/Jansen, Wagner/Zimmermann*, The Common Frame of Reference for European Private Law-Policy Choices and Codification Problems, Oxford Journal of Legal Studies 28, 2008, p. 659 ff.; *Grundmann*, The Structure of the DCFR–Which Approach for Today's Contract Law?, European Review of Contract Law (ERCL) 2008, p. 225 ff.

18 *Bonell*, The CISG, European Contract Law and the Development of a World Contract Law, Am J Comp Law 56, 2008, p. 1 ff; *Lando*, CISG and its Followers: A Proposal to Adopt Some International Principles of Contract Law, Am J Comp Law 53, 2005, p. 379 ff.; *Fletchner*, The CISG's Impact on International Unification Efforts: The UNIDROIT Principles of International Commercial Contracts and the Principles of European Contract Law, in: Ferrari (ed.), The 1980 Uniform Sales Law: Old Issues Revisited in the Light of Recent Experience, 2003, p. 169 ff. For a commentary on the single articles, see *Brödermann*, UNIDROIT Principles of International Commercial Contracts, 2018; Vogenauer/Kleinheisterkamp (eds.), Commentary on UNIDROIT Principles of International Commercial Contracts (PICC)^2, 2015; *Mankowski*, Commercial Law, 2019, p. 462 ff.

19 *Michaels*, The Unidroit Principles as Global Background Law, Uniform Law Review 19, 2014, p. 643 ff.; *Id.*, Umdenken fur die UNIDROIT Prinzipien: Vom Rechtswahlstatut zum Allgemeinen Teil des transnationalen Vertragsrechts, Rabels Zeitschrift für ausländisches und internationales Privatrecht (RabelsZ) 73, 2009, p. 866 ff.

20 *Zekoll, Das* American Law Institute – ein Vorbild für Europa?, in: Zimmerman (ed.), Globalisierung und Entstaatlichung des Rechts, II, Nichtstaatliches Privatrecht: Geltung und Genese, 2008, p. 101 ff.

21 For an overview, see *Jansen/Zimmermann*, General Introduction, in Id. (eds.), Commentaries on European Contract Law, 2018, p. 6 ff.

22 In place of many see *Lando*, Principles of European Contract Law. An Alternative or a Precursor of European Legislation, RabelsZ 56, 1992, p. 267 ff.

The same method, which largely draws on the doctrinal work of Ernst Rabel,[23] was successfully used for the 1980 Vienna Convention on the International Sale of Goods.[24]

III. The impact of the PECL (and PICC) on national laws of Member States

According to what is explicitly suggested by Art. 1:101 (4) PECL, these principles are likely to provide not only criteria of uniform interpretation, but also sources to integrate the law that is otherwise applicable to the contract.

It is apparent that the PECL and the DCFR have triggered a virtuous and effective process of modernization and Europeanisation of national legal systems, which has been growing in many directions.[25] This process was also favoured by the availability of commentaries on the PECL (as well as the PICC) that compare them to single national jurisdictions.[26]

By and large, the PECL (as well as the PICC) have inspired and moulded the great reforms of the German and the French civil codes, which were drafted respectively in 2001-2002 and in 2016-2018.[27] As an instance, the provisions of the reformed BGB about prescription (*Verjährung*) are clearly shaped on those of the PECL,[28] in turn, the new art. 1195 *Code civil*, which

---

23 *Rabel*, Das Recht des Warenkaufs. Eine rechtsvergleichende Darstellung, I, 1936 and II, 1958. For an overview, see *Huber*, Comparative Sales Law, in: Reimann/ Zimmermann (eds.), The Oxford Handbook of Comparative Law, 2019, p. 934 ff.

24 *Janssen/Ahuja*, Bridging the Gap: The CISG as a Successful Legal Hybrid between Common Law and Civil Law?, in: de Elizalde (ed.), p. 138 ff.; *Schwenzer/Hachem*, The CISG – Successes and Pitfalls, Am J Comp Law 57, 2009, p. 457 ff. For a certain scepticism about the success of the Vienna Convention, see however, *Kötz*, Rechtsvereinheitlichung – Nutzen, Kosten, Methoden, Ziele, RabelsZ 50, 1986, p. 9.

25 For some more references to the pertaining literature see *Sirena*, Die Rolle wissenschaftlicher Entwürfe im europäischen Privatrecht, ZEuP 2018, p. 828 ff.

26 For the Netherlands, see *Busch/Hondius/van Kooten/Schelhaas*, The Principles of European Contract Law and Dutch Law: A Commentary, 2002; *Busch/ Hondius/van Kooten/Schelhaas*, The Principles of European Contract Law and Dutch Law: A Commentary II, The Hague 2006. For Italy, see *Antoniolli/Veneziano*, Principles of European Contract Law and Italian Law. A Commentary, 2005.

27 In general, see *Salvatore Patti*, Ricodificazione, Rivista diritto civile 2018, p. 446 ff.

28 *Zimmermann*, Die Verjährung – von den Principles of European Contract Law bis zum Entwurf eines Gemeinsamen Europäischen Kaufrechts: Textstufen transnationaler Modellregeln, ERPL 2016, p. 687 ff. For an overview, see *Ackermann*, Uni-

rules hardship (*imprévision*), was drafted accordingly to the PICC and the PECL.[29]

Furthermore, the project to reform the Spanish civil code, which is still being drafted,[30] openly refers to such soft law models,[31] as do the new civil codes that were issued by the states of eastern Europe that have recently acceded to the European Union (or are likely about to do so).[32]

Moreover, national courts exhibit an increasing attitude to align the interpretation of national civil codes with the content of the PECL,[33] as well

---

form Rules as Guidelines for National Courts and Legislatures: The German Experience, in: de Elizalde (ed.), p. 93 ff.

29 *Fauvarque-Cosson*, New Instruments Towards Converging Rules Within Europe? The Example of the French Reform (2016), in: de Elizalde (ed.), p. 103 ff.; *Fauvarque-Cosson*, The Unidroit Principles, the World and the French Reform of Contract Law, in: UNIDROIT (ed.), Eppur si muove: The Age of Uniform Law. Essays in honour of Michael Joachim Bonell to celebrate his 70th birthday, II, 2016, p. 1350 ff.

30 Propuestas para la modernicizión del Derecho de obligaciones y contratos. Exposición de los motivos. About this project see the essays collected in: Lete/Savaux/Schütz/Boucard (eds.), La recodification du droit des obligations en France et en Espagne, 2016. Furthermore, see *Ángeles Parra*, La doble codificación en España y la frustación del proceso de unificación del derecho privado, Europa e diritto privato 2014, p. 897 ff.

31 *Christandl*, Der spanische Schuldrechtsmodernisierungsentwurf im Lichte europäischer und internationaler Vertragsregelungen, European Review of Private Law 20, 2012, p. 905 ff.

32 For a series of national reports, see the proceedings of the international conference on the occasion of the 375th year from the foundation of Tartu University, 5-16 November 2007: *European Initiatives (CFR) and Reform of Civil Law in New Member States*, Tartu Law Review XIV, 2008 (http://www.juridicainternational.eu/index.php?id=10521). Furthermore, see *Józon*, The Influence of European Private Law on the New Romanian Civil Code, ZEuP 2012, p. 571 ff.; *Pauknerová*, The Unidroit Principles and Czech Law, in: UNIDROIT (ed.), II, p. 1583 ff.; *Zukas*, Einfluss der Unidroit Principles of International Commercial Contracts und der Principles of European Contract Law auf die Transformation des Vertragsrechts in Litauen: eine rechtsvergleichende Studie unter besonderer Berücksichtigung der Schweizer Lehre und Praxis zur Auslegung des rezipierten Rechts, 2011.

33 For Spain, see for example *Roca Trías*, The Modernisation of the Law of Obligations Using the Principles of European Contract Law, in De Elizalde (ed.), p. 83 ff.; *Roca Trías/Fernández Gregoraci*, The Modern Law of Obligations in the Spanish High Court, ERCL 5, 2009 p. 45 ff.; *Vendrell Cervantes*, The Application of the Principles of European Contract Law by Spanish Courts, ZEuP 2008, p. 533 ff.; *Perales Viscasillas*, La aplicación jurisprudencial en España de la Convención de Viena de 1980 sobre compraventa internacional, los Principios de UNIDROIT y los Principios del Decrecho contractual europeo: de la mera referencia a la inte-

as of the PICC,[34] thus favouring their convergence towards shared solutions at European level. This phenomenon is particularly striking regards English courts, which, by way of reference to the PECL (and the PICC), have occasionally resorted to institutes that are deemed to be quintessentially civilian and unknown as such in common law jurisdictions, like the general principle of good faith,[35] as well as pre-contractual liability.[36]

The PECL are therefore likely to play a major role in the future development of the national legal systems of the Member States.

While some of these countries have shown a marked tendency to modernization and change of law, others have kept their civil code almost untouched. This is inevitable when, enjoying great cultural prestige and founding a tradition that goes back in time, a civil code ends up being a sort of national monument. In doing so, however, it potentially escapes critical and unbiased judgment, which may lead to its total makeover.

The PECL may instead be a source of inspiration for national legislators and could legitimize them culturally to undertake a broad program of reform of contract law that is dictated by their civil codes.

---

gración de lagunas, La Ley: Revista juridica española de doctrina, jurisprudencia y bibliografía 2007, p. 1750 ff.

34 *Bouza Vidal*, The Unidroit Principles as Legal Background in Spanish Case Law, in: Unidroit (ed.), II, p. 1266 ff; *Perales Viscasillas*, Los Principios de Unidroit en la jurisprudencia del Tribunal Supremo español, *ibid.*, p. 1619 ff.

35 Yam Seng Pte Ltd v International Trade Corporation Ltd [2013] EWHC 111, n. 124: 'In refusing, however, if indeed it does refuse, to recognise any such general obligation of good faith, this jurisdiction would appear to be swimming against the tide. […] Attempts to harmonise the contract law of EU member states, such as the Principles of European Contract Law proposed by the Lando Commission and the European Commission's proposed Regulation for a Common European Sales Law on which consultation is currently taking place, also embody a general duty to act in accordance with good faith and fair dealing. There can be little doubt that the penetration of this principle into English law and the pressures towards a more unified European law of contract in which the principle plays a significant role will continue to increase'.

36 Chartbrook Ltd v Persimmon Homes Ltd and Others [2009] UKHL 38, n. 39, *par* Lord Hoffmann: 'Both the Unidroit Principles of International Commercial Contracts (1994 and 2004 revision) and the Principles of European Contract Law (1999) provide that in ascertaining the "common intention of the parties", regard shall be had to prior negotiations: articles 4.3 and 5.102 respectively. […] One cannot in my opinion simply transpose rules based on one philosophy of contractual interpretation to another, or assume that the practical effect of admitting such evidence under the English system of civil procedure will be the same as that under a Continental system'.

Apart from the foreseeable results of legislative and case law harmonization, there is no doubt that, in so doing, the PECL favour the rise of a proper and truly European legal culture, setting out the foundation which will enable lawyers who are part of different legal systems to participate in a supranational dialogue and thereby contribute to the establishment of a common legal framework of Europe. To this end, it is certainly to be said that, in the context of teaching law at university level in European countries, the PECL should be recognized as a subject that ought to be taught and by which students must acquire sufficient familiarity.

IV. The impact of the PECL (and PICC) on the European Union's law

The Court of Justice of the European Union has shown a certain propensity to use the PECL as instruments of interpretation and integration of the law.[37]

On the other hand, if evaluated from the point of view of the possible adoption of a European Civil Code, both the PECL and the DCFR have proved unsuccessful, just as the project to introduce a Common European Sales Law (CESL) was.[38] Resistance not only from governments and parliaments of some key member states, but also from a significant part of natio-

---

37 The following quotes are to be found in the Opinion of the Advocate General: 4 September 2008, C-445/06 n. 94 (DCFR), Danske Slagterier/Bundesrepublik Deutschland; 15 November 2007, C-404/06 No. 44 (PECL), Those AG/Bundesverband der Verbraucherzentralen und Verbraucherverbände; 17 December 2009, C-227/08 No. 51 (DCFR), Martín Martín/EDP Editores SL; 14 February 2012, C-618/10 No. 4 (DCFR), Banco Español de Crédito SA/Calderón Camino.

38 Schulze (ed.), Common European Sales Law (CESL). Commentary, 2012; *Carlo Castronovo*, L'utopia della codificazione europea e l'oscura Realpolitik di Bruxelles dal DCFR alla proposta di regolamento di un diritto comune europeo della vendita, Europa e diritto privato, 2011, p. 837 ff.; *Whittaker*, The Proposed Common European Sales Law: Legal Framework and the Agreement of the Parties, The Modern Law Review 75, 2012, p. 578 ff.; *Alpa*, CESL, Fundamental Rights, General Principles of Contract Law, Diritto del commercio internazionale 2012, p. 837 ff.; *Smits*, The Common European Sales Law (CESL) Beyond Party Choice, ZEuP 2012, p. 904 ff.; *Beale*, A Common European Sales Law (CESL) for Business-to-Business Contracts, in: Moccia (ed.), The Making of European Contract Law: Why, How, What, Who, 2013, p. 65 ff.; Dannemann/Vogenauer (eds.), The Common European Sales Law in Context. Interactions with English and German Law, 2013; Schmidt-Kessel (ed.), Der Entwurf für ein Gemeinsames Europäisches Kaufrecht. Kommentar, 2014; Plaza Penadés/Martínez Velencoso (eds.), European Perspective on the Common European Sales Law, 2015.

nal jurists led the Commission to abandon the project of a European unification of private law or a legislative instrument of the kind. It is still strongly disputed whether the European Union has institutional competence to enact such a piece of legislation and, even in the event that the answer to this question is affirmative, whether the project of an (even partial) European codification of private law does not irreparably infringe the principle of subsidiarity, stipulated by Art. 5 of the Treaty on the Union. In general, the goal of overcoming the current fragmentary nature of European private law has not yet been achieved, not even with regard to the regulation of commercial contracts.

Even beyond such a failure of European legislator, the danger cannot be undererstimated that legal uniformity, insofar as it may constitute a legitimate objective from the point of view of policy, is not without costs and may indeed bear disadvantages exceeding the benefits it might bring. As demonstrated by the empirical comparison with the United States and their legal experience, diversity of law can be preferable and more advantageous than forced uniformity.

On the other hand, among the founding paradigms of justice there is not standardization of the law as such but, quite the opposite, the precept that mandates to treat alike cases alike (*unicuique suum tribuere*).

More generally, there is no doubt that, at least in the medium term, national laws of the Member States will still be the decisive point of reference for the application and evolution of private law.

In each of these jurisdictions the cadre of legal experts (be they professors of law, judges or lawyers) has developed its own set of interpretive practices. Essentially it consists in a depository of solutions rooted in the jurisprudential application of law, standards of teaching and scientific research, formal and explanatory styles of national civil codes and decisions by the judges who apply them, etc.

Thus, a diversity of national legal systems of the European countries is not merely due to a political choice, but to the fact that they are not made up of raw material, which can be freely shaped and transposed to a supranational level.[39]

39 *Sirena*, Il Discorso di Portalis e il futuro del diritto privato europeo, Rivista di diritto civile 2016, I, p. 652 ff.

V. The freedom of a contracting parties to choose PECL as the law applicable to their contract

The PECL can generally be elected by the contracting parties as the law applicable to their contract;[40] they can be elected in their entirety or only in part, and combined with one or more national legal system (or even with other sources of soft law).

In this way, the PECL are likely to compete with national legal systems of European countries. This could induce national legislators to improve the attractiveness of their laws, particularly modernizing each civil code and making it more competitive. In order to make its own national jurisdiction most chosen by the contracting parties and thus to prevail in competition with the sources of soft law, each legislator will be driven to offer legal rules that prove to be the best and most efficient ones from the standpoint of the interests of the contracting parties.

Thus, the freedom of contracting parties to choose the law applicable to their contract is essential for the establishment of a true 'market of rules', in which competition is based on intrinsic efficiency and modernity of the legislative (or quasi-legislative) work.[41]

For this to happen, it is necessary that national legal systems not only recognize the general principle that the contracting parties are free to choose the law applicable to their contract but that they also encourage and foster the exercise of this freedom. So far, this has not sufficiently happened, due to some bottlenecks of international private law.

It has not sufficiently been clarified whether contracting parties are free to choose to apply to their contract a law that can be defined as 'alien',[42] because it was posed neither by any national legislature nor by any international convention.[43]

This question was heavily debated with regard to the European instruments of international private law (Rome Convention first, and then Ro-

40 See *supra*, § 1.

41 See the essays collected in: Zoppini (ed.), La concorrenza tra ordinamenti giuridici, 2004; Plaia (ed.), La competizione tra ordinamenti giuridici, 2007.

42 For references, see *Sirena*, Il contratto alieno del diritto comune europeo della vendita (CESL), NGCC 2013, II, p. 608 ff.

43 See the essays collected in: *De Nova*, Il contratto alieno, 2010.

me I Regulation),[44] giving rise both to solutions that negate the equalization mentioned above,[45] and to others that, on the contrary, affirm it.[46]

A remarkable favorably indication can now be found in Art. 3 (Rules of law) of the Principles of Choice of Law in the International Commercial Contract of 2015,[47] which states that: 'The law chosen by the party may be rules of law that are generally accepted on an international, supranational or regional level as a neutral and balanced set of rules, unless the law of the forum provides otherwise'.[48] In the present case, there is no doubt that the PECL meet the neutrality and balance requirements that are mentioned therein, to the extent that they are likely to become the applicable law to the contract of parties who so desire.

VI. The mandatory limits to the contracting parties' freedom of choice

Art. 1: 103(1) PECL states that 'where the applicable law so allows, the parties may choose to have contract governed by the Principles, with the effect that national mandatory rules are not applicable'.

In particular, Art. 6 the Rome I Regulation stipulates that parties are not allowed to choose the governing law in consumer contracts when the trader '*a)* pursues his or her activities of trade or profession in the country where the consumer has residence; or *b)* directs such activities, by any means, to that country or several countries including the latter one'.

It follows that the PECL can most certainly regulate bilateral trade agreements that are entered into between businesses (B-to-B), but also those between consumers (C-to-C). More generally speaking, one can therefore say that the PECL can be chosen as the law applicable to peer contracts

44 On said debate, see *Mankowski*, *sub* art. 3, in: Magnus/Mankowski, European Commentaries on Private International Law, II, Rome I, 2017, p. 185 ff.; *Mc Parland*, The Rome I Regulation on the Law Applicable to Contractual Obligations, 2015, p. 143 ff.; *Hook*, The Choice of Law, 2016, p. 73.

45 *Canaris*, Die Stellung der UNIDROIT Principles und der Principles of European Contract Law im System der Rechtsquellen, in: Basedow (ed.), Europäische Vertragsvereinheitlichung und deutsches Recht, 2000, p. 5 ff

46 *Grundman*, Law Merchant als *lex lata Communitatis*, in: FS Rolland, 1999, p. 145 ff.; *Hellgardt*, Das Verbot der kollisionsrechtlichen Wahl nichtstaatlichen Rechts und das Unionsgrundrecht der Privatautonomie, RabelsZ 82, 2018, p. 654 ff.

47 https://www.hcch.net/en/instruments/conventions/full-text/?cid=135.

48 In this regard, see *Marshall*, The Hague Choice of Law Principles, CISG, and PICC: A Hard Look at a Choice of Soft Law, Am J Comp Law 66, 2018, p. 175 ff.

(P-to-P). Their subjective application is therefore wider than that of the PICC, which are applicable to contracts that are bilaterally commercial (B-to-B), but not to those between consumers (C-to-C).

This however raises the question of whether the parties are free to choose the PECL even for unilaterally commercial contracts, i.e., entered into between businesses and consumers (B-to-C). Such contracts are in fact characterized by a constitutive asymmetry between the contracting parties, since one of them (i.e., the consumer) is structurally 'weak' and the other (i.e., the business) structurally 'strong'.

The rationalization that is characteristic of entrepreneurial activities of production and of the exchange of goods and services means that, in the face of the unilateral drafting of the contract by the trader, the consumer is structurally exposed to the risk that her weak negotiating position will be taken advantage of, which ultimately affects the general interest for the proper functioning of the market. This latter implies that, in its final segment, the consumer is reasonably able to choose the best offer of goods and services among those offered by competing professionals, thus also maximizing the collective well-being of society. To the extent that this is objectively and structurally impossible, the market is exposed to the risk of its failure, and there is therefore the need for intervention to regulate it from the legislative point of view, in order to limit the private autonomy of the trader and restore that of the consumer contracting with the former.[49]

It thus becomes clear that in national legal systems consumer law has been establishing and developing as an exception to general law, often in opposition to the civil code from the point of view of legislative production sources.

In the domain of international private law, this creates an exception to the general principle according to which the contracting parties are free to choose the law applicable to their contract. Such a ban is also consistent with the very reasons that justify a peculiarity of this law and, as already said, give rise to a series of mandatory limitations to the private autonomy of the trader.[50]

It however does not mean that the PECL are *per se* inapplicable to consumer contracts (with businesses). In fact, the rule that the parties cannot freely choose the law applicable to such contracts does actually stipulate

49 *Drexl*, Die wirtschaftliche Selbstbestimmung des Verbrauchers, 1998.

50 *Sirena*, L'integrazione del diritto dei consumatori nella disciplina generale del contratto, Rivista diritto civile 2004, I, p. 787 ff.

that, despite this possible choice, the contracting consumer cannot be deprived of greater protection which is guaranteed by the law of the country in which she has her habitual residence. It therefore follows that the PECL can be chosen as the law applicable to contracts entered into between consumers and professionals, without prejudice, however, to applying to these contracts the legal rules that grant a higher protection to the consumer in the law of the country in which she has residence.

Furthermore, Art. 1:103 (1) PECL implies that, where the parties are free to choose such principles as the law applicable to the contract, they also prevail on 'national mandatory rules'. This solution may seem surprising.

Given that the PECL do not establish any existing law in a positivistic sense,[51] it may be considered that they are in no instance suitable for deviating from the mandatory rules laid down by national law which would otherwise be applicable to the contract.

However, if one accepts that through the choice of the contracting parties the 'alien' rule (like that of the PECL) becomes the law that governs the contract, then it must be considered that, despite its 'private' nature,[52] this law should be treated as foreign law from the point of view of international private law.[53]

For present purposes, this implies that, if chosen by the contracting parties, that PECL have to be considered as appropriate for a basically autonomous legal regime, to the point that they may deviate even from the mandatory rules laid down by national law of the contracting parties, or at least from national law that would be applicable to the contract in the absence

---

51 See *supra*, § 1.

52 See *supra*, §§ 1-2.

53 On this question, see *Galgano*, Dai Principi Unidroit al Regolamento europeo sulla vendita, Contratto e impresa/ Europa 2012, p. 5 ff.; *Béraudo*, Faut-il avoir peur du contrat sans loi?, in: FS Lagarde, 2005, p. 93 ff.; *Carella*, La scelta della legge applicabile da parte dei contraenti, Il nuovo diritto europeo dei contratti dalla Convenzione di Roma I al Regolamento 'Roma I', 2008, p. 78 ff. For further bibliographical indications, see *Biagioni*, *sub* Art. 3, in: Salerno/Franzina (eds.), Commentario al regolamento CE n. 593/2008, Nuove leggi civili commentate 2009, p. 619 ff.

of a different choice.[54] As is obvious, however, the general limits that international private law traditionally opposes to this choice still apply.[55]

In particular, Art. 1:103 (2) PECL provides that 'effect should nevertheless be given to those mandatory rules of national, supranational and international law which, according to the relevant rules of private international law, are applicable irrespective of the law governing the contract'. This relates to 'overriding mandatory provisions' (art. 9 of Rome I Regulation) and to the 'public policy (*ordre public*) of the forum' (Art. 21 of Rome I Regulation)[56]

Although the concept of 'overriding mandatory rules' is vague and elusive, it must be assumed that this should be defined based on the grounds of legal policy that can justify the restriction on freedom that the parties generally have to choose the law applicable to their contract.[57] In particular, as already said, consumer protection in contractual matters is teleologically based on the need to prevent and neutralize the risks of market failure which are determined by the information symmetry between the contracting parties. It therefore follows that the mandatory rules that are part of this law are 'of necessary application' in the private international sense.

In the context of bilaterally commercial contracts, similar conclusions must be reached with regard to the mandatory provisions of competition law, in particular with regard to antitrust bans.

---

54 For a discussion of the problem from the point of view of international contract law and 'boilerplate terms', see *Foglia*, Il contratto autoregolato. Le merger clauses, 2016; *Francesco Castronovo*, Autonomia contrattuale e disponibilità dell'integrazione. La *merger clause* dal diritto americano a quello italiano, 2018.

55 In this regard, see *Broggini*, La scelta della legge applicabile alle obbligazioni contrattuali nella Convenzione di Roma del 1980, in: Id., Studi di diritto internazionale privato e comunitario, II, 2007, p. 832 ff. About Art. 3, paragraph 3, Rome I Regulation, however, see *Böhle*, Die Abwahl zwingenden Rechts vor staatlichen Gerichten in Inlandsfällen, ZEUP 2019, p. 72 ff.

56 *Rogerson*, Collier's Conflicts of Law[4], 2013, p. 323 ff.; *Mac Parland*, p. 683 ff.; *Bonomi* and *Franzina*, sub art. 9 and *sub* art. 21, in: Magnus/Mankowski, p. 599 ff. and, respectively, p. 821 ff.

57 V. *supra*, § 2.

Court of Justice 'light' – The Procedural Choices of the Court and Their Impact on the Quality of Private Law Decisions –

Jürgen Basedow

For many years, *Reiner Schulze's* scholarly activities have turned on European Private Law, mainly on its development by legislation and the pre-legislative academic discussion. Driven by his interest in the historical development and comparative analysis of the law, he also tackled, at an early stage, the judicial contribution to the emerging private law of the European Union, in particular, by enquiries into the general principles of law.[1] The following paper relates to this part of his œuvre and is dedicated to him in long-standing professional friendship. It will investigate the impact that the procedural setting may have on the quality of legal analysis and on the substantive outcome of cases in the field of EU private law.

I. The formations of the Court of Justice

The Court of Justice of the European Union is in fact a unique institutional element in the harmonization and unification of law. As EU legislation has more and more turned to private law, the Court has increasingly gained significance as a civil court, in particular, in connection with preliminary questions submitted under Article 267 of the Treaty on the Functioning of the European Union (TFEU)[2] which have become the most significant type of procedure in the European system. In the discussion on the private law of the European Union, the Court of Justice is usually considered as the ultimate authority. The judgments are analyzed in every detail; single decisions may be criticized, but they are usually acknowledged as final, similar to the maxim of canon law *"Roma locuta, causa finita"*.

1 *Reiner Schulze*, Allgemeine Rechtsgrundsätze und europäisches Privatrecht, ZEuP 1993, 442-474.

2 Treaty on the Functioning of the European Union, consolidated version in: OJ 2016 C 202/47.

But is the authority of the Court of Justice really the same in all cases? My following remarks are meant to question that assumption. They proceed from a general observation that can be made in many or all jurisdictions of the world: The more judges and lawyers are involved in a dispute, the more thorough the analysis of the legal issues will be. This observation can be made in relation to courts of a single instance, but it is even more true of the hierarchy of several instances available for appeals of the parties. The more thoroughly and carefully legal issues are analyzed, the more convincing the judgment will be and the greater the authority it will have.

According to its rules of procedure the Court sits in very different formations: Only in a few specific cases will it sit as a full court.[3] In other contexts, a case may be assigned to the Grand Chamber consisting of 15 judges[4] provided that "the difficulty or importance of the case or particular circumstances ... [so] require" or "where a Member State or an institution of the European Union participating in the proceedings so requests."[5] In normal situations, however, cases are assigned to chambers of five or three judges.[6] The criteria for the choice of a chamber of three judges or of five judges are not made explicit in the rules of procedure, but it is likely that they are the same as those determining the assignment of a case to the Grand Chamber, i.e. the difficulty or importance of the case or particular circumstances.

It follows that the views of the Court receive a very different kind of backing depending on its composition in the individual case: while at least eight judges must support a ruling of the Grand Chamber, only two judges form the majority of a chamber of three judges. In the light of this difference, it is difficult to argue that the decision of a chamber of three judges enjoys the same authority as that of the Grand Chamber.

With regards to private law disputes, it should also be taken into account that the vast majority of the 28 judges has a background in public and institutional law, in politics or diplomacy; they know how public bodies and bureaucracies function which is essentially in accordance with

---

3 See the enumerative list in Article 16(4) of the Statute of the Court of Justice of the European Union; a consolidated version is published on the website of the court: www.curia.europa.eu, → Court of Justice. In addition, the court may refer a case of "exceptional importance" to the full court under Article 16(5) of the Statute.

4 On the composition of the Grand Chamber see Article 27 of the rules of procedure of the Court of Justice; a consolidated version is available on the website of the Court, see the previous fn.

5 See Article 60(1) of the rules of procedure, previous fn.

6 See the previous fn.

rules of law.[7] Few judges appear to have a broad systematic knowledge of the legal environment relevant for the case at issue, and only a few appear to be familiar with the peculiarity of private law, i.e. the inventive and imaginative reaction of individuals to legal rules and decisions. Contrary to public bodies, the actions of private actors are not driven *by the law*, but by their own interest which they pursue *in the framework of the law*. Their reactions to new laws and judgments lead to a constant change of commercial practices that should be anticipated by courts in private law litigation. However, where a case is assigned to a chamber of three judges, it is not unlikely that this kind of private law experience is absent or underrepresented in the chamber. Some examples from the case law of the Court of Justice will demonstrate later on that this is not just speculation.

II. The Advocates-General

In accordance with Article 252 TFEU, the Court shall be assisted by Advocates-General. In the referral procedure, their opinions usually explain the relevant provisions of the European Union including the legal environment, the national law and the state of jurisprudence as emerging from precedent; on that basis they will make recommendations to the Court. In the Court's early years, the Advocates-General invariably submitted written opinions containing those elements. The Treaty of Nice diluted the rigor of this obligation in what is now Article 252(2) TFEU, and subjected it to more detailed regulation by the Statute of the Court.[8]

One of the protocols attached to the Treaty of Nice provided for a new Statute of the Court which specified the duties of the Advocate-General inter alia in Article 20(5):[9] "Where it considers that the case raises no new point of law, the Court may decide, after hearing the Advocate-General, that the case shall be determined without a submission from the Advocate-General." Thus, it is up to the Court to decide whether the Advocate-Gen-

7 From the short biographies of the judges displayed on the website of the Court of Justice only five or six judges, i.e. 20 percent of the judicial personnel of the Court appear to have gained experience in connection with commercial law, family law or other areas of private law.

8 See Article 2 No. 28 of the Treaty of Nice amending the Treaty on European Union, the Treaties establishing the European Communities and certain related acts, OJ 2001 C 80/1.

9 Protocol on the Statute of the Court of Justice, OJ 2001 C 80/53; a consolidated version is available on the website of the Court of Justice, see above at fn. 3.

eral has to draft a written submission or not. This decision is subject to a procedural and to a substantive condition.

The procedural condition is that the Advocate-General has to be heard; but the object of that hearing is unclear. The hearing could include the Advocate-General's full legal analysis, although it need not be presented in writing. It could also relate to the simple question whether there is a new point of law, or to any other issue, for example the time needed for a full analysis. Whatever it may be it is unlikely that the legal enquiry by the Advocate-General and their assistants will be as thorough and comprehensive as in the case of a written submission which will be published later. The motivation is not the same.

The substantive condition concerns the novelty of the legal issues: It is up to the Court to decide whether the case raises a new point of law. The Advocate-General's presentation is an important factor for this assessment, but it is not the only one, since some of the judges will usually have gained experience in the respective field of EU law.

Just like the assignment of cases to chambers of three judges the dilution of the Advocate-General's duties is due to the limited judicial resources of the Court of Justice and to the need to reduce the latter's workload. The background to the solution agreed at Nice is the finding that in many cases, in particular in the proceedings for a Member State's failure to fulfill an obligation under the Treaties, e.g. the implementation of a directive, the arguments exchanged by the parties recur; for example, the defendant Member States often argue that they could not implement a directive because the parliamentary term had elapsed or because the government was unable to organize a majority for the vote on the implementing statute. Such stereotype defenses should not keep Advocate-Generals busy with redundant work.

Some examples from the case law of the Court of Justice in matters of private law will show that chambers of three judges make unwarranted use of Article 20(5) and thereby miss the target of a thorough and careful analysis of the legal issues raised by cases submitted to the Court. In this author's view, it is the combination of a case assigned to a very small number of judges of the Court and the absence of a written opinion from the Advocate-General that risks being conducive to superficial reasoning and in some cases also to rather questionable results.

III. First example: Forum selection agreements

A first example relates to the Brussels *Ibis* Regulation.[10] A Belgian producer of kitchen equipment, *Saey Home & Garden*, verbally entered into a concession agreement with the Portuguese distributor *Lusavouga-Máquinas*, with regards to the Spanish market where neither company had an establishment. Under the contract, the Portuguese company had an exclusive right of distribution of the kitchen equipment and related services in Spain. When the Belgian company terminated the agreement, the Portuguese concessionary brought a claim for damages in a Portuguese court. The appeal court submitted questions relating to the jurisdiction of the court, in particular to the effects of a choice-of-forum clause under Article 25 and to the place of performance for the purposes of Article 7(1) to the Court of Justice.

While it is unlikely that a multistate case such as this one, does not raise "new points of law", the Court of Justice sitting in a chamber of three judges, after hearing the Advocate-General, decided to proceed to judgment without a written opinion.[11]

As to the substance, it goes without saying that in international transactions choice-of-forum agreements are of paramount significance for legal certainty. They are a kind of anchor for the legal relation between the parties, determining the law of procedure and the private international law to be applied; their importance further increases where more than two states are involved. The Court of Justice was therefore right in first addressing the forum selection issue which the Portuguese court had accorded only marginal significance, raising it as preliminary question No. 11 of 13 after other issues related to jurisdiction.

The Belgian company had in fact inserted, in its standard conditions of contract, a forum selection clause referring to the exclusive jurisdiction of a Belgian court; the standard terms were mentioned in the invoices issued in connection with the various specific sales operations under the concession agreement. According to the Court of Justice this reference and the verbal form of the concession agreement could not satisfy the requirement

10 Regulation (EU) No. 1215/2012 of the European Parliament and of the Council of 12 December 2012 on Jurisdiction and the Recognition and Enforcement of Judgments in civil and commercial matters (recast), OJ 2012 L 351/1.

11 CJEU 8 March 2018, C-64/17 (*Saey Home & Garden v. Lusavouga-Máquinas*), ECLI: EU:C:2018:173.

established by Article 25(1)(a) that a forum selection agreement must be made in writing or evidenced in writing.[12]

However, the reasoning of the Court appears to be rather incomplete. It is certainly true that the Court of Justice has decided on various occasions that a choice of forum clause contained in standard conditions of contract is valid where both parties have signed a contract that refers to those standard terms. But does this case law necessarily exclude that an agreement on jurisdiction is "evidenced in writing" where a buyer, upon receipt of an invoice referring to such standard terms, effects payment? The judgment does not indicate whether the Portuguese company paid the invoices; but provided that it did, such payment could be regarded as a much stronger ex-post approval of the standard terms including the choice of forum clause than the ex-ante signature put on a document. Since payment procedures in international trade generally require some kind of writing, this would even satisfy the requirement of Article 25 in a literal sense.

Had the Court addressed this possibility and considered the requirement of Article 25(1)(a) to have been satisfied, this would of course have only related to the specific purchases covered by the invoices in question, not the verbal concession agreement. But in light of the key importance of forum selection clauses in international trade the Court could have gone a step further and asked whether a forum selection clause agreed for several individual purchases establishes a presumption between the same parties of an analogous forum selection agreement for the whole framework contract. Such inference might have gained significance for the question whether a corresponding practice has emerged between the parties. It is true that the Court of Justice reminds the Portuguese court of Article 25(1)(b) and (c), i.e. of the possibility that practices established between the parties and trade usages may also provide a basis for agreements on jurisdiction.[13] But the Court misses the opportunity to clarify the legal contours of these concepts which are of the utmost significance for commercial practice.

Would these aspects of the case not be considered as "new points of law" that require an opinion of the Advocate-General and an in-depth analysis by the Court? So far, the views on Article 25(1)(b) and (c) appear to originate exclusively in the national case law and literature of the Member

12 See paras. 27-29 of the judgment, previous fn.

13 See para. 31 of the judgment.

States.[14] Is a practice established between the parties a question of facts? Are there minimum requirements for such finding? There is no authoritative statement of the Court of Justice. Instead of further developing the EU law on this point, the Court of Justice has based its judgment on an incomplete factual basis and given vague answers to the preliminary questions, suggesting that it is for the national court to verify certain matters, thereby 'throwing the ball back' into the field of origin. For businesses in EU Member States such unsatisfactory answers obtained after more than a year provide an incentive to avoid judicial proceedings and to agree on arbitration in the future.

IV. Second example: Director's liability in insolvency

The second example is taken from insolvency law. When the Court of Justice had decided that the freedom of establishment, under Article 54 TFEU, is directly applicable to companies in the *Centros*, *Inspire Art* and *Überseering* cases, businesses from continental Europe started to establish limited liability companies under UK law in great numbers. According to serious and well-reasoned estimates based on a variety of data, the number of such companies originating in Germany only amounted to at least 25,000 in the years 2006 to 2007.[15] Most of these companies were not founded for the purpose of doing business in the United Kingdom; they have their only place of business in Germany. It is also in Germany that their center of main interests (COMI) is located for the purposes of the European Insolvency Regulation.[16]

---

14 See *Francisco Garcimartin*, in *Andrew Dickinson/Eva Lein*, eds., The Brussels I Regulation Recast, Oxford, 2015 no. 9.47 et seq., *Ulrich Magnus* in *Ulrich Magnus/Peter Mankowski*, European Commentaries on Private International Law – ECPIL, vol. 1 – Brussels Ibis Regulation, Köln 2016, Article 25 nos. 109 – 113; *Hélène Gaudemet-Tallon*, Compétence et exécution des jugements en Europe, 5th ed. Paris 2015, nos. 144 and 147; *Peter Schlosser/Burkhard Hess*, EU-Zivilprozessrecht, 4th ed. München 2015, Art. 25 no. 23 ff., all with further references.

15 See *Heribert Hirte/Thomas Bücker*, (eds.), Grenzüberschreitende Gesellschaften, 2nd ed., Cologne 2006, no. 35.

16 See Article 3(1) of Council Regulation (EC) No. 1346/2000 of 29 May 2000 on insolvency proceedings, OJ 2000 L 160/1; this Regulation has been replaced by Regulation (EU) 2015/848 of the European Parliament and of the Council of 20 May 2015 on insolvency proceedings (recast), OJ 2015 L 141/19; see the identical Article 3(1) of the new Regulation.

When one of these limited liability companies became insolvent, the German Court at the COMI opened insolvency proceedings and appointed a liquidator. Since the debtor had effected payments to third parties shortly before, the liquidator claimed reimbursement of those payments from the director of the debtor company on the basis of Section 64 of the German Act on limited liability companies. Under that provision the directors have to compensate the company for payments made after the company has become illiquid or after it is deemed to be over-indebted.[17]

In the course of the proceedings, doubts arose as to whether this provision applies to a company incorporated in the United Kingdom. Under Article 4 of the Insolvency Regulation the competent court at the COMI generally applies its own law, the *lex fori concursus*, in this case German law. But the scope of the applicable law, the *vis attractiva concursus*, is not entirely clear. On appeal the German Supreme Court (*Bundesgerichtshof, BGH*) requested the Court of Justice to answer the question whether a claim arising under section 64 of the Act on limited liability companies is governed by the *lex fori concursus*. A further question related to the freedom of establishment: Would the application of section 64 to a company established under the law of another Member State be considered a restriction of the freedom of establishment?[18]

While the decision of the Federal Court containing these preliminary questions was drafted very carefully in a document of more than ten pages by five specialized judges, the Court of Justice, sitting in a chamber of three judges decided to proceed to judgment without an opinion from the Advocate-General.[19]

It could indeed be argued that the case did not raise a new point of law since the same issue had been decided before.[20] However, the previous judgment and other decisions were concerned with the relationship between the insolvency proceeding on the one side and the *Brussels/Lugano System* on the other with regards to jurisdiction. In the present case, the

17 Gesetz betreffend die Gesellschaften mit beschränkter Haftung (GmbHG), an English translation is provided on the website of the Federal Ministry of Justice: www.gesetze-im-internet.de.

18 For the decision of the Federal Court to refer these questions see BGH 2 December 2014 – II ZR 119/14, available on the website: www.bundesgerichtshof.de.

19 CJEU 10 December 2015, C -594/14 (*Kornhaas v. Dithmar*) ECLI:EU:C:2015:806.

20 CJEU 4 December 2014 C-295/13 (*H. v. H.K.*) ECLI:EU:C:2014:2410; a whole line of cases going back to CJEU 22 February 1979, case 133/78 (*Gourdain v. Nadler*), ECLI:EU:C:1979:49 has in fact classified the director's liability as relating to insolvency.

matter rather related to the law applicable to the claim and to a potential conflict between the law governing insolvency and the law applicable to the company at issue. This difference would certainly have justified a more thorough analysis by the Court and by the Advocate-General.

In particular, two issues could and should have been addressed. The first relates to the change of the applicable law. Where prior to insolvency, a director breaches his obligations vis-à-vis the company, the resulting claim of the company will be governed by the *lex societatis*[21] which, in many Member States, is the law of the country of incorporation. As soon as the company becomes illiquid or over-indebted, the law governing such claims changes to the law of the COMI which, under a (rebuttable) presumption of the Insolvency Regulation is presumed to be the law of the place of the registered office.[22] Where the registered office is not in the country of incorporation this implies a change of the law applicable to the director's liability. The change creates problems, in particular where the pre-insolvency breaches of the director's obligations and the later payments form part of an overarching scheme.

A further inconvenience of the Court of Justice's decision to extend the scope of the law governing insolvency to claims arising under section 64 of the German Act on limited liability companies results from the fact that the COMI is a factual concept. In particular, the COMI is susceptible of being altered by the decision of the debtor company's director. In a small company with a single director that person may in fact relocate the administration of the debtor company to another Member State and communicate such decision to suppliers and clients at short notice. This might result in a change of the COMI. In times of crisis this option allows the director to reduce or avoid their liability by selecting an appropriate country ('COMI shopping').

There are also arguments in favor of the Court of Justice's judgment. But the pros and cons would have deserved a closer analysis by the Advocate-General and the Court. Moreover, the criticism voiced above gives rise to the expectation that future cases will trigger further referrals, in particular in cases dealing with manipulations of the COMI.

---

21 See e.g. the proposal submitted by the *European Group on Private International Law*, Draft Rules on the Law Applicable to Companies and Other Bodies, Article 5(g), published in ZEuP 2017, 500 – 503.

22 See Article 3(1), 2nd sentence of the Insolvency Regulation.

V. The third example: Prescription of air passengers' claims

Regulation 261/2004 affords passengers a right to compensation calculated in accordance with the distance and destination in the event of denied boarding and of cancellation of a flight.[23] The regulation does not prescribe any prescription period for the claims in question. A Spanish passenger, Mr. *Cuadrench Moré* had booked a flight from Shanghai through Amsterdam to Barcelona for 20 December 2005 with the Dutch airline *KLM*. When the flight was cancelled Mr. *Cuadrench Moré* had to rebook his trip to Europe for the following day with another airline through Munich. More than three years later, on 27 February 2009, he sued *KLM* for compensation in a court in Barcelona. *KLM* invoked the prescription of the claim under Article 29 of the Warsaw Convention[24], the predecessor of the current Montreal Convention.[25] The appeal court of Barcelona requested a preliminary ruling of the Court of Justice concerning the prescription of the claim.

The Court of Justice held that the Warsaw and Montreal Conventions do not apply since the compensation claim under Regulation 261/2004 falls outside those conventions.[26] Since this finding is in line with settled case law of the Court of Justice[27] one might indeed argue that the case does not raise a new point of law in this respect. As a consequence of the silence of the regulation on the issue of prescription, the Court posits that the prescription period must be "determined by the national law of each

---

23 See Articles 4, 5 and 7 of Regulation (EC) No. 261/2004 of the European Parliament and of the Council of 11 February 2004 establishing common rules on compensation and assistance to passengers in the event of denied boarding and of cancelation or long delay of flights, and repealing Regulation (EEC) No. 291/95, OJ 2004 L 46/1.

24 The Warsaw Convention was concluded in French, see Convention pour l'unification de certaines règles relatives au transport aérien international, signée à Varsovie, le 12 Octobre 1929, 137 LNTS 11.

25 Montreal Convention for the unification of certain rules for international carriage by air, done on 28 May 1999, approved by Council Decision 2001/539/EC of 5 April 2001, OJ 2001 L 194/38.

26 CJEU 22 November 2012, C-139/11 (*Cuadrench Moré v. KLM*) ECLI: EU: C: 2012:741, para. 28.

27 See the Grand Chamber Decision in: CJEU 10 January 2006, C-344/04 (*The Queen, ex parte IATA v. Department of Transport*), ECLI:EU:C:2006:10, paras. 43 seq. reasoning that the delay of a flight causes two types of damages, one individual and one being the same for all passengers, and that the Montreal Convention only deals with the first type of damage.

Member State".[28] Again the Court refers to a precedent which is, however, a public law case.[29]

While the Court in *Cuadrench Moré v. KLM* sat in a chamber of five judges, it also proceeded to judgment without a written opinion of the Advocate-General. The judgment has been criticized in detail elsewhere; that criticism can only be summarized in this context.[30]

First, the judgment suggests that prescription is a matter of procedure: Instead of referring to a time limitation of *claims* it repeatedly speaks of the "time-limits for bringing *actions*"[31] and of the "detailed *procedural* rules of national law".[32] Had the judges better understood the legal environment of Regulation 261/2004 in EU private law, they would have realized, that prescription is treated by both the Rome I Regulation[33] and the Rome II Regulation[34] as a substantive concept attaching to a claim and governed by the law applicable to that claim. This implies the possibility that the law governing prescription is not always the law of a Member State as posited by the Court of Justice. Since both the Rome I and the Rome II Regulations have a universal scope of application, it might also be the law of a third state.

Second, the Court's view that the gap has to be filled by national law is supported by reference to a public law case.[35] The Court thereby shows that it is unaware of the basic difference between public and private law as applied in cross-border cases: whereas an administrative authority or a review court in the former context always applies the *lex fori*, a civil court, sitting in a private law dispute, sometimes must apply foreign law in accordance with EU choice-of-law rules. Thus, the reference to "national law" is ambiguous or meaningless in a private law context.

---

28 See para. 26 of the judgment, above at fn. 26.

29 See para. 25 of the judgment, above at fn. 26.

30 See, for a more comprehensive critical analysis, *Jürgen Basedow*, Gap-Filling in EU Private Law Regulations, in: Eppur si muove: The age of uniform law (Festschrift for Michael Joachim Bonell), vol. I Rome, 2016, p. 501-512.

31 See paras 24 and 33 of the judgment above at fn. 26; author's emphasis.

32 See para. 25 of the judgment, above at fn. 25; author's emphasis.

33 See Article 12(1)(d) of Regulation (EC) No. 593/2008 of the European Parliament and of the Council of 17 June 2008 on the law applicable to contractual obligations ("Rome I"), OJ 2008 L 177/6.

34 Article 15(h) of Regulation (EC) No. 864/2007 of the European Parliament and of the Council of 11 July 2007 on the law applicable to non-contractual obligations ("Rome II"), OJ 2007 L 199/40.

35 See para. 25 of the judgment, above at fn. 26, referring to CJEU 25 November 2010, Case C-429/09 (*Fuß v. Stadt Halle*), ECLI:EU:C:2010:717, para.72.

A third criticism relates to the practical consequences of the decision. Depending on the classification of the compensation claim as forming part of commercial law or civil law, and as contractual or non-contractual the prescription periods laid down in the national laws in the Member States range in duration from one year[36] to five years[37] and even beyond, up to thirty years.[38] In a business like air transport that involves millions of transactions in a single year prescription has the practical meaning of compelling an airline to preserve the data for the whole prescription period. Long prescription periods generate unnecessary costs. But instead of buying huge electronic storage facilities that are sufficient for the data accumulated over decades, the airlines will probably rather settle cases and pay out claims made many years after the event. This is a commercial solution to an unsatisfactory legal analysis by the Court of Justice.

Of the three examples presented in this paper this judgment is the most superficial, a fact that is probably due to the lack of private law experience of the judges involved and to the lack of careful analysis in a written opinion by the Advocate-General.

VI. *Conclusion*

This paper was not meant to criticize decisions of the Court of Justice as to their outcome. My intention was rather to pinpoint the relationship between the procedural options open to the Court on the one hand and the quality of its legal analysis on the other. The paper has selected some private law decisions of the Court that give evidence of a rather superficial reasoning. It may follow from the lack of experience in matters of private law that can be discerned from the biographies of most judges of the Court. It may cause them to underestimate the complexity of cases from that area. As a consequence, the judges-rapporteurs and the Advocates-General appear frequently to suggest that the matter proceed to judgment without the thorough analysis usually laid down in a written opinion of

36 Solution endorsed by Kh. Brussel 6 December 2017, Tijdschrift voor Belgisch Handelsrecht 2018, 637 with annotation by *Marc Godfroid.*

37 Solution endorsed in France by the Cour de cassation 17 May 2017, no. 16-13352; the Cour de cassation does not deal with choice of law, but invokes the Court of Justice's judgment, above at fn. 26, as the reason for applying French law, in particular Article 2224 of the Civil code.

38 The judgment of the Court of Justice, above at fn. 26, refers to a prescription period of 10 years under Spanish law, see para. 15.

the Advocate-General. This explains why the answers given by the Court tend to be vague, and are not always helpful for the national judiciary.

In the course of the proceedings before the Court of Justice, there are several stages where such unsatisfactory results could be avoided. At the very beginning the President, when designating a judge-rapporteur for a private law case,[39] should bestow the task on a judge with some experience in that area of the law. The judge-rapporteur should be conscious of the complexity of private law cases and refrain from procedural recommendations that bear the risk of disregarding or reducing that complexity, in particular from the reduction of the Advocate-General's role under Article 20(5) of the Statute. This instrument should not be used for the utilitarian purpose of alleviating the workload, but only where the case actually does not raise a new point of law. Finally, the Court itself, i.e. the General Assembly taking the decision on the assignment of a case, should be aware of the biased expertise of the judges; it should try to complement that expertise with judges skilled in private law.

The growing workload of the Court clearly emerges from the judicial statistics.[40] It is a serious challenge to the effectiveness of the European judiciary and, in the long run, to the reputation of this unique institution. The measures needed to contain that workload require an in-depth discussion that cannot be conducted in this paper. However, the answer should not be the reduction of the Court to a "Court of Justice 'light'" that has been described here.

---

39 Article 15 of the Rules of Procedure, above at fn. 3.

40 From 2012 to 2017 the number of new cases submitted to the Court of Justice rose from 632 to 739, see the annual reports on the website of the Court, www.curia.europa.eu.

Legal Translation Within the EU and the Shift of National Legal Paradigms

Barbara Pasa[1]

I. First translation level: what happens inside any National Legal System

When a lawyer transposes the arrangements desired by her clients into a contractual agreement, when a draftsman transposes the political will of the Parliament or Government into an acceptable legal form, when the judge has to qualify the fact and apply the law: they are all bringing together two distant language-universes, often far from each other, the natural language and the legal jargon.

There is, indeed, a first level of translation within any legal system where people speak one official language, that consists of turning all aspects of life from one language (that of facts) to another (that of law). Is this a matter of "translation", or does it concern the very nature of the legal language as such? "Translation", due to its prominence, has been defined in many different ways, but it is generally accepted that it refers to all the "processes and methods" used to convey the meaning of the source language in to the target language;[2] on the other hand, translation is also a "product", which bears a relationship of proximity, or distance from the source text and it bring us closer, or takes us away from a different language, or a special domain of language. What is "language" then? Any definition of "language" casts doubt on its comprehensiveness, but it is recognized that "language is the expression of ideas by means of speech-sounds combined into words. Words are combined into sentences, this combination answering to that of ideas into thoughts."[3] The extent of the interdependence of language and thought (called linguistic relativity) is still a matter of debate, but the fact

---

1 The present Chapter is the product of a collaborative research developed with Lucia Morra, Lecturer of Logic and Philosophy of Science, School of Medicine, University of Turin. Thanks to David Leigh for proofreading the Chapter.

2 *Ghazala*, Translation as problems and solutions, 4th ed, 1995.

3 Cf. *Christal/Robins*, Language, Jan 10, 2019, available at https://www.britannica.com/topic/language, accessed: 15.01.2019 (quoting Henry Sweet).

of such "interdependence" can hardly fail to be acknowledged.[4] It opened the way to recognizing that "different language structure" might in part favour (or even determine) different ways of understanding the world. One of the most specialised varieties of language, legal jargon, has a "different language structure", it is pedantic, ritualized and stereotyped: it is the result of a "consciously developed and specialized written language for making precise the relations of implication and inference between statements that, when couched in everyday language, are inexact and open to misinterpretation".[5] It becomes impenetrable to outsiders and so needs to be translated to clients, to the layperson. Lawyers and legal professionals are accustomed to translate the language of consumer protection, employment rights, financial compensation, social security, liability, human rights, etc. into the ordinary language of safety, quality of life, environment, danger, risk, justice with the same "feeling of approximation"[6] that every translator feels when her task is completed.

Partial knowledge of both legal system and translation techniques lead to *approximation*. Indeed, contrary to common belief, lawyers have a partial knowledge of their own legal system because they major in a few sectors (i.e. criminal law and procedural law; public and administrative law; civil law and commercial law, constitutional law and human rights; etc.).[7] Furthermore, they usually have a partial knowledge of translation techniques and theories, because they get used to their own national legal jargon by studying and practicing law, not to other related subjects such as linguistics, translation studies, anthropology, sociology, etc. Approximation concerns even those States, called multilingual States, which take affirmative policy actions to ensure linguistic vitality and language diversity maintenance and to preserve a high degree of cultural and linguistic pluralism, which characterizes their national heritage (African states, Canada, or India, and in the EU Belgium, Spain or Ireland). Approximation is the term used also in the Joint Practical Guide of the European Parliament, the Council and the Commission to solve semantic divergences between the

4 *Crystal/Robins*, cit.

5 *Crystal/Robins*, cit.

6 *Ost*, Traduire: défense et illustration du multilinguisme, 2009, 293 ff.

7 By observing legal firms and how legal practitioners work, we understand the high degree of specialisation they need to survive in the market; a similar specialism is to be found at the University, where law professors usually teach a few (and often closely-related) subjects.

various language versions,[8] when some expressions are too specific to a particular language, or certain expressions, which are quite common in the language in which the text is drafted, may not necessarily have an equivalent in other Union languages. Surely *incompleteness* is a byproduct of approximation; guided by the principle of costs effectiveness, however, we can say that possible adverse effects of approximation are mitigated by the fact that it aids *comprehension*. Approximation is a very pragmatic way to summarise the complex interactions that may lead to misconceptions about what makes a "good",[9] "relevant",[10] "raising"[11] or "equivalent" translation.[12]

II. *Second translation level: what happens in the EU Legal Translation Enterprise*

Approximation is a key-term also in the second level of translation, which concerns an extremely complex interplay between a multifaceted legislator, different official languages, and other key-actors such as the *translators and lawyer-linguists* involved in what has been called the "EU legal translati-

8 Cf. Joint Practical Guide of the European Parliament, the Council and the Commission for persons involved in the drafting of European Union legislation, 2015 available at https://eur-lex.europa.eu/content/techleg/KB0213228ENN.pdf at p. 18, accessed 19.11.2018.

9 *Ricœur*, On Translation, transl. Eileen Brennan, 2006; *Eco*, Dire quasi la stessa cosa. Esperienze di traduzione, 2013. Cf. also Foran's discussion of the different views of Ricoeur and Derrida: *Foran*, An Ethics of Discomfort: Supplementing Ricœur on Translation, in Études Ricœuriennes/Ricœur Studies, 2015, 25-45.

10 *Derrida*, What is a 'Relevant' Translation?, in Critical Enquiry, 2001, 174-200. Derrida discusses the idea of inter-faith translation taken up by Richard Kearney who argues that "at the root of every translation between self and stranger, within or without, there remains that 'untranslatable kernel,' that irreducible alterity that resists complete assimilation into a home whose doors could finally be closed": see *Kearney*, Translating Across Faith Cultures: Radical Hospitality, in: Kemp/ Noriko (eds.), Eco-ethica, 2014, 145-156.

11 *Ost*, cit. 293 ff.

12 On the multi-purpose concept of equivalent translation see *Koller*, The Concept of Equivalence and the Object of Translation Studies, in Target, 1995, 191–222; *Newman*, Translation Equivalence: Nature, in: Asher/Simpson (eds.), The Encyclopaedia of Language and Linguistics, 1994, 4694–4700; *Pujia/Ervas*, Equivalenza semantica nella traduzione: tra linguistica, semiotica e filosofia, in: Frigerio/Raynaud (eds.), Significare e comprendere. La semantica del linguaggio verbale, 2005, 229-244.

on enterprise".[13] Given the high number of official linguistic versions in which EU legislation must be made available, the role of legal translation in its preparation is by now evident. The feeling of approximation here concerns the translators and lawyer-linguists involved in the law-making process, who may be unfamiliar with the field under regulation, or may not be fully familiar with the specific features of the legal system(s) in which the piece of legislation enacted by the EU must then be applied.

Of course, we are not saying that the complexity of the EU law rests uniquely on translation issues, but that the activity of translators and lawyer-linguists involved in the law-making process at EU level is of essential importance in developing and improving proper legislative drafts. Their activity has clear effects on the 24 official linguistic versions of legal acts, which are all 'originals', though, as comparative studies demonstrated, some peculiar legal effects are just a consequence of the nature of EU law[14] in terms of its influence on the national legal orders, regardless of whether the legal act has been translated or not. Indeed, part of the issues in the relationship between EU law and national laws are not caused by translation, but by the coexistence of many different legal systems within a *sui generis* European order (not a federation *stricto sensu*), characterized by quite a large geographical area that should operate with common rules, as per the EU internal market. However, the other part of the problems concerns the EU's multilingualism policy, and the fact that both the EU law-making process and the transposition of European directives into national legal measures involves, to some extent, an exercise of translation.[15]

---

13 *Hargit*, What Could Be Gained in Translation: Legal Language and Lawyer-Linguists in a Globalized World, in Indiana Journal of Global Legal Studies, 2013, 425-447, available at: http://www.repository.law.indiana.edu/ijgls/vol20/iss1/14; *Pasa/Morra*, Pragmatic Issues in Translating the DCFR and Drafting the CESL: an Introduction, in: Pasa/Morra (eds.), Translating the DCFR and Drafting the CESL A Pragmatic Perspective, 2014, 1-17.

14 Cf., among others, *Örücü*, Mixed and Mixing Systems: A Conceptual Search, in: Örücü/Attwooll/Coyle (eds.), Studies in Legal Systems: Mixed and Mixing, 1996, 335-352.

15 A summary in *Sacco/Gambaro*, Sistemi giuridici compararti, in: Sacco (ed.), Trattato di diritto comparato, 4th ed., 2018, chapter 3; *Ajani/Francavilla/Pasa*, Diritto comparato, lezioni e materiali, 2018, chapter 3. Cf. also *Bajčić*, New Insights into the Semantics of Legal Concepts and the Legal Dictionary, 2017. We acknowledge the valuable contribution made by Reiner Schulze to this issue with a couple of books, among others: Recht und Übersetzen together with de Groot (Nomos: Baden-Baden, 1999) and Common Principles of European Private Law, together with Ajani (Nomos: Baden-Baden, 2003).

In order to better understand the contribution that legal translation provides to the European law, we briefly sketch out the EU ordinary legislative procedure, also known as co-decision (Art. 294 TFEU), under which the EU adopts, for example, Regulations, Directives or Decisions.

1. *The EU Law-Making Process: how it "ought to be" along the Treaties …*

The EU ordinary legislative procedure has three main actors:[16] the Commission (representing the general interest of the EU), which has the right of initiating the procedure by submitting a proposal for legislation; the European Parliament (representing the citizens of Europe) which can reject, modify or adopt the Commission proposal; and the Council (representing the Member States), which adopts the text with those amendments, or send back a common position. The procedure ends as soon as one of the so called co-legislators, Parliament and Council, confirms the text that was adopted by the other institution: depending on the intricacy of the proposed legislation and on the difficulty in finding compromises the process can take up to several years. The system makes allowances for up to three readings: if an agreement is not reached during the first reading, the procedure enters the second-reading stage. If Parliament and Council still do not reach an agreement, a last attempt is made at the conciliation stage. The Treaty (TFEU) suggests that the procedure is sequential: one institution takes a decision on the text and the other institution reacts by accepting, rejecting or modifying the decision.

2. *… and how "it is"*

The law-in-action,[17] however, is quite different. In fact, the three institutions start negotiating with each other as soon as the respective political positions are established, and try to agree on the text before the formal final vote, so that the adoption of the text by one institution will simply be confirmed by the other. This practice proved extremely effective and was formalized in the Joint Declaration on practical arrangements for the co-deci-

16 More information at http://www.europarl.europa.eu/ordinary-legislative-procedure/en/ordinary-legislative-procedure.html, accessed 16.01.2019.

17 On these concepts of law in books and law in actions see *Pound*, Law in Books and Law in Action, in American Law Review, 1910, 12 ff.

sion procedure.[18] According to this Declaration, the Parliament, the Council and the Commission exchange information on a regular basis, coordinate their respective calendars of work and organise tripartite meetings known as *trilogues*.[19] During the trilogues, the Council Presidency, the Commission and the chairs of the relevant Parliament Committees and Rapporteurs, assisted by their administrative staff, compare the positions contained in the negotiating mandate given by their respective institution,[20] identify areas of disagreement and sound out possible compromises. Each party then reports the result of the discussion and the possible compromise, if any, to their own institution for political endorsement. The number of trilogues will depend on the technical and political complexity of each text.[21] Trilogues are the secret to the success of the co-decision procedure and, in particular, they explain the high percentage of first reading agreements, as they allow for an informal restricted framework where compromises can be more easily reached. What is the contribution of translators and lawyer-linguists within this process?

18 Joint Declaration, 13 June 2007 OJ 102E of 24 April 2008, 111.

19 *Guggeis*, How and When Lawyer-Linguists of the EU Institutions Intervene during the Legislative Procedure for the Adoption of the Regulation on a Common European Sales Law (CESL), in: Pasa/Morra (eds.), Translating the DCFR and Drafting the CESL: A Pragmatic Perspective, 2014, 215-224; *Baaij*, Translation in EU Legislative procedure: A Receiver-Oriented Approach, in: Giannoni/Frade (eds.), Researching Language and the Law: Textual Features and Translation Issues, 2010, 263-273.

20 EP Rules of Procedure: Rule 70 (Inter-institutional negotiations in legislative procedures), Rule 70 a (Approval of a decision on the opening of inter-institutional negotiations prior to the adoption of a report in committee) and Annex XXI (Code of Conduct laid down by the EP Conference of Presidents) lay down detailed provisions on the opening of negotiations, the decision on the mandate and its content and the information that must be given. In fact, trilogues are often criticized for their lack of transparency and there is a fear that important political decisions could be taken without a thorough discussion by the other members of the EP. See www.europarl.europa.eu/sides/getDoc.do?pubRef=-//EP//TEXT+RULES-EP+20130204+TOC+DOC+XML+V0//EN&language=EN, accessed 19.09.2018.

21 *Guggeis*, 215 ff.

a) First Linguistic & Terminological Check-Point: Commission's Legal Revisers Group

Beyond the three collective agents involved in the law-making process (Parliament, Council and Commission), other individuals work on legal drafts, thus contributing to the process as a whole.

The initial preparatory work for legislative proposals is in the hands of the officials from the Directorates-General (DGs) for the technical sectors concerned (for example, Energy; Environment; Justice and Consumer; Mobility; Trade, etc.). The impact assessment of the DG for the sector concerned determines the most appropriate policy: soft law in the form of recommendations, communications, white papers, etc., or hard law, such as regulations, directives or decisions. When legislation is the chosen option, a first draft is produced by the technical experts in the DG. Experts in each technical sector, i.e. DG officials, are often neither lawyers nor linguists, and do not have special skills in legislative matters or in legislative drafting.

This first draft is very important because it is the basis for all subsequent discussions within and outside the Commission.

However, as we said, the technical experts who produced the first draft are often not legal experts and most of them have to use a second language to enable the draft to pass through all the Commission's internal procedures. Nowadays, indeed, almost all Commission texts are first drafted in English, and only a very small proportion of the drafters are native English speakers. A survey carried out by the Commission's Translation DG in November 2009 showed that 95 % of Commission drafters wrote mainly in English, although it was the mother tongue of only 13 % of them. It also revealed that 54 % of them, that is more than half of the entire Commission population drafting documents, rarely or never have their documents checked by a native speaker.[22]

The standard of these first drafts can be suboptimal. They contain grammatical mistakes of idiom or register, and they may be formulated in a clumsy way when the non-native speaker has sought to use phrases or sentence structures copied & pasted from earlier acts or other sources. Linguists in the DG Translation have long recognized the problem and offered an editing service to quickly revise the draft and fit the official standard, without altering its substance. As part of the Inter-Service Consultation (ISC), any DG may ask the DG Translation's Editing Service to check the

22 It is available online on the web site of the Commission.

linguistic quality of the first draft. However, such a check is not mandatory and few drafters avail themselves of the service: thus, there is no proper linguistic and terminological revision at this early stage.[23] In fact, the first actual linguistic (analysis of the structure of language, starting from ordinary grammar) & terminological (analysis of the technical, or special terms used) revision is performed only once a DG has finally formulated its draft.

Under Article 21(2) of the Rules of Procedure,[24] the Commission Legal Service must be consulted on all drafts or proposals for legal instruments and on all documents which may have legal implications. So far lawyers of the Commission Legal Service Office, specialized in each legal sector, verify the legal basis of the draft, its compliance with the Treaties and with the fundamental principles of the Union, and finally its consistency with the existing EU legislation in the sector and with the European Court of Justice case law. In parallel, a *special group* within the Commission Legal Service's Quality of Legislation team, the *Legal Revisers Group* (also called *LEG team*)[25] controls the formal quality of the draft. The Commission has some 60 legal revisers, all lawyers with language skills. They check both the compliance of the draft with all the rules as to form ("drafted clearly and precisely") and its terminological consistency with EU legislation in the sector concerned. They also check the legal and linguistic consistency of Commission proposals and acts in the various EU official languages, and finally if the legal implications of the draft in the different languages are identical.[26]

---

23 See Strategic Plan 2016-2020* DG TRANSLATION, Ref. Ares (2016)1329034 - 16/03/2016.

24 Rules of Procedure of the Commission, C (2000) 3614, OJ L 308, 8.12.2000, p. 26–34, available at https://eur-lex.europa.eu/legal-content/EN/TXT/PDF/?uri=CELEX:32000Q3614&from=EN; cf. Manual of Precedents for Acts established within the Council of the European Union, 4th ed. July 2002, available at https://publications.europa.eu/en/publication-detail/-/publication/431ccffd-00c2-491a-b423-ce709af0d6c3, accessed 19.11.2018.

25 On the role of Legal Revisers see http://ec.europa.eu/dgs/legal_service/legal_reviser_en.htm, and the manual: Legislative Drafting: A Commission Manual, 1997, available at http://ec.europa.eu/smart-regulation/better_regulation/documents/legis_draft_comm_en.pdf , accessed 19.12.2018. See also the Inter-Institutional Agreement for Quality of Drafting of European Legislation of 22 December 1998, OJ C 73, 17.3.1999, p. 1, accessed 19.12.2018.

26 Cf. the Joint Practical Guide of the European Parliament, the Council and the Commission for persons involved in the drafting of European Union legislation, 2015 available at https://eur-lex.europa.eu/content/techleg/KB0213228ENN.pdf, accessed 19.11.2018.

b) Second Check-Point: DG Translation

All proposals for legislative acts must be translated into all the official languages before being submitted to the Parliament and the Council. It is at this point that they afford the second linguistic & terminological checkpoint, after the intervention of the Legal Revisers Group of the Commission Legal Service Office.

Indeed, within the Commission all translations are produced under the authority of the *DG Translation*, which is one out of 31 DGs of the Commission that translates written texts for the European Commission into and out of the EU's 24 official languages (the spoken word is interpreted into other languages by a different DG, so called DG Interpretation).[27] The DG Translation has a large staff of translators, around 2500 in total of which some 1750 are permanent, and a stable network of free-lancers. About one third of this DG's work is translating legislation and policy documents of major public importance into all the official languages.[28] For translations of legislative proposals, however, there are no specialist teams of legal translators: in fact, only a small minority of translators have legal qualifications.[29] Translators have limited access to the authors of the first legal draft, who in any case may no longer be altogether sure of the precise meaning of the text as a result of the input of others officials during the internal procedures. Furthermore, when translating a complex legislative proposal, the translators cannot precisely know when and how one of their terminological choices will alter the meaning of the text, or undo a carefully crafted compromise. As noted by Šarčević,[30] therefore, they often prefer to translate terms literally (*calques*) or to use similar lexical units (*loanwords*) without analyzing or understanding the underlying concept, an ap-

27 Cf. Commission's Rules of Procedure, OJ L55, 5 March 2010, 60.

28 For the rest, the DG Translation translates both documents relating to the internal administration and other work and documents coming from outside the Commission into one of the internal working languages, increasingly often English.

29 Cf. *Robinson*, Drafting European Union Legislation, Policy Department C: Citizens' Rights and Constitutional Affairs, 2012 at p. 10, available at http://www.europarl.europa.eu/RegData/etudes/note/join/2012/462442/IPOL-JURI_NT(2012)462442_EN.pdf, accessed 12.7.2018.

30 *Šarčević*, New Approach to Legal Translation, 1997; *Šarčević*, Translation of culture-bound terms in laws, in Multilingua - Journal of Cross-Cultural and Interlanguage Communication, 2009, 127-134, available at DOI: https://doi.org/10.1515/mult.1985.4.3.127; and more in Šarčević (ed.), Language and Culture in EU Law: Multidisciplinary Perspectives, 2016.

proach that casts doubt on the effectiveness of EU legal translations, since it often leads to a high degree of formal equivalence at the expense of quality.

c) *Third Check-Point: Parliament and Council's Lawyer-Linguists*

A third linguistic & terminological check-point takes place before the vote in Plenary, which is perfectly reasonable because, once voted on by the Parliament's Plenary, the text constitutes the position of the Parliament and it cannot be altered substantially after the vote.

Thus, before the vote, Parliament's lawyer-linguists revise all the linguistic versions of the consolidated text comprising the Commission's proposal together with any amendment agreed by Parliament and Council. Ideally, the *lawyer-linguists of the Parliament and of the Council* must start to work together to agree a final text as soon as a political agreement on the draft has been reached between the two institutions. Even if the draft proposal has been submitted in all the official languages, for practical reasons it is discussed using just one language version, generally English (or in a very small proportion of cases the French version).

The lawyer-linguists of the two institutions, Parliament and Council, share the responsibility both to check the final draft and to translate the amended text into all the languages. During the legal-linguistic revision, the text is passed to and from the Parliament and the Council lawyer-linguists in a procedure that takes some six to eight weeks. They work together with DG experts, on the draft proposal approved by the institutions, working on the same draft text in one language (still English) ahead of the final revision meeting, called "jurist-linguists meeting". After this last meeting, Council lawyer-linguists go through the text in their own language with the national experts of Member States, who use their native language to produce the final versions, which they return to the Parliament lawyer-linguists for the final check.[31]

31 *Guggeis/Robinson*, 'Co-revision': Legal-Linguistic Revision in the European Union 'Co-decision' Process', in: Baaij (ed.), The Role of Legal Translation in Legal Harmonization, 2012, 51-81; *Karpen/Xanthaki* (eds.), Legislation in Europe: A Comprehensive Guide for Scholars and Practitioners, 2017.

d) *Fourth Check-Point: Council's Language Service of the General Secretariat*

It is up to the *Language Service of the General Secretariat of the Council* (GSC), a permanent European civil service body, to translate the amendments made to the first draft into all official languages as it passes through the Council. The Service is part of DG Translation and Document Production within the GSC and accounts for some 1000 of the nearly 3000 GSC staff members. How they translate the draft into the 24 official languages is explained in their manual.[32] Basically, translators and revisers work on the draft text using the Language Library (a collection of some 10000 books, including general and specialized dictionaries, glossaries and reference works), a range of Computer-Assisted Translation (CAT) and terminological tools such as the Translation Memory Tool (a database containing text fragments which have been translated in the past) that help them to ensure consistency, efficiency and speed. Actually all the tools that are used by the Council's Language Service of the General Secretariat are also available for the translators of all the institutions, since most of them are inter-institutional databases.

3. *Translation within the EU Law-Making Process*

As was seen previously, the EU law-making process is quite complex: as Guggeis explained, the creation of the different linguistic instances of a European legal act is a process performed at different stages by different agents that, step by step, change the text until it reaches its final form.[33] To ensure the quality and reliability of these different linguistic instances, a growing number of lawyers with linguistic competences are assigned to the translation teams. Lawyers and linguists & lawyers-linguists as well within these teams can fill their unfamiliarity with the specific features of translation techniques, EU law, or/and national legal systems by using annotated source texts, with professional comments on the substance (for examples, indicating the origin of different parts of the text proposal, that is whether the wording was new, or had been taken from existing sources,

32 The Language Service of the General Secretariat of the Council of the European Union - Making Multilingualism Work 2012, available at http://www.consilium.europa.eu/en/documents-publications/publications/2012/language-service-general-secretariat-council-european-union-making-multilingualism-work/, accessed 19.07.2018.

33 *Guggeis*, 215 ff.

such as EU Regulations and Directives, ECJ case law, or international sources such as the CISG, or academic projects, such as the Draft Common Frame of Reference, etc.).

Some practices are encouraged, such as the use of descriptive language in the first legislative draft, which can be easily translated without carrying "unwanted baggage with it"[34] and the use of English as a "neutral, descriptive language" when associated with a classic civil law background.[35] The drafters actually use a meta-language with concepts expressed in neutral terms detached from national legal systems and cultures, to the greatest extent possible,[36] up to the point that English reached the status of a *lingua franca* at the cost of becoming a "Continental legal English", which differs from British legal English.[37] However, even neutral-sounding words carry conceptual baggage: for instance, generic English terms have diverse connotations for jurists from different jurisdictions using different languages and are, therefore, translated differently in the various EU languages.[38] Unfortunately, either the translators or lawyer-linguists cannot be forced to add footnotes to explain the options beyond the adopted translation: no EU legal draft contains, indeed, notes concerning the translation process, as we all know. Having these notes would be of extreme importance, because there are many instances in which the legal tradition weighs on legal translation despite the neutral terms used.[39] This is true even for generic words, such as in the translation of the word [*term*] in contract law [*clausola/clause/término/Bestimmung*]. In this case it was about translating the Draft Common Frame of Reference (DCFR), the so called "tool-box" for

34 *Sefton-Green*, Sense and Sensibilities: The DCFR and the Preservation of Cultural and Linguistic Plurality, in European Review of Contract Law, 2008, 281-303, at 287.

35 So far except in most of the UK, Ireland, Cyprus and Malta.

36 *Robertson*, Multilingual Legislation in the European Union. EU and National Legislative-Language Styles and Terminology, in: Witczak-Plisiecka/Goźdź-Roszkowski (eds.), Legal terminology: Approaches and Applications. A special issue of Research in Language, 2011, 51-67; also *Dannemann*, System Neutrality in Legal Translation, in: Pasa/Morra (eds.), Translating the DCFR and Drafting the CESL: A Pragmatic Perspective, 2014, 119-124.

37 *Pozzo*, The Myth of Equivalence in Legal Translation, in: Pasa/Morra (eds.), Translating the DCFR and Drafting the CESL: A Pragmatic Perspective, 2014, 29-46, at 42.

38 This happens even when a number of lawyers are assigned to the translation teams to ensure high quality and reliability of the translations.

39 See the example of trust; agency; etc. in *Ervas*, (Becoming) Experts in Meaning Ambiguities, in Humana.Mente Journal of Philosophical Studies, 2015, 225-243, at 233.

better law-making, from English into other official EU languages:[40] here the level of difficulty in translating legal terms was made clear by the fact that the translator had been forced to add a footnote,[41] to explain the reasons why she decided to choose one term instead of another, why the semantic equivalence between the source and the target word was "not perfect".

The consequence of the translation praxis is an unprecedented level of heteroglossia in legal communication. Each text enacted by the EU legislature is a historic artifact representing a plurality of registers, points of view and style, inevitably leading to hybrid utterances, which together give voice to the multilingual nature of the European Union.

4. *Approximate Equivalence And Implicit Meanings*

It is by now evident that multilingualism affects the meaning of law,[42] not only when national judges come to interpret the law in a complex and multilevel dialogue (i.e. by the preliminary ruling procedure ex art. 267 TFEU), but long before that, starting from the EU law-making process.

The EU law-making process presupposes legal translation as a dynamic activity in which translators and lawyer-linguists should combine many qualities: a deep knowledge of (at least) their own national law, a sufficient knowledge of EU law and of its law-making process (both conditions are presumably satisfied by holding a law degree), and a deep knowledge of at least three official languages, their mother tongue plus two others (condition presumably satisfied by holding a degree in translation and interpreting). However, even when these extremely well prepared specialists trans-

40 It was considered the basis for a possible "optional instrument", an instrument parties can have opted for, mainly dealing with contract, property and torts laws: see Communication of 11 October 2004, The way forward, at http://ec.europa.eu/consumers/cons_int/safe_shop/fair_bus_pract/cont_law/com2004_en.pdf, accessed 18.11.2018.

41 This is evident in the case of Spanish translation of word [*término*] where the author was forced to add a footnote to the translated word. Cf. the *List of Definitions* of the DCFR in: Pasa/Morra (eds.), at 299 ff.

42 *Durant/Leung*, Language and Law: A Resource Book for Students, 2016. Previsoulsy cf. *Ajani*, A Better Coherence of EU Private Law and Multilingualism, in: Schulze (ed), Common Frame of Reference and Existing EC Contract Law, 2008, 33-46; *Ajani*, Cohérence du droit privé européen et multilinguisme: deux principes qui s'opposent?, in Revue de Droit des Affaires Internationales, 2007, 493-507; *Ajani/Ebers* (eds), Uniform Terminology for European Contract Law, 2005.

late legal draft, the analysis of correspondence between different languages' lexical units has shown that the *total* lexical equivalence (one-to-one correspondence) is a fortuitous case, as well as its opposite, the *null* equivalence (one-to-none correspondence); and that the most common cases are those of *facultative* equivalence (one-to-many correspondence) and *approximative* (one-to-part of one-correspondence).[43]

As a further guarantee of legal certainty, the principle of equal authenticity provides for equal value of the meaning of all official language versions of EU legislation, including approximation measures aiming at the removal of differences between MS' national law provisions. Nonetheless, differences caused by imperfections of legal translations and by (often consequent) inconsistency and incoherence in EU legal terminology undermine the very essence of the principle of equal authenticity, thereby contributing to the creation of legal uncertainty.[44]

5. *Expectation bias*

This awareness challenges the output of legal translations because the translation process is *expected* to produce texts with equal legal effects but, in fact, does not ("expectation bias").[45] Indeed, the translation process might modify the source text (English first draft at EU level) because the draft goes through a process of inferential enrichment which draws information not only from the original text, but also from the context and from a "shared cognitive environment" (legal mentality, implicit norms and cryptotypes).[46] As we know, inconsistency and incoherence in EU legal terminology and translations undermine the very essence of the principle of equal authenticity thereby contributing to legal uncertainty.[47]

43 Cf. *Ervas*, '(Becoming) Experts in Meaning Ambiguities' cit.; *Kade*, Zufall und Gesetzmäßigkeit in der Übersetzung, 1968.

44 *Miščenić*, Legal Translation vs. Legal Certainty in EU Law, in: Miščenić/Raccah (eds), Legal Risks in EU Law: Interdisciplinary Studies on Legal Risk Management and Better Regulation in Europe, 2016, 135–163; *Ferreri*, Multilingual interpretation of EU law, in: Visconti (ed.), Handbook of Communication in the Legal Sphere, 2018, 373-401.

45 *Williams/Popp/Kobak/ Detke*, P-640 - The power of expectation bias, in European Psychiatry 2012, 1 ff, available at https://doi.org/10.1016/S0924-9338(12)74807-1.

46 *Pasa/Morra*, Implicit Legal Norms, in: Visconti (ed.), Handbook of Communication in the Legal Sphere, 2018, 141-168.

47 *Miščenić*, in: Miščenić/Raccah (eds), 135–163; *Gotti/Williams*, Introduction, in: Gotti/Williams (eds.), Legal Discourse across Languages and Cultures, 2010, 7–20;

6. Collective agency bias

The translation process we are dealing with is not led by a single, 'depersonalized' translator, with a "collective agency" equipped with an "homogeneous communicative intention"[48] of producing a linguistic version of the text as equal as possible to its counterpart in other languages through a text-oriented approach.[49] On the contrary, it is led by many concrete and specific individuals' communicative intentions hard to determine ("collective agency bias"). How do they understand what is the intended meaning of the draft text? Can we say that their intervention can modify the source text (English legal draft) by giving access to an implicit halo of meaning they infer from/outside the texts? Answering these questions is fundamental because, once they come into force, these different shades of meaning go under the courts' scrutiny, enabling judges to *pragmatically add information* in order to make the legal text "as equal as possible" to its counterparts in the other languages. This fact suggests that the complex processes and practices described above, through which legal experts and translators contribute to the drafting of EU law, should be recorded and made fully accessible. In particular, lawyer-linguists and translators' strategic choices should be disclosed both to contribute to the "interlingual stability of mea-

---

Bajčić, Challenges of Translating EU Terminology, in: Gotti/Williams (eds.), Legal Discourse across Languages and Cultures, 2010, 75-95.

48 Cf. *Sbisà*, Some Remarks About Speech Act Pluralism, in: Capone/Lo Piparo/ Carapezza (eds.), Perspective on Pragmatics and Philosophy, 2013, 227-245; *Pasa/ Morra*, Implicit Legal Norms cit., at 156; *Ginocchietti*, Individual Actions and Shared Actions: An Interactional Framework, in: De Anna/Martinelli (eds.) Practical Rationality in Political Contexts. Facing Diversity in Contemporary Multicultural Europe, 2016, 59-76.

49 On the national side, many civil codes provide a hierarchical set of rules through which the function of filling the gaps develops alongside legal interpretation: for example, Art. 12 of *Disposizioni Preliminari* of the Italian Civil Code; Arts. 6 and 7 of the Austrian Civil Code ABGB; Art. 1 of the Swiss Civil Code; or Arts. 1 and 4 of the Spanish Civil Code. Those criteria apply both when there is a normative gap (the legal rule does not exist and it is inferred from general principles) and when there is a nominal gap (the legal rule exists, but is perceived as not appropriate or incorrect). At the international level, the Vienna Convention on the Law of Treaties (1969), Arts. 31-33, also provides rules for interpretation of treaties, taking into consideration the terms of the Treaties in their context and in the light of their object and purpose, and as supplementary means of interpretation, the preparatory work of the Treaties and the circumstances of their conclusion. See *Pasa/Bairati*, Judicial Creativity within Europe's "Mixed Jurisdiction", in The Tulane European and Civil Law Forum, 2014, 1-45.

nings" aimed for in multilingual legal instruments[50] and to unveil the exchange that happens "at the contact points in intercultural communications".[51] This issue also suggests that only "networks of translators" can create a "collective knowledge" and it is by way of a "knowledge communication approach"[52] that lawyer-linguists and translators can transfer meanings, thereby reducing inconsistency and incoherence in legal drafting.

7. *Abandoning perfect equivalence*

Having said that, we assume it is preferable to define legal translation as a "negotiation process" characterized by an "*exchange relation*" where translators and lawyer-linguists, as silent traders, decide step by step and in strict connection with the text to be translated, which words of a language to exchange with the words belonging to another language. We can then review classical theories of legal equivalence based on a symmetrical and predetermined relation of equivalence between features of the texts,[53] because they are too static. Definitions of equivalence based on the invariance of a determined use value suggest a correspondence of values that source and target texts should have inside their own systems, but they cannot explain the possible new meaning that texts assume in the fault lines underneath

50 *Engberg*, General and Specific Perspectives on Vagueness in Law –Impact upon the Feasibility of Legal Translation, in: Pasa/Morra (eds.), Translating the DCFR and drafting the CESL A pragmatic perspective, 2014, 147-160, at 157.

51 *Ervas*, Uguale ma diverso. Il mito dell'equivalenza nella traduzione, 2008.

52 *Engberg*, Emphasising the Individual in Legal Translation: Consequences of Knowledge Communication and Post-Structuralist Approaches, in: Garzone/Heaney/Riboni (eds.), Language for Specific Purposes: Research and Translation across Cultures and Media, 2016, 41-61, at 48.

53 *Pym*, Equivalence defines translation, in: Pym (ed.), Translation and Text Transfer: An Essay on the Principles of Intercultural Communication, 1992, 37–49; see also *Cao*, Translating Law, 2007; *Šarčević*, Challenges to the Legal Translator, in: Tiersma/Solan (eds.), The Oxford Handbook of Language and Law, 2012, 187-200. Among comparative scholars the primacy belongs to *Sacco*, La traduction juridique – un point de vue italien, in Les Cahiers de droit, 28(4), 1987, 845–859; more recently see *Husa*, Understanding Legal Languages – Linguistic Concerns of the Comparative Lawyer, in: Baaij (ed.), The Role of Legal Translation in Legal Harmonisation, 2012, 161-181; *Samuel*, An Introduction to Comparative Law, Theory and Method, 2014, at 145; *Pozzo*, at 38; *Ioriatti/Di Micco*, Linguistic diversity and barriers to EU citizens' rights, in: Seubert/Hoogenboom/Knijn/de Vries/van Waarden (eds.), Moving Beyond Barriers Prospects for EU Citizenship, 2018, 261-279; *Jacometti/Pozzo*, Traduttologia e linguaggio giuridico, 2018.

different communities and legal systems. The point is to re-define the concept of linguistic value as a particular kind of "exchange value": "the economic definition of equivalence [...] enables us to focus on value as something manifested through the translation of texts in situations of contact between interrelated cultures".[54] The second term of the equivalence relation can work as equivalent because it expresses the value of the first term to which it is bound by an "exchange relation".

III. *Third translation level: The "Exchange relation" in situations of contact between interrelated cultures*

Let's new consider a third translation level, which concerns the transformation of national legal systems in a situation of contact between interrelated cultures, such a contact being especially close within the European Union. A specific example drawn from contact between the Italian and Spanish legal systems illustrates how the mediation of "unofficial translators" may induce a shift in national legal paradigms. Unofficial translators sometimes bypass the text to be translated: they bring into focus how the above mentioned "exchange relation" operates.

1. *Impact of EU legislation on national legal systems*

Usually, the more Europeanized concepts are introduced through the translation process, the more the integrity of national private (or criminal, administrative, etc.) law is put under pressure.[55]

As stated above, a key practice within the EU multilingual domain is of resorting to terms and expressions already in use at the level of national law to express European concepts exclusively associated with European law. This practice in itself is not new: linguists have shown how over time new meanings are regularly associated with pre-existing words. However, the real difficulty in the EU context is grasping under which conditions a given term or expression has a new EU meaning, or a meaning used under the law of a Member State. To be clear: using a term already belonging to a legal system entails attaching culture-bound connotations to the legal con-

54 *Pym*, at 46.

55 *Graziadei*, Many Languages for a Single Voice, in: Pasa/Morra (eds.), Translating the DCFR and drafting the CESL A pragmatic perspective, 2014, 71-85.

cept that could lead to different outcomes.[56] Deciding on this point involves policy considerations. Certain terms, however, seems to maintain a "core meaning", which is defined by how ordinary people use them. Apparently these terms do not need any special attention (but see *infra* the following pages). Moreover, as said before, the drafters of EU legislative proposals usually take some precautions that should facilitate the task of producing legal texts with equivalent effects by providing definitions of a certain number of terms and expressions contained in the text itself. But when the EU legislative drafts are adopted with gaps and inconsistencies in translating such definitions (or even without them), different problems could arise with regard to the effectiveness of certain rights and their protection.

Thus, to avoid any risk of disrpution to legal systems, in recent years the EU Institutions have opted for (respectively *ex-ante* and *ex-post*) the well-known policy of "maximum harmonization" and the doctrine of "autonomous meaning". On one hand, indeed, the law-making process goes under the policy of maximum harmonization, the gradual but strict convergence of policies, laws, procedures and legal cultures on which legal scholars have already prompted greater emphasis; on the other hand, under the doctrine of the autonomous meaning, the meaning of legal texts is "made up" as it were by the European Court of Justice and by the multilingual dialogue among courts within the European space of justice. A lot has also been written on this doctrine, which reflects the operative necessity to produce a uniform interpretation and application of key provisions of European law. As just stated, the troublesome part is linked to the difficulty of grasping the conditions under which a given term or expression must have an autonomous meaning, or brings into play its meaning(s) under the law of a Member State. Deciding on this point is up to the European Court of Justice,[57] which is called to interpret European law using a technique that balances conflicting interests expressed in general principles and legal ru-

56 *Dannemann*, at 121.

57 Precaution is necessary because the European legal system does not recognize an official taxonomy of the rules of interpretation: any rule for filling gaps is either in EU Treaties or in EU legislative acts. The European Court of Justice, whose members are highly qualified public officers in their own countries or jurists of recognized competence, does in reality use a number of techniques to do this. It is generally agreed that there are three types of interpretive criteria used by the ECJ: (1) semiotic or linguistic arguments, (2) systemic and context-establishing arguments, and (3) teleological, functional or consequentialist arguments. While the first two are employed less often today, because they prevent the ECJ from contributing to legal theory and to systematic development of European law, the third

les.[58] Furthermore, at the national level, legislators usually respect the policy of maximum harmonization by correctly transposing directives (and any errors of translation which anyone of the 24 directives' language versions can contained), whereas national courts, on the other hand, follow the precedents of the European Court of Justice, using them for changing the meaning of national legal notions or disapplying national law in contrast with the European one.

At first glance, it is not, therefore, a question of translation. As we will see, however, other people act as "unofficial translators", giving a new sense to the intended original meaning of legal terms and expressions.

2. *'Two mothers' within the Italian legal system*

In 2014, in order to protect the best interests of the child, the Turin Court of Appeal, Family Division,[59] ordered the transcription of a Spanish child's birth certificate in which the child was stated to have two mothers, 'madre A' and 'madre B' into the City of Turin Civil Registry[60] (A and B had married in Spain and then divorced).[61] The transcription had initially been denied by a trial court, which held 'contrary to the Italian public policy'[62] the inclusion into the Italian legal system of a new possible instance of the legal concept of 'madre' [mother]; a woman who did not give birth to the child. The Italian Supreme Court, however, confirmed the decision of the

---

is often employed, in line with a generally *functional* view of European law. See *Pasa/Bairati*, at 5 ff. See *Ferreri*, at 387 ff. Cf. *Solan*, The interpretation of laws, in: Visconti (ed.), Handbook of Communication in the Legal Sphere, 2018, 36-53.

58 The main objective in the ECJ's interpretation is the practical effectiveness of European law (*effet utile* approach) and the development of law through it.

59 *Corte d'Appello Torino, sez. famiglia*, Decree of 29 October 2014, available at www.aiaf-avvocati.it/files/2015/01/Corte-appello-Torino-Decreto-ottobre-2014.pdf, accessed 1.12.2018.

60 Art. 18 art. D.P.R. 396/2000, *Regolamento dell'ordinamento dello stato civile.*

61 Admitted by the Spanish law: *Ley 14/2006, de 26 de mayo, sobre técnicas de reproducción humana asistida and Ley 13/2005, de 1 de julio, por la que se modifica al Código Civil en materia de derecho a contraer matrimonio.*

62 *Tribunale di Torino*, Decree of 21 October 2013 decided that: 'Ai sensi dell'articolo 18 D.P.R. 396\2000 la fattispecie rientra nei casi di non trascrivibilità dei certificati redatti all'estero per contrarietà all'ordine pubblico, inteso come insieme di principi desumibili dalla Carta costituzionale o comunque fondanti l'intero assetto ordinamentale di cui fanno parte le norme in materia di filiazione (artt. 231 e seg. cc) che si riferiscono, espressamente, ai concetti di padre e madre, di marito e di moglie'.

Turin Court of Appeal in September 2016, with judgment number 19599.[63]

Let's consider which legal events changed the legal meaning of the term 'madre' [mother].

a) *Being 'mother' in case law*

The implicit assumptions ruling parenthood within the EU, presupposing a gender-biased distribution of parental responsibilities and duties, were unveiled by the two European Courts (Luxembourg and Strasbourg) in sensitive cases involving surrogacy and adoption in same-sex couples. They offered national judges the occasion to transplant multiple autonomous meanings of the term mother.

In her opinion of 23.09.2013,[64] Advocate General Kokott legally recognized more than one possible instance of the concept 'mother': the 'intended mother' (also called 'commissioning mother'), the 'biological mother', and the 'gestational mother'. Also the ECtHR,[65] that we consider here under the light of Article 6 of the TEU, recognized 'two mothers in the best interests of the child', a principle that became paramount in all adoption

---

63 *Cassazione civ., Sez. I*, judgment 19599 of 30 September 2016, on which see *Morra/Pasa*, Nuove identità: una riflessione sulla diseguaglianza, a partire dall'atto di nascita, in About Gender - International Journal of Gender Studies, special issue "With or without law", vol. 8, n. 15, 2019, 299-336, available at https://riviste.unige.it/aboutgender/issue/view/36.

64 Case C-167/12 *C.D. v S.T*, OJ C 194, 30.6.2012, para 43: 'The objective of protection of maternity leave, which is enshrined as a fundamental right (…) demands the protection of the intended mother, irrespective of whether or not she breastfeeds the child.'

65 As is well-known, it is called to interpret national laws under the light of the European Convention of Human Rights (ECtHR) adopted within the context of the Council of Europe. The ECtHR monitors the violation of the civil and political rights of 800 million Europeans in the 47 Member States of the Council of Europe which ratified the Convention. Through the doctrine of the margin of appreciation, the ECtHR allows for different standards when European States have not formed a definite consensus on a particular issue. Its judgments on violations are binding to the States concerned.

cases.[66] Since then, Member States could no more refuse an adoption on the basis of discriminatory treatment towards the prospective adopter.[67]

Taking those instances, Italian courts moved towards a new paradigm of parenthood, in which the implicit rule that a child can have only a mother and/or a father is left aside,[68] although the Italian legislature has not yet legitimized a non-heterosexual paradigm of parenthood, neither after the enactment of Act no. 76/2016 on Same-Sex Civil Partnerships and Cohabitation Rights.[69]

b) Being 'mother' in public documents

The permeability of values manifested in situations of contact between interrelated cultures is apparent in public documents within the EU, as demonstrated by the Multilingual Standard Form used to register births.

---

66 See *Paradiso and Campanelli v. Italy* (2015), Case 27 January 2015, referred to the Grand Chamber, 1 June 2015, reversed by the Grand Chamber, 24 January 2017. See also *Oliari and others v. Italy* (2015), Case 21 July 2015; cf. *X and Others v. Austria* (2013), Case 19 February 2013, paras 107-110 and 147-148-149.

67 In the words of the ECtHR, 'second-parent adoptions allow an individual to adopt the partner's biological child (regardless of the recognized legal relationship between them, the couple can be unmarried, heterosexual or homosexual) without terminating the other biological parent's paternal legal status'. See also *Tribunale dei Minorenni di Roma*, judgment of 30 July 2014, confirmed by the Rome Court of Appeal (Juvenile Chamber), judgment of 23 December 2015 and by the Supreme court *Cassazione civ., sez I* judgment 12962 of 22 June 2016 available at http://www.neldiritto.it/public/pdf/12962_06_2016.pdf, accessed 19.12.2018, that stated that 'the preferential treatment accorded to [*heterosexual A/N*] marriage should found a limit into the inviolable rights of the child, which cannot suffer harmful effects from a strict interpretation of the law'.

68 Two fathers were recognized for the first time in February 2017 by the Trento Court of Appeal, *Ordinanza della Corte d'Appello di Trento*, available at http://www.articolo29.it/wp-content/uploads/2017/02/Ordinanza.pdf, accessed 19.12.2018. See *Morra/Pasa*, Nuove identità: una riflessione sulla diseguaglianza, a partire dall'atto di nascita, at 321 ff.

69 Act no. 76/2016, Italian Official Journal no. 118 of 21 May 2016. This Act is silent as regards the so-called stepchild adoption, namely the possibility for a party of a civil union between same-sex persons to create a legal and binding relationship with her/his partner's biological child. Although the Act does not directly address the issue of stepchild adoption, nevertheless it sets some boundaries to interpretation and basically it excludes that a stepchild adoption can be adjudicated in cases related to same-sex couples.

Council Regulation 2016/1191 of 6 July 2016,[70] whose aim is promoting the free movement of citizens by simplifying the requirements for presenting public documents in the European Union (it amended Regulation 1024/2012) excluded terms such as mother and father, as it is apparent in the Multilingual Standard Form on birth (Annex I, Reg. 2016/1191):[71] this form qualifies the newborn without slots reserved to mother and father, and not even to son/daughter of , but only referring to [person born].[72]

The standard form reflects an important shift of legal paradigms: under the guiding principle of the best interest of the child, the accent is now on the 'person born', irrespective of its birth history (who its parents are, how they conceive, etc.). However, the Multilingual Standard Form on birth of Annex I, Regulation 2016/1191, is designed with "the sole purpose … to facilitate the translation of public documents to which they are attached",[73] and "should reflect the content of the public document to which is it attached …".[74] It means that national public documents: a) *do still circulate attached* to this Multilingual Standard Form; b) they *still require translations: indeed, current Multilingual Standard Forms have slots reserved for contents derived from the original national document, which remain to be translated.*

In other words, the standard form introduces into all Member States' legal systems a new European perspective detached, as it were, from biologically-determined parenthood, that in the long run will impact all national parenthood policies; but it does it at the price of granting Member States some discretion as regards the way in which their own system will face such an impact. It is a high price for a compromise. The margin of discreti-

70 EU Regulation 2016/1191 was designed to simplify the process of legalization by apostille and to reduce the translation requirements and costs for both EU citizens and businesses. It entered into force on 16th February 2019.

71 The first draft Proposal of Regulation (2013) kept the stereotype roles of 'mother' and 'father' in its Multilingual Standard Form concerning Birth (see previous Annex I - COM/2013/0228 final, http://eur-lex.europa.eu/legal-content/EN/ALL/?uri=celex:52013PC0228, accessed 3.12.2018) until the wind changed with the multiple meanings of the term 'mother' recognised by the European Courts, and until the stereotype fell in the enacted Regulation 2016/1191.

72 The Council Regulation 2201/2003 of 27 November 2003 on jurisdiction, recognition and enforcement of judgments in matrimonial matters and matters of parental responsibility still maintains a multilingual form based on the traditional idea of a couple formed by a 'mother' and a 'father' (the form had slots to be filled for 'mother' and 'father').

73 Whereas 22, and Annex I.

74 Whereas 23, and Annex I.

on left to Member States can not only foster, but also hinder closer harmonization of rules and principles: more practically, in the Multilingual Standard Form a public official in a Member State might face an attached original document, from another Member State, containing legal details which conflict with its legal system, a circumstance that could lead to a request for further information and translations (and anyway the recognition of the legal effects of these documents is still governed by the national law of the Member States).

3. *'Son of' (two mothers or two fathers) within the Italian legal system*

So far, at face value, the concept 'madre' [mother] did not change with the translation of the term mother; instead, as the example shows, the change of values is manifested by using a different terminology in the City of Turin public Civil Registry: 'figlio di' [son of]. The City of Turin public official, who transcribed the Spanish birth's certificate, eschewed the reference to 'madre A' and 'madre B' *as unnatural to be absorbed by the Italian legal system*, and transposed the reference to the parental relationship using the expression 'figlio di A' [A's son] and 'figlio di B' [B's son].

In fact, although the Italian transcription of the Spanish birth's certificate did not mention the term 'madre' [mother], it indirectly altered its meaning by introducing into the Italian legal system a new instance of the legal concept 'figlio' [son]. Since the transcription of the Spanish birth certificate, in Italy there is a child legally recognized as a son whose parents are both women, whereas up until now a child legally recognised as son/daughter of a woman could not be attributed a further legal parental relationship with another woman (as a matter of fact, this is a presupposition of Art. 269(3) Italian Civil Code).

The transcription of the Spanish birth certificate in the City of Turin Civil Registry then changed the meaning of the legal concept of 'figlio' [son]: provided the interconnections this concept shares with those of 'madre' [mother] and 'padre' [father], the transcription of 'figlio di' [son of] necessarily entailed drawbacks also on the meaning of these concepts. *Further transcriptions of birth certificates of children of same-sex couples recently ruled by other Italian courts reinforced this bottom-up driving force which is changing the Italian legal paradigm of parenthood.*

IV. Conclusion

The Italian case law on the transcription of the Spanish birth's certificate at the City of Turin public Civil Registry, illustrates how a non-equivalence between target and source terms may produce a "successful translation":[75] *one that makes both effective the purpose for which it is performed* (that is, the enforceability in Europe of fundamental rights such as the right to marry and found a family, the right to respect for private and family life) *and apparent the value successfully exchanged in situations of contact between interrelated cultures*.[76] As a consequence in the case in point, the Italian legal system recognized legal instances not admitted by the traditional (based on heterosexual couples) legal paradigm of parenthood, a recognition that *slackened* some of its implicit heterosexual rules:[77] this shift would not have been possible without the mediation of "unofficial translators", such as civil servants and public officials, which operates at national level, beyond the official translators and lawyer-linguists within the EU law-making process, and beyond the proper legal interpretations given by ECJ in dialogue with national courts.

The hypothesis that concrete translation *escamotage* can transfer meanings and prompt the shifting of national legal paradigms is proved.

In conclusion, the EU's multilingualism stands out for the passionate action of the translation networks within the EU law-making process, the application of the doctrine of the European autonomous meaning by judges and for the operative role played by public officials: all these actors challenge legal and social paradigms, making them more susceptible to new options. The case just presented *made highlighted some of the cryptotypes silently shaping the traditional approaches to parenthood*, and hence confirmed once more that *the law is not confined to the visible, usually written body* of legislative rules.

75 Interpretive praxis counts as 'translation': Umberto Eco already argued that translation is about interpretation of a text in two different languages, involving a shift between cultures: *Eco*, Experiences in Translation, transl. Alastair McEwen, reprint 2008.

76 *Pym*, at 46.

77 *Morra/Pasa,* Introduzione: Diritto tacito, diritto implicito e questioni di genere nei testi normativi, in: Morra/Pasa (eds.), Questioni di genere nel diritto: impliciti e crittotipi, 2015, 1-14.

V. Epilogue

Dear Reiner,

Congratulations on yours 70th Birthday!
I would like to express my gratitude for the work you have done, because you have made such a difference in the lives of so many young scholars. In the nineties you conceived the design of the first Research Network on 'Common Principles of European Private Law', within the TMR-programme of the European Commission, co-ordinated by your University in Münster. It has been a genuine effort to depart from a merely national perspective, towards a view on European Law as a whole, and to test a new kind of education and training for lawyers in the EU.
For the first time, young legal scholars were engaged in a challenging European project and had a sense of belonging to the legal community. By participating in one of the teams involved in the TMR (which were: Münster, Barcelona, Berlin - Humboldt, Lyon III, Nijmegen, Oxford and Turin – that is where I was based at that time), we experimented with comparative studies in the field, we exposed ourselves to different intellectual ecosystems, using foreign languages and new harmonized vocabularies.
I would like to recall your sustained contribution to the strengthening and implementation of an intellectual rapprochement within the so called 'European Private Law' with a second Research Network, called IHP on "Uniform Terminology on European Private Law", Once again, with the finesse of a legal historian, you were able to capture the significance of the time in which we live. You produced a large body of scholarly writings – which remain an extremely valuable component of current research and contributed to the construction of other networks of scholars, such as the Acquis Group – Research Group on the Existing EC Private Law – and the CoPecl, – a Joint Network on European Private Law, both funded by the European Commission – which lie at the very foundation of the academic DCFR. Always with renewed excitement, you were one of the fellows from leading European law schools and research institutes who proposed the foundation of a European Law Institute, with the goal of enhancing European legal integration. At the present time, ten ELI hubs have been created and, as we know, you are a very active member of the Digital Law hubs, thus reflecting the fact that you keep taking Europe's future seriously by reminding us that greater attention should be paid to the digital revolution.
Last but not least, under your watch many lifelong friends were made, and I fondly remember my research months spent at the Centre for European Private Law (CEP) in Münster, as well as those at the Universitat de Barcelona and at the University of Warsaw. And here we are today, to celebrate your birthday,

sharing our scientific background and personal memories about our recent past: we raise our glasses to you, with sincere appreciation, and to us, for the times to come. I wish you all the best in the years ahead. Barbara

Part 3:
… and Beyond: Researches in International Uniform Law, International Private Law, Comparative Law, Legal History, and other Areas of Law

The Quest for Uniform Laws

Larry A. DiMatteo

> 'The heights by great men reached and kept were not attained by sudden flight, but they while their companions slept, were toiling upward in the night.'
>
> Henry Wadsworth Longfellow

Prologue

This chapter is written in honor of Prof. Dr. Reiner Schulze's 70th Birthday. Professor Schulze has been a stalwart in advancing the spirit and need for uniform private law for over three decades. He was one of the founding members of academics advancing the idea of the utility of uniform European law in areas such as contract, sales, and tort law. He has been an inspiration to younger scholars for his intense commitment to the subject with an astonishing output of writings. In his perch at Westfälische Wilhelms-Universität Münster as Executive Director of the Centre for European Private Law (CEP), earlier as a member of the Research Group on Existing EC Private Law (Acquis Group), and more recently his work with the European Commission on digital content, he has organized a multitude of conferences and initiatives aimed at advancing the cause of trans-European private law. He is an ever travelling, ever moving force of nature.

In one parting thought before moving on to the topic of this undertaking, I view the life and work of Prof. Dr. Schulze as epitomizing the notion of the gentlemen-scholar. From my American perspective, I place him among my country's great contract law scholars of the later part of the twentieth century. Men like E. Allen Farnsworth at Columbia, Robert S. Summers at Cornell, and Ian Macneil at Northwestern. They all placed great importance in professional courtesy and collegiality. Put simply, beyond teaching and research, they saw it as their sacred duty to be role models, mentors, and to give back to their profession.[1] Prof. Dr. Schulze

1 *DiMatteo* "In the League of Gentlemen and Scholars" (2014) International Trade Law and Business Law Review 17: 304.

despite his many scholarly accomplishments and accolades, remains stunningly collegial, a quality for which I have personally benefited.

I. Introduction

This essay will examine the role of uniform or harmonized law in the later twentieth and into the twenty-first centuries. The effort of harmonizing law has a much longer history, but each effort needs to be placed in its own historical context. Much of the harmonizing in trans-border private law, at least in the area of contract law, has been the product of extra-governmental sources. Customary international law has a history that traces famously to the Roman lex mercatoria. The creation of bodies of customary law has repeated itself throughout history at the national and international levels, as demonstrated by the medieval law merchant, German customary law, and Chinese customary law, which is traced to a period well before the Roman Empire. Clearly, businesspersons and bankers have always seen the value of standardized rules across national borders as barter and factor economies expanded their reach to foreign lands. The effect of business custom and trade usage, at least at the domestic level, would ultimately transform private law. This chapter will focus on the harmonization of contract and sales law in general, and in Europe in particular. The harmonization of contract law is an appropriate area of study since differences in contract law across legal systems have produced a long and deep comparative law literature and because numerous efforts have been undertaken to harmonize this area of law.[2]

The next three sections—Uniformity and Diversity, Efficiency and Sovereignty, and Quest and Futility—discuss the arguments for and against the uniformity of private law. These dichotomies put simply represent both sides of the debate over the propriety of trans-border, uniform laws. Those in favor of uniformity assert that such laws help eliminate barriers or obstacles to free trade and build a sense of community among countries. Those against argue that diversity of law allows for the unhindered advancement of quality laws, that can then be used as models for other country laws and that the better laws can be co-opted by businesspersons

2 '[F]or most of the history of comparative law as a discipline, contract law was the main area of focus of comparative legal study.' *Pargendler*, 'The Role of the State in Contract Law: The Common-Civil Law Divide (2018) Yale Journal of International Law 43: 143, 143 citing, *Farnsworth*, 'Comparative Contract Law', in: Reimann/ Zimmermann (eds), Oxford Handbook of Comparative Law 899, 900 (2006).

through choice of law. Those in favor of uniform law note that uniformity is inherently efficient by reducing the *ex ante* transaction costs (negotiation and drafting of contracts) and reducing *ex post* transaction costs (fewer disputes in general and fewer disputes over applicable law in particular). Those on the other side of the debate see uniformity of private law is an intrusion on national sovereignty. This argument asserts that private law should reflect the nuances of a countries history, traditions, and customs. Those in favor of working towards uniformity take a long-term view of the process of creating harmonized law by accepting periodic failures as part of the quest of achieving their goals. On the other side, critics see the case of uniformity as doomed to failure. Building a consensus among nation states in the area of private law is inherently impossible and, therefore, is a waste of time and money. The analysis concludes that these debates are based on false dichotomies in that both poles will continue to exist in the process of advancing the unification of law.

II. Uniformity and Diversity

The power of uniform laws in the EU is especially strong. Uniform rules in a political union with an internal or common market are particularly important in facilitating cross-border trade; providing model rules for national legislatures;[3] and acting as a bridge across the gap between the common and civil laws.[4]

In the end, uniform rules of private law allow for the working out of national legal inefficiencies through Pan-European rules — bridging the gap between common and civil law systems (and between civil law systems) by emphasising 'core' values, distinguishing true divergences from mere misunderstanding; distinguishing divergence in the letter of the law from convergence in practice and legal outcomes; and the problem of speaking of different legal languages, but achieving similar outcomes.[5]

The next two subsections will explore the interrelationship between EU law and its multi-faceted affects on national laws. First, EU Regulations

3 *Ackermann*, 'Uniform Rules as Guidelines for National Courts and Legislatures: The German Experience', in: de Elizalde (ed), Uniform Rules for European Contract Law? (Hart Publishing: Oxford 2018), 91-114.

4 Ibid, *Janssen/Ahuja*, 'Bridging the Gap: The CISG as a Successful Legal Hybrid between Common and Civil Law?', 137-162.

5 Ibid, *DiMatteo*, 'An American Perspective on the European Harmonization of Contract law, 252.

harmonize national laws since they have a direct effect and preempt conflicting national laws (absolute harmonization). Second, EU Directives harmonize national laws but allows diversity in the enactment of the directives in national law (relative harmonization), and the use of EU soft law instruments by national courts and legislatures in the crafting of judicial decisions and new laws. The second subsection examines the interrelationship between hard and soft law harmonization.

1. *European and national laws: Synergistic relationship*

The separate domains of European and nation-state specific laws, and their interrelationships, often produce synergies sometimes characterized as unexpected consequences. The United Nations Convention on Contracts for the International Sale of Goods (CISG), the American Uniform Commercial Code (UCC), and the EU directive are examples of beneficial unexpected consequences of harmonized law. In European law, the directive, whether intentionally or unintentionally encourages member states to act as experimental laboratories. The vagueness of a directive allows for needed flexibility and diversity to allow a more seamless adjustment in national laws. Nation states are given limited discretion in crafting a law that is a good fit for their legal systems in enacting the requirements of a directive. The construct of the EU directive leaves it to individual member states to draft and enact domestic laws in conformity to the broad requirements of the directive. This allows a degree of leeway for countries to place the directives within the context of the culture and legal tradition of the particular country. This leeway allows member states to experiment as to variations of enacting directives. Some adaptations may prove to be more efficient than others, allowing for further future adjustments towards the more efficient adaptations. This opens the opportunity for the better enactments to be used by other member states.

The stated goal of the CISG is to harmonize international sales law and reduce barriers to trade under the private international law system. A single internationally recognized sales law reduces transaction costs of negotiating over applicable national law and removes the uncertainty of complying with an unfamiliar foreign law. The unexpected consequence of the CISG has been the harmonization of domestic contract laws. The CISG has been used as a core source document in the drafting of Chinese contract law, and in the revision of the civil codes in Belgium, France, Germany, and Japan.

The UCC sought to harmonize commercial law across the American states. The unexpected consequence was the application by analogy of CISG principles to transform the American common law of contracts. The divergences between English and American common law can be traced to the different consequences resulting from the enactment of the UCC and the English Sale of Goods Act of 1979. The goal of the 1979 Act was simply to restate and clarify the exisiting common law of sales that had become a bit unruly and chaotic. The UCC sought not only to harmonize law but also sought "to modernize the law governing commercial transactions."[6] In time the 'modern' concepts found in the UCC—duty of good faith, doctrine of unconscionability, doctrine of impracticability (hardship), and contextual interpretation of contracts—were accepted into the common law. These are the four areas where the American common law currently diverges with English common law. These examples serve to illustrate that harmonizing law influences the evolution of national or state laws both directly and indirectly.

2. *Hard and soft law: Contracts*

Much of the harmonization efforts in contract law have been by way of soft law instruments.[7] One scholar defined soft law as "a term referring to non-state rules that may be aspirational or reflect best practices but are not yet legally enforceable."[8] The argument against soft law is that such laws often lead to uncertainty and unpredictability because of its unenforceability. The free trade era as resulted in the proliferation of soft laws. Stefan Vogenauer as characterized this phenomenon as 'soft law overkill'.[9] Howe-

---

6 UCC Sec. 1-102(2)(a).

7 Examples include: the Principles of European Contract Law (PECL), https://www.trans-lex.org/400200/_/pecl; Draft Common Frame of Reference (DCFR), von Bar/Clive/Schulte-Nölke (eds), Principles, Definitions and Model Rules of European Private Law: Draft Common Frame of Reference (DCFR) (Munich: Sellier European Law Publishers 2009); and UNIDROIT Principles of International Commercial Contracts (2016), https://www.unidroit.org/instruments/commercial-contracts/unidroit-principles-2016.

8 *Schwarcz*, 'Soft Law as Governing Law' (January 29, 2019). Duke Law School Public Law & Legal Theory Series Paper No. 2019-8, https://papers.ssrn.com/sol3/papers.cfm?abstract_id=3307418 (last viewed 4 February 2019).

9 *Vogenauer*, Common Frame of Reference and UNIDROIT Principles of International Commercial Contracts: Coexistence, Competition or Soft Law Overkill? (2010) 6 European Review of Contract Law 6.

ver, soft laws possess various degrees of legitimacy depending the sponsoring or drafting body and the quality of the soft law. An example of a strong soft law, or quasi-hard law, would be the publication of INCOTERMS and the Uniform Customs and Practices for Documentary Credits (UCP) by the International Chamber of Commerce. These types of soft law are universally recognized as legitimate sources of law. The wide acceptance of a soft law instrument amplifies the view that it is a source of legitimate law.[10]

a) *Soft law as hard law and hard law as soft law*

Currently, we live in a world best captured by the term 'legal pluralism.'[11] This is a broad and vague term that captures a number of phenomena. Three of those phenomena include: (1) the development of parallel hard and soft regimes, (2) the development of soft law instruments where hard law is non-existence, and (3) the transformation of soft law into hard law. The idea of soft law as a precursor to hard law is especially pronounced in commercial law broadly and more specifically is found in sales law. One commentator notes that most model laws and bodies of general principles are "inherently a pluralist instruments, that recognize the independent valence of non-state customary norms and seeks to systematize those norms into a form of 'hard law'".[12] As noted above, INCOTERMS and the UCP are examples of soft law that have achieved hard law status. Of course, most soft law instruments fail to achieve this level of recognition.

Some interesting scenarios include the use of soft law as hard law and hard law as soft law. The first scenario, as noted above, can be seen in the use of customary international law to overrule the use of the applicable law of the case. The second one is the use of what is deemed as hard law as representing international customary law superior to applicable hard law. An example is the use of the CISG as customary law used to trump applicable hard law.[13]

---

10 *Schwarcz*, 38-39.

11 See 'The inevitable legal pluralism within universal harmonization regimes: the case of the CISG' (2016) Uniform Law Review 1.

12 *Berman*, 2.

13 ICC Arbitration Case No. 5713 of 1989, http://cisgw3.law.pace.edu/cases/895713i1.html (ignored the limitation of the applicable national law and recognized the two-year period in CISG Article 39(2) as international customary law). The arbitral tribunal court found 'that there is no better source to determine the prevai-

The optimal type of uniformity of law requires the use of hard and soft instruments: 'From the perspective of businesspersons, and their transactional lawyers, efficiency, certainty, and lower transaction costs can best be achieved by the use of a comprehensive composite (hard-soft law).'[14] Such an approach merges or aligns law as a conceptual system and law in practice. This approach recognizes the divergence between the law in the books and law in action.[15] What law states (hard law) and how businesspersons ply their trade (soft law) may diverge and, therefore, both need to be studied to gain a fuller understanding of contractual relationships. Another, reason to view of law as practiced as a combination of hard and soft law is that hard law is never fully comprehensive. Soft law fills in the gaps in hard law, which allow courts and arbitral tribunals to make well-reasoned decisions.

Finally, hard law in the area of contracts includes soft law components. An example is the repetitive use of the reasonableness standard n the UCC and the CISG. Article 2 of the UCC (sale of goods) use the terms reasonable or reasonableness about four-dozen times. This standard directs the courts to find and evaluate commercial practice and trade usage to make the reasonableness determination. In this way the law is continuously refreshed as new business customs and trade usage evolves they eventually become recognized as law. Article 2 remains in its 1958 version and it is the only Article of the UCC that has never been revised. It continues to perform well, which is largely due to the flow of soft law into it through the reasonableness standard.

b) *Soft law and its prescriptive dimension*

Harmonization of law is by its nature a normative undertaking. There will always be a degree of divergence when comparing national laws. When there are conflicts between rules and principles across legal systems, as well as in their application, drafters of harmonized law will have to select the

---

ling trade usages than the terms of the United Nations Convention on the International. This is so even though neither [the country of the Buyer] nor [the country of the Seller] are parties to that Convention.'

14 *DiMatteo*, 'CISG as Basis of a Comprehensive International Sales Law' (2013) Villanova Law Review 58:691, 692.

15 See *Pound*, 'Law in Books and Law in Action' (1910) American Law Review 44: 12-36; J.L. *Halperin*, 'Law in Books and Law in Action: The Problem of Legal Change' (2011) Maine Law Review 61: 1-32.

better rules. Comparative law research has recognized two research approaches—common core[16] and the better rules methodologies.[17] The common core approach is valuable in showing the high degree of commonality across legal systems, especially in the area of contract law. The best of soft law instruments build upon that commonality and bridge the differences in national laws. One technique is the development of general principles that often mimic the commonality at the expense of avoiding the differences. The better technique is to choose between competing rules or the fabrication of alternative rules. Ultimately, the best rules are those that are fair and efficient.

An example of a soft law instrument that assesses the existing law across jurisdiction and provides recommendations as to what the law *should* be is the American Restatement (Second) of Contracts. The American restatements' template includes four parts: (1) Statement of rule or definition (2) Comments (3) Illustrations, and (4) Notes. The restatement approach is both descriptive and prescriptive in nature. It provides rules based upon the review of the existing jurisprudence. It notes whether there is a consensus in the case law on a particular meaning. If not, it elucidates the majority and minority views or the multiple minority views. It then takes a position on the best of the existing rules. The choice of a best rule helps simplify chaotic bodies of rule interpretations that are often in conflict. The prescriptive dimension of restatement approach is forward-looking suggesting what the law "should" be by anticipating future developments.[18]

---

16 The Common Core Project is based on a method that was developed and first implemented in the 1960s by Rudolf Schlesinger. The project seeks to find the commonalities across legal systems. *Schlesinger*, 'Research on the General Principles of Law Recognized by Civilized Nations', 51 Am. J. Int. L 734 (1957). See also, *Sacco*, 'Legal Formants: A Dynamic Approach to Comparative Law' (1991) 39 Am. J. of Comp. L 1-34 and (1991) 39 Am. J. of Comp. L 343-401; *Bussani/Mattei*, 'The common core Approach to European Private Law' (1997) 3 Columbia J. European. L. 3 39.

17 In reference to the UNIDROIT Principles, *Rosett* notes that: 'The Principles are not intended to unify existing national laws, but rather to enunciate common principles and rules to the existing legal systems and to select the solutions that are best adapted to the special requirements of international commercial contracts.' *Rosett*, 'Unification, Harmonization, Restatement, Codification and Reform in International Commercial Law' (1982) 40 Am. J. Comp. L. 683 (1982).

18 Ibid, 719.

III. *Efficiency and Sovereignty*

Sovereignty in private law means that such law is inherently attached to the customs and traditions of individual countries. The opposing argument asserts that in the free trade era most private customary law transcends borders. Also, an argument in favor of transborder private law is that it is efficient in regional, somewhat homogeneous trade areas, such as the EU. Regional uniformity of law provides intra-free trade area efficiency and creates a competitive advantage in external trade. The increase of efficiency of having unified law is due to the inefficiency of the private international law regime. Supranational law avoids the 'intractable problems of legal uncertainty and forum shopping, creating a stable global law of trade.[19]' The inefficiency of private international law or conflicts of law is two-fold. First the uncertainty of applicable law is an inherent obstacle to free trade. Second, the variance in laws among nations magnifies the uncertainty posed by private international law rules. The use of choice of law clauses helps diminish the legal uncertainty of trans-border transactions, but is not an absolute solution because courts may invalidate such clauses and arbitral tribunals may avoid the full application of the chosen law.

Also, harmonized law creates a new jurisprudence including new case law and scholarly commentaries. On the surface, the harmonized law replaces the divergences found between national laws. But, full harmonization is unlikely given that the new law will result in variant interpretations among national court systems. The greater the variant meanings the less harmonizing the law will produce. However, especially in regional uniform law instruments, it is the hope that national courts, especially higher appellate courts, will look to commentaries and foreign case law that previously analyzed the issues in the case at bar. In such a process the badly reasoned cases (interpretations) are worked out of the interpretive process. The bad cases will be ignored and the well-reasoned cases will gain precedential value. In this way, the initial divergent interpretations are narrowed and the law reaches a relative level of uniformity in word and practice.

---

19 *Berman*, 2.

1. View of law harmonization: Political and economic perspectives

The cost-benefits of harmonized private law, especially in the EU, is often calculated differently from the different perspectives of politics and economics. As noted in the previous section the power of the principle of sovereignty often makes it politically impracticable to advance a transnational law. This has been the case in the EU where more narrowly targeted directives and regulations have been enacted, but broader endeavors, such as a trans-EU sales or contract law have been abandoned. From a scholarly and economic view systematic efficiency gains are obtainable through uniformity of law. This rationale being one simple—variant national laws increase transaction costs in the negotiation, drafting, performance, and dispute resolution in transborder transactions.

The current political impasse in the EU over the need for broader private law harmonization does not mean that roader harmonization is not attainable in the long-term. In the United States, model laws adopted by a minority of states harmonized narrower areas of commercial law, such as negotiable instruments and sales law, during the turn of the twentieth century. Eventually, the piecemeal nature of partial harmonization and the obsoleteness of existing law led to full harmonization of all of commercial law through the enactment of the UCC by all fifty states. Part 4.2 shows how the road to harmonized commercial law in the US was long and difficult.

2. Public-Private law distinction

Uniform private law is always less than full uniformity. First, as noted above, independent national courts will ultimately provide various interpretations and applications of the uniform law. Second, public law regulations will invariably preempt a full working of the uniform law. Pure uniformity of private law would include full uniformity of statutory and administrative interventions into that application of that law. This section examines the interrelationship of public and private law.

Optimal efficiency requires the synchronization or harmonization of both private law and public laws that intervene into private law. In many cases such a dual harmonization is difficult and may not be warranted. For example, countries should be free to raise restriction or protections above the minimum required by harmonized law. One area where dual harmonization has been touted is the area of consumer purchases of goods. A 2018 Press Release of the EU Council states that in the area of consumer transactions (B2C) "a coherent legal framework across the EU, whilst also providing for a high level of consumer protection"[20] is deemed to be both desirable and possible. The Austrian Minister of Justice provided the rationale for the harmonization of sales of goods and digital content as follows: 'Clear and effective rules are essential for the further development of cross border trade within the single market. A company or a consumer will not sell or buy goods in another member state if there is not enough legal certainty on their rights and obligations.'[21] Two points can be drawn from the above statements—consumer sales law, as a body of private law rules and public regulation (consumer protection) lends itself to harmonization across the EU and that as new methods of communication and new types of transaction evolve there will be a need or desirability for harmonized law.

The EU Councils Directives on online Sale of Consumer Goods and supply of Digital Content is timely because the regulation of new of technologies has yet to be resolved at the nation state level and the virtual or digital internal market are clearly within the competency of the EU. The proposed Directives are characterized by the Council as 'maximum harmonization' in which Member states would not be allowed to deviate from the requirements of the Directives, with the exception of countries that have enacted consumer protection laws higher than is provided in the Directives. Importantly, the draft Directives provides no hierarchy of available remedies—repair, replacement, price reduction, or termination of contract. However, given the importance of product durability to the overall goals of sustainability—efficient use of natural resources and the prevention of waste—the Sale of Goods Directive should be revised to prioritize the seller's duty to repair instead of the buyer's right or seller's option to replace.[22]

---

20 Council of the EU, Press Release 748/18, 'More unified rules on contracts for the sale of goods' (07/12/2018), https://www.consilium.europa.eu/en/press/press-releases/2018/12/07/ more-unified-rules-on-contracts-for-the-sales-of-goods-council-agrees-its-position.

21 Ibid.

22 The Press Release does recognize the desirability of extending product lifetimes through repair: 'for the seller to propose repair is an important step in combatting planned obsolescence of some goods.' See *Wrbka/DiMatteo*, 'Comparative Warranty Law: Case of Planned Obsolescence' (2019) University of Pennsylvania Journal of Business Law, vol. 21.

IV. Quest and Futility

Critics of the quest for the unification of private law see proponents of uniformity modern Sir Quixote of La Mancha in search of an impossible dream.[23] The critics see the proponents of uniform law as mere idealists searching for a world that does not exist and should not exist. Clearly, many of the advocates for uniform law are idealists, but they are also realists. They see the troublesome landscape filled with obstacles and with eyes wide open choose to navigate those obstacles. The grandiosity of the quest for a European civil code or contract law makes it seem an impossible dream. But the idea of such a code or law provides a normative framework in which to slowly build towards these goals. The critics focus on the grandiosity of the project, while practical proponents continue to work in the fields seeking opportunities to advance harmonized law bit by bit.

1. Hard and soft law again

Paul Berman noted that the quest for uniform law has been a underlying them of the free trade era resulting in a "world of multiple overlapping normative communities and jurisdictions, law often seeks universal rules and harmonization regimes"[24] The quest for uniform laws across nations has transpired throughout history by the development of soft law, which can be divided into informal soft law and formal soft law. Informal soft law would be the creation of business customs, trade usage, and general business practice by trans-border traders. This type of soft law can further be divided into generalized business customs and industry-specific trade usage and practice. Formal soft law can best be defined as a multilateral instrument or convention. This type of soft law refers to the drafting of model laws or principles sponsored by an organizing body, such as self-formed bodies of scholars and practitioners, government-sponsored commissions, and industry sponsored bodies.

Examples of a private body and a quasi-governmental body that produce model laws or general principles is found in the United States with the creation of the American Law Institute (ALI),[25] established in 1923 and the

23 *de Cervantes*, Quixote (Part I, 1605 & Part II, 1615).

24 *Berman*, 1.

25 In the United States, the American Law Institute (ALI) is the premier scholar-practitioner body that drafts soft law instruments. See https://www.ali.org. Exam-

National Conference of Commissioners on Uniform State Laws (NCCUSL),[26] established in 1893. The ALI is the publisher of the widely recognized soft law instruments known as Restatements of Law. The ALI and NCCUSL have also worked together in sponsoring the drafting of model laws. The most famous of these model laws is the American Uniform Commercial Code, which subsequently became hard law through its independent enactment into law by all fifty American states (with the exception of Louisiana opting out of Article 2 Sale of Goods).

Internationally, the most famous quasi-governmental law harmonization bodies include The Hague Conference on Private International Law (HCPIL), established in 1893 at The Hague and the International Institute for the Unification of Private Law (UNIDROIT), established in 1926 and located in Rome. UNIDROIT has published the most recognized soft law instrument relating to contract law, the UNIDROIT Principles on International Commercial Contracts (UPICC),[27] which was expanded and republished in 2016 with 2011 articles. HCPIL approved the soft law instrument named Hague Principles on Choice of Law in International Commercial Contracts on 19 March 2015.[28] So again, hard and soft law instruments have achieved meaningful harmonization. And over time much of soft law, especially commercial practice and trade usage, has been transformed into hard law.

2. *Story of the Uniform Commercial Code*

United States and the European Union (EU) viewed as federations of states allows for some analogical analysis of their respective laws. More specifically, for purposes of the current chapter, to study how law evolves in the two systems. The history of contract law in the modern era is characterized by the maintenance of a general contract law and at the same time the development of specialized contract rules for particular types of contracts. The American UCC can be seen as representative of the market economy's

---

ples from Europe include the Lando Commission, the Acquis Group, and the European Law Institute.

26 See NCCUSL at "Uniform Law Commission,' http://uniformlaws.org/home. In 2015, the, available at https://www.hcch.net/en/instruments/conventions/full-text/?cid=135.

27 See UPICC at https://www.unidroit.org/english/principles/contracts/principles2016/principles2016-e.pdf.

28 See https://www.hcch.net/en/instruments/conventions/full-text/?cid=135.

need for specialised rules. The UCC can also be seen as an analogy to the process of the harmonization of contract law in Europe. The difference being that European law has advanced from the enactment of specialized rules to the project of enacting or recognizing a pan-European general law of contracts. The UCC was an attempt to modernize general contract law by carving out specialized rules for certain types of contracts previously regulated under the domain of the common law of contracts (sales, negotiable instruments, secured transactions, and so forth). More importantly the process of drafting and enacting the UCC shows how difficult it is to change status quo systems.[29] The same has been true in the EU in the attempt to move past piecemeal directives to a generalized system of rules in the areas of sales law and contract law. The UCC example illustrates the hard process often traveled to enact a broad harmonized law instrument.[30]

The process of creating specialized rules began in US will before the UCC project. The National Conference of Commissioners on Uniform State Laws (NCCUSL) promulgated the first of these uniform acts with the Negotiable Instruments Law of 1896 and the Uniform Sales Act of 1906. There were additional model laws proposed in other areas of commercial law, which were sporadically adopted by a minority of American states. The analogy to the EU is the piecemeal and sporadic nature of an increasing number of directives and regulations in the area of private transactions. Ultimately, the powers-at-be in the United States sought to jettison the growing number of narrowly focused model laws for a more general legal instrument. The goal of a uniform sales or contract law in the EU can be seen in a similar way.

In 1940, NCCUSL decided to begin work on a new uniform sales law, which the American Law Institute joined in 1942. Soon thereafter, the sales law project was expanded to a commercial code project. The American Bar Association also reviewed and commented on drafts of the UCC, with the finished document published in 1952. The UCC was discussed in a number of state legislatures but ultimately rejected, which began a project of revision. A few courts recognised the UCC as equivalent to a Restatement as a 'stamp of approval of a large body of American scholarship.' Pennsylvania was the first state to enact the UCC, on 1 April 1953, but no other state followed suit, leading to a further revision effort. Progress in

29 *Schnader*, 'A Short History of the Preparation and Enactment of the Uniform Commercial Code' (1967) University of Miami Law Review 22: 1.

30 *Braucher*, 'The Legislative History of the Uniform Commercial Code' (1958) 58 Columbia Law Review 798.

enacting the UCC came to a standstill, with all eyes looking to New York, where the state-sponsored Law Revision Commission undertook a three-year study of the Code, eventually concluding with a report in 1956.

The Editorial Board of the UCC began drafting a new revision of the Code, based on the suggestions of the New York study, ending with the publication of a revised version with updated 'official comments' in 1958. The sponsors of the UCC believed that official comments were imperative to make clear what changes in the law were being made and why, and to provide guidance in the application of the new law. However, New York rejected the idea that the Comments were a part of the legislative instrument. Nonetheless, courts have often referred to the Comments when applying the Code's formal provisions. It was not until New York's enactment, as the premier commercial law state, of the Code in 1962 that the dam burst, leading to its enactment by the remaining states by 1968.

There are lessons to be learned in analysing the drafting, enactment, and the evolution of the UCC for the process of enacting a European contract law. First, perseverance is needed in campaigning for the enactment of such a law-transforming instrument. The thirty-year process leading to the full enactment of the UCC was characterized by multiple rejections by soft law and hard law (legislative) bodies; the proponents willingness to listen and make revisions; and the role of elite lawyers and scholars in actively lobbing for its adoption. The European harmonized law project should be seen in this context.[31] The current prospects for a European contract or sales law seem bleak, but that should not end the story. One approach, which is being pursued, is the continuing process of piecemeal enactments, such as online sales and digital content regulations, that will keep the idea of harmonizing private law alive. In the future, the piecemeal approach will become chaotic and a change in the political context may allow for a path to successfully pursue the sales and contract law projects.

V. *What is Uniformity of Law?*

The debates discussed in sections 2 through 4 above dissolve when defining uniformity of law as a relative and not an absolute concept. Uniform law is never truly uniform when applied to independent court systems

31 'But of necessity unification and harmonization proceed slowly, by small steps, with by imperfect achievements.' *Farnsworth*, 'Unification and Harmonization of Private Law' (1996) 27 Can. Bus. L.J. 48, 62.

without a grand appellate body. This has been the case with the interpretation and application of the CISG, which is technically the adopted law of eighty-nine countries at the present time.[32] Absolute uniformity of law across nation-states is an impossible dream given that the law is applied by independent and diverse court systems. This has been the case with the CISG and UCC. Given no international appellate body, CISG rules have been interpreted and applied differently across national court systems. However, it has realized a relative degree of uniformity as badly reasoned decisions have been largely ignored, while well-reasoned decisions have been recognized as the better interpretations of the CISG. This is also the case with the UCC where the harmonization of commercial law has reached a high level given that the states share a common language and legal tradition. But, absolute uniformity has not been reached as the independent court systems have has made divergent interpretations of some of its rules.

Thus, the success of harmonized law should be judged by a standard of relative uniformity. This will always be the case when that law is being applied by independent court systems. The most practical approach when considering the harmonization of regional or international private law is the recognition of a combination of hard and soft law instruments. Hard law harmonization encourages legal practitioners to adjust their counsel to clients to reflect the requirements of the new instrument. Soft law harmonization provides numerous benefits including education, choice, and texture. Supranational soft law that seeks to bridge differences in national legal systems and traditions educate practitioners and students by showing that national rules differ and that a sacrosanct domestic rules may not necessarily be the best rule given the existence of alternative rules found in other legal systems. Thus, soft law instruments provide fodder for law reform. This is the case with the CISG. Despite its hard law character, it has been used a source of soft law in revising a number of civil codes. Soft laws also provide alternatives to practitioners and their clients in choosing applicable law in the context of arbitration and as a source for the drafting of contracts. Soft law also provides a fuller texture of rules that can be used to deal with contract issues and disputes. Law in various degrees is never fully comprehensive in that it does not provide rules or solutions for all possible issues of contract, thus recourse to soft law is means to filling the gap in hard law.

---

32 See "Table of Contracting States," https://www.iicl.law.pace.edu/cisg/page/cisg-table-contracting-states (last viewed 4 Feb. 2019).

The incompleteness of hard law is demonstrated by the relationship between the CISG, UCC, and the common law of contracts. The CISG is not a very comprehensive instrument so in US law the UCC provides default rules that lie behind the CISG. If there is an external hole or gap in the CISG, the American court will seek to find a rule in Article 2 of the UCC, which is a more comprehensive instrument. Finally, even though the UCC preempts the working of the common law, gaps in the UCC are filled by recourse to the common law. Of course, if no gap-filling rule is found in existing common law, then it is up to the court to expand the common law and fabricate a new rule.

1. *Success of the European Union*

Despite the expected departure of the United Kingdom and the rise of nationalistic movements that are anti-EU, the EU has been a story of success. After the aftermath of World War II, the idea of a common market and a trans-European government were inconceivable. Within that historical context, the European Union has been hugely successful moving from a loosely connected common market to a political union with a strong internal market. It has been highly successful in enacting numerous directives and regulations that have erased legal obstacles to free trade between member states.

2. *European private law as competitive advantage*

The lowering of tariff and non-tariff barriers to trade with the creation of a customs union under the European Economic Community was a key factor in the economic growth of countries of the European Union. The further unification of numerous areas of substantive law under the European Union has created one of the three largest economies in the world. The importance of harmonized private law in Europe continues in current initiatives on online sales and supply of digital content. The EU Commission should continue to seek to influence the shape and content of European contract law.[33] Reiner Schulze and Dirk Staudenmayer argue that the creation of a single digital single market should be one of the key objectives of

33 Schulze/Staudenmayer (eds), Digital Revolution: Challenges for Contract Law (Nomos Hart 2016).

the European Commission. This is especially important given the dearth of specialized national laws on topics such as the sharing economy, Internet of Things, 3D printing, and smart contracts.[34] Harmonized law at the EU level serves the purpose of harmonizing law in areas before laws are enacted in a meaningful way at the national level.[35]

VI. Concluding Remarks

The creation of harmonized laws through directives and regulations has reduced obstacles to trade and helped cement the efficiency of the internal market. It has played an important role in the growth of the EU as an economic force in the world economy. The unification of law among the member states of the EU has made trade within the Europe more efficient, adding to economic growth. The ability to transship goods tariff-free through the internal market and the convergence of law achieved through the political union gives EU countries and member-states a competitive advantage both in intra and extra-EU trade. However, there are still more gains in efficiency that are attainable with further harmonization of law. These gains are achievable through the enactment of a uniform sales law, and ultimately the adoption of a uniform contract law.

This chapter has noted some of the failures of harmonizing private law in EU. It also analyzes the process of legal harmonization and the rationales in support of the harmonization of private law. Among the rationales discussed relating to the harmonization of contract law include: the riskiness of entering foreign markets, especially by small and medium-sized enterprises (SMEs); differences in national contract laws as obstacles to the free movement of goods, and the partial harmonisation of contract law through directives, although beneficial, adds more complexity and creates diversity due to their implementation through independent national laws and court systems.[36]

Uniformity of private law has been less than uniform and much less comprehensive than in other areas of EU law. A piecemeal approach has

34 Ibid.

35 *Schulze/Zoll*, European Contract Law (CH Beck, Hart & Nomos 2nd ed 2018).

36 *DiMatteo*, 'An American Perspective on the European Harmonization of Contract Law', in: de Elizalde (ed), Uniform Rules for European Contract Law? (Hart Publishing: Oxford 2018), 241, 244 citing, *Bonell*,' The UNIDROIT Principles of International Commercial Contracts and the Principles of European Contract Law: Similar Rules for the same Purposes?' (1996) 26 Uniform Law Review 229.

been taken to areas of contract law, mostly centered on consumer transactions. The rationale is that consumers are vulnerable to overreaching and should be protected from power and informational asymmetries. However, such asymmetries are replicated in contractual relations between large businesses and SMEs. The EU has recognized this scenario as a problem but a harmonized law (Common European Sales Law) that dealt with the imbalance was ultimately rejected. This failure is understandable given the rise of nationalism in Europe, as well as the turmoil relating to Brexit. The harmonization of commercial law among the fifty American states was the outcome of a long and arduous process. The process was aided by the fact that American states are bound by a common legal tradition, while Europe has numerous legal traditions at work, at the macro level in the common and civil law divide, and additional diversity within these traditions, such the differences between the Franco-Romanistic and Germanic legal families, and finally, the uniqueness found in the Nordic legal systems.

The chapter also analyzes the harmonization of private law through hard and soft law instruments or a combination of both. It assesses the role of customary international law in commercial contract law disputes. It also examines the public-private law distinction, questioning whether true uniformity of contract law is possible without the harmonization of regulatory regimes that intervene into freedom of contract. Despite the failures of recent efforts at harmonization in Europe, such as the failure of the Common European Sales Law, the harmonization movement should continue. If one believes that uniform contract rules are important in the European context, then they are worth pursuing in the hope that success will eventually triumph over failure.[37] Movement to harmonize laws in the areas of online sales and digital content demonstrates that European contract law may play a highly important role in the development of contract law at national level.

37 Ibid, 246.

CISG und Europäisches Privatrecht

Ulrich Magnus

I. Zueignung

Reiner Schulze, dem die folgenden Zeilen in langjähriger Freundschaft und großer Anerkennung gewidmet sind, ist einer der einflussreichsten Protagonisten des Europäischen Privatrechts. Mit dem Europäischen Privatrecht meint man heute in der Regel nicht mehr die Privatrechte der einzelnen europäischen Staaten,[1] sondern das für die EU geschaffene oder sich in ihr ausbildende übernationale Privatrecht. Reiners Veröffentlichungen zu diesem Gebiet, seine Herausgeberschaften, Konferenzen, Vorträge, Netzwerke hierzu sind Legion.[2] Er hat das Zeitfenster nachdrücklich genutzt, das für die Europäisierung des Zivilrechts für ungefähr zwei Dekaden – vom Fall der Mauer bis zur globalen Finanzkrise – weit offen stand. Den Rückfall in nationalstaatliche Egoismen auf Europas Boden – nach der Finanzkrise weiter befeuert durch das, was als Migrationskrise wahrgenommen wird – hat er sicherlich mit gleichem Bedauern wie viele andere konstatiert. Anders als viele andere hat er sich aber davon in seinem Engagement und Eintreten für die europäische Sache nicht entmutigen lassen. Das Europäische Privatrecht steht nach wie vor ganz vorn auf der Agenda seiner Forschungsprojekte und -prioritäten.[3] Dabei hilft entscheidend, dass sein Ansatz nicht im Sinn eines Alles oder Nichts auf eine große visionäre Gesamtvereinheitlichung gerichtet ist, auf die derzeit und vielleicht überhaupt nicht gerechnet werden kann. Vielmehr beobachtet er sehr genau und unterstützt er die kleinen tatsächlichen Annäherungsschritte, die

---

1 S. hierzu für das Vertragsrecht *Kötz*, Europäisches Vertragsrecht, 2. Aufl., 2015.

2 S. nur sein überaus imposantes Schriftenverzeichnis www.jura.uni-muenster.de/de/apps/personenliste/prof-dr-reiner-schulze/.

3 S. nur einige seiner jüngsten Veröffentlichungen: *Schulze/Zoll*, European Contract Law (2018); *Schulze/Zoll*, Europäisches Vertragsrecht (2017); Heiderhoff/Lohsse/Schulze (Hrsg.), EU-Grundrechte und Privatrecht – EU fundamental rights and private law (2016); Schulze/Zimmermann (Hrsg.), Europäisches Privatrecht: Basistexte (5. Aufl. 2016); *Schulze*, Das Europäische Wirtschaftsgesetzbuch – eine Chance für den Binnenmarkt?, IWRZ 2016, 241 f.; *Schulze*, Towards a European Business Code?, Contratto e impresa/Europa 2016, 413 ff.

gleichwohl, sei es über Brüssel, sei es über die nationalen Rechtsentwicklungen erfolgen. Da sich *Reiner* auch mit dem CISG[4] befasst hat,[5] mag ihn in diesem Band zu seinen Ehren ein Beitrag interessieren, der dem Einfluss des CISG auf das Europäische Privatrecht nachgeht.

II. CISG

Das 1980 in Wien beschlossene Übereinkommen der Vereinten Nationen über Verträge über den internationalen Warenkauf bedarf heute keiner eingehenderen Vorstellung mehr. Es gilt inzwischen in 92 Staaten, die sich auf alle Kontinente verteilen und die allermeisten Handelsnationen einschließen. Auch wenn es damit längst noch nicht alle Länder dieser Welt ratifiziert haben, ist dennoch von einer globalen Verbreitung zu sprechen. Denn zum einen werden weitere Ratifikationen folgen. Vor allem unterliegen aber, auf die internationalen Handelsströme bezogen, schon jetzt nach Schätzungen 80 oder mehr % aller internationalen Warenkäufe automatisch dem Einheitskaufrecht.[6] An dieser grundsätzlichen Geltung ändert es auch nichts, dass die Parteien das CISG oder einzelne seiner Bestimmungen ausschließen können.[7] Denn auch der Ausschluss ist nach dem Maßstab des CISG zu beurteilen.

Der globalen Verbreitung hat nicht entgegengestanden, dass das CISG aus europazentrierten Anfängen entstanden ist und dass seinem – weitgehend übernommenen – Vorgänger, dem Haager Einheitskaufrecht, die Genese aus dem Recht imperialer Staaten und ehemaliger Kolonialmächte vorgehalten worden war. Tatsächlich ist der Einfluss des Common Law auf das CISG am stärksten ausgeprägt; ferner enthält es Elemente des deutschen und französischen Rechts. Doch allenfalls auf dem afrikanischen Kontinent sind heute noch gewisse Vorbehalte in Gestalt einer begrenzten Zahl von Ratifikationen zu spüren. Das CISG gilt dort nur in 13 von 55 afrikanischen Staaten, während es auf den anderen Kontinenten stärker, in Australien sogar zur Gänze und danach in Europa am weitesten verbreitet

---

4 Übereinkommen der Vereinten Nationen über Verträge über den internationalen Warenkauf vom 11.4.1980 (BGBl. 1989 II 588, berichtigt BGBl. 1990 II 1699).

5 S. zuletzt in DiMatteo/Janssen/Magnus/Schulze (Hrsg.), International Sales Law: Contract, Principles & Practice (2016).

6 S. etwa *Schlechtriem/Schroeter*, Internationales UN-Kaufrecht (6. Aufl. 2016) Rn. 16.

7 S. Art. 6 CISG.

ist.[8] Allerdings haben die 17 Staaten[9] der OHADA,[10] einer supranationalen Organisation zur (Wirtschafts-)Rechtsvereinheitlichung in West- und Zentralafrika, ein dem CISG stark entlehntes Einheitskaufrecht für Kauftransaktionen zwischen und in ihren Staatsgebieten in Kraft gesetzt. Diese Staaten eingeschlossen, lässt sich auch für Afrika keine wirkliche Ablehnung des CISG mehr verzeichnen.

In der Rechtspraxis wird das Einheitskaufrecht inzwischen häufig angewendet, wie eine stetig wachsende Zahl veröffentlichter Gerichts- und Schiedsgerichtsentscheidungen belegt.[11] Selbst Gerichte in Staaten, die – wie Großbritannien – das CISG nicht ratifiziert haben, wenden es an, wenn ihr Kollisionsrecht zur Geltung des CISG führt.[12] Dass das CISG andererseits in AGB oder auch im Prozess noch ausgeschlossen wird, ist allerdings ebenfalls nicht ganz selten. Ob sich die auf den Ausschluss hinwirkende Partei damit einen Gefallen getan hat, zeigt sich meist erst im Prozess. Wie sich ein Käufer mit dem CISG-Ausschluss ins eigene Fleisch schneiden kann, offenbart eine BGH-Entscheidung vom 18.10.2017 über einen deutsch-holländischen Kauf von Wassereis.[13] In diesem Fall erklärte der BGH eine AGB-Klausel des deutschen Käufers für unwirksam, nach der der niederländische Verkäufer ohne Rücksicht auf Verschulden alle Aufwendungen tragen sollte, die dem Käufer aus Warenmängeln entstanden.[14] Konkret ging es um den Ersatz der Kosten, die dem Käufer aus dem Rückruf schimmelpilzbefallener Chargen von Wassereis von den eigenen Kunden entstanden waren. Der BGH entschied, dass die Klausel gegen

8 In Asien haben 18 von 53 Staaten, in Amerika 18 von 35 Staaten, in Europa 36 von 47 Staaten das CISG ratifiziert. In Australien gilt das CISG in allen Einzelstaaten des Commonwealth of Australia.

9 Nur fünf von ihnen sind zugleich CISG-Staaten, nämlich Benin, Gabun, Guinea, Kamerun und der Kongo.

10 Organisation pour l'Harmonisation en Afrique du Droit des Affaires.

11 Das ist insbesondere an den Zahlen von CISG-Entscheidungen abzulesen, die in internationalen Datenbanken veröffentlicht werden: s. CISG-online (www.cisg-online.ch; Ende 2018: 3047 Entscheidungen); CLOUT (Case Law on UNCITRAL Texts; Ende 2018: 1180 Entscheidungen in englischer Zusammenfassung); ferner auch noch die Ende 2015 eingestellte Datenbank der Pace University New York (cisg.pace: 3.152 Entscheidungen).

12 S. *Kingspan Environmental Ltd. & Ors. v. Borealis A/S & Anor.* [2012] EWHC 1147 (Rn. 993 ff.).

13 NJW 2018, 291.

14 Die Klausel lautete: „Mehraufwand bei dem AG <sc. Auftraggeber = klagender Käufer>, der aus Mängeln von Liefergegenständen entsteht, geht in angefallener Höhe zu Lasten des AN <sc. Auftragnehmer = beklagter Verkäufer>. Der Mehraufwand ist dem AN durch den AG nachzuweisen."

Grundwertungen des anwendbaren internen deutschen Rechts verstoße und deshalb unwirksam sei. Denn im Gegensatz zum CISG (Art. 45 Abs. 1 lit. b CISG) sieht das unvereinheitlichte deutsche Kaufrecht eine solche Haftung nur bei Verschulden vor.[15] Das CISG hatte der Käufer in seinen wirksam einbezogenen AGB aber gerade ausgeschlossen.[16]

III. CISG und europäisches Kaufrecht

Einflüsse des CISG auf das Europäische Privatrecht sind, wie kaum anders zu erwarten, am deutlichsten im Bereich des Kaufrechts zu verzeichnen; sie beschränken sich aber keineswegs hierauf.

An sich stellt das CISG schon ganz weitgehend ein innergemeinschaftliches (Handels-)Kaufrecht zur Verfügung. Denn 24 der gegenwärtig (noch) 28 EU-Staaten haben es ratifiziert und wenden es an, wenn die Kaufvertragsparteien ihre Niederlassung in CISG-Staaten haben.[17] Es kommt aber auch gegenüber Nicht-CISG-Staaten – innerhalb und außerhalb der EU – zum Zug, wenn das Kollisionsrecht zum Recht eines CISG-Staates führt.[18] Da das einheitliche EU-Kollisionsrecht das Recht am Sitz des Verkäufers beruft, sofern die Parteien keine abweichende Rechtswahl getroffen haben,[19] unterliegen damit prinzipiell alle Exportverträge, die Verkäufer mit Sitz in den EU-CISG-Staaten abschließen, dem Einheitskaufrecht. Gleiches gilt für Importverträge aus CISG-Staaten. Nur Großbritannien, Irland, Malta und Portugal haben sich dieser Rechtseinheit in der EU bisher verschlossen.[20] Wie sich die Haltung Irlands, Maltas und Portugals zum CISG nach einem Brexit entwickeln wird, bleibt abzuwarten.

---

15 §§ 437 Nr. 3, 440, 280 Abs. 1 und 3, 281 Abs. 1 und 2, 284 BGB.

16 Bei Geltung des CISG wäre der Prüfungsmaßstab für die AGB-Klausel das verschuldensunabhängige Haftungssystem des CISG gewesen. Da danach eine Haftung nur ausnahmsweise bei unvorhersehbaren und unkontrollierbaren Ereignissen ausscheidet (Art. 79 CISG), dürfte die Klausel Bestand haben, da sie den Mehraufwand nur ersatzfähig macht, wenn er aus Mängeln der Liefergegenstände entsteht. Die Entlastung auf Grund höherer Gewalt oder vergleichbaren, von Art. 79 erfassten Gründen lässt die Klausel unberührt; sie verstößt damit nicht gegen Grundwertungen des CISG.

17 Art. 1 Abs. 1 lit. a CISG.

18 S. Art. 1 Abs. 1 lit. b CISG.

19 Art. 4 Abs. 1 lit. a Rom I-VO.

20 Dazu, dass aber auch Großbritannien das CISG anwendet, wenn das IPR zu seiner Anwendung führt, s. oben bei Fn. 11.

Außerhalb seiner direkten Geltung hat das CISG aber auch die Rechtsakte beeinflusst, die die EU bisher im Gebiet des Warenkaufrechts erlassen hat oder geplant hatte. Hierher gehört vor allem die ursprüngliche Verbrauchsgüterkaufrichtlinie von 1999, zum andern aber auch das geplante und wieder aufgegebene Projekt eines Gemeinsamen Europäischen Kaufrechts (GEKR oder – üblicher – CESL) sowie die beiden neuen Richtlinien zum Online-und Warenhandel vom Mai 2019.[21] Von ihnen hat die Richtlinie über bestimmte vertragsrechtliche Aspekte des Warenhandels die Richtlinie von 1999 zwar mit Wirkung zum 1.1.2022 aufgehoben, ihre Regelungen aber – mit Anpassungen für Geschäfte über digitale Inhalte sowie kleinen Ergänzungen – übernommen[22]. Es ist daher angezeigt, zunächst auf die Verbrauchsgüterkaufrichtlinie von 1999 als den Ursprungsrechtsakt einzugehen und dabei auf die Regelung in der Warenhandels-Richtlinie jeweils hinzuweisen.

1. *Verbrauchsgüterkaufrichtlinie und ihre Neuregelung*

a) *Allgemeines*

Am Beginn der Befassung der EU mit dem Kaufrecht stand die Richtlinie zu bestimmten Aspekten des Verbrauchsgüterkaufs und der Garantien für Verbrauchsgüter vom 25.5.1999.[23] Diese Richtlinie stellte bislang den wichtigsten Rechtsakt der EU im Bereich des Kaufrechts dar; zu ihrer Auslegung hat der EuGH schon eine ganze Reihe von Entscheidungen gefällt.[24] Durch ihre Umsetzung haben sich die Kaufrechte der Mitgliedstaaten erheblich angenähert. Die Richtline von 2019 über den Warenhandel

---

21 Richtlinie (EU) 2019/771 des Europäischen Parlaments und des Rates vom 20. Mai 2019 über bestimmte vertragsrechtliche Aspekte des Warenkaufs, zur Änderung der Verordnung (EU) 2017/2394 und der Richtlinie 2009/22/EG sowie zur Aufhebung der Richtlinie 1999/44/EG (ABl. 2019, L 136, 28); Richtlinie (EU) 2019/770 des Europäischen Parlaments und des Rates vom 20. Mai 2019 über bestimmte vertragsrechtliche Aspekte der Bereitstellung digitaler Inhalte und digitaler Dienstleistungen (ABl. 2019, L136, 1). Im Wesentlichen zur zweiten Richtlinie: *Staudenmayer*, Auf dem Weg zum digitalen Privatrecht – Verträge über digitale Inhalte, NJW 2019, 2497 ff.

22 Die Richtlinie ist bis zum 1.7.2021 umzusetzen; das umgesetzte Recht ist in den Mitgliedstaaten vom 1.1.2022 an auf dann geschlossene Verträge anzuwenden (Art. 24 der RL).

23 ABl. Nr. L 171 vom 7.7.1999, S. 12 ff.

24 S. dazu insbesondere die im folgenden Text zitierten EuGH-Entscheidungen.

setzt diese Entwicklung weiter fort. Da die alte Richtlinie nur eine Mindestharmonisierung und zudem etliche Optionen für die Mitgliedstaaten vorsah, während die neue Richtlinie eine Vollharmonisierung, freilich auch einige Optionen bringt,[25] wird sie die europäischen Kaufrechte weiter annähern. Für ihre Auslegung und Anwendung behalten die Auffassungen und Entscheidungen, insbesondere des EuGH, zur alten Richtlinie aber weiterhin ihre Bedeutung.

In erster Linie betrifft die Richtlinie von 1999 ebenso wie jene von 2019 den Verbrauchsgüterkauf, bezieht jedoch auch den Aspekt des Regresses zwischen Unternehmern mit ein.[26] Bemerkenswert ist, dass sie sich stark am CISG orientiert hat, das den internationalen Handelskauf regelt, während der Verbraucherkauf gerade nicht unter das CISG fällt, es sei denn, die Absicht privater Nutzung der Kaufsache war für den Verkäufer nicht erkennbar.[27] Allerdings unterscheiden viele Grundkonzepte des Kaufrechts, wie der Warenbegriff, der Vertragsbegriff, der Fehlerbegriff oder die generell verfügbaren Rechtsbehelfe, nicht nach dem B2B- oder B2C-Charakter der Transaktion. Zu Recht erscheinen diese Grundkonzepte deshalb sowohl für Verträge mit Verbrauchern als auch für solche zwischen professionellen Händlern geeignet.

b) Übereinstimmung in der Grundstruktur

Obwohl die alte wie die neue Richtlinie nur einige wenige Aspekte des Verbrauchsgüterkaufs regelt, nämlich vor allem wichtige Rechte des Käufers bei mangelhafter Lieferung, folgt sie im Ansatz dem Grundkonzept des Leistungsstörungsrechts im CISG. Dieses betrachtet jeden Verstoß gegen eine Vertragspflicht als Vertragsverletzung, für die verschuldensunabhängig gehaftet wird.[28] Zu den zentralen Vertragspflichten gehört nach der Konvention – ebenso wie nach der Richtlinie[29] – die Lieferung vertragsgemäßer Ware.[30] Eine Verletzung dieser Pflicht berechtigt grundsätzlich zur Nacherfüllung in Form der Nachbesserung oder der Ersatzliefe-

25 Art. 4 Richtlinie 2019.
26 S. Art. 4 der Richtlinie 1999, Art. 18 der Richtlinie 2019.
27 Art. 2 lit. a CISG.
28 S. Art. 45 und 61 CISG.
29 Art. 2 Abs. 1 der Richtlinie.
30 Art. 35 ff. CISG.

rung,[31] ferner zur Preisminderung[32] und zu Schadensersatz[33] sowie, soweit die Vertragsverletzung wesentlich ist, zur Vertragsaufhebung.[34] Das CISG entlastet die vertragsbrüchige Partei aber von einer Haftung auf Schadensersatz, wenn die Pflichtverletzung auf Umständen außerhalb des übernommenen Risikos und der Kontrollmöglichkeiten dieser Partei beruht.[35] Die römischrechtliche Sonderstellung der Gewährleistung für Sachmängel hat das CISG damit beseitigt. Kernelemente dieser Struktur hat die Richtlinie übernommen. So tritt das Konzept der einheitlichen Vertragsverletzung deutlich in Art. 3 Abs. 1 der Richtlinie hervor:[36] „Der Verkäufer haftet dem Verbraucher für jede Vertragswidrigkeit, die zum Zeitpunkt der Lieferung des Verbrauchsgutes besteht." Die Rechtsbehelfe der Richtlinie (Nacherfüllung durch Nachbesserung oder Ersatzlieferung, Minderung, bei nicht geringfügiger Vertragswidrigkeit Vertragsauflösung[37]) entsprechen bis auf die Schadensersatzsanktion jenen des CISG. Sie hängen ebenfalls nicht von einem Verschulden des Verkäufers ab. Da die Richtlinie den Schadensersatzanspruch nicht behandelt, sondern dem anwendbaren nationalen Recht vorbehält, bedurfte es in der Richtlinie auch keiner Entlastungsregelung wie im CISG.

c) *Auslegung*

Die Orientierung der alten wie der neuen Richtlinie am CISG ist auch für ihre Auslegung bedeutsam.[38] Der EuGH versucht insoweit, die europäisch-

---

31 Art. 46 CISG.

32 Art. 50 CISG.

33 Art. 45 Abs. 1 lit. b CISG. Der Ersatzumfang richtet sich freilich nach den Art. 74 ff. CISG.

34 S. Art. 49 iVm. Art. 25 CISG.

35 Art. 79 Abs. 1 und 5 CISG.

36 *Bianca*, in: Grundmann/Bianca (Hrsg.), EU-Kaufrechtsrichtlinie. Kommentar (2002) Art. 3 Rn. 3; *Magnus*, in: Grabitz/Hilf (Hrsg.), Das Recht der Europäischen Union Bd. IV (2007) A.15 Art. 3 Rn. 7.

37 Die Vertragsauflösung ist nach der Richtlinie an sich leichter zugänglich (schon bei nicht geringfügiger Vertragswidrigkeit) als nach dem CISG (erst bei wesentlicher Vertragsverletzung). Das entspricht dem Anspruch auf Verbraucherschutz, den die Richtlinie verwirklichen will. Allerdings verlangt die Richtlinie, dass vorher die Nacherfüllung als Behelf ausscheiden muss.

38 S. EuGH ECLI:EU:C:2017:638 (C-247/16, *Schottelius ./. Seifert*) Rn. 39, 43 = NJW 2017, 3215 m. Anm. *Mankowski* = EuZW 2018, 127 m. Anm. *Gutzeit/Jacksch*; s. auch *Thode*, ZfBR 2000, 363 (364). In diesem Fall ging es um die Frage, ob ein Vertrag über die Sanierung eines Gartenpools unter die Verbrauchsgüterkauf-

autonome Auslegung der Richtlinie und ihrer Begriffe mit der Auslegung des weltweiten CISG möglichst in Einklang zu bringen, sofern sich die jeweiligen Normzwecke decken oder jedenfalls nicht widersprechen.[39] Ein etabliertes Verständnis von Begriffen oder Regelungen des CISG kann daher für die Auslegung der Richtlinie hilfreich oder sogar leitend sein, wie insbesondere der EuGH-Entscheidung im Fall *Car Trim* für die Abgrenzung von Kauf- und Werkverträgen zu entnehmen ist.[40] Nach der weiteren Entscheidung des EuGH im Fall *Schottelius* handelt es sich um einen Kaufvertrag im Sinn der Verbrauchsgüterkaufrichtlinie, wenn „die Dienstleistung den Verkauf lediglich ergänzt."[41] Für die genaue Abgrenzung zwischen Kauf und Dienstleistung verweist das Gericht hier darauf, dass sich Art. 1 Abs. 4 der Richtlinie (wonach Werklieferungsverträge unter die Richtlinie fallen)[42] an Art. 3 Abs. 1 CISG orientiert habe, „um vor allem den Schwierigkeiten der Einstufung solcher Verträge Rechnung zu tragen, die sowohl eine für Werk- und Dienstverträge typische Pflicht zum Tätigwerden als auch eine für den Kaufvertrag typische Pflicht zur Lieferung einer Sache beinhalten."[43] In welcher Weise und nach welchen Kriterien beurteilt werden soll, ob „die Dienstleistung den Kaufvertrag lediglich ergänzt", ergibt die *Schottelius*-Entscheidung zwar nicht. Doch hatte bereits die früher ergangene *Car Trim*-Entscheidung deutlich ausgesprochen, dass es ein wichtiger Gesichtspunkt für die Abgrenzung ist, ob der Käufer „alle oder die Mehrzahl der Stoffe, aus denen die Ware hergestellt wird, zur Verfügung gestellt" hat,[44] während Fertigungsvorgaben des Käufers für die Abgrenzung unerheblich seien.[45] Auch das vereinbarte Haftungsregime – Erfolgshaftung für die Vertragsmäßigkeit der Ware oder nur Haftung für angemessene Bemühungen – könne für Kauf oder Dienstleistung spre-

---

richtlinie fiel. Im Rahmen der Sanierung und für deren Zweck verkaufte der Unternehmer dem Besteller auch eine Filteranlage mit Pumpe, die sich bei der späteren Benutzung als fehlerhaft erwies. Der EuGH verneinte die Anwendbarkeit der Richtlinie, weil „der Verkauf der Güter diese Dienstleistung lediglich ergänzt." (Rn. 44).

39 S. EuGH aaO.; s auch EuGH ECLI:EU:C:2010:90 (C-381/08, *Car Trim ./. KeySafety Systems Srl*) Rn. 34.

40 EuGH ECLI:EU:C:2010:90 (C-381/08, *Car Trim ./. KeySafety Systems Srl*) Rn. 34, 36.

41 EuGH ECLI:EU:C:2017:638 (C-247/16, *Schottelius ./. Seifert*) Rn. 38, 44.

42 Gleiches gilt für die Richtlinie 2019 (Art. 3 Abs. 2).

43 EuGH aaO. Rn. 43.

44 EuGH ECLI:EU:C:2010:90 (C-381/08, *Car Trim ./. KeySafety Systems Srl*) Rn. 40.

45 EuGH ECLI:EU:C:2010:90 (C-381/08, *Car Trim ./. KeySafety Systems Srl*) Rn. 39.

chen.[46] Fehlt eine Vereinbarung, dann ist die Haftung allerdings erst die Folge der Abgrenzung.

Damit folgt das Gericht ganz weitgehend dem CISG und dessen präferierter Auslegung. Art. 3 Abs. 1 CISG qualifiziert Werklieferungsverträge („Verträge über die Lieferung herzustellender oder zu erzeugender Ware") grundsätzlich als Kaufverträge, „es sei denn, dass der Besteller einen wesentlichen Teil der für die Herstellung oder Erzeugung notwendigen Stoffe selbst zur Verfügung zu stellen hat." Die internationale Gerichtspraxis zum CISG beurteilt die Wesentlichkeit vorrangig nach dem Wertverhältnis zwischen den Stoffen, die der Verkäufer, und jenen, die der Käufer beiträgt.[47] Für diese Sicht sprechen die Gesichtspunkte der Rechtsklarheit und der Praktikabilität, da sich die Wertverhältnisse in der Regel recht einfach feststellen lassen und nicht unwägbaren Überlegungen, wie etwa über die Funktionsbedeutung der jeweiligen Stoffe, ausgesetzt sind. Es liegt nahe, diese Abgrenzung der erfassten von den nicht erfassten Werklieferungsverträgen für beide Regelwerke – CISG und Richtlinie – in gleicher Weise vorzunehmen, da insoweit Handels- und Verbraucherkaufverträge keine unterschiedlichen Zwecke verfolgen. Die vorwiegende Praxis und Lehre zu Art. 3 Abs. 1 CISG kann und sollte daher auch für die weitere Präzisierung von Art. 1 Abs. 4 der Richtlinie herangezogen und nutzbar gemacht werden.

Ganz ähnlich sind gemischte Verträge zu behandeln, die neben einem Kaufelement ein oder mehrere Dienstleistungs- oder andere Elemente enthalten. Die EuGH-Entscheidung im Fall *Schottelius* wird auch auf diese Abgrenzung zu beziehen sein. Auch hier dürfte die Anwendbarkeit der Richtlinie sich danach richten, ob „die Dienstleistung <*bzw. die sonstige Leistung*> den Kaufvertrag lediglich ergänzt". Ferner hat der EuGH, wenn auch im Zusammenhang mit öffentlichen Lieferaufträgen, für die Abgrenzung darauf abgestellt, ob der (Geld-)Wert der Lieferung oder jener der

---

46 EuGH ECLI:EU:C:2010:90 (C-381/08, *Car Trim ./. KeySafety Systems Srl*) Rn. 42.

47 S. etwa Handelsgericht Kanton Zürich 8.4.1999, CLOUT Nr. 325; Schiedsgericht der Ungarischen Industrie- und Handelskammer 5.12.1995, NJW-RR 1996, 1145; s. auch UNCITRAL-Digest Art. 3 Rn. 2; ebenso die vorherrschende Auffassung im Schrifttum: CISG-Advisory Council Opinion Nr. 4 (Rapporteur: Perales Viscasillas) IHR 2005, 124 Rn. 2 ff.; *Schlechtriem/Schroeter* Rn. 67; *Magnus*, in: von Staudinger Kommentar zum Bürgerlichen Gesetzbuch mit Einführungsgesetz und Nebengesetzen. Band CISG (Bearbeitung 2018) Art. 3 Rn. 14. Die Cour d'appel de Chambéry 25.5.1993, Rev. Jurispr. Com. 1995, 242 (dazu *Witz/Wolter* RIW 1995, 810 [811]) will allerdings auch sonstige Leistungen des Käufers, konkret: Konstruktionspläne, mitberücksichtigen, das OLG München 3.12.1999, RIW 2000, 712 f. auch die Funktion des Stoffes für die herzustellende Ware.

Dienstleistung überwiegt.[48] Das CISG regelt diese Verträge in Art. 3 Abs. 2 und schließt seine Anwendbarkeit aus, wenn „der überwiegende Teil der Pflichten der Partei, welche die Ware liefert, in der Ausführung von Arbeiten oder anderen Dienstleistungen besteht." Das Überwiegen wird ebenfalls in erster Linie nach dem Wertverhältnis zwischen dem Kaufanteil und dem Anteil kauffremder Leistungen beurteilt.[49] Als weiteres Kriterium kann aber auch das Interesse der Vertragspartner am jeweiligen Leistungsbereich zusätzlich hinzutreten.[50]

c) *„Verbrauchsgüter" und „Waren"*

Eine weitere Beeinflussung der Richtlinien durch das CISG ergibt sich für den Zentralbegriff „Verbrauchsgüter" bzw. „Waren." Die Richtlinien definieren ihn als „bewegliche körperliche Gegenstände".[51] Diese Definition entspricht weitgehend dem Verständnis des Begriffs der „Waren" im CISG,[52] lässt aber doch stärker im Zweifel, ob auch Software als bewegliche körperliche Gegenstände einzuordnen sind. Jedenfalls Standardsoftware, aber auch Software, die zu endgültiger Nutzung übertragen wird, sollte unter die Richtlinien und die Konvention fallen. Wiederum kann dafür die Praxis zum Warenbegriff des CISG ins Feld geführt werden.[53]

---

48 EuGH ECLI:EU:C:2009: 358 (C-300/07, *Hans & Christophorus Oymanns GbR, Orthopädie Schuhtechnik ./. AOK Rheinland/Hamburg*) Rn. 61 (allerdings schrieb bereits Art. 1 Abs. 2 lit. d Unterabs. 2 der Richtlinie 2004/18/EG Entsprechendes vor; doch zog der EuGH auch Art. 1 Abs. 4 Verbrauchsgüterkaufrichtlinie zur Bestätigung heran).

49 S. etwa BGH 7.12.2017, IHR 2018, 65 m. Anm. P. Huber; OLG München 3.12.1999, RIW 2000, 712 (713); Obergericht Zug 19.12.2006, CISG-online Nr. 1427; Tribunale di Padova 10.1.2006, CISG-online Nr. 1157.

50 S. BGH 7.12.2017, IHR 2018, 65 m. Anm. P. Huber; OGH EvBl 2006, 28; OLG Innsbruck CISG-online Nr. 1735; s. auch *Karner/Koziol*, Zur Anwendbarkeit des UN-Kaufrechts bei Werk- und Dienstleistungen. Am Beispiel der Maschinen- und Industrieanlagenlieferungsverträge (2015) 16 f.; *Schlechtriem/Schroeter* Rn. 70; *Ferrari*, in: Schlechtriem/Schwenzer/Schroeter (Hrsg.), Kommentar zum Einheitlichen UN-Kaufrecht – CISG – (6. Aufl. 2013) Art. 3 Rn. 14; Staudinger/*Magnus* Art. 3 Rn. 21.

51 Art. 1 Abs. 2 lit. b der Richtlinie 1999, Art. 2 Nr. 5 lit. a und b Richtlinie 2019.

52 S. etwa OGH ZfRvgl 1995, 79 ff; Handelsgericht Aargau 10.3.2010, CISG-online Nr. 2176; Tribunale di Forli 16.2.2009, CISG-online Nr. 1780; OLG Köln RIW 1994, 970.

53 S. etwa OGH IHR 2005, 195 ff.; OLG Koblenz RIW 1993, 936; Rechtbank Arnhem 28.6.2006, CISG-online Nr. 1265.

Die Warenhandels-Richtlinie von 2019 stellt nun ausdrücklich klar, dass auch „Waren mit digitalen Elementen" erfasst werden.[54]

d) *Ausgeschlossene Gegenstände*

Weitgehend, jedoch nicht ganz identisch sind die Ausschlusstatbestände, mit denen das CISG und die Richtlinien bestimmte Warentransaktionen von ihrem Anwendungsbereich ausschließen. Übereinstimmend werden zwar Zwangsverkäufe oder Verkäufe auf Grund anderer gerichtlicher Maßnahmen sowie der Verkauf von Strom ausgeklammert.[55] Nur das CISG schließt aber auch den Kauf von Schiffen und Luftfahrzeugen sowie von Wertpapieren und Zahlungsmitteln aus;[56] nur die Richtlinie will nicht für Wasser- und Gaslieferungen gelten, soweit sie nicht „in einem begrenzten Volumen oder in einer bestimmten Menge abgefüllt sind."[57] Nach der Richtlinie von 2019 gilt Letzteres jetzt auch für Strom.[58] Die neue Richtlinie erlaubt ferner, dass die Mitgliedstaaten den Verkauf lebender Tiere ausnehmen können, ebenso, wie bisher,[59] auch den öffentlichen Versteigerungskauf gebrauchter Sachen.[60] Im praktischen Ergebnis dürften sich die Unterschiede nur wenig auswirken, da Verbraucher eher selten (größere) Schiffe und Flugzeuge für private Zwecke kaufen. Auch der Kauf von Wertpapieren oder Zahlungsmitteln ist kein typisches Verbrauchergeschäft. Ob Mitgliedstaaten bei der Umsetzung den Verkauf lebender Tiere ausnehmen werden, bleibt abzuwarten.

e) *Fehlerbegriff*

Bekanntlich orientiert sich auch der Fehlerbegriff in Art. 2 der Richtlinie 1999 in erheblichem Maß an jenem des CISG.[61] Zum Teil deckt sich der Wortlaut der beiden Bestimmungen. Die Richtlinie 2019 trennt jetzt zwar äußerlich deutlich zwischen den subjektiven und den objektiven Anforde-

54 Art. 2 Nr. 5 lit. b und Art. 3 Abs. 3 Richtlinie 2019.
55 Art. 1 Abs. 2 lit. b Richtlinie; Art. 2 lit. c und f CISG.
56 Art. 2 lit. d und e CISG.
57 Art. 1 Abs. 2 lit b Richtlinie 1999.
58 Art. 2 Nr. 5 lit. a Richtlinie 2019.
59 Art. 1 Abs. 3 Richtlinie 1999.
60 Art. 3 Abs. 5 lit. a und b Richtlinie 2019.
61 Art. 35 CISG.

rungen an die Vertragsmäßigkeit der Ware.[62] Doch im Kern räumen alle drei Instrumente zunächst dem Parteiwillen den Vorrang ein, wobei die Richtlinie 2019 noch besonderes Augenmerk auf die Vertragsabreden über die Funktionalität, Kompatibilität und Interoperabilität sowie über die Aktualisierung legt, die speziell für Waren mit digitalen Elementen Bedeutung haben.[63] Objektiv muss sich die Ware oder das Gut jedenfalls für die Zwecke eignen, für die gleichartige Gegenstände gewöhnlich gebraucht werden.[64] Ferner müssen Waren/Güter den Mustern oder Proben entsprechen, die der Verkäufer dem Käufer vorgelegt hat,[65] sowie sich für bestimmte Zwecke eignen, die der Käufer dem Verkäufer bei Vertragsschluss zur Kenntnis gebracht hatte, wenn der Verkäufer – so die Richtlinien[66] – dem zugestimmt hatte oder – so das CISG[67] – die überlegene Sachkunde besaß. Nur die Richtlinien enthalten weiter die ausdrückliche Regel, dass der Verbraucher auch Beschaffenheitseigenschaften erwarten darf, die der Verkäufer in der Werbung oder öffentlichen Äußerungen angegeben hat.[68] Nennenswerte praktische Bedeutung hat letztere Bestimmung aber bisher nicht erlangt. Nur die Richtlinien stellen ferner Montagemängel den Sachmängeln ausdrücklich gleich, wenn die Montage Teil des Kaufvertrags war und der Verkäufer sie zu leisten hatte.[69] Ebenso sind Mängel in der Montageanleitung zu bewerten, die zu Sachmängeln führen.[70] Beide Aspekte dürften – und sollten – unter dem CISG nicht anders zu beurteilen sein. Während zunächst nur das CISG eine ausdrückliche Vertragspflicht zu üblicher bzw. angemessener Verpackung vorsah,[71] verlangt das jetzt auch die Richtlinie 2019.[72] Sie wird freilich auch für die Richtlinie 1999 anzunehmen sein, soweit der übliche Verwendungszweck eine Verpackung fordert.

---

62 S. Art. 6 (subjektive Anforderungen, Art. 7 (objektive Anforderungen).

63 Art. 6 lit. a Richtlinie 2019.

64 Art. 2 Abs. 2 lit. c Richtlinie 1999, Art. 7 Abs. 1 lit. a Richtlinie 2019, Art. 35 Abs. 2 lit. a CISG.

65 Art. 2 Abs. 2 lit. a Richtlinie 1999, Art. 7 Abs. 1 lit. b Richtlinie 2019, Art. 35 Abs. 2 lit. c CISG.

66 Art. 2 Abs. 2 lit. b Richtlinie 1999, Art. 6 lit. b Richtlinie 2019, die diese Alternative jetzt aber zu Recht als Teil der subjektiven Anforderungen einordnet.

67 Art. 35 Abs. 2 lit. b CISG.

68 Art. 2 Abs. 2 lit. d iVm Abs. 4 Richtlinie 1999, Art. 7 Abs. 1 lit. d und Abs. 2 Richtlinie 2019.

69 Art. 2 Abs. 5 S. 1 Richtlinie 1999, Art. 8 Richtlinie 2019.

70 Art. 2 Abs. 5 S. 2 Richtlinie 1999, Art. 7 Abs. 1 lit. c Richtlinie 2019.

71 Art. 35 Abs. 2 lit. d CISG.

72 Art. 7 Abs. 1 lit. c Richtlinie 2019.

Kannte der Käufer bei Vertragsschluss die Mängel oder konnte er über sie nicht in Unkenntnis sein (= grobe Fahrlässigkeit), dann entfällt nach der Richtlinie 1999 und dem CISG die Mangelhaftung des Verkäufers.[73] Die Richtlinie 2019 sieht das nur noch bei Kenntnis des Käufers und seiner gesonderten Zustimmung zum Vertragsschluss zu.[74] Sie verbessert damit den Schutz des Verbrauchers.

Wie das CISG[75] regelt die Richtlinie 2019 jetzt auch ausdrücklich Rechtsmängel und stellt sie Sachmängeln gleich,[76] während die Richtlinie 1999 zu diesem Punkt schwieg und eher nur Sachmängel behandelte.

Im Ergebnis ist ein weitgehender Gleichklang der Fehlerbegriffe in den beiden Richtlinien und im CISG zu verzeichnen.

f) Rechtsbehelfe

Wie schon erwähnt, decken sich auch die Rechtsbehelfe von CISG und Richtlinien weitgehend – mit Ausnahme des Anspruchs auf Schadensersatz, den nur das CISG vorsieht, während ihn die Richtlinien ausklammern und dem nationalen Recht überlassen. Besonderen Verbraucherschutz im Vergleich zum CISG enthalten die beiden Richtlinien nur in bescheidenem Maß.

So unterliegt der Verbraucher nach den Richtlinien im Gegensatz zum CISG an sich keiner Rügepflicht. Die Mitgliedstaaten dürfen sie aber einführen, soweit sie dabei einen Mindestrügezeitraum von zwei Monaten einräumen.[77] Das CISG schreibt dagegen, wenn auch dispositiv, eine zügige Untersuchung und eine Rüge binnen angemessener Frist vor (als Dau-

---

73 Art. 2 Abs. 3 Richtlinie 1999, Art. 35 Abs. 3 CISG.

74 Art. 7 Abs. 5 Richtlinie 2019.

75 Art. 41 – 43 CISG; allerdings differenziert das CISG zwischen Rechtsmängeln, die auf (sachenrechtlichen) Ansprüchen Dritter, und solchen, die auf Immaterialgüterrechten Dritter beruhen. Die Richtlinie behandelt beide Arten von Rechtsmängeln gleich.

76 Art. 9 Richtlinie 2019 und Erwägungsgrund 35.

77 Art. 5 Abs. 2 Richtlinie 1999, Art. 12 Richtlinie 2019. Hat der nationale Gesetzgeber – wie z.B. die Niederlande – eine Rügeobliegenheit eingeführt, dann muss der Verbraucher beweisen, dass er rechtzeitig gerügt hat. Die Anforderungen an den Nachweis einer rechtzeitigen und ordnungsgemäßen Rüge dürfen aber nicht so streng sein, dass sie „dem Verbraucher die Ausübung seiner Rechte unmöglich machen oder übermäßig erschweren.“; s. EuGH ECLI:EU:C:2015:357 (C-497/13, *Froukje Faber ./. Autobedrijf Hazet Ochten BV*) Rn. 63 ff.

menregel gilt eine Gesamtfrist von einem Monat),[78] nach deren Versäumung die Mängelrechte entfallen.[79] Allerdings ist auch die Rügeobliegenheit des CISG großzügiger zu handhaben, wenn das CISG ausnahmsweise einen Verbraucherkauf erfasst.[80] Nur die Richtlinie 1999 stellte ferner die grundsätzliche Vermutung auf, dass eine Vertragswidrigkeit schon bei Lieferung bestand, wenn sie in den folgenden sechs Monaten offenbar wurde.[81] Die Richtlinie 2019 verlängert diese Frist – auch für Waren mit digitalen Elementen – auf ein Jahr.[82] Die Mitgliedstaaten können sie sogar bis auf zwei Jahre ausdehnen.[83] Die Stellung des Verbrauchers wird damit wiederum gegenüber der Richtlinie 1999 nicht unwesentlich verbessert. Der Beweis der Vertragswidrigkeit und ihres Offenbarwerdens binnen der Vermutungsfrist obliegt aber weiter dem Verbraucher.[84] Das Gericht hat die Vermutung auch dann zu beachten, wenn sich der Verbraucher nicht ausdrücklich auf sie beruft.[85]

Die Richtlinien sehen eine klare Reihenfolge der Rechtsbehelfe vor: Minderung[86] und Vertragsauflösung kommen erst in Betracht, wenn die Nacherfüllung unmöglich oder unverhältnismäßig ist oder der Verkäufer sie nicht in angemessener Frist oder nur mit erheblichen Unannehmlichkeiten für den Käufer leistet.[87] Nach dem CISG hat der Käufer dagegen grundsätzlich die Wahl zwischen den Behelfen der Nacherfüllung, Minde-

---

78 S. etwa BGHZ 129, 75 (85 f.); BGH TranspR-IHR 2000, 1 m. Anm. *Taschner*; Schlechtriem/Schwenzer/Schroeter/*Schwenzer* Art. 39 Rn. 17; Staudinger/*Magnus* Art. 39 Rn. 49.

79 S. Art. 38 und 39 CISG.

80 S. Commentary on the Draft Convention on Contracts for the International Sale of Goods, prepared by the Secretariat (of UNCITRAL), UN Doc.A/Conf 97/5, Art. 1 Bem. 14; *Magnus*, in: FS Siehr 425 f.; s. auch OGH 16.12.2015, IHR 2016, 58.

81 Art. 5 Abs. 3 Richtlinie 1999.

82 Art. 11 Abs. 1 Richtlinie 2019.

83 Art. 11 Abs. 2 Richtlinie 2019.

84 EuGH ECLI:EU:C:2015:357 (C-497/13, *Froukje Faber ./. Autobedrijf Hazet Ochten BV*) Rn. 70 f.

85 EuGH ECLI:EU:C:2015:357 (C-497/13, *Froukje Faber ./. Autobedrijf Hazet Ochten BV*) Rn. 55.

86 Die Minderung darf auch nicht durch Regeln des Prozessrechts praktisch ausgeschlossen werden: s. EuGH ECLI:EU:C:2013:637 (C-32/12, *Soledad Duarte Hueros ./. Autociba SA und Automóviles Citroen Espana SA*) Rn. 43.

87 Art. 3 Abs. 3 und 5 Richtlinie 1999, Art. 13 Richtlinie 2019; s. auch EuGH ECLI: EU:C:2011:396 (C-65/09 und C-87/09, *Gebr. Weber GmbH ./. Jürgen Wittmer; Ingrid Putz ./. Medianess Electronics GmbH*) Rn. 72; GA Wahl ECLI: EU: C: 2019:22 (C-52/18, *Christian Fülla ./. Toolport GmbH*) Rn. 90.

rung oder Vertragsaufhebung (sowie Schadensersatz).[88] Allerdings kann ihm der Verkäufer durch schnelle und für den Käufer unproblematische Nacherfüllung dieses Wahlrecht aus der Hand schlagen.[89]

Die Richtlinien und das CISG schränken die Möglichkeit der Vertragsauflösung zudem deutlich ein. Die drei Instrumente betrachten die Vertragsbeendigung als „letztes Mittel“[90] oder „ultima ratio“[91] und geben der Vertragsdurchführung den Vorzug, jedoch nach unterschiedlichen Kriterien. Die Richtlinien erlauben die Vertragsauflösung nicht bei geringfügigen Vertragswidrigkeiten – und nur, sofern eine Nacherfüllung ausscheidet;[92] das CISG lässt die Vertragsaufhebung – und im Gegensatz zur Richtlinie auch die Ersatzlieferung[93] – dagegen ohne anderslautende Abrede allein bei einer wesentlichen Vertragsverletzung zu.[94] Die Lieferung vertragswidriger Ware stellt nach dem CISG aber in der Regel nur dann eine wesentliche Vertragsverletzung dar, wenn die Ware praktisch unbrauchbar und auch nicht rasch reparabel ist.[95] Das CISG gewährt die Vertragsauflösung, die bei den vom CISG erfassten internationalen Transaktionen für den Verkäufer gewöhnlich sehr belastend ist, damit nur unter engeren Voraussetzungen als die Richtlinien, deren großzügigere Zulassung der Vertragsaufhebung sich aber aus Gründen des Verbraucherschutzes rechtfertigt.

Die drei Instrumente stimmen ferner darin überein, dass der Verkäufer alle Kosten einer Nacherfüllung zu tragen hat.[96] Nach den Richtlinien muss der Käufer aber bei Ersatzlieferung als Rechtsbehelf keinen Werter-

---

88 Art. 46, 49, 50 und 45 Abs. 1 lit. b CISG.

89 S. Art. 48, 50 S. 2 CISG.

90 So für die Richtlinie 1999: GA Wahl ECLI:EU:C:2019:22 (C-52/18, *Christian Fülla ./. Toolport GmbH*) Rn. 90.

91 So für das CISG: BGH IHR 2015, 8 Rn. 24; BGHZ 132, 290; OGH IHR 2016, 58 (60); BG IHR 2010, 27 (28).

92 Art. 3 Abs. 6 der Richtlinie 1999, Art. 13 Abs. 5 Richtlinie 2019 (wonach nunmehr den Verkäufer die Beweislast für die Geringfügigkeit trifft).

93 S. Art. 46 Abs. 2 CISG.

94 Art. 49 CISG.

95 S. etwa BGHZ 132, 290; BG SZIER 1999, 179; OGH IHR 2016, 58. S. mit weiteren Nachweisen *Staudinger/Magnus* Art. 49 Rn. 14 ff.

96 S. Art. 14 Abs. 1 – 3 Richtlinie 2019; damit wird die Rechtsprechung des EuGH zur Richtlinie 1999 kodifiziert: s. EuGH ECLI:EU:C:2008:231 (C-404/06, *Quelle AG ./. Bundesverband der Verbraucherzentralen und Verbraucherverbände*); auch für den ggfs. nötigen Aus- und Einbau, wobei der Anspruch des Verbrauchers auf die Übernahme der Kosten durch den Verkäufer auf einen angemessenen Betrag begrenzt werden darf: EuGH ECLI: EU: C: 2011:396 (C-65/09 und C-87/09, *Gebr. Weber GmbH ./. Jürgen Wittmer; Ingrid Putz ./. Medianess Electronics GmbH*); Art. 14

satz dafür leisten, dass er die mangelhafte Sache zeitweilig genutzt hat,[97] während er nach dem CISG hierfür Ausgleich schuldet.[98]

Schließlich sehen die drei Instrumente eine grundsätzliche Haftungsdauer von zwei Jahren vor: die Richtlinien als zwingende Mindestfrist[99] mit der Möglichkeit für die Mitgliedstaaten, sie zu verlängern[100] und den Vertragsparteien zu gestatten, sie für den Kauf gebrauchter Sachen auf ein Jahr herabzusetzen;[101] das CISG schreibt die Haftungsdauer von zwei Jahren dagegen nur dispositiv vor.[102]

g) *Bewertung*

Die Vorschriften der Richtlinien zeigen eine erstaunlich weite Übereinstimmung mit den jeweils entsprechenden Bestimmungen des CISG. Ferner sucht der EuGH in der Auslegung der Richtlinie, soweit wie möglich, den Gleichklang mit dem CISG zu wahren. Der besondere Verbraucherschutz, den die Richtlinien auf hohem Niveau sichern wollen,[103] geht nur in begrenztem Maß über die Rechte hinaus, die ein Käufer nach dem CISG hat. Noch der stärkste Unterschied besteht dann, wenn der nationale Gesetzgeber davon absieht, eine Rügeobliegenheit für Verbraucher einzuführen. Ferner gewähren die beiden Verbraucherkaufrichtlinien dem Verbraucher die Ersatzlieferung und die Vertragsaufhebung leichter, als dies das CISG für den professionellen internationalen Käufer vorsieht. Die Richtlinie von 2019 entfernt sich zwar im Wortlaut stärker vom Text des CISG, insbesondere, soweit sie Regeln über Waren mit digitalen Elemen-

---

Abs. 3 Richtlinie 2019 sieht jedoch keine Angemessenheitsschranke bei nötigem Aus- und Wiedereinbau vor; zum CISG OLG Hamm NJW-RR 1996, 179 (180); BeckOGK/*Hartmann* Art. 46 CISG Rn. 27, 49, 65; Staudinger/*Magnus* Art. 46 CISG Rn. 29.

97 EuGH ECLI:EU:C:2008:231 (C-404/06, *Quelle AG ./. Bundesverband der Verbraucherzentralen und Verbraucherverbände*) zur Richtlinie 1999 und jetzt ausdrücklich Art. 14 Abs. 4 Richtlinie 2019: „Der Verbraucher ist nicht verpflichtet, für die normale Verwendung der ersetzten Waren in der Zeit vor ihrer Ersetzung zu zahlen."

98 Art. 84 Abs. 2 CISG.

99 Art. 5 Abs. 1 iVm Art. 7 Abs. 1 Unterabs. 1 Richtlinie 1999, Art. 10 Abs. 1 und 2 Richtlinie 2019.

100 Art. 8 Abs. 2 Richtlinie 1999, Art. 10 Abs. 3 Richtlinie 2019.

101 Art. 7 Abs. 1 Unterabs. 2 Richtlinie 1999, Art. 10 Abs. 6 Richtlinie 2019.

102 Art. 39 Abs. 2 CISG (Ausschlussfrist).

103 S. Erwägungsgrund 1 Richtlinie 1999, Art. 1 Richtlinie 2019.

ten enthält. Sachlich bleibt sie aber mit der grundsätzlichen Übernahme der Regelung der Richtlinie 1999 deutlich auf den Spuren des CISG, ja schließt etwa mit der Bestimmung über Rechtsmängel eine Lücke, die die Richtlinie 1999 im Gegensatz zum CISG noch gelassen hatte.

2. *CESL*

Zeitweilig plante die EU ein Gemeinsames Europäisches Kaufrecht und hatte es bis zu einem Verordnungsentwurf vorbereitet,[104] der sowohl den Verbraucher- als auch den Handelskauf erfassen sollte. Der Entwurf war das Restprodukt des einst mit großen Erwartungen gestarteten Common Frame of Reference (DCFR), der seinerseits die Grundlage zu einem möglichen Europäischen Gesetzbuch des bürgerlichen Vermögensrechts hätte schaffen können.[105] In der Tat finden sich in dem Entwurf des Gemeinsamen Europäischen Kaufrechts viele Spuren des CISG. Freilich lohnt es sich nicht mehr, ihnen hier nochmals nachzugehen.[106] Denn die EU hat das Projekt bereits 2015 aufgegeben. Und es fragt sich auch in der Rückschau, ob es wirklich überzeugende Gründe gab,[107] für die EU ein weiteres, dem CISG sehr ähnliches Kaufrecht zu schaffen, das zudem nur bei seiner Wahl durch die Vertragsparteien gelten sollte. Das Beispiel Großbritanniens mit dem Vorgänger des CISG, der in der Praxis im Vereinigten Königreich nie

104 Vorschlag für eine Verordnung des Europäischen Parlaments und des Rates über ein Gemeinsames Europäisches Kaufrecht vom 11.10.2011 (KOM (2011) 635 endg.).

105 S. von Bar/Clive/Schulte-Nölke (eds.), Principles, Definitions and Model Rules of European Private Law; Draft Common Frame of Reference (DCFR) (2009).

106 S. dazu *Magnus*, The Roots and Traces of the CISG in the Draft of the Common European Sales Law, in: Schwenzer/Spagnolo (eds.), Boundaries and Intersections. 5th Annual MAA Schlechtriem CISG Conference (2015) 1 ff.

107 In der Begründung zum Verordnungsvorschlag wurde ausgeführt, dass das CISG wichtige Sachverhalte wie „Einigungsmängel, unlautere Vertragsklauseln und Verjährung" nicht regele, dass es nicht in allen EU-Staaten gelte und dass „keine Vorkehrungen zu seiner einheitlichen Auslegung getroffen" worden seien (KOM (2011) 635 endg., S. 6). Diese Einwände sollten allerdings nicht überschätzt werden. Denn Einigungsmängel, unlautere Vertragsklauseln und Verjährung spielen in der Gerichtspraxis zum CISG nur eine sehr untergeordnete Rolle; die einheitliche Auslegung wird durch den UNCITRAL Digest zum CISG sowie die internationalen Datenbanken CLOUT, cisg.pace und CISG-online durchaus nachhaltig gefördert. Ferner hätte die EU darauf hinwirken können, dass alle Mitglieder das CISG ratifizieren.

angewendet wurde, mahnt für solche optionalen Regelungen, deren Wahl den privaten Parteien überlassen wird, sicherlich zur Vorsicht.[108]

3. *Richtlinien für den digitalen Kauf*

Wie schon erwähnt, hat die EU im Mai 2019 zwei Richtlinien zum digitalen Binnenmarkt erlassen, die auch Kaufgeschäfte – freilich nur von Verbrauchern mit Händlern – erfassen.[109] Ursprünglich sollten beide Richtlinien die Verbrauchsgüterkaufrichtlinie nur ergänzen. Die Richtlinie über den Warenhandel, die die Verbrauchsgüterkaufrichtlinie von 1999 ab 2022 ersetzt,[110] Ist schon durchgehend miterörtert worden. Doch auch die Richtlinie über bestimmte vertragsrechtliche Aspekte der Bereitstellung digitaler Inhalte und Dienstleistungen orientiert sich, in gleicher Weise wie die Warenhandelsrichtlinie, an der Grundstruktur und dem Haftungsmodell der Verbrauchsgüterkaufrichtlinie. Die Regelungen der Digitalrichtlinie folgen parallel jenen der Warenhandelsrichtlinie, freilich jeweils bezogen auf digitale Inhalte und Dienstleistungen. Beide Richtlinien tragen deshalb auch dieselben CISG-Spuren wie die als Basis dienende Verbrauchsgüterkaufrichtlinie.

IV. *CISG und weiteres Europäisches Privatrecht*

1. *Reiserecht*

Spuren des CISG lassen sich auch im europäischen Pauschalreiserecht erkennen. Die frühere[111] und auch die jetzige Pauschalreise-Richtlinie[112] fol-

---

108 In Großbritannien gilt noch heute der Vorgänger des CISG, das Haager Einheitliche Kaufrecht von 1964, allerdings nur, wenn die Parteien es wählen. In den Jahrzehnten seiner Geltung ist kein einziger Anwendungsfall publik oder gerichtskundig geworden.

109 S. oben unter III.

110 Art. 24 dieser Richtlinie.

111 Richtlinie 90/314/EWG des Rates vom 13.6.1990 über Pauschalreisen (ABl. 1990 L 158, S. 59).

112 Richtlinie (EU) 2015/2302 des Europäischen Parlaments und des Rates vom 25.11.2015 über Pauschalreisen und verbundene Reiseleistungen, zur Änderung der Verordnung (EG) Nr. 2006/2004 und der Richtlinie 2011/83/EU des Europäischen Parlaments und des Rates sowie zur Aufhebung der Richtlinie 90/314/EWG des Rates (ABl. 2015 L 326, S. 1).

gen dem Haftungsmodell des CISG einer verschuldensunabhängigen Haftung des Reiseveranstalters – auch auf Schadensersatz –, soweit nicht Umstände außerhalb der Kontrolle des Veranstalters die Erfüllung verhindern.[113]

2. *Sonstiges Verbraucherrecht*

Es zeigen sich in zahlreichen Regelungen im Übrigen europäischen Verbraucherrecht Lösungen, die jenen des CISG entsprechen oder jedenfalls in gewissem Maß von ihm inspiriert sind. Hier seien nur wenige Beispiele erwähnt. So sieht etwa Art. 18 der Verbraucherrechte-Richtlinie[114] vor, dass der Verbraucher dem Unternehmer, der Waren zum vereinbarten oder gesetzlichen Liefertermin nicht geliefert hat, eine (angemessene) Nachfrist setzen kann. Nach erfolglosem Ablauf der Nachfrist kann der Verbraucher vom Vertrag zurücktreten. Diese Regelung findet sich übereinstimmend – und ebenfalls auf den Fall der Nichtlieferung beschränkt – in Art. 49 Abs. 1 lit. b iVm Art. 47 CISG. Auch die Regel in Art. 20 S. 2 der Verbraucherrechte-Richtlinie, dass das Risiko auf den Verbraucher übergeht, wenn die Ware dem – vom Verbraucher beauftragten und vom Unternehmer nicht angebotenen – Beförderer übergeben wird, entspricht weitgehend der Grundregel des CISG zum Gefahrübergang, die in Art. 67 Abs. 1 CISG verankert ist. Die Regel der Zahlungsverzugs-Richtlinie,[115] dass der Verzug bei Nichtzahlung einer fälligen Forderung und vertragstreuem Gläubiger ohne Mahnung eintritt (Art. 3 Abs. 1), ist ebenso in Art. 59 CISG enthalten. Das grundsätzliche Haftungsmodell des CISG, das eine verschuldensunabhängige Haftung für Schäden aus einer Vertragspflichtverletzung sowie eine Entlastung bei unvorhersehbaren und unver-

---

113 S. Art. 4 Abs. 6 lit b) ii), Art. 5 Abs. 2 RL 90/314/EWG; Art. 14 Abs. 2 und 3, Art. 21 jeweils iVm Art. 3 Nr. 12 RL 2015/2302/EU.

114 Richtlinie (EU) 2011/83 des Europäischen Parlaments und des Rates vom 25.10.2011 über die Rechte der Verbraucher, zur Abänderung der Richtlinie 93/13/EWG des Rates und der Richtlinie 1999/44/EG des Europäischen Parlaments und des Rates sowie zur Aufhebung der Richtlinie 85/577/EWG des Rates und der Richtlinie 97/7/EG des Europäischen Parlaments und des Rates (ABl. 2011 L 304, S. 64).

115 Richtlinie (EU) 2011/7 des Europäischen Parlaments und des Rates vom 16.2.2011 zur Bekämpfung von Zahlungsverzug im Geschäftsverkehr (ABl. 2011 L 48, S. 1).

meidbaren Hinderungsgründen vorsieht, liegt auch der Zahlungsdienste-Richtlinie[116] zugrunde.[117]

Das CISG durchwirkt damit auch jenes europäische Vertragsrecht, das andere als Kaufverträge regelt.

3. *Einfluss auf Soft Law*

Eine primäre Inspirationsquelle war das CISG bekanntlich ferner für die beiden wichtigsten soft law-Regelwerke: die Principles of European Contract Law (auch PECL oder Lando-Principles)[118] und die von UNIDROIT geschaffenen Principles of International Commercial Contracts (PICC).[119] Es lässt sich ohne Übertreibung sagen, dass die PECL das CISG für alle ‚normalen' Verträge generalisiert haben, nämlich für alle Verträge, die weder Handels- noch Verbraucherverträge sind – also Verträge zwischen Privaten. Die PICC haben dasselbe für internationale Handelsverträge jeder Art getan. Die jeweiligen Abweichungen von den Lösungen des CISG halten sich dabei sehr in Grenzen. Beide Instrumente sehen aber auch Regeln für Institute des allgemeinen Vertragsrechts wie etwa Abtretung, Aufrechnung, Verjährung vor, die das CISG nicht enthält.

V. *Folgerungen*

Insgesamt stellt sich das CISG als eine einflussreiche, wenn nicht die einflussreichste Quelle für Regeln des Europäischen Privatrechts im Bereich des Vertragsrechts dar. Es bildet einen fruchtbaren Urboden für europäische Entwicklungen im Vertrags- und allgemeinen Schuldrecht. Der EuGH zieht die Kaufrechtskonvention zudem zur Auslegung vergleichbarer Regeln im Gemeinschaftsrecht heran. Begriffe und Konzepte im Gemeinschaftsrecht werden nach Möglichkeit in Übereinstimmung mit ihrem Pendant im Einheitsrecht interpretiert. Dabei nimmt das durch Pra-

---

116 Richtlinie (EG) 2007/64 des Europäischen Parlaments und des Rates vom 13.11.2007 über Zahlungsdienste im Binnenmarkt, zur Änderung der Richtlinien 97/7/EG, 2002/65/EG, 2005/60/EG und 2006/48/EG sowie zur Aufhebung der Richtlinie 97/5/EG (ABl. 2007 L 319, S. 1).

117 S. Art. 74 ff. und Art. 78 dieser Richtlinie.

118 Abgedruckt in Schulze/Zimmermann (Hrsg.), Europäisches Privatrecht. Basistexte III.10 und III.11.

119 Abgedruckt in Schulze/Zimmermann (Hrsg.) aaO. III.35.

xis und Lehre schon vorgebahnte Verständnis des CISG eine gewisse Vorreiterstellung ein, die die Auslegung des Gemeinschaftsrechts beeinflusst. Diese Ausstrahlungswirkung des globalen Einheitsrechts auf das regionale Gemeinschaftsrecht ist zu begrüßen und zu unterstützen. Ihr sollte auch künftig gefolgt werden.

Towards an Optimal Conflict Rule for Assignment

H.L.E. Verhagen[*]

I. Introduction

The TMR-Network "Common Principles of European Private Law" directed by Reiner Schulze has led to many fruitful scientific collaborations and a wealth of publications. Among these publications is a small book that Axel Flessner (Humboldt University, Berlin) and I (Radboud University, Nijmegen) published in 2006 on Assignment in EU private international law.[1] The main impetus for writing this book was the conflict rule for assignment included in the European Commission's proposal for the Rome I Regulation.[2] We argued that the conflict rule referring assignment to the law of the assignor's residence, as Article 13(3) of this proposal did, cannot come up to the standard of a conflict rule allowing party autonomy. In the end, Article 13(3) of the proposal was not taken up in Rome I, so that the proprietary effects of assignments are – as the Court of Justice has now ruled - currently outside the scope of Article 14 Rome I.[3] History now repeats itself. In 2018 the Commission published a *Proposal for a Regulation of the European Parliament and of the Council on the law applicable to the third-party effects of assignments of claims* (hereafter, the 'Commission Proposal').[4] In this Commission Proposal the law of the assignor's residence returns as the principal rule for the transfer of claims by way of assignment. Since the arguments raised in favour and against this conflict rule and its alternatives have not changed, my original intention was to now remain silent on the subject. However, in particular a recent challenging article by Peter Mankowski published in NIPR triggered a desire to return

* Rick would like to thank Axel Flessner, Frank Graaf, Pietro Ortolani and Ben Schuijling for their valuable comments.

1 *Flessner/Verhagen*, Assignment in European Private International Law, München, 2006. In this publication one will find elaborate reviews of the solutions that have been proposed in literature on assignment in EU private international law.

2 COM (2005) 650 of 15 December 2005.

3 CJEU 9-10-2019, Case C-548/18, ECLI:EU:C:2019:848.

4 COM (2018) 96 final.

once more to this interesting and practically relevant subject.[5] In this paper I shall repeat the arguments that Flessner and I brought forward in 2006 against the conflict rule proposed by the Commission and in favour of a conflict rule based on party autonomy and adapt them to the new Commission Proposal.[6] The conclusion will be the same as in 2006: only a conflict rule based on party autonomy will provide the optimum solution for cross-border assignments and the European Union should not settle for less.

II. Advantages of party autonomy

The principle of party autonomy is referred to in the Rome I Regulation as 'one of the cornerstones' of the system of European private international law in contractual matters.[7] Party autonomy not only flourishes in its natural habitat – contract – it has migrated (albeit often in constrained form) to originally hostile environments, such as tort, unjust enrichment and other non-contractual obligations and also to family law (alimony) and inheritance law.[8] There is even a decision from a EU Member State supreme court concerning assignment in which party autonomy played a leading

---

5 *Mankowski*, 'Proprietary aspects of assignments of claims in private international law', 36. Nederlands Internationaal Privaatrecht (NIPR) 2018, p. 26.

6 The present paper contains adaptations from *Verhagen*, 'Assignment in the Commission's "Rome I proposal"', (LMCLQ) Lloyd's Maritime and Commercial Law Quarterly 2006, p. 270; *Verhagen/van Dongen*, 'Cross-border Assignments under Rome I', p. 6. JPIL (Journal of Private International Law) 2010, p. 1; *Verhagen*, Party Autonomy and Assignment, in: R. Westrik & J. van der Weide (eds.), Party Autonomy in International Property Law (München: Sellier European Law Publishers 2012), p. (207). A more elaborate version of this paper will be published in the Journal of European Private Law (2020).

7 Regulation 593/2008 on the law applicable to contractual obligations ('Rome I'), recital (12).

8 Art. 14 of Regulation 864/2007 on the law applicable to non-contractual obligations (Rome II), [2007] OJ L 199/40; Art. 15 of Regulation 4/2009 on jurisdiction, applicable law, recognition and enforcement of decisions and cooperation in matters relating to maintenance obligations, referring to Art. 7 and 8 of the Hague Protocol of 2007; Art. 22 of Regulation (EU) 650/2012 of the European Parliament and of the Council of 4 July 2012 on jurisdiction, applicable law, recognition and enforcement of decisions and acceptance and enforcement of authentic instruments in matters of succession and on the creation of a European Certificate of Succession.

role. In the *Hansa* case[9] party autonomy was used by the Dutch *Hoge Raad* as a powerful argument for finding that the governing law of the assignment in that case should be referred to Article 12(1) of the Rome Convention (being the law governing the contract between assignor and assignee).[10] The *Hoge Raad* indicated that to hold otherwise would be to go against a trend in favour of the principle of party autonomy, as can be discerned in Article 3 of the Rome Convention and in other areas of private international law, such as various Hague Conventions and, for assignment in particular, Article 145(1) of the Swiss IPRG.[11]

A solution based upon party autonomy has considerable practical advantages, which are well-known and need only be briefly repeated here.[12] This solution aligns well with trends in the substantive laws of the Member States, facilitating large-scale assignments of contractual claims in commercial or financial transactions. It will provide the parties with certainty as to the law governing the assignment. It accomplishes the parties' reasonable wish to have all the assignment(s) governed by the same law, and it allows the parties to ensure that the assignment is recognised in third countries by selecting the laws applicable under the conflict rules of those jurisdictions. This rule is likely to be consistent with the fundamental freedoms of EU law, as it will enable credit institutions and factoring companies to continue to follow their business practices in cross-border transactions.[13]

But once it threatens to invade the law of property, party autonomy is still perceived as a very dangerous element. Party autonomy is regarded by many as anathema, due to the belief that it would enable the parties to

---

9 *Hoge Raad* 16 May 1997, *NJ (Nederlandse Jurisprudentie)* 1998/585, *Brandsma-Hansa Chemie AG*. Case notes in English by: M.E. Koppenol-Laforce, *NIPR* 1998, p. (129); *Joustra*, IPRax (Praxis des Internationalen Privat- und Verfahrensrecht) 1999, p. (280).

10 1980 Rome Convention on the law applicable to contractual obligations (consolidated version). Art. 12 of the Rome Convention is the predecessor of Art. 14 of the Rome I Regulation.

11 *Bundesgesetz über das Internationale Privatrecht vom 18. Dezember 1987 (IPRG).*

12 See *Flessner/Verhagen*, Assignment in European Private International Law, p. 21, 67-70; *Verhagen/van Dongen*, JPIL 2010, p. 17-19.

13 *Flessner*, 'Friktionen zwischen der internationalen und der europäischen Vereinheitlichung des Privatrechts', in: Die richtige Ordnung. Festschrift für Jan Kropholler zum 70. Geburtstag (Tübingen: Mohr Siebeck 2008), p. (23) at p. 33-35, where he argues that the mandatory reference to the assignor's residence law is directly incompatible with EU (then EC) law.

choose a particular law in order to adversely affect the rights of third parties. Thus Mankowski observes:

> 'Heralding and cherishing party autonomy reaches its limits of legitimacy where party autonomy would detrimentally affect non-parties. Reverting to Article 14(1) Rome I would allow assignor and assignee to choose the applicable law with erga omnes effect, because Article 14(1) Rome I in turn refers primarily to Article 3 Rome I and party autonomy. This would mar the adored and well-established adage 'acta inter alios acta aliis nec nocent nec prosunt'.'[14]

This has been called the 'knockout argument' (*Totschlagargument*) and many believe rightly so.[15] However, not only in the laws of property, tort (e.g. third-party effect of exemption clauses) and agency (e.g. indirect agency), but also within the law of contract itself (e.g. contractual networks) the adage is subject to many exceptions.[16] Only after the relevant non-parties have been identified *and* it has been carefully examined how their interests precisely would be affected by allowing party autonomy is it possible to assess the true value of this criticism.

III. Party autonomy and property law

1. Substantive issues

What are the issues in the substantive laws on assignment that could have an impact on a conflict rule for assignment? Broadly, we can see that there are three important issues on which substantive laws of assignment diverge. First, in some legal systems *notification* to the debtor of the assigned receivable not only serves to inform that debtor that assignment has taken place, but importantly is also an essential requirement for the assignment itself. Secondly, in some jurisdictions the protection of *bona fide assignees*

---

14 *Mankowski*, NIPR 2018, p. 37-38.

15 *Verhagen*, in Party Autonomy in International Property Law, p. 190, referring to an intervention by Flessner at the 2010 Rotterdam conference on Party Autonomy in International Property Law.

16 For a careful analysis of party autonomy in the law of property, see *Struycken*, 'The Numerus Clausus and Party Autonomy in the Law of Property', in R. Westrik & J. van der Weide (eds.), Party Autonomy in International Property Law, p. (59). For 'groups of contracts', see Samoy /Loos (eds.), Linked Contracts (Antwerpen: Intersentia 2012).

against an earlier assignment by the same assignor is based on notification to the debtor. Thirdly, the laws of some states do not allow *security* assignments: security over claims must be created in the form of a charge (pledge). In addition there is the requirement, existing in some jurisdictions (e.g. the United Kingdom), that assignments, or certain (security) assignments, must be filed in a public register. In this subsection I shall first examine whether the first three substantive issues need to have an impact on the treatment of assignment at the level of private international law, particularly concerning the desirability of allowing party autonomy in this area. In the next subsection I will discuss public filing and other aspects of the third-party effects of assignment.

2. *Notification*

At the outset, I would like to emphasise that as far as notification serves to inform the debtor of the assigned claim or has an impact on his ability to invoke set-off and other defences against the assignee, it is widely accepted that the debtor should be able to rely on the proper law of the assigned claim. This is reflected in Article 14(2) Rome I, which provides that the law governing the assigned claim determines the conditions under which the assignment can be invoked against the debtor and whether the debtor's obligations have been discharged. The assigned debtor is therefore adequately protected under the present version of Article 14 Rome I and need not further concern us here. The Commission Proposal takes the same position.

Let us now turn to the function of notification in the law of property. While in many jurisdictions (e.g. Germany: § 398 BGB) notification to the debtor is not required in order to transfer a claim by way of assignment, this is not the case for every jurisdiction. Thus the former Article 1690 of the French *Code civil* required that the assignor or the assignee formally notified the debtor of the assignment via a bailiff (*huissier*).[17] Unless this condition was fulfilled, the assignment could not be invoked against third parties (*tiers*). The word '*tiers*' in the former Article 1690 *Code civil* included not only the debtor but also the creditors of the assignor or subsequent assignees. However, the substantive laws of many European jurisdictions (including France) have been changed in recent decades in order to adapt

17 Alternatively the assignment was acknowledged by the assigned debtor by way of an 'authentic' deed.

to the new commercial reality that claims are assigned on a large scale, within the framework of transactions such as factoring and securitisation. In current Belgian and Dutch law, and now also in French law, assignments can take place on an undisclosed basis and notification only serves to inform the debtor of the assigned claim.[18] It follows that at the level of substantive law the assignment is consensualised: the assignor and the assignee can among themselves decide whether and when a claim transfers. The logical consequence of this for private international law is that here the assignment would also be consensualised, by allowing the assignor and assignee to designate the governing law.

Although there are some jurisdictions where notification still is an essential requirement for the transfer of the claim, this does not mean that party autonomy is a defunct concept in such situations. If anything, the notification requirement would constitute an argument in favour of the law of the assigned debtor's residence being the governing law of the assignment. But this conflict rule must be rejected as being unsuited for many assignment-based cross-border transactions, as it would entail that a bulk assignment of a trade company's international receivables portfolio would have to comply with as many substantive laws as there are countries to which the company distributes its products.[19]

3. *Protection of bona fide assignees*

Although notification is not required for a valid and effective assignment, in some legal systems (e.g. Belgian law, English law) it does fulfil a function for the protection of assignees against other assignments of the same

18 Art. 1690 *Burgerlijk Wetboek* (Belgium); Art. 1323 *Code civil* (France). The 1992 Dutch civil code only recognised disclosed assignments, which had to be notified to the assigned debtor in order to transfer the assigned claim (Art. 3:94 section 1 *Burgerlijk wetboek*). In 2003 the non-disclosed assignment (*stille cessie*) was introduced as an alternative method of assignment, which only requires the execution of a notarial or registered (in a non-public register) deed of assignment (Art. 3:94 section 3 *Burgerlijk Wetboek*).

19 In the same vein, Mance L.J. in *Raffeisen Zentralbank Österreich AG v. Five Star General Trading LLC* [2001] 3 All ER 257, para. 38. This criticism is now also endorsed in French legal writing (where this conflict rule originally attracted much support), see e.g. *Lagarde*, 'Retour sur la loi applicable à l'opposabilité des transferts conventionnels de créances', Mélanges Jacques Béguin (Paris: Litec 2005), p. (425).

claim: the assignee who is the first to give notice has priority.[20] This rule can also be found in Article 11:401(1) PECL and Article III. – 5:121 of the Draft Common Frame of Reference.[21]

The use of a conflict rule based upon party autonomy has been said to lead to a deadlock situation in the case where a receivable has been assigned multiple times and each assignment is governed by a different law. As a result of this a priority conflict is said to arise between the assignees, for which a conflict rule referring assignment to the proper law of the underlying contract between the assignor and the assignee would provide no solution.[22] As Flessner and I have stressed before, this point of criticism is misconceived.[23] The proper law of the second assignment would not only govern the intrinsic validity of that assignment, but also determine whether the second assignee would be protected from the earlier assignment. The principle is exactly the same as with tangible property, where ownership acquired by one person under the original *lex situs* may be defeated by the rights acquired by another person under the rules on bona fide purchases of the new *lex situs*.[24] This is *not* based – as has been suggested – on any 'misunderstanding' that in all legal systems the assignment agreement itself transfers the assigned claims.[25] I am well aware that, for instance, in my own jurisdiction, where the parties have opted for a disclosed assignment (*openbare cessie*), notification is an element of the assignment itself (Article 3:94 section 1 *Burgerlijk Wetboek*) and a claim will only transfer to the assignee after the debtor of the assigned claim has been noti-

20 Dearle v Hall (1828) Russ 1, 38 ER 475; Art. 1690 Belgian BW.

21 Cf. von Bar/Clive (eds.), Principles, Definitions and Model Rules of European Private Law: Draft Common Frame of Reference (DCFR) (Oxford: Oxford University Press 2010).

22 See *Mankowski*, NIPR 2018, p. 35-36 (with further references to authors sharing this criticism in note 59).

23 See *Flessner/Verhagen*, Assignment in European Private International Law, p. 32-36; *Verhagen/van Dongen*, Cross-Border Assignments under Rome I, Journal of Private International Law (JPIL) 6 (2010) 17-18. See further A. *Flessner*, Rechtswahlfreiheit auf Probe – zur Überprüfung von Art 14 der Rom I-Verordnung, Festschrift für Gunther Kühne zum 70. Geburtstag, 2009 706-715, who explains various cases of multiple assignments. See also *Einsele*, 'Die Forderungsabtretung nach der Rom I-Verordnung – Sind ergänzende Regelungen zur Drittwirksamkeit und Priorität zu empfehlen?', 74. RabelsZ 2010, p. (91) at p. 114-115.

24 See *Flessner/Verhagen*, *Assignment in European Private International Law*, p. 33-36.

25 *Labonté*, Forderungsabtretung International, p. 218 footnote 781 (with reference to Selke, WM 2012, 1472).

fied.[26] This can (and must) be taken into account when dealing with multiple assignments. Suppose that the first assignment is a disclosed assignment governed by Dutch law, while the second assignment is a non-disclosed assignment governed by Belgian law. If the first assignee has not yet notified the assigned debtor at the time of the second assignment, the second assignee will not even have to rely on rules of Belgian law protecting bona fide assignees. For, the lack of notification entails that as a matter of Dutch law (the law governing the first assignment) the assignor still owns the assigned claim, so that the second assignee will have acquired it from an owner rather than from a non-owner. Where on the other hand the first assignment has been notified before the second assignment takes place, according to Dutch law the first assignee will have become the owner of the claim, while as a matter of Belgian law the second assignee will not be protected, because the first assignee has first notified the assignment. It is as simple as this: there is no deadlock.

4. *Prohibition of security assignments*

Some legal systems allow security over claims to take the form of a security assignment (e.g. English law and German law), while other legal systems force the parties to use a pledge by outlawing security assignments (e.g. Article 3:84 section 3 *Burgerlijk Wetboek*). One of the characteristics of European systems of private international law is that, by operating with multilateral conflict rules, they demonstrate a large degree of openness towards foreign laws. A fundamental principle is that legal systems are equivalent and that in international transactions there may be good reasons to apply the laws of other jurisdictions, even if these laws are different from the laws of the forum state. I have not been able to identify a compelling reason (such as *ordre public*) why this should be different here. The assigned claims are not the assignor's creditors' property. In a purely *domestic* transaction it is up to the assignor and the assignee (and *not* their creditors) whether and under what conditions security will be created. In an *international* transaction the parties should be able to create security over intangible assets in accordance with the law which they consider to fit for their needs, whether by way of assignment or by way of charge. According to Kieninger, the *Hansa* case is a good example of allowing a contract to the

26 *Verhagen/Rongen*, Cessie. Preadvies voor de Vereniging voor Burgerlijk Recht (Deventer: Kluwer 2000), p. 21-35.

detriment of a third party, in this case the assignor's unsecured creditors. For, by referring the assignment to the proper law of the underlying contract to assign (German law) the *Hoge Raad* allowed receivables to be encumbered in a manner (i.e. by a security assignment) which would not have been possible under Dutch law (which prescribes a pledge).[27] However, if we look more closely at the *Hansa* case, a different picture emerges. In the transaction at issue in the *Hansa* case, virtually the same result as under German law could have been reached under Dutch law by using the so-called "abridged registration procedure".[28] Moreover, in the event of the assignor's insolvency, foreign security assignments are to be assimilated: local insolvency rules are applied by way of analogy to foreign legal institutions which are functionally equivalent. For instance, Article 63a of the Dutch Bankruptcy Act, which imposes a statutory freeze on the enforcement of *pledges*, should also be applied to foreign security *assignments*.[29] In other words, there are sufficient safeguards in the law of insolvency to prevent the parties from evading its restrictions by choosing a different property regime.

IV. Third-party effects

1. Meaning of 'third-party effects'

The conclusion which can be drawn from the foregoing observations is that from the perspective of property law the principle of party autonomy can be recognised. This is not to deny, however, that there are persons other than the assignor and the assignee who have legitimate interests in re-

---

27 *Kieninger*, 'Brussels I, Rome I and Questions Relating to Assignment and Subrogation', in J. Meeusen *et al* (eds.), Enforcement of international contracts in the European Union, Convergence and divergence between Brussels I and Rome I (Antwerp-Oxford-New York: Intersentia 2004), p. 378.

28 The parties periodically register additional short form deeds of pledge containing a generic description of the recently pledged receivables (e.g. "all receivables arising under contracts entered into by the pledgor in Month [x]"), with a cross-reference to the terms and conditions of the original "Master Deed of Pledge". Thus the parties comply with the requirement imposed by Arts. 3:94(3) and 3:239(1) *BW* that in case of non-disclosed assignments/pledges the assigned/pledged claims must either exist at the time of registration or arise under then existing contracts.

29 *Kramer/Verhagen*, Mr. C. Asser's Handleiding tot de beoefening van het Nederlands burgerlijk recht. 10. Internationaal privaatrecht. Deel III: Internationaal vermogensrecht (Deventer: Kluwer 2015), nrs. 366-373.

spect of claims which the law needs to take into account. Sometimes it is the law of property itself which does so, as when bona fide assignees are protected against an earlier assignment. In most cases, however, the interests of other persons are addressed outside the law of property, namely by laws on insolvency, voidable preference (*pauliana*), attachment by individual creditors and sometimes tort. At the level of private international law these laws have their counterparts in special conflict rules, jurisdiction rules and enforcement rules for insolvency, voidable preference, conservatory and execution measures and tort. Perhaps the main reason why so much disagreement and confusion exists on assignment in private international law is that the relevance of these special conflict rules is not always fully recognised. This in turn may be caused by the fact that expressions like 'third-party effects', 'opposability' and 'priority' are too general to provide clear guidance for finding the appropriate conflict rules. These expressions should be broken down to more precise categories: it then becomes apparent that many, if not all, of the objections against allowing party autonomy for the proprietary effects of assignment disappear.

2. *Proprietary effects and third-party effects of assignment*

Article 2(e) of the Commission Proposal defines 'third-party effects' as follows: 'proprietary effects, that is, the right of the assignee to assert his legal title over a claim assigned to him towards other assignees or beneficiaries of the same or functionally equivalent claim, creditors of the assignor and other third parties'. According to recital 38 of the preamble to Rome I 'article 14(1) also applies to the property aspects of an assignment, *as between assignor and assignee* (...)' (emphasis added).[30] As Article 14 Rome I would not be changed by the Commission Proposal, its introduction as positive law would 'lead to a situation under which the proprietary effects of an assignment will be subjected to a split legal regime' (Freitag).[31] Between the

30 In its recent judgment *BGL BNP Paribas SA v TeamBank AG Nürnberg*, the Court of Justice considered that "recital 38 specifies that the term 'relationship' should be strictly limited to those aspects which are directly relevant to the assignment in question." CJEU 9-10-2019, Case C-548/18, ECLI:EU:C:2019:848 at 32.

31 *Freitag*, 'A King without Land – the Assignee under the Commission Proposal for a Regulation on the law applicable to the third-party effects of assignments of claims', http://conflictoflaws.net/2019/a-king-without-land-the-assignee-under-the-commissions-proposal-for-a-regulation-on-the-law-applicable-to-the-third-party-effects-of-assignments-of-claims/.

assignor and the assignee the property aspects would be governed by the law governing the contractual relationship between assignor and assignee, while in respect of third parties they would be governed by either the law of the assignor's residence or the law applicable to the assigned claim. 'It is mandatory that this duplicity of legal regimes is to be avoided for dogmatic as well as for practical reasons', as Freitag rightly observes.[32] In my view, the distinction that should be made is *not* between the *inter partes* property effects and the *erga omnes* property effects. In its country of origin – France – this obsolete distinction has now effectively been abandoned. It is true that Article 1323 *Code civil* still states that 'as between the parties the transfer of the claim is operative on the date of the deed [of assignment]'.[33] However, Article 1323 immediately adds that from that moment (i.e. the execution of the deed of assignment) the transfer is opposable to third parties. In other words, in contrast with the former Articles 1689 and 1690 of the *Code civil*, the *inter partes* proprietary effects and the *erga omnes* proprietary effects now coincide.[34] The appropriate distinction is rather between the proprietary effects of an assignment and the third-party effects thereof.[35] The proprietary effects of assignment essentially concern the requirements for a valid transfer of the assigned claim and the ranking of compet-

32 *Freitag*, 'A King without Land'.

33 Art. 1323 French *Code civil*: *Entre les parties, le transfert de la créance s'opère à la date de l'acte. Il est opposable aux tiers dès ce moment.* See also Art. 1690 Belgian BW. An important difference between the French and Belgian codes concerns multiple assignments of the same claim. Under French law the earliest assignment prevails (Art. 1325): *Le concours entre cessionnaires successifs d'une créance se résout en faveur du premier en date*. Under Belgian law the assignee in good faith who first notified the debtor of the assignment, or whose assignment has first been recognised by the debtor, prevails (Art. 1690): *Si le cédant a cédé les mêmes droits à plusieurs cessionnaires, est préféré celui qui, de bonne foi, peut se prévaloir d'avoir notifié en premier lieu la cession de créance au débiteur ou d'avoir obtenu en premier lieu la reconnaissance de la cession par le débiteur.*

34 Curiously, Hübner suggests – with reference to the now abrogated Articles 1689 and 1690 of the *Code civil* – that the distinction should be given a more prominent place in the Commission's Proposal. An autonomous private international law should be able to capture both conceptions of the transfer of claims. *Hübner*, ZEuP 2019, p. 47-48. That is true, but it does not detract from the desirability of having all the proprietary effects of assignments governed by the same law, if only because between legal systems maintaining differentiation of *inter partes* and *erga omnes* proprietary effects, different demarcation lines may be drawn between these aspects.

35 See also Dickinson's suggestion that the boundaries between Rome I and the draft regulation should be clarified and that the latter 'should refer in its title, and elsewhere, to 'proprietary effects' rather than 'third-party effects'. *Dickinson*,

ing property interests in respect of the same claim. These proprietary effects are the exclusive domain of a conflict rule for assignment, preferably that of Article 14(1) Rome I. The term 'third-party effects' is better reserved for the effects of specific rules pursuant to which a transfer, *which – under the property law designated by Article 14(1) Rome I – is intrinsically valid*, but nevertheless cannot be objected against certain (or all) creditors. Where the interests of third parties are addressed outside the law of property, by laws on insolvency, voidable preference (*pauliana*) and attachment, they are outside the scope of a conflict rule for the proprietary effects of assignment, but within the ambit of special conflict rules for insolvency, voidable preference and conservatory and execution measures taken by individual creditors.

3. *Priority*

In respect of the assignment and charge of claims, there are two types of priority: (1) the question whose right *in rem* prevails in case of multiple dispositions (assignments, charges) of a claim and (2) the distribution of the proceeds of a claim where several creditors claim to have an interest in that claim. The first type of priority, which one could call 'proprietary priority', is within the scope of a conflict rule for assignment. Thus, where registration is an essential element of the transfer of claims by way of assignment itself, it is within the scope of a conflict rule for the proprietary aspects of assignment. Only the second type of priority, which one could call 'distributive priority' is outside the scope of such conflict rule.[36] As to the law governing distributive priority: in insolvency proceedings this is the *lex (fori) concursus*, as follows from Article 7(2)(i) of the Insolvency Regulation.[37] If insolvency proceedings have been opened in respect of the assignor, this law determines how the proceeds of the insolvent debtor's assets (including claims) should be distributed among the insolvency cred-

---

'Tough Assignments: the European Commission's Proposal on the Law Applicable to the Third-Party Effects of Assignments of Claims', IPrax 2018, p. 343.

36 See also *Einsele*, 74. RabelsZ 2010, p. 109–113; *Labonté*, Forderungsabtretung International, p. 241-244.

37 Regulation (EU) 2015/848 of the European Parliament and of the Council of 20 May 2015 on insolvency proceedings (recast). The law governing distributive priority outside insolvency is currently not regulated in EU law. One would expect that most Member States would apply the law of the country where enforcement takes place (*lex loci executionis*).

itors. This is not to say that proprietary priority and distributive priority do not interact. In particular, a creditor's entitlement to the proceeds of a claim may depend on his proprietary priority, for instance where one or more of the bankrupt debtor's claims have been assigned by way of security or charged in favour of one particular creditor. In other words, to the extent that under the law governing the distribution of proceeds a creditor's proprietary interest is relevant, this proprietary interest must be determined in accordance with the conflict rule for the proprietary effects of assignment.

4. Public filing

In the United Kingdom, certain *security* assignments have to be filed in the appropriate public registers in order for the security to be effective against subsequent transferees (including assignees), chargees and garnishees, and in insolvency proceedings commenced in respect of the company granting the security.[38] This applies irrespective of the law governing the proprietary effects of assignments (which in England is the law governing the assigned claim), which demonstrates that public filing does *not* concern the proprietary effects of assignment and is outside the scope of a corresponding conflict rule. As long as the UK is a EU Member State, this is a matter within the scope of the EU Insolvency Regulation. As a consequence of Article 2(9)(viii) and Article 8 thereof, the effects of (lack of) public filing are limited to assigned claims against debtors having their centre of main interests (COMI) also in the UK. The effect of these provisions is that insolvency proceedings opened in one Member State shall not adversely affect the right of creditors with a right *in rem* (including security assignments) in respect of assets situated in another Member State. Accordingly, the insolvency liquidator of the assignor cannot invoke lack of registration against creditors to whom claims on debtors with COMI in another Member State have been assigned by way of security. After 'Brexit' it will depend on the Member States' domestic rules for the recognition of foreign insolvencies whether English rules on public filing can be applied at all. The effects of (lack of) public filing in respect of subsequent assignees, chargees and garnishees is not within the scope of the EU Insolvency Regulation and are – at present – subject to the domestic private international law of the Member States.

38 Part 25 (Company Charges) of the Companies Act 2006.

5. *Interim conclusion*

The 'knockout argument' that party autonomy must be rejected in respect of assignment because this would unjustifiably harm the interests of third parties, proves to be not powerful enough to be a decisive blow. Once the relevant third parties (e.g. bona fide assignees, creditors of the assignor and creditors of the assignee) are identified and their respective interests are assessed against the background of the substantive law issues at stake, it appears that there is no reason to be afraid of party autonomy. From the perspective of property law, it has been established that all of the characteristic issues of assignment in substantive law can be adequately dealt with by a conflict rule allowing the assignor and the assignee to choose the governing law. In so far as the third-party effects *stricto sensu* of assignment (public filing, voidable preference and attachment) and (distributive) priority are concerned, they are outside the scope of a conflict rule for the proprietary effects of assignment and accordingly do not need to be a matter of concern when allowing party autonomy for the proprietary effects of assignment.

V. *Party autonomy in the single market*

Conflict of laws thinking for an internal market is still too much permeated by the idea that conflict rules should be conceived as being mandatory, party autonomy being regarded as an important principle, but in need of special justification. The reverse seems appropriate in Europe. Whenever rules are made with potential relevance to transactions in the internal *free* market, conflict rules such as those for assignment should start with the assumption that they are needed only as default rules, that is, to be applicable when no choice has been made by the parties to the transaction. Only where there are special considerations, such as the protection of structurally weaker parties, should party autonomy be restricted. The mandatory character of conflict rules becomes particularly disturbing when they tie market participants to the law of 'their' territory or any other territory of the entire market area. They then cannot freely move and transact in the market, which is the reverse of what EU law is about. The reference to the assignor's residence is, in this fluid market, a particularly striking example of antimarket, backward thinking. It rather should have to overcome the general presumption that private law rules in a free market should in principle be only default rules.

In practice there are always good and honest reasons for the parties choosing a particular law and cases of manipulation are extremely rare, if they exist at all. The fear that party autonomy would be abused by the contracting parties, which still seems to pervade the views of many contemporary authors, in the past also existed in respect of contracts, but proved to be unfounded there. The same can be established in respect of party autonomy and assignment: in the Netherlands we have more than 20 years of experience with a conflict rule based on party autonomy and there are no indications at all that this decision has led to the frustration of creditors or other unfair results.[39] Besides, even if, in case of multiple assignments of the same claim, the second assignee, aware of an earlier assignment, deliberately chooses a legal system protecting a second assignee, his lack of good faith may be fatal.[40]

If one would nevertheless prefer to reduce the perceived risk that a manipulative choice of law is made, one could provide that the assignor and the assignee shall only be able to choose a law that is connected with the parties or the transaction. This should then be applied liberally. For instance, in the transaction set out in section *VII* below, the foreign subsidiaries of a French parent company assigning their claims to another (French) group company should be enabled to choose French law. Alternatively, one could restrict the range of laws from which the assignor and assignee choose to the laws of the Member States. And if even this is not sufficient to take away the fear of a manipulative choice of law, one could add that it will be subject to the condition that it is not exercised fraudulently. In *Vinyls Italia SpA v Mediterranea di Navigazione SpA* the Court of Justice held that Article 13 (voidable preference)[41] of the Insolvency Regulation (No. 1346/2000) may be validly relied upon, even in respect of purely domestic contracts for which the parties have chosen the law of another Member State.[42] There is, however, one condition: the parties did not

39 The '*Hansa* rule' has been codified in Art. 10:135(2) BW, which strictly speaking does not allow the assignor and assignee to directly choose the law governing the proprietary aspects of assignment. They are governed by the law applicable to the contract pursuant to which the assignment takes place. By making a choice of law for this contract, which could even be a partial choice of law (e.g. specifically for the obligation to assign), the parties themselves determine which law governs the assignment itself.

40 Art. 1690 Belgian BW.

41 Article 18 of the recast Insolvency Regulation.

42 CJEU 08-06-2017, ECLI:EU:C:2017:433.

choose that law 'for abusive or fraudulent ends'. One could subject a choice of law by the assignor and assignee to the same condition.

It should incidentally be noted that the risk that party autonomy may be abused to obtain the application of a favourable substantive law is by no means specific to the debt market: on the contrary, it is much more tangible in other settings as compared to assignment (where the issue seems to remain largely theoretical). More specifically, in international investment law, prominent cases have raised the question whether certain limits should be imposed on the ability of private investors to manipulate their corporate structure in the absence of real territorial links, for the main purposes of obtaining the application of a certain international investment agreement binding the state where the investment is performed.[43] Even in this setting, however, the solutions developed by international investment law never amount to a drastic limitation of the autonomy of private parties. At most, depending on the wording of the invoked treaty, an investor may be denied protection if it does not conduct substantial business activities in the territory of the state of incorporation.[44] It is not hard to see a similarity between this type of corrective mechanism and the general good faith clause that may be invoked as a limit to fraudulent misuses of party autonomy in the selection of the law applicable to a contract. If such a mechanism is deemed sufficient in a field such as international investment law, where treaties may potentially create significant constraints on the regulatory autonomy of the contracting states, it is hard to see why a similar solution should not be sufficient in the case of assignment, where the risks are of a much lesser magnitude.

VI. Party Autonomy in the Commission Proposal

Article 4(3) of the Commission Proposal does recognize party autonomy, but in a very limited way. It provides that for assignments 'in view of a securitisation' the assignor and the assignee may choose the law applicable to the assigned claim as the law applicable to the third-party effects of the as-

43 E.g. *Yukos Universal Limited (Isle of Man) v. The Russian Federation,* UNCITRAL, PCA Case No. AA 227. This comparison with international investment law has been suggested by Pietro Ortolani.

44 See e.g. Art. 1(b)(ii) of the 2018 Dutch Model BIT or Art. 8.1 of the CETA Consolidated Text.

signment.[45] Party autonomy is therefore limited (1) to one type of transactions (securitisations) and (2) to one alternative law (law applicable to assigned claim). Mankowski notices that the discussions about a proper conflict rule took place in the 'Golden Age of Securitisation'. Mankowski remarks that since the financial crisis of 2008 'securitisation has never gained the same momentum and the same volume as it had before 2008'.[46] We are now apparently in the Dark Age (my words). If the intention of these remarks is to downplay the practical importance of securitisations and hence the need for conflict rules adapted to the needs of this type of capital markets transaction they would be ill-conceived. It is true that the volume of securitised claims has not (yet) reached pre-2008 levels, which was (in Europe) in 2018 approximately 30 % of that in 2008. In absolute terms, however, this volume is still substantial: EUR 268.8 bn of securitised product was issued in Europe in 2018 (which is an increase of 13.9 % from EUR 236.0 bn issued in 2017).[47] Under the optimal conflict rule, however, we do not need a separate conflict rule for securitisation transactions.

VII. *Example*

If the main features of the Commission Proposal are not changed, however, it would in any case be highly recommendable to delete the words 'in view of a securitisation' from Article 4(3). There is no good reason at all why assignments taking place pursuant to securitisation agreements should be treated differently to assignments taking place within the framework of other financial or commercial transactions. There are other types of receivables-based transactions, such as covered bond transactions, bulk factoring and whole loan sales, which use securitisation techniques without actually being securitisations. For these other transactions the possibility to structure them in accordance with another law than the law of the assignor's residence should also be present.[48] The result of the suggested

45 The European Parliament, however, apparently sees no need for a special conflict rule for securitisations and proposes to delete Art. 4(3). See P8_TA-PROV(2019)0086.

46 *Mankowski*, NIPR 2018, p. 27.

47 AFME Securitisation Data Snapshot: Q4 2018 and 2018 Full Year. https://www.afme.eu/en/reports/Statistics/securitisation-data-snapshot-q4-2018-and-2018-full-year/

48 The intention of Regulation (EU) 2017/2402 of the European Parliament and of the Council of 12 December 2017 laying down a general framework for securitisa-

deletion would be that for most assignments the same set of conflict rules would apply: the proprietary aspects of assignment are governed by the law of the assignor's residence, unless the assignor and the assignee have chosen the law applicable to the assigned claim.[49] Although a conflict rule allowing the parties to choose the law of the assigned claim is to be much preferred over the solution adopted in Article 4(1) of the Commission Proposal,[50] particularly in relation to securitisations and similar transactions, it would most certainly still not be the optimum. I will try to illustrate this with the following example. A French group of companies wishes to securitise all the trade receivables of the group. The group consists of a parent company (the 'SA') incorporated in France and subsidiaries incorporated in Luxembourg (the 'SaRL'), Germany (the 'GmbH') and the Netherlands (the 'BV'), each having their head office in their places of incorporation. The eligible trade receivables to be securitised (the 'Claims') arise from contracts which each of the group companies has concluded with local customers (the 'Debtors') and are governed by local laws. They will be purchased by a special purpose vehicle (the 'SPV'), which is a subsidiary licensed in France by the French *Autorité de contrôle prudentiel et de résolution* as a specialised credit institution (*établissement de crédit spécialisé*). The Claims will be purchased and assigned pursuant to the so-called '*Loi Dailly*' codified under Articles L. 313-23 to L. 313-34 of the French *code monétaire et financier* (the 'Dailly Law'). Under the Commission Proposal this will *not* be possible. Pursuant to Article 4(1) the assignment by the SA will be governed by French law, the assignment by the SaRL by Luxembourg law, the assignment by the GmbH by German law and the assignment by the BV by Dutch law. Also the possibility to make a choice of law pursuant to Article 4(3) will not enable this, even where this transaction would qualify as a securitisation. The parties can only choose the laws governing the Claims, which again are French, Luxembourg, German and Dutch law respectively. Can anyone explain why in this transaction the foreign subsidiaries of a French parent company should not be able – within the

tion and creating a specific framework for simple, transparent and standardised securitisation is to promote the revitalisation of the European securitisation markets. At present it has precisely the opposite effect.

49 This is the compromise solution advocated by *Verhagen/van Dongen*, JPIL 2010, p. 19-20.

50 For thorough argumentation in favour of the law of the assigned claim, see *Labonté*, Forderungsabtretung International, p. 183-264. From the older literature, see in particular *Steffens*, Overgang van vorderingen en schulden in het Nederlandse internationaal privaatrecht (Deventer: Kluwer 1997) p. 195.

framework of one group transaction – to assign pursuant to the Dailly Law all the group's receivables to a French financial institution? EU private international law should not frustrate the perfectly honest and practical desire of the parties to have all the assignments taking place with the framework of one securitisation transaction governed by one and the same law. The only way to achieve this is to allow the parties to choose the law governing assignment without the limitation of Article 4(3) to the laws governing the assigned claims.

IIX. Conclusion

One of the great challenges for current European private international law is how to adapt conflict rules which were designed for a geographical world to the needs of a world where more and more wealth is stored in non-physical assets (e.g. book-entry securities, cryptocurrencies, CO2-emission rights *and* claims). There can be no doubt that for many of these virtual assets geographical connecting factors will soon have to be replaced with more suitable ones. Introducing a geographical connecting factor for intangible claims would not only be a major step back for all those Member States (e.g. Germany, the Netherlands, Spain, pre-Brexit UK) where currently non-geographical ones apply, it would certainly not be the way forward for the EU's single market for receivables-based financial transactions. Mankowski writes: 'We are not leaving in an ideal world. Sometimes (in fact, not too seldom) one has to settle for a relative optimum since an absolute optimum cannot be reached. This holds true also for the seemingly technical question as to which law applies to the third-party effects of an assignment.'[51] The relative optimum adopted by the Commission is very relative indeed: the only solution which is even worse is a conflict rule referring assignment to the laws of the assigned debtors (which is so bad that it has completely disappeared from the scene). One of the dangers of harmonisation and unification processes taking place within the framework of the EU is that they may result in the codification of the lowest common denominator. This is precisely what is (again) threatening to happen in respect of assignment. The market participants in the European Union deserve more than this. They deserve the absolute optimum. This absolute optimum is not some theoretical construct, but a solution which has been tested and demonstrated its utility in one EU Member State (the Nether-

51 *Mankowski*, NIPR 2018, p. 48.

lands) and one EFTA member (Switzerland) for several decades. It is the law chosen by the assignor and the assignee.

Recognition of Civil Status (Certificates), with Special Attention to Secondary Recognition of Documents Already Recognized in Another Member State

Gerard-René de Groot and David de Groot

I. Introduction

Within Europe, we can witness a constantly increasing mobility of people. This is in particular the case between the Member States of the European Union due to the right of free movement of European citizens.[1] But also some third country nationals enjoy the right to free movement within the European Union, in particular family members of European citizens[2], third country long term residents[3] and Blue card holders.[4] All these migrants want to have their civil status[5] recognized. For that reason, national authorities in the Member States are confronted with numerous foreign civil status certificates, which they have to assess in order to decide whether they can be recognized. Many of these certificates will have been issued by another Member State of the European Union; others will be non-EU civil status certificates. However, some civil status certificates issued in a third country may have been already recognized in another EU Member State.

---

1 Art. 20(2)(a) and 21(1) TFEU.

2 Directive 2004/38/EC of the European Parliament and of the Council of 29 April 2004 on the right of citizens of the Union and their family members to move and reside freely within the territory of the Member States amending Regulation (EEC) No 1612/68 and repealing Directives 64/221/EEC, 68/360/EEC, 72/194/EEC, 73/148/EEC, 75/34/EEC, 75/35/EEC, 90/364/EEC, 90/365/EEC and 93/96/EEC, OJ L 158, 30.4.2004, pp. 77-123.

3 Although their free movement rights are more limited. Directive 2003/109/EC of 25 November 2003 concerning the status of third-country nationals who are long-term residents, OJ L 16, 23.1.2004, pp. 44-53.

4 Council Directive 2009/50/EC of 25 May 2009 on the conditions of entry and residence of third-country nationals for the purposes of highly qualified employment OJ L 155, 18.6.2009, pp. 17–29.

5 In this contribution we define 'civil status' as the legal identity of a natural person - based on his life events - for the state. This includes particularly data on the birth, the name, the nationality, parentage, adoption, marriage, registered partnership, divorce, dissolution and death.

Under which conditions are the authorities of a Member States obligated to recognize foreign civil status certificate? And does it make a difference whether a certificate is issued by another EU Member State or by a third country? In this context, one should realize that not only third country nationals will possess civil status certificates issued outside the European Union, but also numerous European citizens. European citizens may have been born outside the European Union, have been married or divorced there, may have adopted a child in a third country etcetera. All these civil status events will be documented by civil status certificates.

In order to facilitate the recognition of foreign civil status certificates and to harmonize the approaches of the Member States the European Union enacted Regulation EU 2016/1191 of 6 July 2016 on promoting the free movement of citizens by simplifying the requirements for presenting certain public documents in the European Union which came in force on 16 February 2019. As legal basis of this Regulation serves Article 21(2) TFEU (on the free movement rights of EU citizens) in connection with 114 TFEU.[6] This is remarkable, because the regulation applies also for civil status certificates of third country nationals, provided that these documents are issued in an EU Member State. Obviously, the choice for this legal basis is made in order to avoid Article 81 TFEU as legal basis, which would not have allowed adoption by qualified majority (Article 294 TFEU), but would have required to be adopted with unanimity.[7] Furthermore, using Article 81 TFEU would have as consequence that the regulation would not have been applicable for Denmark, whereas it would have opened the possibility of an opt-out for Ireland and the United Kingdom.[8]

Although the legal basis for Regulation 2016/1191 is Article 21(2) TFEU - consequently based on EU citizenship - the Regulation itself makes no reference whatsoever to the nationality of the person to which the document relates. The Regulation does not grant a right to EU citizens as such, since EU citizens who acquired a status in a third country cannot directly benefit from it. The sole requirement for a document to fall within the ambit of the Regulation is that it is issued by the authorities of a Member State and that the document has as a purpose to proof a fact provided in Article 2(1)

---

6 See on this legal basis *Tsouka*, Simplifying the circulation of public documents in the European Union, ELTE Law Journal 2015, 43, 45.

7 See Art. 81 TFEU providing for measures concerning family law to be taken with unanimity. Arguably, civil status documents can be classified as family law matters.

8 However, the relevance for the United Kingdom will be very limited due to Brexit. However, one can argue that the approach of the regulation will be relevant for the recognition of civil status documents issued in the United Kingdom before Brexit.

of the Regulation.[9] Consequently, the Regulation must equally apply to documents issued to a TCN by the authorities of a Member State proving such a fact. The Regulation is also very clear that it only relates to the documents and does not have any effect to their content or the rights attached to this content.

The discussion on the desirability of a regulation on the recognition of foreign civil status documents started in 2010 with the publication of the Green paper '*Less bureaucracy for citizens: promoting free movement of public documents and recognition of the effects of civil status records*'.[10] This quite ambitious Green paper gave a very good picture of all relevant difficulties regarding the recognition of civil status documents. Regrettably, the final text of the regulation addresses only a part of those difficulties and is in our opinion not very innovative.

In this contribution the core rules of this regulation will be critically described. The overall conclusion will be that the approach of the regulation is rather disappointing. The effects of a recognition are rather limited and the recognition of certificates issued by third countries was excluded from the scope of application of the rules of the regulation.

II. The four dimensions of recognition

In respect of the recognition of foreign civil status documents, four aspects have to be distinguished:

1) The issue of authenticity: Is the certificate involved issued by a competent authority?
2) Are there difficulties because of the language in which the document is issued?

---

9 (a) birth; (b) a person being alive;(c) death; (d) name; (e) marriage, including capacity to marry and marital status;(f) divorce, legal separation or marriage annulment; (g) registered partnership, including capacity to enter into a registered partnership and registered partnership status; (h) dissolution of a registered partnership, legal separation or annulment of a registered partnership; (i) parenthood; (j) adoption; (k) domicile and/or residence; (l) nationality; (m) absence of a criminal record, provided that public documents concerning this fact are issued for a citizen of the Union by the authorities of that citizen's Member State of nationality.

10 *European Commission*, Green Paper, Less bureaucracy for citizens: promoting free movement of public documents and recognition of the effects of civil status records, Brussels, 14.12.2010, COM (2010) 747 final.

3) Are there doubts about the truth of the facts mentioned in the certificate?
4) Can the content of the certificate be recognized in all respects (particularly the rights/ legal effects attached to civil status acquired abroad)?

All four aspects were addressed in the 2010 Green paper by raising eleven policy questions. Without any doubt, the most difficult issue is the recognition of rights and legal effects derived from a certificate which would have made it necessary to harmonize or even unify the relevant rules of private international law. But at the end, this dimension of the recognition was kept out of the regulation.[11] The recognition of the legal effects of the document is therefore not regulated.

In the next paragraphs we will discuss the way, how the regulation addresses the other three dimensions of the recognition of foreign certificates of civil status. That will be done in light of already existing approaches chosen in international treaties, EU regulations and case law of the Court of Justice of the European Union. By doing so, the quite modest added value of the new regulation will become rather evident. Special attention will be given to problems arising in respect of the recognition of civil status certificates from third countries which are already recognized in another Member State.

III. Recognition of authenticity

If authorities are confronted with civil status documents issued abroad, first it has to be established whether these documents are genuine or authentic, in particular whether they are issued by a competent authority. Administrative formalities may be necessary to authenticate such public documents, so that they can be used outside the State where they were issued. Traditionally, such authentication used to happen via a legalisation procedure: a public document issued in one State is certified to be genuine or authentic by the consular or diplomatic authorities of the State, in which the document shall be used. The legalisation certifies '*the genuineness of the signature and the capacity of the public official who signed the document, as well as the genuineness of the official seal or affixed stamp.*'[12] This legalisation procedure is cumbersome, time consuming and costly.

11 See on this point also *Tsouka*, ELTE Law Journal 2015, 43, 44.

12 *Hertel*, Legalisation of public documents, in: Basedow e.a. (eds.), Encyclopedia of Private International Law, Cheltenham/ Northampton 2017, p. 1095.

The Hague Legalisation Convention (Convention abolishing the requirement of legalisation for foreign public documents of 5 October 1961[13]) replaces the full legalisation process with the issuance of a so-called apostille[14] (Apostille Certificate). The apostille is issued by an authority of the State which issued the public document. A confirmation of the apostille by the consular or diplomatic representation of the country in which the document will be used is not required.[15]

The Hague Convention includes a model for the apostille with in French the words '*Apostille (Convention de La Haye du 5 octobre 1961)*'.

Many States ratified this Hague Convention, i.a. all Member States of the European Union.[16] When a new Contracting State accedes to this Convention, this will be notified to all other Contracting States. These other States may lodge a declaration, that they do not accept the application of the Convention for public documents issued in the new Contracting State.[17] A State will lodge such a declaration, if authorities have often bad experiences with the lack of authenticity of documents issues in the new Contracting States. However, it is remarkable, that these objections are not coordinated amongst the Member States of the European Union. This may cause problems in respect of the recognition of the authenticity of documents issued by a third country with an apostille, accepted in some Member States but not in others. In order to avoid this difficulty, it would be desirable to realize a common EU approach in respect of the accession of third countries to the Apostille Convention in the future.[18]

An even better facilitation is provided by the Convention on the exemption from legalisation of certain records and documents, initiated by the International Commission of Civil Status (hereinafter: ICCS) conclu-

---

13 527 UNTS 189.

14 The word 'apostille' is derived from the Latin words '*a post* (after) *illa* (these) *verba* (words)'.

15 *Hertel*, in: Basedow e.a. (eds.)., p. 1099.

16 116 Contracting States (as to 31.1.2019). However, the costs of an *apostille* differs considerably between countries. See on that point also, *Tsouka*, ELTE Law Journal 2015, 43.

17 At the moment of writing the notifications of the accession of Guyana and the Philippines are pending.

18 *Tsouka*, ELTE Law Journal 2015, 43, 49 mentions that EU Member States were not willing that the EU would acquire external competence in this field, including the right to accept or reject the accession of third States to this convention or the ICCS treaties. See on the issue of external competence also *Vettorel*, EU regulation no. 2016/1191 and the circulation of public documents between EU member states and third countries, Cuadernos de derecho transnacional 2017, p. 342-351.

ded in Athens on 15 September 1977.[19] This convention prescribes the recognition of the authenticity of *inter alia* civil status certificates provided they are dated, signed and where appropriate issued with seal or stamp of the competent authority. Regrettably, only nine Member States of the European Union ratified this convention.[20] The only third country bound by this convention is Turkey. Consequently, the recognition of the authenticity of Turkish public documents is in nine Member States better facilitated than in the other Member States.

Article 4 of Regulation 2016/1191 of 6 July 2016 (applicable from 16 February 2019) prescribes the dispensation from legalisation or apostille requirements regarding public documents issued in other Member States of the European Union. This is not new, but rather in line with the just mentioned 1977 ICCS-convention. In case of *reasonable doubt* as to authenticity of a document, it is possible to request information via the Internal Market Information System (IMI).[21] However, before doing such a request, models in the repository of the IMI have to be checked. A request has to be lodged via IMI with a scanned copy of the dubious document. The other Member State has to answer within 5-10 days. Art. 14(3) of the Regulation prescribes that '*requests for information […] shall set out the grounds on which they are based*'. In the draft for the Regulation (Art. 7 (3)) it was stressed '*in each individual case. Those grounds shall be directly related to the circumstances of the case and shall not rely on general considerations.*' [22] However, these words were finally deleted.[23] Consequently, it seems to be enough to indicate the grounds for the doubts in rather general phrases. That follows also from the fact that IMI offers the choice of raising particular standard questions.

As already mentioned, regrettably, the Regulation does not apply on the recognition of the authenticity of public documents issued by a third country but already recognised in another Member State of the European

19 ICCS Convention, No 17; 1224 UNTS 127.

20 Austria, France, Greece, Italy, Luxembourg, Netherlands, Poland, Portugal and Spain.

21 As already established by Regulation (EU) No 1024/2012. See the IMI website on http://ec.europa.eu/internal_market/imi-net/index_en.htm. Compare on IMI also *Tsouka*, ELTE Law Journal 2015, 43, 46.

22 Proposal for a Regulation of the European Parliament and of the Council on promoting the free movement of citizens and businesses by simplifying the acceptance of certain public documents in the European Union and amending Regulation (EU) No 1024/2012, 2013/0119 (COD).

23 The two different versions were considered in July 2014. The Council furthermore considered that this system is meant to be flexible. Council Document ST-11557-2014-INIT, 2013/0119 (COD), p. 9.

Union.[24] However, we would like to argue, that this will be different, if a foreign civil status document is converted in a civil status document of a Member State by registering the facts mentioned in the foreign document in a new civil status certificate. See below paragraph VII.[25]

IV. Understanding the language: are translations required?

Difficulties also arise, if public documents are issued in a foreign language. These difficulties can of course be overcome by a translation of a qualified translator. However, the required standard of quality of the translator depends on the host state. Furthermore, it will be costly for the person who wants to use a certain document to get a translation which fulfils the required standard.

A considerable cheaper alternative is to use a multilingual document issued on the basis of the ICCS Convention on the issue of multilingual extracts from civil status records, opened for signature in Vienna on 8 September 1976.[26] This convention is an 'update' of the 1956 ICCS Convention on the issue of certain extracts from civil status records for use abroad, signed in Paris 27 September 1956.[27] The 1956 Convention provided already that the extracts involved have same evidential value as domestic extracts and no legalisation is required. Regrettably, only sixteen Member States of the European Union are bound by the 1976 Convention.[28] Moreover, also eight other countries are party to this Convention.[29]

In respect of language difficulties in relation to the recognition of a dissolution of a marriage Regulation 2201/2003 (Brussels II bis) has to be mentioned. That Regulation introduced a certificate which gives information on the dissolution issued monolingual according to a standard form. However, according to Article 38(2) Brussels II bis competent authorities

24 Recitals 17 and 48 and Art. 2(3). Art. 2(3)(b) states that the Regulation also does not apply to certified copies made by authorities of a Member State concerning public documents issued by the authorities in third countries.

25 Which is e.g. possible in Belgium, France, Germany, Netherlands or Romania.

26 ICCS Convention, No 16.

27 ICCS Convention ,No 1. All parties to this convention are also Contracting States to the 1976 convention.

28 Austria, Belgium, Bulgaria, Croatia, Estonia, France, Germany, Italy, Luxembourg, Netherlands, Poland, Portugal, Romania, Slovenia and Spain.

29 Bosnia-Herzegovina, Cabo Verde, FYR Macedonia, Moldova, Montenegro, Serbia, Switzerland and Turkey.

may still request for a translation of the document, if they have difficulties with the interpretation of the standardized certificate.

A slightly different approach was therefore deemed to be necessary: the certificates should – on request of the involved person – be issued in two languages of the Union. This is the solution chosen by Regulation 2016/1191. In respect of the language difficulties, the Regulation prescribes two measures. First, there is an obligation to accept translations made by a translator qualified in other Member State (Article 6(2)). It is not allowed anymore to require a translation made by a translator qualified in the host Member State. In the original draft for the Regulation, there was also an obligation to accept non-certified translations. However, this obligation, which would have allowed submitting a self-made translation, was finally deleted.

Furthermore, the Regulation introduces a number of electronic forms which allow to generate bilingual certificates, in (one of) the language(s) of the country where the certificate is issued and in (one of) the language(s) of the country where the certificate will be used. (Article 7-12). The forms are extremely detailed, which has as consequence that using the forms is for registrars far from user-friendly.[30]

However, the use of these bilingual forms is not mandatory, but an alternative for national multilingual documents[31], including – if the Member State in question is a party to that convention - the ICCS multilingual forms. Moreover, the bilingual EU certificates are only a translation aid attached to the national public document without having an autonomous legal value.[32] This is different for the ICCS multilingual forms. Consequently, the fee to be paid for an ICCS multilingual form is lower than the fees

---

30 For that reason, the German Federal Ministry for Justice and Consumer Protection proposes that the right to issue such forms should be an exclusive competence of the Federal office for Justice (Bundesamt für Justiz) (www.bundesjustizamt.de). See Entwurf eines Gesetzes zur Förderung der Freizügigkeit von EU-Bürgerinnen und -Bürgern sowie zur Neuregelung verschiedener Aspekte des Internationalen Adoptionsrechts, BT-Dr. 19/4851. See the proposed § 1120 Zivilprozessordnung. Compare also *Schlauss*, Neue Aufgaben nach der EU-Apostillen-Verordnung sowie auf dem Gebiet der Auslandsadoption, StAZ 2019, 10, 11.

31 *Tsouka*, ELTE Law Journal 2015, 43, 49f. points out that this was – again – caused by the fact that Member States wanted to prevent exclusive external competences by the European Union.

32 *Tsouka*, ELTE Law Journal 2015, 43, 47.

due for the original certificate plus a bilingual EU certificate.[33] It is therefore, likely that registrars will advise to opt for the ICCS multilingual certificates, if the document shall be used in a Contracting State to 1977 Convention or in a Member State where one of the languages of those multilingual certificates is used.[34] One really can regret, that the European Union missed the change to stimulate that all Member States of the European Union would ratify the 1976 ICCS Convention[35] or would have introduced a corresponding multilingual form in the Regulation.

V. *Difficulties concerning the facts*

It is also possible that doubts arise concerning the truth of the facts mentioned in a certificate. Is it e.g. true that a woman mentioned as mother in the certificate gave birth to a child on the day and in the place mentioned in the certificate of birth?

If justified grounds cast doubts on the truthfulness of the facts stated in the certificate the relevant authorities may start investigations regarding truth in order to verify whether the facts mentioned took place. That is also allowed in respect of facts mentioned in civil status document issued by other Member States of the European Union. However, in respect of certificates issued within the European Union a Member State has to respect the limits set by the ruling of the Court of Justice of the European Union in the *Dafeki* case, decided on 2 December 1997.[36] The Court ruled regarding hesitations of German authorities regarding the truthfulness of the facts mentioned in Greek civil status documents:

> 'In proceedings for determining the entitlements to social security benefits of a migrant worker who is a Community national, the compe-

---

33 In the Netherlands, the fee for a ICCS multilingual certificate is 12,90 Euro, whereas the fee a certificate in the Dutch language plus a bilingual EU certificate will be 25,80 Euro. In Germany the fee for a certificate and apostille used to be 13 Euros but the bill 19/4851 proposes to raise the fee to 25 Euros.

34 Opinion of Rob van der Velde, Civil status registrar of The Hague, in a presentation for registrars of civil status on 3 October 2018 in Roermond.

35 Even better would have been to stimulate the ratification of the update of the 1976 convention: ICCS Convention 34 (Convention on the issue of multilingual and coded certificates and extracts from civil status records, Strasbourg 14 March 2014). The latter convention is until now ratified by Belgium and Germany and signed by France, Spain and Switzerland).

36 ECJ, 2.12.1997, C-336/94 *Eftalia Dafeki v. Landesversicherungsanstalt Württemberg.*

tent social security institutions and the courts of a Member State must accept certificates and analogous documents relative to personal status issued by the competent authorities of the other Member States, *unless their accuracy is seriously undermined by concrete evidence relating to the individual case in question*.' (italics added)

This line corresponds with the solution chosen by Regulation 2016/1191. However, a huge difficulty is that the policy rules regarding the verification of the truth of the facts mentioned in foreign civil status documents differ considerably from Member State to Member State, in particular in respect of documents coming from non-EU countries. The harmonization of those policy rules would be desirable. But regrettably, Regulation 2016/1191 does not realize that.[37]

VI. The recognition of the content (legal effects)

What is not taken on board in the new regulation is the recognition of the legal effects of a foreign civil status document. Will the name of a person as mentioned in the certificate be recognised? And what about the parentage, an adoption, a marriage, a registered partnership, a divorce, dissolution or death? And will a nationality mentioned in a certificate be recognized?

---

37 See preamble, par. 48:
'Public documents issued by the authorities of third countries do not fall within the scope of this Regulation. Moreover, agreements and arrangements concerning legalisation or similar formality in respect of public documents on matters covered by this Regulation issued by the authorities of Member States or third countries to be used in relations between the Member States and the third countries concerned may not affect the application of this Regulation. Therefore, this Regulation should not preclude Member States from concluding bilateral or multilateral international agreements with third countries concerning legalisation or similar formality in respect of public documents relating to matters covered by this Regulation and issued by the authorities of Member States or of third countries for use in relations between the Member States and the third countries concerned. Member States should also not be precluded, to the extent that one or more Member States are or may decide to become party to such agreements and arrangements, from deciding on the acceptance of the accession of new contracting parties, in particular as regards the right to raise and notify objections to new accessions as referred to in the second paragraph of Article 12 of the Apostille Convention, or from applying, amending or deciding on accessions of new contracting parties to, the European Convention of 1968 on the Abolition of Legalisation of documents executed by Diplomatic Agents or Consular Officers'.

The fact that the regulation is silent on this point does not mean that no European rules exist. For divorce and marriage annulment, the rules on recognition of Articles 13-35 Brussels IIbis exist. And in respect of the recognition names of persons the Court of Justice of the European Union has delivered already several judgments. From the rulings in *Grunkin-Paul*[38] and *Sayn-Wittgenstein*[39] it can be derived that there is an obligation to recognise the name of a person established or modified in another Member State, except in cases where this would be contrary to the international public policy reflecting unconditional constitutional values.[40]

Does this obligation also exist in respect of other civil status aspects? This would be very desirable but doesn't the international public policy (*ordre public*) exception often stand in the way of recognition, due to the strong feelings Member States have concerning family law matters with relevance to civil status?[41]

We sincerely hope and expect that the Court will soon develop detailed case law on the private international law recognition of parentage issues[42] (including the hot issues of recognition of children born as a consequence of surrogacy[43] or (same sex) adoption and the recognition of same-sex marriages or registered partnerships. It is desirable, that on the basis of such case law proposals for EU legislation on the conflict rules and recognition of foreign decisions will be developed.[44]

38 ECJ, 14.10.2008, C-353/06, *Grunkin and Paul*.

39 ECJ, 22.12.2010, C-208/09 *Ilonka Sayn-Wittgenstein v. Landeshauptmann von Wien*.

40 See also: ECJ, 12.5.2011, C-391/09 *Runevič-Vardyn and Wardyn*.

41 See on this issue *G.-R. de Groot/D. de Groot*, Legal nationalism in the field of family law and its impact on Private International Law, in: Parise/Popov (eds.), Globalisation and Private International Law, Moscow, forthcoming 2019.

42 *Saarloos*, European private international law on legal parentage?, Maastricht 2010; see also the recent attempts of the Hague Conference for Private International law in the field of international parentage.

43 *Wells-Greco*, The status of children arising from intercountry arrangements, The Hague 2015.

44 Either by the European Commission or by scholars. A very good and inspiring example is the proposed Regulation on names drafted by Dutta/Helms/Pintens (eds.), *Ein Name in ganz Europa – Vorschläge für ein internationales Namensrecht der Europäischen Union*, Frankfurt am Main 2016.

VII. Attention needed for secondary recognition

As already mentioned above, special attention deserves the recognition of civil status documents issued in third countries but recognized in other EU MS. All four dimensions of the recognition can be relevant: the recognition of the authenticity of the document, the recognition of the relevancy of an existing translation in the language of another Member State, the recognition of the truthfulness of the facts mentioned in the document, and last but not least the recognition of the legal consequences already accepted in another Member State.

As already mentioned, in respect of the recognition of the authenticity of a civil status document stemming from third countries a coordination of declarations of non-acceptance of the application of the Apostille Convention is desirable! It is a missed chance that Member States refused to give external competence to the EU in this respect. Consequently, the recognition of the authenticity of a civil status stemming from a certain third country may be no problem in one Member State, but can cause huge problems in another.

However, it has to be clarified that other Member States have to apply the Regulation to originally third country civil status certificates, which are converted in a Member State in a civil status document of that Member State. Such a conversion is possible by transcription in some Member States, but not in all. In Belgium such conversion is possible,[45] in Germany this is possible in the civil status registry Berlin I,[46] for France the competence is with the civil registry in Nantes (*Service central d'état civil*),[47] in the Netherlands in The Hague,[48] and in Romania in the territorial unit where the person involved is domiciled.[49] By such conversion, the certificate acquires the status of a document issued by a Member State, and has – in our opinion - to be recognised by other Member States under application of the rules of the regulation. Remarkable is the fact that in Belgium the day

---

45 Art. 68-70 Civil Code (*Burgerlijk Wetboek*) as in force from 1 March 2019. The possibilities of such conversion were increased considerably in comparison to the rules in force until then (Article 48 Civil Code [*Burgerlijk Wetboek*]). Kind information by Steve Heylen, Leuven.

46 See https://www.berlin.de/labo/buergerdienste/standesamt-i-in-berlin/.

47 See https://lannuaire.service-public.fr/centres-contact/R192.

48 See Art. 1:25-25g Civil Code (*Burgerlijk Wetboek*). Kind information by Rob van der Velde and Feray Ileri, Den Haag. Compare also https://www.rijksoverheid.nl/contact/contactgids/gemeente-den-haag-afdeling-landelijke-taken.

49 Legea 119/1996 cu privire la actele de stare civila, republicata 2012.

of the transcription is mentioned on the identity card next to day and place of birth abroad.[50] It goes beyond saying, that it is desirable that the European Union stimulates all Member States to introduce this kind of conversion procedures and to harmonise these.

Problematic about these modes of transcription is the limited access to them in a Member State of which they are not a national. Transcription in the Netherlands of a civil status certificate issued abroad can be made for (former) Netherlands nationals[51] and persons with refugee status. In Belgium, the transcription is always possible for Belgian nationals and for foreigners if their foreign certificate has to be submitted in order to issue a Belgian civil status document (e.g. a marriage certificate or the recognition of a child). In Romania, the transcription is mandatory for Romanian nationals. In light of European law, it is problematic that no Member State provides for a general possibility of transcription of all third country civil status certificates regarding all European citizens residing in their territory, if this possibility does exist for their own nationals.

The conversion by transcription is also beneficial if the original third country document is in a language which is not a language of the European Union, because the transcribed document is in the language of a Member State. On request of the person involved, a bilingual or multilingual extract using at least two European languages will be issued. It would in our opinion not be acceptable, if another Member State would require a direct translation of the certificate from the original language provided by a qualified translator, if the content of that certificate is already reflected - based on a translation into the language of another Member State - in a certificate issued by that State. And the same applies for the case a doubt comes up on the truthfulness of the facts mentioned in the transcribed document, if there were no doubts in the State where the transcription took place.

In respect of the recognition of the legal effects and content of the civil status, any European instrument should also include attention for the recognition of civil status acquired outside the European Union. Also regarding that dimension of the recognition issue a European approach is desirable.[52]

---

50 Kind information by Thomas Huddleston, Brussels.

51 Including naturalised persons. Kind information by Feray Ileri, Den Haag.

52 A good example is the proposal developed by *Dutta/Helms/Pintens* 2016; see on the recognition of divorces: *Kruiniger*, Islamic divorces in Europe: bridging the gap between European and Islamic legal orders, Maastricht 2014, and on marriages: *Chaudhary*, Pakistani marriages and the Private International Laws of Ger-

In our opinion is the non-recognition of a civil status acquired in a third country but already recognised in another Member State only in exceptional cases acceptable under European law if it would violate the ordre public because of an infringement of fundamental constitutional values. And even constitutional values can sometimes not avoid the obligation to recognize a civil status acquired abroad.

As we argued in another publication[53] a civil status acquired outside the European Union but recognised in a Member State, always has to be recognized in all Member States, if this civil status (in particular parentage) triggered the acquisition of nationality of the Member State involved and thereby the acquisition of European citizenship.

It is beyond any doubt that all Member States of the European Union have the obligation to recognise a national of another Member State as a European citizen, without being allowed to raise questions on the ground of acquisition of the nationality concerned.[54] Even arguments related to public policy (e.g. abuse of nationality law) be successfully.[55] This unconditional obligation to recognise the possession of the nationality of another Member State by a certain person often restricts also the possibility to use the public policy exception for the recognition of other civil status aspects. This is caused by the fact that the ground for acquisition of a nationality is frequently parentage. If a person possesses the nationality of a Member State *iure sanguinis* (by descent) due to a parentage tie with a parent who is a national, all other Member States have to recognise that nationality – even in spite of the fact they are not in favour of the (recognition) rules of the first Member State - which were the basis of the establishment or recognition of parentage.

In other words, in such cases a Member State cannot use any *ordre public* argumentation in order to refuse the recognition of the acquisition of the nationality of another Member State by the children involved. The relevant incidental question on the establishment of parentage is already ans-

---

many and England: A legal comparison of the Private International Law approaches of Germany and England concerning the assessment of the validity of marriages celebrated in Pakistan, Oisterwijk 2014.

53 *G.-R. de Groot/D. de Groot*, Civil status and the freedom of movement in the EU, in: Stumpf/Kainer/Baldus (eds.), Privatrecht, Wirtschaftsrecht, Verfassungsrecht, Privatinitiative und Gemeinwohlhorizonte in der europäischen Integration, Festschrift für Peter-Christian Müller-Graf zum 70. Geburtstag am 29. September 2015, Baden-Baden 2015, pp. 1420-1426.

54 ECJ, 7.7.1992, C-369/90 *Mario Vicente Micheletti and others v Delegación del Gobierno en Cantabria*, para. 15.

55 ECJ, 19.10.2004, C-200/02, *Zhu and Chen*.

wered in the affirmative by the other Member State and due to this Member State's autonomy in nationality matters the children concerned are European citizens. This *fait accompli* also has, in our opinion, to be taken on board if in another context (e.g. succession law or rights of custody) the question has to be answered whether or not a parentage tie exists between the persons involved. Another approach would be inconsistent.

In light of this, we conclude that the obligation to recognise the nationality of another Member State limits the use of the public policy exception: a small but significant step towards a better recognition of in particular parentage aspects of the civil status acquired in another Member State.

VIII. Concluding remarks

Regulation 2016/1191 is as such welcome but further measures are urgently needed. Citizens will be in particular frustrated if they are confronted with the lack of secondary recognition of third country certificates already recognised in another Member State. If the latter Member State has applied the approach of transcription of the content of a third country civil status certificate in a civil status document of that Member State, a conversion has taken place and the Regulation will apply on such transcribed certificate. However, by far not all Member States offer the facilitation of transcription. And the access to the possibility of transcription differs from State to State.

Union citizens will also not be content with lack of recognition of the content and legal consequences of their foreign civil status certificates. The European Union should continue to work on developing rules on the recognition of the status as such via conflict rules of private international law, with as main focus the obligation to give full faith and credit to the status acquired in other Member States or in a third country but recognised in another Member State.

Die Bedeutung der Rechtsvergleichung für die deutsche Zivilrechtslandschaft im 21. Jahrhundert

André Janssen

I. Einleitung

Schaut man etwas flüchtig auf das beeindruckende wissenschaftliche Oeuvre von Reiner Schulze, so scheint es so zu sein, als hätte er sich weit überwiegend mit dem Europäischen Privatrecht und der Rechtsgeschichte auseinandergesetzt und dort seine Spuren hinterlassen. Ein zweiter Blick enthüllt jedoch schnell auch sein immerwährendes Interesse an einem weiteren Rechtsgebiet, und zwar der Rechtsvergleichung. Davon zeugt exemplarisch der zusammen mit mir verfasste Aufsatz „Legal Cultures and Legal Transplants in Germany", der gleich auf drei Kontinenten, und dabei sogar ins Chinese übersetzt, veröffentlicht wurde.[1] *Der nachfolgende Beitrag soll diese „rechtsvergleichende Seite" von Reiner Schulze betonen. Ihm sind die nachfolgenden Seiten gewidmet.*[2]

Das ehemalige Mitglied des englischen House of Lords, *Lord Goff of Chieveley*, schrieb vor einigen Jahren: „*Comparative law may have been the hobby of yesterday, but it is destined to become the science of tomorrow.*"[3] Lässt man diesen fast prophetischen Satz als deutscher Jurist auf sich wirken, so stellen sich gleich mehrere Fragen: Ist die Rechtsvergleichung im Deutschland des 21. Jahrhunderts wirklich nur Hobby, ein kleines Gedankenspiel, ein „*intellektuelles Abenteuer*"[4] einiger weniger unterbeschäftigter Spezialisten, oder nicht doch vielleicht mehr? Und wenn man der Grundannahme von

---

1 Siehe *Janssen/Schulze*, Legal Cultures and Legal Transplants in Germany, ERPL 2011, 225 ff.; ebenfalls in: ISAIDAT Law Review 2011, 1 ff. und in: Sànchez Cordero (Hrsg.), *Legal Cultures and Legal Transplants*, Mexiko 2012, Band 1, 325 ff. Für die chinesische Fassung des Beitrages siehe 德国的法律文化和法律移植，金晶译, in: Tong Zhang (Hrsg.), 走向欧洲私法 (Auf dem Weg zu einem Europäischen Privatrecht), Peking 2016, 215 ff.; ebenfalls in: Bei Hang Law Review 2014, 206 ff.

2 Der Beitrag beruht auf einem Vortrag, den ich im März 2018 an der Universität Kyoto, Japan, gehalten habe.

3 *Goff*, The Future of Common Law, 46 International and Comparative Law Quarterly (ICLQ) 1997, 745, 748.

4 *Großfeld*, Macht und Ohnmacht der Rechtsvergleichung, Tübingen 1983, 14.

Lord Goff zustimmt, ist der Bedeutungsgewinn für die Rechtsvergleichung inzwischen schon eingetreten und was sind dann die zugrundeliegenden Gründe? Und inwieweit lässt sich die 1997 für das englische Common Law getätigte Aussage von *Lord Goff* überhaupt (noch) auf die deutsche Rechtslage im Jahre 2019 übertragen? Versuchen wir etwas Licht ins Dunkle der Rechtsvergleichung zu bringen.

Es soll im vorliegenden Beitrag vornehmlich um die Bedeutung der klassischen Rechtsvergleichung für die aktuelle deutsche Zivilrechtslandschaft gehen. Allerdings kann man einige Entwicklungen auf internationaler Ebene abseits der Rechtsvergleichung nationaler Zivilrechtsordnungen nicht völlig unberücksichtigt lassen kann. Dies gilt insbesondere für die Internationalisierung des deutschen Zivilrechts durch internationales Einheitsrecht und rechtsvergleichend erstellte Prinzipien („*Principles*"), auf die ebenfalls einzugehen sein wird. Ausgespart werden soll an dieser Stelle hingegen die Europäisierung des deutschen Zivilrechts durch das Recht der Europäischen Union und hier insbesondere durch die für das Zivilrecht relevanten Richtlinien und Verordnungen: Zum einen würde dies den hier gegebenen Rahmen sprengen, und zum anderen ist der Einfluss des unionsrechtlichen *Acquis Communautaire* auf das deutsche (Zivil-)Recht schon vielfach ausgiebig ausgeleuchtet worden.[5]

Wie soll nunmehr weiter vorgegangen werden? Nun, zunächst soll die Entstehung der Rechtsvergleichung in Deutschland (II.) skizziert werden, um anschließend ihre heutige Bedeutung im Studium (III.), Forschung (IV.), Rechtsberatung (V.), Gesetzgebung (VI.) und für die Gesetzesauslegung durch die Gerichte (VII.) herauszuarbeiten. Der Beitrag schließt mit einer kurzen Zusammenfassung der vorgefundenen Ergebnisse (VIII.).

II. Entstehung der Rechtsvergleichung in Deutschland

Die Entwicklung der modernen Rechtsvergleichung als eigenständige Disziplin, vor allen Dingen die legislatorische Rechtsvergleichung, hat ihren Ursprung im 19. Jahrhundert.[6] Zu dieser Zeit entstanden die ersten mo-

---

5 Zum Einfluss des Europarechts auf das deutsche Recht (in seiner Gesamtheit) *Schulze/Janssen/Kadelbach* (Hrsg.), Europarecht: Handbuch für die deutsche Rechtspraxis, 4. Auflage, Baden-Baden 2019, im Erscheinen. Speziell zum Einfluss des Europarechts auf das deutsche Privat- und Wirtschaftsrecht siehe *Langenbucher*, Europäisches Privat- und Wirtschaftsrecht, 3. Auflage, Baden-Baden 2013.

6 Siehe insgesamt zur Entwicklung der Rechtsvergleichung in Deutschland (und in Österreich und der Schweiz) *Schwenzer*, Development of Comparative Law in Ger-

dernen nationalen Zivilrechtskodifikationen in Europa, beginnend 1804 mit dem französischen Code Civil und 1811 mit dem österreichischen Allgemeinen Bürgerlichen Gesetzbuch (ABGB). Langsam entstand also erst eine sich zur Rechtsvergleichung anbietende Masse an Kodifikationen und mit ihnen begann das „*Zeitalter der Vergleichung*".[7] Diese Entwicklung wurde durch die immer weitere Emanzipation der nationalen Rechtswissenschaft vom vormals dominierenden römischen Recht weiter beschleunigt.[8]

In Deutschland muss zudem natürlich bedacht werden, dass es vor 1871 überhaupt gar keinen deutschen Staat als solches, sondern nur zahlreiche Einzelstaaten mit eigener Zivilrechtsgesetzgebung gab. Jeder, der sich heute die damalige Landkarte mit dem jeweils geltenden Recht ansieht, erkennt sofort einen bunten Fleckenteppich verschiedenster Rechtsordnungen (so galt etwa bis 1900 in Teilen Deutschlands noch französisches Zivilrecht), der erst mit dem Inkrafttreten des BGB am 1. Januar 1900 sein Ende fand.[9] Dies waren zusätzliche Gründe, warum die Rechtsvergleichung gerade in Deutschland auf so fruchtbaren Boden fiel. Im letzten Drittel des 19. Jahrhunderts fand dann eine weitgehende Institutionalisierung der Rechtsvergleichung statt: es wurden rechtsvergleichende Gesellschaften und rechtsvergleichende Zeitschriften, wie etwa die heute noch bestehende *Zeitschrift für vergleichende Rechtswissenschaft* (1878), gegründet.[10] Den Höhepunkt des Aufstiegs der Rechtsvergleichung bildete dann der 1900 in Paris stattfindende erste internationale Kongress für Rechtsvergleichung, der als „*the cradle of modern comparative law*" bezeichnet wird.[11] Spätestens damit war die Rechtsvergleichung in der europäischen und deutschen Rechtswissenschaft verankert und als eigenständige Disziplin anerkannt, wenngleich damit die bis heute noch immer andauernde Diskussion um ihre eigentliche Bedeutung erst begann.[12]

---

many, Switzerland, and Austria, in: Reimann/Zimmermann (Hrsg.), The Oxford Handbook of Comparative Law, Oxford 2006, 70 ff.

7 *Nietzsche*, Menschliches, Allzumenschliches, Band I (1878), in: Colli/Montinari (Hrsg.), Nietzsche Werke. Kritische Gesamtausgabe, Abteilung 4, Band 2, Berlin 1967, 40 ff.

8 Siehe hierzu insgesamt näher *Janssen/Schulze*, ERPL 2011, 228 ff.

9 Siehe hierzu näher *Janssen/Schulze*, ERPL 2011, 232 ff.

10 Die erste rechtsvergleichende Zeitschrift wurde bereits sogar schon 1829 begründet, und zwar die *Kritische Zeitschrift für Gesetzgebung und Rechtssetzung des Auslandes*. Sie wurde jedoch 1850 eingestellt.

11 So etwa *Schwenzer*, in: Reimann/Zimmermann (Hrsg.), 70 (77 ff.).

12 Siehe zur dann folgenden Entwicklung der Rechtsvergleichung Deutschland (und in Österreich und der Schweiz) im 20. Jahrhundert *Schwenzer*, in: Reimann/Zimmermann (Hrsg.), 70 (77 ff.).

III. Bedeutung der Rechtsvergleichung im Studium

Wenden wir uns nach diesem Abriss zur Entstehung der Rechtsvergleichung in Deutschland nunmehr ihrer Bedeutung im Studium zu.[13] Den genauen Inhalt des juristischen Studiums in Deutschland zu bestimmen, ist grundsätzlich Sache der deutschen Länder. Sie sind es auch und nicht etwa die Universitäten selbst, die die juristischen Endprüfungen, also das erste und zweite juristische Staatsexamen, abnehmen. Genau genommen gibt es daher in Deutschland 16 verschiedene juristische Ausbildungen, wobei den Universitäten wiederum ein gewisser eigener Spielraum zugebilligt wird. Dennoch ist es so, dass die Vorlesung zur Rechtsvergleichung an fast allen Universitäten (nur) als Wahlfach angeboten und von den Studenten recht gut angenommen wird. Sie besuchen diese Vorlesung meiner Erfahrung nach in erster Hinsicht aus Neugierde an anderen juristischen Lösungsmodellen, wobei ihnen aber am Anfang zumeist nicht genau klar ist, was genau die Rechtsvergleichung eigentlich genau beinhaltet, wozu sie überhaupt existiert und wie sie sich von anderen Disziplinen abgrenzt.

Inhaltlich beschränken sich die Vorlesungen fast immer auf die privatrechtliche Rechtsvergleichung. Gelehrt werden Geschichte, Ziele und Methodik der Rechtsvergleichung (z.B. Makro- und Mikrovergleichung, funktionale Rechtsvergleichung), gefolgt von der Rechtskreislehre (hier stehen die europäischen Rechtsordnungen und die USA im Vordergrund)[14] und einigen punktuellen Vergleichungen auf dem Gebiet des Vertrags- und Deliktsrechts. Mit geringerer Intensität wird teilweise auch das Bereicherungs- und Sachenrecht behandelt. Bei den punktuellen Vergleichungen stehen dann etwa Fragen rund um die *„specific performance"*, die Bedeutung von *„good faith"* oder aber die Notwendigkeit einer *„consideration"* im Common Law und im Civil Law auf dem Programm. In den anderen Fächern des juristischen Studiums findet die Rechtsvergleichung zumeist keine oder nur geringe Beachtung. In den klassischen Vorlesungen zum BGB bleibt sie fast immer unerwähnt, eine wünschenswerte Verknüpfung zur Rechtsvergleichung findet mangels Stofffülle und überbordender Kasuistik nicht statt.[15] Teil der beiden juristischen Staatsexamina bildet die

13 Siehe dazu näher *Großfeld*, 15 ff.

14 Deutlich erkennbar ist die Rechtskreislehre etwa bei *Zweigert/Kötz*, Einführung in die Rechtsvergleichung, 3. Auflage, Tübingen 1996, 62 ff.

15 Lediglich der Einfluss einiger im BGB umgesetzten EU-Richtlinien (wie etwa die später noch zu behandelnde Verbrauchsgüterkaufrichtlinie 1999/44/EG) wird in den BGB-Vorlesungen angesprochen, ist dies doch für die richtlinienkonforme Auslegung des BGB von Bedeutung.

Rechtsvergleichung nicht, aber die Note fließt mitunter in das erste Staatsexamen mit ein. Großer Beliebtheit erfreuen sich unter angehenden deutschen Juristen die Möglichkeit des Auslandssemesters im europäischen Ausland im Rahmen des Erasmus-Programms oder der Erwerb eines LL.M.-Abschlusses im zumeist englischsprachigen Ausland. Sie tragen zumindest dazu bei, dass man sich noch während der Ausbildungsphase mit ausländischen Rechtsvorstellungen auseinandersetzt und die Sprachkenntnisse verbessert. Eine echte rechtsvergleichende Ausbildung kann dies freilich nur schwer ersetzen.

Insgesamt gesehen ist die Bedeutung der Rechtsvergleichung während der juristischen Ausbildung als eher gering einzustufen, da sie eben kein Pflichtfach und in anderen Vorlesungen oftmals bedeutungslos ist. Beide Gesichtspunkte sind zu bedauern, zumal ein grundsätzliches Interesse der Studenten an der Rechtsvergleichung meiner Erfahrung nach durchaus vorhanden ist. Die Rolle der Rechtsvergleichung als bloßer Komparse ist dem politischen Willen geschuldet, die Studenten möglichst schnell durch das Studium zu bringen und dem Arbeitsmarkt zur Verfügung zu stellen. Bei einer solchen Ausrichtung des juristischen Studiums erscheint die Rechtsvergleichung mehr überflüssiger Ballast als echte Bereicherung.

IV. Bedeutung der Rechtsvergleichung in der deutschen Forschung

Dass Deutschland eine lange Tradition rechtsvergleichender Forschungen besitzt, ist unbestritten.[16] Das *Max-Planck-Institut für ausländisches und internationales Recht* in Hamburg besitzt als rechtsvergleichende Institution Weltruhm und heißt jedes Jahr viele ausländischen Gäste willkommen.[17] Des Weiteren ist in diesem Zusammenhang die 1950 gegründete *Gesellschaft für Rechtsvergleichung* zu nennen – ihre alle zwei Jahre stattfindenden *Tagungen zur Rechtsvergleichung* gehören zum Pflichtprogramm vieler Rechtsvergleicher. Auch gibt es kaum eine Universität, die nicht mindestens einen Lehrstuhl für Rechtsvergleichung besitzt, wenngleich diese Lehrstühle fast immer weitere Bereiche wie das Bürgerliche Recht, das Europäische Privatrecht oder das Internationale Privatrecht mit umfassen. Aber auch unabhängig von der genauen Bezeichnung des Lehrstuhls arbeiten viele deutsche Kollegen von sich aus und nahezu selbstverständlich

---

16 Siehe hierzu auch *Markesinis/Fedtke*, Engaging with Foreign Law, Oxford 2009, 185.

17 Siehe dazu näher https://www.mpipriv.de/de/pub/aktuelles.cfm.

rechtsvergleichend. Eine strenge Trennung zwischen Privatrechtlern und Rechtsvergleichern und ihren Materien, wie man sie etwa in Italien zwischen *„civilisti“* und *„comparatisti“* kennt, ist in Deutschland unbekannt.

Einige der bedeutendsten Bücher weltweit auf dem Gebiet der Rechtsvergleichung stammen aus deutscher Feder, allen voran das in viele Sprache übersetzte *„Einführung in die Rechtsvergleichung“* von *Konrad Zweigert* und *Hein Kötz.*[18] Dieses bedauerlicherweise nicht mehr aktualisierte Werk (die Letztauflage stammt bereits aus 1996) wird selbst vom deutschen Gesetzgeber regelmäßig zu Rate gezogen und zeigt die in Deutschland wichtige Verbindung zwischen Forschung und Legislative. Aus neuerer Zeit sind das imposante, mehr als 1000-seitige Werk von *Uwe Kischel* mit den Titel *„Rechtsvergleichung“*,[19] das mit 500 Seiten etwas kompaktere und auf Englisch verfasste *„Comparative Law“* von *Mathias Siems*[20] und das Kurzlehrbuch *„Rechtsvergleichung“* von *Karl August Prinz von Sachen Gessaphe*[21] zu nennen. Thematisch enger, aber nichtsdestotrotz sehr lesenswert sind auch die Werke von *Thomas Kadner Graziano „Comparative Contract Law – Cases, Materials and Exercises“*[22] bzw. *„Europäisches Vertragsrecht – Übungen zur Rechtsvergleichung und Harmonisierung des Rechts“*[23] und *„Comparative Tort Law – Cases, Materials and Exercises“*.[24]

Viele Promotionen wählen einen rechtsvergleichenden Ansatz, so dass die Anzahl der rechtsvergleichenden deutschen Dissertationen hoch ist, wenngleich hier deutliche Qualitätsunterschiede vorzufinden sind. Mehrere führende rechtsvergleichende Zeitschriften, insbesondere aber die 1927 begründete *Rabels Zeitschrift für ausländisches und internationales Privatrecht* und die bereits erwähnte noch ältere *Zeitschrift für vergleichende Rechtswissenschaften*, stammen aus Deutschland und erfreuen sich im In- und Ausland großer Beliebtheit. Eine Veröffentlichung in der RabelsZ als sogenannte Archivzeitschrift hat nach wie vor Gewicht in der Rechtswissen-

---

18 *Zweigert/Kötz.*

19 *Kischel*, Rechtsvergleichung, München 2015.

20 *Siems*, Comparative Law, 2. Auflage, Cambridge 2018.

21 *Prinz zu Sachen Gessaphe*, Rechtsvergleichung, München 2011. Sehr lesenswert, wenngleich keine systematische Befassung mit der Rechtsvergleichung, ist auch das hier bereits zitierte Buch „Macht und Ohnmacht der Rechtsvergleichung“ von *Großfeld*.

22 *Kadner-Graziano*, Comparative Contract Law - Cases, Materials and Exercises, 2. Auflage, Cheltenham 2019.

23 *Kadner-Graziano*, Europäisches Vertragsrecht - Übungen zur Rechtsvergleichung und Harmonisierung des Rechts, Basel/Genf/München/Baden-Baden 2008.

24 *Kadner-Graziano*, Comparative Tort Law: Cases, Materials and Exercises, London/New York 2018.

schaft und wird bei deutschen Berufungsverfahren entsprechend gewürdigt. Auch die von *Reiner Schulze* mitbegründete *Zeitschrift für Europäisches Privatrecht*, wenngleich keine rechtsvergleichende Zeitschrift im eigentlichen Sinne, veröffentlicht häufig hochwertige rechtsvergleichende Beiträge und genießt einen ausgezeichneten Ruf in der wissenschaftlichen Welt.

Traditionell steht in Deutschland die zivilrechtliche Rechtsvergleichung mittels der funktionalen Rechtsvergleichung im Vordergrund.[25] Die Vergleichung von Strafrecht oder öffentlichem Recht ist nicht unbekannt, fällt aber hinter der Zivilrechtsvergleichung etwas zurück. Als Bezugspunkte der zivilrechtlichen Rechtsvergleichung stehen nach wie vor die *nationalen Rechtsordnungen* an erster Stelle des Interesses. Lange Zeit galt dieses Interesse sehr deutlich den europäischen Rechtsordnungen und den USA. Inzwischen ist aber die gestiegene Bedeutung des islamischen Rechts und noch stärker der asiatischen Rechtsordnungen erkennbar und spiegelt sich zunehmend in der akademischen Rechtsvergleichung in Deutschland wider.[26] In besonderem Maße sind hier das chinesische und das japanische Zivilrecht zu nennen, zu denen jeweils sogar eigenständige Zeitschriften existieren.[27]

Neben der klassischen Vergleichung nationaler Rechtsordnungen zeichnet sich infolge der fortscheitenden Europäisierung und Internationalisierung des Rechts noch eine weitere Entwicklung innerhalb der Zivilrechtsvergleichung ab, und zwar die zunehmende Rechtsvergleichung mit internationalem Einheitsrecht (allen voran mit dem *UN-Kaufrecht* oder auch *CISG* genannt),[28] Modellgesetzen und rechtsvergleichenden Regelwerken bzw. auf Rechtsvergleichung beruhenden Entwürfen. Für die letztgenannten Rechtsquellen sind insbesondere die *Principles of European Contract Law (PECL)*,[29] die *Principles of European Tort Law (PETL)*,[30] die *Unidroit*

25 Siehe zum Begriff der funktionalen Rechtsvergleichung *Kischel*, 93 ff.

26 Siehe etwa *Kischel*, 729 ff. (für das asiatische Recht), 856 ff. (für das islamische Recht).

27 Siehe die *Zeitschrift für Chinesisches Recht* und die *Zeitschrift für Japanisches Recht*.

28 Übereinkommen der Vereinten Nationen über Verträge über den internationalen Warenkauf vom 11. April 1980. Aus der Literatur zu diesem Übereinkommen *Schlechtriem/Schroeter*, Internationales UN-Kaufrecht, 6. Auflage, Tübingen 2016.

29 Zu den PECL siehe *Lando/Beale* (Hrsg.), Principles of European Contract Law, Part I and II, Alphen aan den Rijn, 2000; *Lando/Clive/Prüm/Zimmermann* (Hrsg.), Principles of European Contract Law, Part III, Alphen aan den Rijn, 2003.

30 Zu den PETL siehe *European Group on Tort Law* (Hrsg.), Principles of European Tort Law: Text and Commentary, Wien 2005.

Principles of International Commercial Contracts (PICC),[31] der (allerdings gescheiterte) Entwurf eines *Common European Sales Law (CESL)*[32] und der *Draft Common Frame of Reference (DCFR)*[33] anzuführen.

Methodisch gibt es auf dem Gebiet der deutschen akademischen Rechtsvergleichung in jüngerer Zeit einige interessante Entwicklungen zu beobachten. So haben sich die Forschungen zum europäischen *Acquis Communautaire*, also zum gemeinsamen Besitzstand des Rechts der Europäischen Union (insbesondere das Richtlinienrecht unter besonderer Berücksichtigung der Rechtsprechung des Europäischen Gerichtshofs) weitgehend zu einem eigenständigen Forschungszweig innerhalb der Rechtsvergleichung weiterentwickelt. So wurden basierend auf diesem Ansatz inzwischen eigenständige *Acquis-Principles* durch die *Aquis-Group* veröffentlicht, an deren Erstellung auch *Reiner Schulze* maßgeblich beteiligt war.[34] Ein Bedeutungszuwachs innerhalb der deutschen rechtsvergleichenden Forschung kann zudem die aus dem anglo-amerikanischen Rechtsraum kommende Idee der *Legal Transplants* für sich verzeichnen, wenngleich hier offen gelassen werden soll, inwieweit es sich hierbei wirklich um eine eigenständigen Ansatz innerhalb der Rechtsvergleichung handelt.[35]

V. *Bedeutung der Rechtsvergleichung in der deutschen Rechtsberatungslandschaft*

Die Rechtsvergleichung kann in der deutschen Rechtsberatung zumindest in zwei voneinander zu unterscheidenden Situationen eine Rolle spielen: Zum einen dann, wenn ein internationaler Sachverhalt gegeben ist, der aufgrund des anwendbaren Internationalen Privatrechts die Möglichkeit

---

31 Zu den PICC siehe *Vogenauer* (Hrsg.), Commentary on the UNIDROIT Principles of International Commercial Contracts (PICC), 2. Auflage, Oxford 2015.

32 Zum CESL siehe *Schulze* (Hrsg.), Common European Sales Law, München 2012.

33 Zum DCFR siehe *von Bar/Clive/Schulte-Nölke* (Hrsg.), Principles, Definitions and Model Rules of European Private Law: Draft Common Frame of Reference (DCFR) - Outline Edition, München 2009.

34 *Schulte-Nölke*, Europäische Forschergruppe zum Geltenden Gemeinschaftsprivatrecht („Acquis Gruppe") gegründet, ZEuP 2002, 893 ff.; *Schulze*, Die Acquis-Grundregeln und der gemeinsame Referenzrahmen, ZEuP 2007, 731 ff.

35 Als „Vater" der Legal Transplants gilt *Alain Watson*. Siehe etwa seine Werke Legal Origins and Legal Change, London 1991 und Legal Transplants: An Approach to Comparative Law, London 1993. Siehe hierzu auch *Fedtke*, Legal transplants, in: Smits (Hrsg.), Elgar Encyclopedia of Comparative Law, Cheltenham 2006, 343 ff.; *Janssen/Schulze*, ERPL 2011, 225 ff.; *Siems*, 231 ff.

der Anwendung mindestens zweier verschiedener Rechtsordnungen in sich trägt. Hier ist es die Pflicht des Anwalts gegenüber seinem Mandanten, im Sinne eines *forum shopping* die möglichen anwendbaren Rechtsordnungen miteinander zu vergleichen und sich für die Rechtsordnung zu entscheiden, mit der sich das für den Mandanten beste Ergebnis erzielen lässt. Zum anderen können rechtsvergleichende Erwägung des Anwalts auch bei Anwendbarkeit des deutschen Rechts sinnvoll sein, wenn das deutsche Recht klar von ausländischen Rechtsvorstellungen beeinflusst wurde (im Rahmen der historischen Auslegung einer nationalen Vorschrift) oder für den Fall (was gleich noch zu klären sein wird), dass sich die deutschen Gerichte allgemein für rechtsvergleichende Überlegungen offen zeigen und ihnen Bedeutung beimessen.

Festhalten lässt sich aber sicherlich, dass durch Anwälte hervorgebrachte rechtsvergleichende Argumente vor Gericht schon aus Zeitgründen und fehlendem Wissen über die ausländischen Rechtsordnungen die große Ausnahme darstellen. Für die deutsche Anwaltschaft ist die Rechtsvergleichung daher, wenn überhaupt, intellektuelles Hobby und für die Ausübung ihres Berufes wenig förderlich, ja vielleicht sogar hinderlich und dem Mandanten womöglich auch nur schwer vermittelbar. Lediglich wenn die Auslegung von internationalem Einheitsrecht[36] oder von europarechtlich überformtem nationalen Recht auf der Tagesordnung steht, befasst man sich als Anwalt mitunter zumindest mit ausländischen Quellen und Urteilen und zieht diese zur Unterstützung seiner eigenen Position heran.[37]

Vielleicht ist es über die eigentlichen Anwendungsformen der Rechtsvergleichung durch die Anwaltschaft hinaus für den (ausländischen) Leser auch interessant zu wissen, wie sich die deutsche *Rechtsberatungskultur* in Zeiten der Globalisierung verändert.[38] Daher einige kurze Ausführungen hierzu: Zumindest bei den in Deutschland ansässigen Großkanzleien setzt sich zunehmend Englisch nicht nur als Verhandlungs-, sondern auch als Vertragssprache durch, und zwar auch dann wenn der (Schieds-)Gerichtsstandort Deutschland ist und deutsches Recht zur Anwendung kommen soll.[39] Die Wahl der englischen Vertragssprache hat tiefgreifende Folgen,

36 Gleiches gilt zumindest teilweise für das Internationale Privatrecht. Vgl. hierzu *Großfeld*, 55 ff.

37 Die bloße Heranziehung ausländischer Quellen und Urteile ist natürlich in diesen Fällen keine Rechtsvergleichung im eigentlichen Sinne.

38 Siehe allgemein hierzu *Janssen/Schulze*, ERPL 2011, 225 ff.

39 Siehe hierzu näher *Maier-Reimer*, Englische Vertragssprache bei Geltung deutschen Rechts, AnwBl 2010, 13 ff.

werden doch dadurch nicht nur die anglo-amerikanischen Begrifflichkeiten, sondern bewusst oder unbewusst auch die dahinterliegenden Konzepte (wie etwa bei der Verwendung von „*breach of warranty*" oder „*breach of condition*") rezipiert.[40]

Darüber hinaus sind im Allgemeinen in bestimmten, besonders globalisierten Bereichen kaum noch deutsche Begriffe für englischsprachige Ausdrücke zu finden sind bzw. sind diese auf dem Rückzug. Dies gilt etwa für den Bereich des Unternehmenskaufs („*mergers and acquisitions*"), in dem das deutsche Wort „*Unternehmenskauf*" nur noch selten Verwendung findet.[41] Oftmals hält die deutsche Rechtssprache überhaupt keine Entsprechungen anglo-amerikanischer Begriffe mehr bereit (wie etwa „*due diligence*", „*leasing*", „*franchising*" oder „*e-commerce*"), so dass der Rechtsanwender nur den englischsprachigen Begriff samt dahinterliegender Konzeption übernehmen kann.

Unter dem Eindruck des anglo-amerikanischen Rechts werden aber nicht nur Begriffe und Rechtskonzepte übernommen, sondern es verändert sich auch die deutsche *Vertragsgestaltungspraxis* selbst. So werden Verträge aus dem Common Law-Bereich zumeist genauer, dafür aber auch wesentlich länger und aus deutscher Sicht unübersichtlicher formuliert, als dies traditionell ein hiesiger Jurist tun würden.[42] Durch die zunehmende Amerikanisierung ist nunmehr auch in Deutschland zumindest für internationale Sachverhalte die Tendenz erkennbar, Vertragstexte immer detailreicher und damit wesentlich länger auszugestalten.[43]

---

40 Vgl. hierzu näher *Berger*, Die Anglisierung des Wirtschaftsrechts, in: Grundwald et al. (Hrsg.), Festschrift für Georg Maier-Reimer zum 70. Geburtstag, München 2010, 17 ff.

41 Siehe zu diesem Themenbereich *Hentzen*, Hegemonie oder Symbiose: Zur Rezeption des US-amerikanischen Rechts in der Vertragspraxis des M&A-Geschäfts, in: Ebke/Elsing/Großfeld/Kühne (Hrsg.), Das deutsche Wirtschaftsrecht unter dem Einfluss des US-amerikanischen Rechts, Frankfurt 2011, 101 ff.; *Treibel*, Angloamerikanischer Einfluss auf Unternehmenskaufverträge in Deutschland – eine Gefahr für die Rechtsklarheit?, RIW 1998, 1 ff.

42 Für die dem zugrundeliegenden Gründe siehe *Mankowski*, Rechtskultur – Eine rechtsvergleichend-anekdotische Annäherung an einen schwierigen und vielgesichtigen Begriff, JZ 2009, 329 ff.; *Treibel*, RIW 1998, 4 ff.

43 Näher zu diesem Themenbereich *Hentzen*, in: Ebke/Elsing/Großfeld/Kühne (Hrsg.), 108 ff.

VI. Bedeutung der Rechtsvergleichung für die deutsche Gesetzgebung

Wenden wir uns nunmehr der Bedeutung der Rechtsvergleichung für die deutsche Gesetzgebung auf dem Gebiet des Privatrechts zu.[44] Es besteht keinen Zweifel, dass der deutsche Gesetzgeber bei größeren zivilrechtlichen Gesetzesvorhaben regelmäßig von rechtsvergleichenden Erkenntnissen Gebrauch macht. Allerdings benutzt er diese auf unterschiedliche Weise: Teilweise wird eine *Kontrastfunktion* herangezogen, d.h. der Gesetzgeber schlägt in bewusster Ablehnung einiger ausländischen Modelle einen anderen Weg für Deutschland ein. Dies gilt oftmals für bestimme Elemente des US-amerikanischen Rechtssystems, die mit der deutschen Rechtskultur für unvereinbar gehalten werden. Als Beispiel lässt sich hier die Aufrechterhaltung des Schulderfordernisses für die vertragliche Haftung anführen. So hatte sich der Gesetzgeber während der Schuldrechtsreform mit dem Common Law-Ansatz einer verschuldensunabhängigen vertraglichen Garantiehaftung auseinandergesetzt, um sich dann jedoch bewusst für die Beibehaltung des Verschuldensprinzips auszusprechen.[45] Auch wenn es soweit ersichtlich an statistischen Daten fehlt, kann man wohl konstatieren, dass der Gesetzgeber häufiger die *Kontroll- oder Bestätigungsfunktion* heranzieht. Der Gesetzgeber verweist dann zur Unterstützung seiner eigenen gewählten Position auf gleichlautende oder ähnliche Lösungen anderer Rechtssysteme, um so das Element des Entscheidungseinklangs hervorzuheben. Fast nie bzw. sehr selten stützt sich der Gesetzgeber bei der Schaffung neuen Rechts ausschließlich auf ein anderes Rechtssystem im Sinne einer echten und alleinigen *Erkenntnisfunktion*.

Diese theoretisch scheinbar so klare Trennung der Funktionen ist in der Praxis natürlich nicht immer durchführbar, denn die Beweggründe und Gewichtung der rechtsvergleichenden Erwägungen des Gesetzgebers sind teilweise nicht präzise erkennbar. Darum fällt es auch bisweilen schwer, den genauen Wert der Rechtsvergleichung bei seiner Entscheidungsfindung für ein Lösungsmodell herauszumendeln.

Dass der deutsche Gesetzgeber überhaupt rechtsvergleichend argumentiert, hat aber auch praktische Gründe. Er scheint hier frei nach der folgenden Maxime von *Rudolph Jhering* zu handeln:

---

44 Siehe hierzu auch *Drobnig/Dopffel*, Die Nutzung der Rechtsvergleichung durch den deutschen Gesetzgeber, 46 RabelsZ 1982, 253 ff.; *Großfeld*, 38 ff.; *Markesinis/Fedtke*, 177 ff.

45 BT-Drucksache 14/6040, 131.

> *„Die Frage von der Rezeption fremder Rechtseinrichtungen ist nicht eine Frage der Nationalität, sondern eine einfache Frage der Zweckmäßigkeit, des Bedürfnisses. Niemand wird von der Ferne holen, was er daheim ebenso gut oder besser hat, aber nur ein Narr wird die Chinarinde aus dem Grund zurückweisen, weil sie nicht auf seinem Krautacker gewachsen ist.“*[46]

Der Gesetzgeber kann also mit der *„Rezeption fremder Rechtseinrichtungen“* Zeit und Ressourcen bei der Erstellung von Gesetzestexten sparen, wenn er eben auf bereits bestehende Lösungen zurückgreift.[47] Des Weiteren stellen die mit der übernommenen ausländischen Lösung gemachten Erfahrungen eine wichtige praktische Erkenntnisquelle dar, die umso bedeutender ist, je mehr das andere Land wirtschaftlich und kulturell mit Deutschland vergleichbar ist. Die Notwendigkeit eines Tests der praktischen Wirksamkeit neuen Rechts wird dem Gesetzgeber sozusagen durch ein ausländisches „Labors“ abgenommen, zumindest wenn die Rahmenbedingungen der beiden Länder vergleichbar sind.

Was die durch den Gesetzgeber verwendeten Referenzpunkte (die er zumeist aus deutschen Büchern zur Rechtsvergleichung entnimmt) angeht, so hat sich ein deutlicher Wandel vollzogen.[48] Für frühere Gesetzesvorhaben verwies man nahezu ausschließlich auf das Recht ausländischer Rechtsordnungen, und zwar umso intensiver, je näher Deutschland rechtlich, wirtschaftlich und gesellschaftlich mit dem anderen Staat vergleichbar war. Dies bedeutet, dass der Gesetzgeber insbesondere das Recht anderer europäischer Rechtsordnungen (und hier vor allen Dingen die Schweiz und Österreich) und etwas weniger dominant der USA heranzog und dies auch nach wie vor intensiv macht. Rechtsvergleichende Erwägungen zu anderen nationalen Rechtsordnungen (z.B. aus Afrika, Asien oder Südamerika) waren und sind nach wie vor selten, aber nicht gänzlich unbekannt.

In den letzten beiden Jahrzehnten hat der deutsche Gesetzgeber auf dem Gebiet des Zivilrechts aber auch zunehmend intensiv von zwei weiteren Rechtsquellen Gebrauch gemacht, und zwar dem internationalen Einheitsrecht (hier vor allen Dingen dem CISG) und rechtsvergleichend erarbeiteten Principles, insbesondere den PECL und den PICC. Auf den Einfluss ausländischer Rechtsordnungen (1.), des internationalen Einheitsrechts (2.) und von Soft Law-Instrumenten (3.) auf die deutsche Gesetzgebung soll jetzt exemplarisch eingegangen werden.

---

46 *Jhering*, Geist des römischen Rechts, Band 1, Leipzig 1865, 8 f.

47 Dies ist gerade bei kleineren Ländern ein wichtiger Beweggrund für eine Rezeption fremden Rechts.

48 Siehe zu den verwendeten Referenzquellen *Markesinis/Fedke*, 178 ff.

1. *Ausländische Rechtsordnungen*

Schaut man auf die Anfänge Deutschlands als Staat zeigt sich, dass der deutsche Gesetzgeber schon immer von der Rechtsvergleichung unter Bezugnahme auf ausländische Rechtsordnungen Gebrauch gemacht. Selbst die *Allgemeine Deutsche Wechselordnung* von 1848 und das *Allgemeine Deutsche Handelsgesetzbuch* von 1861, die durch die Umsetzung in allen deutschen Staaten des deutschen Bundes auf dem Gebiet des Zivilrechts die ersten einheitlichen Gesetze waren, beruhen auf rechtsvergleichenden Erwägungen. Gleiches gilt für die *Konkursordnung* von 1877, wie aus der Begründung des Entwurfs deutlich wird.[49] Und auch bei der Schaffung des BGB wurde immer wieder auf zahlreiche ausländische Rechtsordnungen (u.a. Frankreich, Schweiz oder Österreich) verwiesen.[50]

Die traditionelle Rechtsvergleichung hat für die gegenwärtige deutsche Gesetzgebung ihre Bedeutung behalten. Es lassen sich zumindest drei nicht immer ganz klar voneinander zu unterscheidende Situationen ausmachen, in denen der Gesetzgeber nach wie vor auf andere Rechtsordnungen zurückgreift. So werden oftmals intensive rechtsvergleichende Erwägungen zur Lösung *neuer Rechtsfragen* angestellt, die sich aufgrund *technischer oder gesellschaftlicher Veränderungen* stellen bzw. die erstmalig geregelt werden sollen. Als Beispiel dafür lässt sich die frühere Schaffung von eingetragenen Lebenspartnerschaften für homosexuelle Paare anführen. Zur Vorbereitung der Bestimmungen im deutschen Familienrecht auf diesem Gebiet diente damals eine ausführliche Untersuchung, die das Justizministerium durch eine wissenschaftliche Einrichtung durchführen ließ.[51] Die Erfahrungen, die andere Staaten mit ihrer Gesetzgebung gesammelt hatten, bildeten sodann eine der Grundlagen für die Entscheidung des deutschen Gesetzgebers zur Einführung der eingetragenen Lebenspartnerschaften.[52] Allerdings ist das Lebenspartnerschaftsgesetz inzwischen durch die Zulassung der gleichgeschlechtlichen Ehe durch das Gesetz zur Einführung des Rechts auf Eheschließung für Personen gleichen Geschlechts vom

---

49 *Großfeld*, 41.

50 *Großfeld*, 43 (mit weiteren Nachweisen) hebt insbesondere den Einfluss des schweizerischen Obligationenrechts von 1881 hervor, das wiederum auf rechtvergleichenden Studien beruht.

51 Vgl. hierzu die umfangreichen Gutachten in *Basedow/Hopt/Kötz/Dopffel* (Hrsg.), Die Rechtsstellung gleichgeschlechtlicher Lebensgemeinschaften, Tübingen 2000.

52 Siehe dazu näher die rechtsvergleichenden Erwägungen im Entwurf eines Gesetzes zur Ergänzung des Lebenspartnerschaftsgesetzes und anderer Gesetze im Bereich des Adoptionsrechts, BT-Drucksache 17/1429, 3.

20. Juli 2017 bereits schon wieder obsolet geworden.[53] Aber auch in den Materialien zu diesem Gesetz lassen sich wiederum rechtsvergleichende Hinweise zu zahlreichen Rechtsordnungen finden. So heißt es dort, um nur ein Beispiel zu nennen, unter anderem:

> *„Schließlich bieten die Rechtsordnungen anderer Länder weitere Anhaltspunkte dafür, dass das Konzept der Geschlechtsverschiedenheit der Ehegatten überholt ist. Jüngst hat die Republik Irland die Ehe für gleichgeschlechtliche Paare geöffnet. In den Ländern Belgien, Niederlande, Frankreich, Luxemburg, Finnland, Kanada, Südafrika, Spanien, Norwegen, Schweden, Portugal, Island, Dänemark, Argentinien, Brasilien, Uruguay, Neuseeland sowie in Schottland, England und Wales, in 41 Bundesstaaten der USA und dem District of Columbia, sowie in zwei Bundesstaaten und in der Hauptstadt Mexikos wurde die Zivilehe für Personen gleichen Geschlechts eingeführt. Darüber hinaus werden gleichgeschlechtliche Ehen in Israel anerkannt.*“[54]

Der Gesetzgeber greift darüber hinaus in statischen, will heißen von technischen und gesellschaftlichen Neuerungen relativ unabhängigen Rechtsfragen auf ausländische Erfahrungen zurück, wenn es sich um *grundlegende und bislang unbefriedigend gelöste klassische Probleme des Zivilrechts* handelt.[55] Als Beispiele können hier die Schuldrechts- und die Schadenersatzrechtsreform aus dem Jahre 2002 genannt werden, die das BGB maßgeblich umgestaltet haben.[56] So wies der Gesetzgeber bei der Reform des Schadensrechts hinsichtlich der Einführung des immateriellen Schadensersatzes bei vertraglicher Haftung und Gefährdungshaftung[57] auf die Rechtslage in mehreren anderen europäischen Ländern hin und kodifizierte mit § 253 BGB eine über hundertjährige „heiße Kartoffel“ des deutschen Schadensrechts.[58] Die Schuldrechtsreform, deren eigentlicher Anlass die Umsetzung der Verbrauchsgüterkaufrichtlinie 1999/44/EG[59] war, stellt die größte Re-

---

53 BGBl. I 2017, 2787.

54 BR-Drucksache 273/15, 5. Es folgen anschließend noch weitere rechtsvergleichende Erwägungen.

55 Gerade für diese Fallgruppe greift der Gesetzgeber aber auch zunehmend auf internationales Einheitsrecht und Principles zurück, wie in den gleich folgenden Erörterungen noch näher ausgeführt wird.

56 Siehe BT-Drucksache 14/6040 und BT-Drucksache 14/7752.

57 Zuvor war der Ersatz des immateriellen Schadensersatzes gem. § 847 BGB alte Fassung nur im Deliktsrecht und nur bei schuldhaftem Verhalten möglich.

58 BT-Drucksache 14/6040, 15.

59 Richtlinie 1999/44/EG des Europäischen Parlaments und des Rates vom 25. Mai 1999 zu bestimmten Aspekten des Verbrauchsgüterkaufs und der Garantien für Verbrauchsgüter.

form des deutschen Zivilrechts überhaupt dar. Für diese Reform zog der deutsche Gesetzgeber neben dem CISG, den PECL und den PICC auch zahlreiche ausländische Rechtsordnungen heran.[60] Dies gilt etwa für die zuvor nicht kodifizierte und nunmehr in § 311 BGB verankerte culpa in contrahendo, also der Haftung für eine vorvertragliche Pflichtverletzung. Der Gesetzgeber zog hier französisches, schweizerisches, italienisches und US-amerikanisches Recht heran.[61] Bezüglich der Erstkodifizierung der Lehre vom Wegfall der Geschäftsgrundlage im jetzigen § 313 BGB setzte sich der Gesetzgeber gleich mit der rechtlichen Situation in England, Frankreich, Italien, Griechenland, den Niederlanden, der Schweiz, den USA und sogar der DDR auseinander.[62] Bei der Einführung des § 314 BGB, der sich mit Dauerschuldverhältnissen befasst, wurden neben Art. 73 CISG insbesondere auf Artt. 1559–1570 des italienischen Codice Civile verwiesen und als Vorbild herangezogen.[63]

Bei der letzten Fallgestaltung wird die Rechtsvergleichung vom Gesetzgeber eher zufällig und teils sogar verdeckt zur Lösung von bestimmten, *sachlich beschränkten Einzelproblemen* herangezogen. Als Beispiel lässt sich der im Jahre 2000 eingeführte § 661a BGB anführen, mit dem der Gesetzgeber der unzulässigen Praxis entgegenwirken wollte, dass Unternehmer Verbrauchern Mitteilungen über angebliche Gewinne übersenden, diese Gewinne aber nie auszahlen. Bei der Schaffung dieser Norm wurde fast wortgleich die österreichische Regelung, genauer gesagt § 5j des inzwischen weggefallenen österreichischen Konsumentenschutzgesetzes (KSchG) übernommen, ohne dies aber in den Gesetzesmaterialien aufzuführen. Eine solche verdeckte Rechtsvergleichung ist bedauerlich, da die Übernahme der österreichischen Regelung offensichtlich und sowohl in

60 Zum Einfluss des CISG, der PECL und der PICC auf das deutsche Recht gleich mehr.

61 BT-Drucksache 14/6040, 161.

62 BT-Drucksache 14/6040, 174 ff. Auffällig ist übrigens, dass der deutsche Gesetzgeber im Allgemeinen relativ selten direkt auf ausländische Literatur bzw. auf ausländisches Recht zurückzugreifen scheint. Vielmehr werden zumeist die klassischen rechtsvergleichenden Werke wie *Zweigert/Kötz* (siehe z.B. hinsichtlich der Schuldrechtsreform, BT-Drucksache 14/6040, 131, 175) oder *von Bars* Gemeineuropäisches Deliktsrecht, Band 1 (München 1996) und Band 2 (München 1999) zu Rate gezogen und zitiert (siehe z.B. hinsichtlich der Schadensersatzrechtsreform BT-Drucksache 14/7752, 15, 17, 31). Teilweise werden Erwägungen zum ausländischen Recht aber auch ohne irgendwelche Quellenangaben getätigt (vgl. beispielsweise BT-Drucksache 14/6040, 177).

63 BT-Drucksache 14/6040, 177.

der Literatur als auch vom Bundesgerichtshof[64] unbestritten ist. Der Gesetzgeber ist dazu angehalten, seine rechtsvergleichenden Überlegungen auch für eine spätere historische Auslegung durch die Gerichte offenzulegen und so zum internationalen Entscheidungseinklang beizutragen.

2. *Internationales Einheitsrecht*

Der deutsche Gesetzgeber macht nicht nur von ausländischen Rechtsordnungen, sondern wie bereits erwähnt zunehmend auch vom internationalen Einheitsrecht Gebrauch, und zwar zur Lösung von grundlegenden und bislang unbefriedigend geregelten klassischen Problemen des Zivilrechts. Beispielhaft für diese Entwicklung steht der Einfluss des CISG, das trotz seiner Schwächen als eine gelungene Mischung aus Common Law und Civil Law gilt, auf das deutsche BGB.[65] Der Gesetzgeber hat sich bei der Schuldrechtsreform erheblich vom CISG inspirieren lassen und das deutsche Schuldrecht anhand einiger Grundentscheidungen der Konvention umgeformt.[66] Deutliche Spuren im deutschen Recht hat das UN-Kaufrecht etwa im allgemeinen und im kaufrechtlichen Rechtsbehelfssystem, beim Konzept der Pflichtverletzung gem. § 280 BGB und bei der Bestimmung des Sachmangels gem. § 434 BGB hinterlassen. Teilweise wird der Einfluss des CISG auf das heutige BGB aber nicht sofort sichtbar, da viele Elemente der Konvention bereits von der Verbrauchsgüterkaufrichtlinie 1999/44/EG aufgenommen wurden und es daher bei der konkreten Richtlinienumsetzung nicht immer noch einer ausdrücklichen Referenz auf das UN-Kaufrecht selbst bedurfte. So stand etwa Art. 35 CISG bei der Schaffung des Art. 2 der Verbrauchsgüterkaufrichtlinie Pate, der anschließend durch § 434 BGB umgesetzt wurde; das in Artt. 45 ff. CISG niedergelegte Rechtsbehelfssystem fand über Art. 3 der Verbrauchsgüterkaufrichtlinie seinen Niederschlag im deutschen Rechtsbehelfssystem. Das CISG wird hier also bildlich gesprochen „über die Bande" des Europäischen Privatrechts ins nationale Recht, sprich ins BGB, hineingespielt. Diese Entwicklung wird sich durch die bis zum 1. Januar 2022 umzusetzende Richtlinie (EU)

---

64 BGHZ 153, 82, 90.

65 Siehe zur Frage des CISG als erfolgreiche rechtliche „Melange" zwischen Common Law und Civil Law *Janssen/Ahuja*, Legal Laboratory CISG: A Successful Hybrid between Common Law and Civil Law?, Vindobona Journal of International Commercial Law and Arbitration (VJICLA) 2017, 129 ff.

66 Wie bereits erwähnt, stand unter anderem Art. 73 CISG bei der Schaffung des § 314 BGB, der sich mit Dauerschuldverhältnissen befasst, Pate.

2019/771 über bestimmte vertragsrechtliche Aspekte des Warenkaufs, die die Verbrauchsgüterkaufrichtlinie aufheben wird, weiter fortsetzen.[67] Der Grund dafür ist die Tatsache, dass auch die Richtlinie (EU) 2019/771 zahlreiche CISG-Elemente in sich aufgenommen hat. Gleiches gilt im Übrigen auch für die sie ergänzende und ebenfalls noch umzusetzende Digitale-Inhalte-Richtlinie (EU) 2019/770.[68]

3. *Soft Law-Instrumente*

Ebenso hat der Einfluss von Soft Law-Instrumenten, hier verstanden als rechtsvergleichend von Wissenschaftlern erstellte unverbindliche Regelwerke, auf die deutsche Gesetzgebung in den letzten beiden Jahrzehnten erheblich zugenommen. So wurden wie bereits kurz erwähnt sowohl die PECL[69] als auch die PICC[70] intensiv für die Schuldrechtsreform herangezogen, obwohl die dort vorgefundenen Lösungen anders als bei anderen Rechtsordnungen und dem CISG keine oder zumindest nur äußerst selten praktische Anwendung finden.[71] Zur Lösung der Frage der Unmöglichkeit wurden etwa beide gerade genannten Regelwerke genannt und ausführ-

---

67 Richtlinie (EU) 2019/771 des Europäischen Parlaments und des Rates vom 20. Mai 2019 über bestimmte vertragsrechtliche Aspekte des Warenkaufs, zur Änderung der Verordnung (EU) 2017/2394 und der Richtlinie 2009/22/EG sowie zur Aufhebung der Richtlinie 1999/44/EG.

68 Richtlinie (EU) 2019/770 des Europäischen Parlaments und des Rates vom 20. Mai 2019 über bestimmte vertragsrechtliche Aspekte der Bereitstellung digitaler Inhalte und digitaler Dienstleistungen (Digitale-Inhalte-Richtlinie).

69 Der erste Teil der PECL stammt aus dem Jahre 1995, der zweite Teil aus 1999 und der dritte Teil aus 2002.

70 Die PICC wurden erstmals 1994 veröffentlicht und seitdem mehrfach geändert und erweitert.

71 Der Grund dafür liegt in Art. 3 Abs. 1 S. 1 der Rom I-Verordnung, der besagt, dass die Parteien nur „*Recht*" wählen können, was die Vereinbarung von Soft Law-Instrumenten ausschließt. Eine Wahl von Principles als auf den Vertrag anwendbare Rechtsregeln ist daher grundsätzlich nur im Schiedsverfahren möglich. Der Grund dafür liegt darin, dass viele Schiedsrechtsregeln (vgl. etwa Art. 21 Abs. 1 S. 1 der ICC Rules of Arbitration) die Wahl von „*rules of law*" und damit auch die Wahl von Principles zulassen. Zudem ermöglichen es viele Schiedsrechtsordnungen dem Schiedsrichter bei fehlender Rechtswahl durch die Parteien die Wahl von „*rules of law*" als anwendbares Recht (vgl. etwa Art. 21 Abs. 1 S. 2 der ICC Rules of Arbitration). Insgesamt gesehen ist die praktische Anwendung der Principles als anwendbares Recht aber gering.

lich untersucht.[72] Daneben spielten die PECL bei der Frage der Einbeziehung des Verbraucherrechts in das deutsche BGB, bei der Verantwortlichkeit des Schuldners gemäß § 276 BGB und insbesondere bei der Neugestaltung der Verjährungsregeln der §§ 194 ff. BGB eine bedeutende Rolle.[73] Der Entwurf des CESL (2011) und der DCFR (2009) spielen hingegen aufgrund des im Vergleich zu den PICC und PECL deutlich späteren Entstehungsdatums bei den Reformbestrebungen in Deutschland bislang nur eine untergeordnete Rolle. Jedoch stand Art. VI.-2:202 Abs. 1 DCFR bei der Schaffung des § 844 Abs. 3 BGB, der das neu eingeführte Hinterbliebenenschmerzensgeld regelt, Pate.[74] Ein entsprechender Hinweis auf die Regelung des DCFR lässt sich jedoch in den Gesetzesmaterialien nicht wiederfinden, so dass man hier von einem Fall der verdeckten Rechtsvergleichung ausgehen kann.[75]

Neben den genannten Rechtsprinzipien lässt sich der deutsche Gesetzgeber bei der Ausarbeitung von Gesetzen zunehmend von *model laws*, also Modellgesetzen leiten, die zumindest teilweise rechtsvergleichend erstellt werden. So wurde etwa 1998 das zehnte Buch der ZPO zum schiedsrichterlichen Verfahren (§§ 1025 ff. ZPO) weitestgehend dem *UNCITRAL Model Law on International Commercial Arbitration* aus dem Jahre 1985 nachgebildet.

Halten wir also noch einmal zusammenfassend fest: Für den deutschen Gesetzgeber war die Rechtsvergleichung nie nur Hobby, sondern schon immer fester Bestandteil seiner Arbeit. Allerdings haben sich seine Bezugspunkte für die Rechtsvergleichung geändert. Nicht nur ausländische Rechtsordnungen, sondern immer mehr auch internationales Einheitsrecht und Soft Law-Instrumente werden herangezogen, was der Rechtsvergleichung insgesamt ein größeres Gewicht verleiht und auf ein solideres Fundament stellt. Diese Entwicklung lässt sich besondere gut bei der Schuldrechtsreform beobachten.

Durch die zahlreichen Referenzen zu den genannten Quellen soll in erster Linie so weit wie möglich ein internationaler Entscheidungseinklang hergestellt werden. Das deutsche Recht wird so mittels der Rechtsverglei-

72 BT-Drucksache 14/6040, 129.

73 BT-Drucksache 14/6040, 92, 96, 131.

74 § 844 Abs. 3 BGB ist aber enger gefasst, da ein Anspruch nur beim Versterben in Betracht kommt, während nach dem DCFR auch eine Körperverletzung ausreichen kann.

75 So wohl im Ergebnis auch *von Bar*, Besprechung des Werkes Nils Jansen/Reinhard Zimmermann (Hrsg.), Commentaries on European Contract Laws, Oxford: Oxford University Press, 2018, 2218 pp., 219 AcP (2019), 594 ff.

chung zu einem *„Brückenrecht"* zu anderen Rechtsordnungen und soll *„Law made in Germany"* an die Spitze der internationalen Rechtsentwicklung setzen.[76] Und will man sehr weit in die Ferne schweifen und spekulieren, so ließe sich im Hinblick auf die Schaffung eines möglichen zukünftigen Europäischen Zivilgesetzbuches sogar die These vom neugestalteten BGB als ein *„Übergangsrecht"* aufstellen.[77]

VII. *Bedeutung der Rechtsvergleichung für die Gesetzesauslegung durch die Gerichte*

Die Auslegung von Gesetzen obliegt allein den Gerichten.[78] Für die Beantwortung der Frage, ob deutsche Gerichte dabei rechtsvergleichende Erwägungen anstellen dürfen und ob dies auch tatsächlich geschieht, sind rein nationale Fälle (1.) von den Konstellationen mit Bezügen zum internationalen Einheitsrecht (2.) zu unterscheiden.

1. *Auslegung nationalen Rechts*

Befassen wir uns also zunächst mit der Auslegung rein nationalen Rechts.[79] Traditionell legt man in Deutschland nationales Zivilrecht anhand von vier Methoden aus, und zwar der grammatikalischen, historischen, systematischen und letztlich der objektiv-teleologischen Auslegung, also der Auslegung nach Sinn und Zweck der Norm.[80] Unter Zugrundelegung dieser Methodenlehre können die Gerichte also, sofern der Gesetzge-

---

76 Dem deutschen Gesetzgeber ging es auch darum, ein modernes und wettbewerbsfähiges Schuldrecht zu schaffen. Siehe generell zu dieser Grundidee für das deutsche Privat- und Wirtschaftsrecht die Broschüre „Law: Made in Germany" des Bundesministeriums der Justiz und für Verbraucherschutz, abrufbar unter https://www.lawmadeingermany.de/Law-Made_in_Germany_EN.pdf.

77 Siehe zur Idee eines Europäischen Zivilgesetzbuches bereits *Martiny/Witzleb* (Hrsg.), Auf dem Weg zu einem Europäischen Gesetzbuch, Berlin 1999.

78 Siehe hierzu näher beispielsweise *Großfeld*, 69 ff.

79 Die richterliche Rechtsfortbildung wird in diesem Beitrag nicht näher behandelt. Siehe hierzu näher *Larenz*, Methodenlehre der Rechtswissenschaft, 6. Auflage, Berlin 1991, 366 ff.

80 Siehe zur klassischen Viererkanonlehre *von Savigny*, System des heutigen Römischen Rechts, Band I, Berlin 1840, 212 ff. Aus moderner Sicht zu Savignys Viererkanonlehre *Huber*, Savignys Lehre von der Auslegung der Gesetze aus heutiger Sicht, JZ 2003, 1 ff. Generell zur Gesetzesauslegung in Deutschland *Larenz*, 312 ff.

ber wie oben geschrieben bei der Schaffung einer Vorschrift rechtsvergleichend gearbeitet hat, im Sinne der historischen Auslegung auf diese Rechtssysteme zurückgreifen. Dies bedeutet also, je mehr der Gesetzgeber wie etwa bei der Schuldrechtsreform offen rechtsvergleichend arbeitet, desto einfacher können die Gerichte (auch) rechtsvergleichend argumentieren. Durch die rechtvergleichende Arbeitsweise des Gesetzgebers wird den Gerichten also der Zugriff auf rechtsvergleichende Argumente erleichtert, ihnen wird diesbezüglich sozusagen durch den Gesetzgeber „die Tür geöffnet".

Intensiv diskutiert wird spätestens seit dem 1949 veröffentlichten Aufsatz von *Konrad Zweigert* mit dem Titel *„Rechtsvergleichung als universelle Interpretationsmethode"*[81] die eigentliche Gretchenfrage für die Gesetzesauslegung, nämlich ob neben den vier genannten traditionellen Methoden auch die rechtsvergleichende Auslegung als *„fünfte Auslegungsmethode"* anzuerkennen ist. Diese würde es ermöglichen, generell auf Erkenntnisse der Rechtsvergleichung zurückzugreifen, also auch dann, wenn die Gesetzgebungsgeschichte keinerlei rechtsvergleichenden Informationen enthält.[82] Hierfür ist zunächst zu klären, ob eine rechtsvergleichende Auslegung nach deutschem Recht überhaupt zulässig ist, und anschließend, inwieweit die Gerichte bei der Auslegung deutschen Rechts bereits tatsächlich Gebrauch von der Rechtsvergleichung (im Sinne einer fünften Auslegungsmethode?) machen.

a. Zulässigkeit der Rechtsvergleichung bei der Auslegung nationalen Rechts

Das Bundesverfassungsgericht hat wiederholt festgestellt, dass das deutsche Recht den Gerichten nicht vorschreibt, *wie* sie zu ihren Entscheidungen kommen. Die Richter haben, so das Bundesverfassungsgericht, gemäß Art. 20 Abs. 3 des Grundgesetzes nur nach Gesetz und Recht zu entscheiden, ohne dass eine bestimmte Auslegungsmethode vorgeschrieben wird.[83] Die Verwendung der rechtsvergleichenden Methode wird vom Bundesverfassungsgericht ausdrücklich als zulässig erachtet. So führt es bereits in einer seiner ersten Entscheidung aus:

---

81 *Zweigert*, Rechtsvergleichung als universale Interpretationsmethode, 15 RabelsZ 1949/50, 1, 8.

82 Kommt infolge des Kollisionsrechts ausländisches Recht zur Anwendung, so kann der Richter gem. § 293 ZPO natürlich ohne Weiteres auf ausländische Quellen und Urteile zurückgreifen.

83 BVerfGE 88, 145.

„Im Übrigen haben die Gerichte sich der erprobten Hilfsmittel, nämlich der Interpretation und Lückenfüllung, unter Verwertung auch der rechtsvergleichenden Methode bedient.“[84]

Trotz dieser klaren Worte herrscht bei den anderen deutschen obersten Gerichten hinsichtlich der Heranziehung ausländischer Rechtserfahrungen zur Auslegung nationalen Rechts eine deutliche Zurückhaltung, ja sogar Skepsis vor. So führt der Bundesgerichtshof aus,[85] dass die Rechtsvergleichung nur einen beschränkten Wert bei der Auslegung nationalen Rechts haben könne und auch das Bundesverwaltungsgericht betont, dass es sich bei der Rechtswissenschaft um eine *„national geprägte Wissenschaft“* handele.[86]

b. Status quo der Rechtsvergleichung bei der Auslegung nationalen Zivilrechts

Diese eben gemachten Ausführungen bedeuten jedoch nicht, dass rechtsvergleichende Überlegungen für die Auslegung deutschen Zivilrechts bei Gerichten völlig unbekannt sind. So lassen sich für die Periode von 1909-1928 immerhin 17 Urteile des Reichsgerichts mit rechtsvergleichenden Bezügen finden.[87] Bei den meisten Entscheidungen ging es um rechtliche Aspekte des Gesellschaftsrechts. *Hein Kötz* zählt für den Bundesgerichtshof bis zum Jahre 2000 mindestens 14 Urteile mit rechtsvergleichenden Erwägungen.[88] So hat der Bundesgerichtshof etwa bei der Auslegung des § 616 BGB (vorübergehende Verhinderung des Dienstverpflichteten) das Schweizerische Obligationenrecht herangezogen, um zu beurteilen, ob der Schädiger Schadensersatz wegen Erwerbsausfall auch dann zu leisten hat, wenn der Geschädigte weiter eine Dienstvergütung bezieht.[89] Zur Auslegung des § 89b Abs. 1 HGB (Ausgleichanspruch des Handelsvertreters) zog das Gericht in Hinblick auf die Übertragung eines Ausgleichanspruchs eines Handelsvertreters auf dessen Witwe vergleichend Regelun-

84 BVerfGE 3, 225, 244.

85 BGHZ 86, 240, 250.

86 BVerwG, NJW 1993, 276.

87 *Aubin*, Die rechtsvergleichende Interpretation autonom-internen Rechts in der deutschen Rechtsprechung, 34 RabelsZ 1970, 458 ff.

88 *Kötz*, Der Bundesgerichtshof und die Rechtsvergleichung, in: Canaris et al. (Hrsg.), 50 Jahre Bundesgerichtshof, München 1999, 825, 832 ff. Weitere Untersuchungen auf diesem Gebiet, die den danach folgenden Zeitraum umfassen, liegen soweit ersichtlich, bedauerlicherweise nicht vor.

89 BGHZ 21, 112, 119.

gen des italienischen, französischen und insbesondere schweizerischen Rechts heran.[90]

Einen verhältnismäßigen Schwerpunkt der Heranziehung rechtsvergleichender Überlegungen durch die Gerichte bildet das Deliktsrecht.[91] Die wichtige Rechtsprechung zum Ersatz immaterieller Schäden bei Verletzungen des allgemeinen Persönlichkeitsrechts beruht (auch) auf rechtsvergleichenden Überlegungen. So zog der Bundesgerichtshof schon 1961 im berühmten *Ginsengwurzel*-Fall schweizerisches Recht, genauer gesagt Art. 49 I des schweizerischen Obligationenrechts in der damaligen Fassung, heran, um die Genugtuungsfunktion der immateriellen Entschädigung bei Persönlichkeitsrechtsverletzungen hervorzuheben.[92] In der nicht minder bekannten *Fernsehansagerin*-Entscheidung stützte er wenig später das gleiche Ergebnis auf eine weiter ausgreifende, genereller gefasste vergleichende Erwägung: Der Bundesgerichtshof stellte darauf ab, dass *„in fast allen Rechtsordnungen, in denen entsprechend unserer Auffassung dem Personenwert des Einzelnen eine zentrale Bedeutung im Rechtssystem zukommt, der immaterielle Schadensersatz als die der Persönlichkeitsrechtsverletzung adäquate privatrechtliche Sanktion anerkannt“* sei.[93] Auch in der *wrongful life*-Entscheidung[94] aus dem Jahre 1983 befasste sich der Bundesgerichtshof intensiv mit der einschlägigen amerikanischen Judikatur und insbesondere mit dem Urteil *McKay v. Essex Health Authority*[95] des britischen Court of Appeal und wies im Ergebnis die Klage eines schwerstbehindert geborenen Kindes gegen den behandelnden Arzt wegen eines *„wrongful life“* bzw. *„wrongful birth“* ab.

Bei der Auswertung der Urteile des Bundesgerichtshofs fällt die nur punktuell und selektiv vorgenommene Rechtsvergleichung des Gerichts ins Auge.[96] Dies verdeutlicht wiederum, dass sich die Idee einer echten rechtsvergleichenden fünften Auslegungsmethode bislang nicht durchsetzen konnte. Auch zeigen die kurzen Ausführungen, wenngleich hier nicht genau statistisch unterlegt, wie selten am Ende doch überhaupt die Rechtsvergleichung beim Bundesgerichtshof zwecks Auslegung nationalen

---

90 BGHZ 24, 214, 218 ff. Siehe hierzu auch *Großfeld*, 70.

91 Der Grund dafür liegt unter anderem daran, dass im deutschen Deliktsrecht ein relativer Normenmangel herrscht und sich insbesondere § 823 Abs. 1 BGB und §§ 249 ff. BGB als Einfallstore für rechtsvergleichende Überlegungen eignen.

92 BGHZ 35, 363, 369.

93 BGHZ 39, 124, 132.

94 BGHZ 86, 240 ff.

95 *McKay v. Essex Health Authority* [1982] 2 WLR 890.

96 Ebenso mit diesem Urteil *Großfeld*, 46.

Rechts eine Rolle spielt. Des Weiteren wird deutlich, dass selbst dort, wo rechtsvergleichende Erwägungen angestellt werden, diese für die konkrete Entscheidung als eher sekundär einzustufen sind. Vielmehr scheint es bei den meisten der untersuchten Urteile so zu sein, als hätten die Richter die Entscheidung schon auf anderem Wege gefunden und die Hinweise auf das ausländische Recht erst nachträglich hinzugefügt, um die Überzeugungskraft des Urteils zu erhöhen. Demzufolge macht sich der Bundesgerichtshof vor allen die *Kontroll- und Bestätigungsfunktion*, bisweilen aber auch die *Kontrastfunktion* der Rechtsvergleichung zunutze,[97] sofern er wie gesagt überhaupt rechtsvergleichende Erwägungen anstellt.[98] Eine tragende, im Sinne von entscheidende Rolle kommt der Rechtsvergleichung bei der Auslegung nationalen Rechts im Allgemeinen darum nicht zu. Die Heranziehung der Rechtsvergleichung wird von den Richtern als womöglich zweckmäßige, aber eben auch rein freiwillige Aufgabe ansehen. Als solche, und dies soll keine generelle Richterschelte sein, kann sie jedoch aus Mangel an Zeit, Sprachkenntnissen und Zugriff auf vertrauenswürdige Rechtsquellen oftmals schon rein praktisch nicht durchgeführt werden.[99]

Allerdings, und diesen Umstand sollte man nicht unterschätzen, sind die „*Wirkungsströme der Rechtsvergleichung*" oftmals nicht einfach linear abzubilden.[100] So setzt sich die Rechtsprechung regelmäßig intensiv mit der deutschen Literatur auseinander, und diese hat ihrerseits bereits ausländische Rechtsvorstellungen verarbeitet und in sich aufgenommen hat.[101] Auf diese Weise nimmt ausländisches Recht Einfluss auf die Auslegung nationalen Rechts, wenngleich die Gerichte selbst keine eigene Rechtsvergleichung vornehmen.[102] *Bernhard Großfeld*, der sich schwer tut mit der Anerkennung einer rechtsvergleichenden fünften Auslegungsmethode im Sinne von *Konrad Zweigert*, hält dies für den vorzugswürdigen Weg und führt diesbezüglich anschaulich aus:

> „*Es ist im Allgemeinen besser, die Rechtsvergleichung durch den Filter der Literatur laufen zu lassen. Die Wissenschaft erfüllt damit als Teil einer*

97 Der Bundesgerichtshof macht sich aber etwa in BGH, NJW 1981, 1206 ff. (Sittenwidrigkeit von Teilzahlungskrediten) die Kontrastfunktion zunutze (konkret im Vergleich zum österreichischen Recht).

98 Ebenso mit dieser Einschätzung *Markesinis/Fedtke*, 173.

99 Ebenso im Ergebnis *Großfeld*, 35 ff.

100 Siehe hierzu näher *Großfeld*, 71; *Markesinis/Fedtke*, 170 ff.

101 Zur Frage welche Autoren bzw. welche Werke der Bundesgerichtshof zitiert siehe *Markesinis/Fedtke*, 175.

102 Dass hier jedoch ein direkter Nachweis nur schwer zu führen ist, versteht sich von selbst.

schöpferischen Jurisprudenz ihre schönste Aufgabe: Der Praxis vorzudenken und den Weg in die Zukunft zu weisen.“[103]

2. Internationales Einheitsrecht

Jan Kropholler erklärt in seiner grundlegenden Habilitationsschrift „Internationales Einheitsrecht“[104] zur Frage der Auslegung von internationalem Einheitsrecht:

> „*Die ausländische Rechtsprechung und Lehre zum auszulegenden Text des Einheitsrechts ist unbedingt zu beachten, weil ohne diesen Blick über die Grenzen die gewünschte international einheitliche Rechtsentwicklung nicht möglich ist.*“

Die deutschen Gerichte beachten diesen Satz zumindest zu einem guten Teil bei der Auslegung von internationalem Einheitsrecht.[105] Dies gilt etwa für die Auslegung des internationalen Transport- und Seerechts, wo der Bundesgerichtshof regelmäßig auf ausländische Urteile und Literatur hinweist.[106] Auch für den Bereich des internationalen Kaufrechts, also des UN-Kaufrechts, verweisen die Bundesrichter auf ausländische Literatur und Rechtsprechung, wie etwa eine Entscheidung aus dem Jahre 2004 belebt.[107] Dort wurden zur Lösung von Darlegungs- und Beweislastfragen (konkret ging es um die Kenntnis bzw. grobe fahrlässige Unkenntnis des Verkäufers in Bezug auf die Vertragswidrigkeit der gelieferten Ware im Rahmen von Art. 40 CISG), ausdrücklich mehrere schiedsgerichtliche, niederländische und kanadische Entscheidungen herangezogen. In einem Urteil aus 2014 verwiesen die Bundesrichter zur Bestimmung der wesentlichen Vertragsverletzung nach Art. 25 CISG und zur Beantwortung der damit verbundenen Frage der Vertragsauflösung nach Art. 49 CISG auf Urteile des schweizerischen Bundesgerichts und des österreichischen Obersten Gerichtshofs hin.[108] Diese hier deutlich größere Beachtung ausländi-

---

103 *Großfeld*, 36.

104 *Kropholler*, Internationales Einheitsrecht, Tübingen 1975, 280.

105 Siehe hierzu auch und mit einigen Statistiken *Markesinis/Fedtke*, 165 ff.

106 BGHZ 88, 157, 160 ff.; BGH, NJW 1976, 1583, 1584. Im Bereich des Kollisionsrecht, also des Internationalen Privatrechts, verweist die deutsche Rechtsprechung traditionell ohnehin verhältnismäßig häufig auf ausländische Urteile und Literatur.

107 BGH, NJW 2004, 3181 ff.

108 BGH, NJW 2015, 867 ff.

scher Urteile und Literatur im Vergleich zur Auslegung nationalen Rechts ist unter anderem deshalb verständlich, weil sich in den Konventionen des internationalen Einheitsrechts Normen wie Art. 7 Abs. 1 CISG befinden, die eine einheitliche internationale Anwendung und somit die Heranziehung ausländischer Rechtsprechung und Literatur verlangen.[109] Dennoch darf dieser Umstand nicht darüber hinwegtäuschen, dass für eine echte rechtsvergleichende Auslegung im internationalen Einheitsrecht unter Bezugnahme auf nationales Recht kein Raum ist, würde diese Vorgehensweise der geforderten einheitlichen und internationalen Anwendung doch gerade entgegenstehen.[110] Eine begrenzte Möglichkeit zur Bezugnahme auf ausländische Rechtsordnungen ergibt sich nur dort, wo die Gesetzesmaterialien des internationalen Einheitsrechts ausdrücklich auf diese als Modell Bezug nehmen.

VIII. Schluss

Was ist denn nun die Bedeutung der Rechtsvergleichung im Deutschland des 21. Jahrhunderts? Ist sie nur Hobby einiger gelangweilter Juristen, lediglich eine *„Ansammlung von Bausteinen auf einem Haufen, auf den sie ungenutzt liegenbleiben“*,[111] oder doch eine der tragenden Säulen der deutschen Zivilrechtslandschaft? Das Ergebnis fällt je nach untersuchtem Bereich unterschiedlich aus. Eine geringe Bedeutung kommt der Rechtsvergleichung insbesondere bei der *Rechtsberatung* zu, zumindest solange der konkrete Fall keinen Auslandsbezug aufweist. Als etwas höher darf man ihre Bedeutung innerhalb des *Studiums* einschätzen, wenngleich es hier deutlichen Verbesserungsbedarf gibt. Kritikpunkte sind insbesondere die fehlende Einordung der Rechtsvergleichung als Pflichtfach und ihre mangelhafte systematische Integration in andere zivilrechtliche Vorlesungen. Die Rechtsvergleichung ist mehr Fremdkörper als integraler Bestandteil des juristischen Studiums.

---

109 Oftmals werden stattdessen bzw. zusätzlich die deutschsprachigen Kommentare zum UN-Kaufrecht herangezogen, die sich aber allesamt intensiv auch mit der ausländischen Rechtsprechung und Literatur auseinandergesetzt haben. Als Beispiel sei an dieser Stelle nur *Schwenzer/Schlechtriem/Schroeter* (Hrsg.), Kommentar zum einheitlichen UN-Kaufrecht – CISG –, 7. Auflage, München 2019, genannt.

110 Ähnlich *Ferrari*, in: Schwenzer/Schlechtriem/Schroeter (Hrsg.), Art. 7 CISG Rn. 40.

111 *Großfeld*, 18.

Als hoch muss man hingegen die Bedeutung der Rechtsvergleichung innerhalb von *Forschung* und *Gesetzgebung* in Deutschland ansehen. Hier ist die Rechtsvergleichung sicherlich keine bloße Freizeitbeschäftigung, sondern nimmt eine zentrale Stellung ein. Besonders für den Bereich der Gesetzgebung scheint die Bedeutung der Rechtsvergleichung ganz im Sinne von *Lord Goff* in den letzten beiden Jahrzehnten noch einmal deutlich gestiegen zu sein. Die Ursache liegt unter anderem in den zahlreichen Verweisen auf internationales Einheitsrecht, hier allen voran das CISG, und auf rechtsvergleichende Rechtsprinzipien wie PECL und PICC. Der Gesetzgeber versucht so neben der sich von selbst verstehenden Aktualisierung des Rechts in erster Linie, wie etwa bei der Schuldrechtsreform erkennbar, einen noch stärkeren Entscheidungseinklang mit dem Rest der Welt herbeizuführen und mit dem derzeitigen Recht ein Brückenrecht zu anderen Rechtsordnungen oder sogar ein Übergangsrecht zu einem möglichen Europäischen Zivilgesetzbuch zu schaffen.

Am schwierigsten ist sicherlich, die eigentliche Bedeutung der Rechtsvergleichung für die *Auslegung nationalen Rechts* zu bestimmen.[112] Richtig ist, dass der Bundesgerichtshof trotz einiger von ihm geäußerter Skepsis selbst bisweilen rechtsvergleichend argumentiert. Er tut dies aber nicht systematisch und letztlich im Prinzip willkürlich. Zu einer Anerkennung der rechtsvergleichenden fünften Auslegungsmethode hat sich der Bundesgerichtshof nie durchringen können. Da jedoch bereits der Gesetzgeber zunehmend von der Rechtsvergleichung Gebrauch macht, können die Gerichte vermehrt auf rechtsvergleichende Argumente zurückgreifen, und zwar im Rahmen der historischen Gesetzesauslegung. Nicht außer Acht gelassen werden darf zudem, dass die deutsche Rechtsprechung intensiv die Literatur bei ihren Entscheidungen heranzieht, die wiederum oftmals rechtsvergleichende Ergebnisse in sich aufgenommen hat. Auf längere Sicht und zur Klärung der grundsätzlichen Bedeutung der Rechtsvergleichung für die Gesetzesauslegung wäre aber eine grundsätzliche Klärung durch den Bundesgerichtshof wünschenswert. Die deutschen Gerichte, und letztlich alle deutschen Juristen, sollten es allen verständlichen Schwierigkeiten bei der Berücksichtigung der Rechtsvergleichung zum Trotz mit *Lord Goff* halten, wenn er im Allgemeinen zur Rolle der Rechtsvergleichung ausführt: „*We must welcome rather than fear its influence.*“[113]

---

112 Für die Auslegung internationalen Einheitsrechts stellt sich die Situation wie zuvor beschrieben anders dar.

113 *Goff*, 46 ICLQ 1997, 745, 748.

„Unser Privatrecht wird *sozialer* sein, oder es wird *nicht* sein“

Corjo Jansen

I. Die soziale Aufgabe des Privatrechts

Otto von Gierke (1841-1921), zu diesem Zeitpunkt Professor in Berlin, war entsetzt, als er 1888 den ersten Entwurf für ein neues deutsches Bürgerliches Gesetzbuch zu sehen bekam. Der Entwurf wies eine starke Anlehnung an das seiner Ansicht nach äußerst individualistische römische Recht auf. Jegliche Form eines sozialen Bewusstseins schien darin zu fehlen. Am 5. April 1889 hielt er in Wien seine berühmt gewordene Rede „Die soziale Aufgabe des Privatrechts“, in der er die österreichischen Juristen aufrief, mit ihm für ein sozialeres Bürgerliches Gesetzbuch zu kämpfen. Der Leitgedanke, der als Überschrift für diesen Beitrag dient, befand sich am Ende seines Vortrags. Deutschland sah sich – ebenso wie die Niederlande – am Ende des 19. Jahrhunderts u.a. infolge der Industrialisierung, der Massenproduktion, der Urbanisierung und der schnellen technologischen Entwicklungen mit großen gesellschaftlichen Problemen konfrontiert, die als „die soziale Frage“ bekannt sind. Der Entwurf des BGB nahm in seinen Bestimmungen kaum Rücksicht darauf. Anders als in den Niederlanden war die deutsche Diskussion über die „soziale Frage“ eng mit der Divergenz zwischen dem römischen Recht und dem germanischen Recht im 19. Jahrhundert verbunden. Das römische Recht war Sinnbild für Egoismus, Formalismus und Volksfremdheit, das germanische Recht für Volkseigenheit, soziales Engagement und Gemeinschaftssinn.[1] Der Ruf um den Schutz des sozialwirtschaftlich schwachen Menschen war in den Niederlanden und in Deutschland unüberhörbar.[2] Die „germanischrechtliche“ Betrachtungswei-

---

1 *Luig*, Römische und germanische Rechtsanschauung, individualistische und soziale Ordnung, in: Rückert/Willoweit (Hrsg.), Die Deutsche Rechtsgeschichte in der NS-Zeit; ihre Vorgeschichte und ihre Nachwirkungen, Tübingen 1995, S. 95 ff.; *Repgen*, Die soziale Aufgabe des Privatrechts. Eine Grundfrage in Wissenschaft und Kodifikation am Ende des 19. Jahrhunderts, Tübingen 2001, S. 35 ff. Siehe auch *Schulte-Nölke*, Das Reichsjustizamt und die Entstehung des Bürgerlichen Gesetzbuchs, Frankfurt am Main 1995.

2 Für Deutschland: *Repgen*, S. 68 ff. (insbesondere *Gierke*, Der Entwurf eines Bürgerlichen Gesetzbuchs und das deutsche Recht, Leipzig 1889), und für die Niederlan-

se von Gierke hat in den Niederlanden großen Einfluss ausgeübt. Der Amsterdamer Rechtsanwalt I.A. Levy (1838-1920) war einer der vehementesten Vertreter seines Gedankenguts, zum Beispiel im Bereich des Arbeitsvertrags. Er fand das Prinzip der Vertragsfreiheit bei einem Arbeitsvertrag verwerflich. Die Unterordnung des Arbeiters wurde damit begründet, dass man sich auf das römischrechtliche Dogma der Souveränität des privatrechtlichen Willens berief. „Dieses Dogma ist von einem starken Egoismus gekennzeichnet, das dem römischen Recht auch im Bereich der Obligationenlehre eigen ist". Das römische Recht war in seinen Augen überdies grausam, hart wie Stahl und von einer eiskalten, logischen Kraft. Die Folge der Freiheit, die der Arbeitgeber durch dieses Recht erhielt, war eine moralische Abwertung des Arbeiters.

> „Die Vertragsfreiheit, auf den Arbeitsvertrag angewendet, wirkt sich auf die Persönlichkeit des Arbeiters zerstörerisch aus."[3]

Die Niederlande musste ebenso wie Deutschland unter Anführung von Gierke auf die herzlose römischrechtliche Vertragsfreiheit verzichten, in der man einander „hinters Licht führen" durfte. „Das ist Deutsch, und das sind Deutsche", musste sich Levy als Bemerkung anhören. „Ich kann nicht leugnen, dass es deutsch ist, doch ich wusste nicht, dass man in Deutschland nur für Deutsche schrieb (...)".[4]

In diesem Beitrag beschäftige ich mich eingehender mit dem großen Erfolg von Gierkes Leitgedanken „Unser Privatrecht wird sozialer sein, oder es wird nicht sein" in den Niederlanden. Dieser Gedanke wurde zu einem der Grundsätze im neuen niederländischen Bürgerlichen Gesetzbuch des Jahres 1992. Zuerst bespreche ich kurz den Zusammenhang zwischen Gierkes Ideen aus „Die soziale Aufgabe des Privatrechts und der Entstehung des Europäischen Privatrechts in den Niederlanden".

---

de: *Jansen*, De wetenschappelijke beoefening van het burgerlijke recht in de lange 19e eeuw, Deventer 2015, S. 177 ff.

3 *Levy*, Interventie, Handelingen van de Nederlandsche Juristen-Vereeniging (HNJV) 1894, S. 21-22, S. 25 (Zitat).

4 *Levy*, S. 24. Das „einander hinters Licht führen dürfen" war ein Hinweis auf D. 19,2,22,3. Siehe auch D. 4,4,16,4. Siehe *Zimmerman*, The Law of Obligations. Roman Foundations of the Civilian Tradition, Oxford 1992, S. 354.

II. Die soziale Aufgabe des Privatrechts und das europäische Privatrecht

Gierke hat in den Niederlanden mit seinem Leitgedanken „Das Privatrecht soll sozialer sein, oder es soll nicht sein“ eine zunehmende Verflechtung des privaten mit dem öffentlichen Recht ausgelöst, die dank der Auswirkungen des europäischen Rechts auf unser niederländisches bürgerliches Recht einen mächtigen Aufschwung erlebt hat. Nach Ansicht von Arthur Hartkamp (1945 geboren) weist das niederländische BW [Burgerlijk Wetboek: niederländisches Bürgerliches Gesetzbuch] von 1992 eine deutliche Tendenz zum Grundsatz vom „Schutz des Schwächeren“[5] auf. Dieser Schutzgedanke ist mit einem der ältesten Bereiche des Europäischen Privatrechts verknüpft, nämlich mit dem Verbraucherrecht. Die Entstehung dieses Rechtsbereichs ist in den Niederlanden eng mit der Integrierung des niederländischen Handelsgesetzbuchs (1838) in das BW verbunden. Diese Integrierung kam in den vierziger Jahren des vorherigen Jahrhunderts aufgrund eines Gesetzes aus dem Jahr 1934/1935[6] in Gang. Der geistige Vater des neuen niederländischen Bürgerlichen Gesetzbuchs, der Professor für bürgerliches Recht in Leiden E.M. Meijers (1880-1954), wollte trotz der Entfernung des Kaufmanns aus dem niederländischen Privatrecht die Möglichkeit haben, besondere Regeln für die Personen zu entwickeln, die in der Ausübung eines Berufs oder einer Geschäftstätigkeit handelten. Das Kriterium „Ausübung eines Berufs oder einer Geschäftstätigkeit“ wurde in den siebziger Jahren des vorherigen Jahrhunderts zum Aufhänger für den Verbraucherschutz des niederländischen, später auch des europäischen Gesetzgebers und anderer Gesetzgeber.[7] Die Entstehung des Verbraucherrechts und das Inkrafttreten des neuen BW fanden in den Niederlanden etwa gleichzeitig statt. Das neue Gesetzbuch konnte deshalb das auf europäische Richtlinien zurückgehende und auf den Schutz des Schwächeren gründende Recht auf kohärente Weise berücksichtigen. Damit wurde es in das BW integriert. Laut Hartkamp war dadurch der Schaden beschränkt, der durch die Entstehung des Verbraucherrechts der Einheit des Privatrechts (die der niederländische Gesetzgeber durch die Zusammenführung

---

5 *Hartkamp*, Aard en opzet van het vermogensrecht, Deventer 2017, Nr. 16.

6 Gesetz vom 2. Juli 1934 (Stb. 347). Siehe zu diesem Gesetz: *Meijers*, De uitbanning der kooplieden en der handelsdaden uit ons recht, WPNR 1935/3393, S. 1-3; 3394, S. 13-16; 3395, S. 29-31.

7 Siehe auch die Definition des Verbrauchers in § 13 BGB: „Verbraucher ist jede natürliche Person, die ein Rechtsgeschäft zu Zwecken abschließt, die überwiegend weder ihrer gewerblichen noch ihrer selbständigen beruflichen Tätigkeit zugerechnet werden können.“

des bürgerlichen Rechts und des Handelsrechts in einem einzigen Gesetzbuch ja gerade fördern wollte) zugefügt wurde.[8]

Das Europäische Privatrecht umfasst heutzutage viel mehr als nur den Verbraucherschutz. Es ist zu einem eigenständigen System von Vorschriften und Grundsätzen in praktisch allen denkbaren Bereichen des bürgerlichen Rechts geworden, das in allen Mitgliedstaaten gilt oder dessen Inhalt auf gemeinschaftlicher Ebene bestimmt wurde, und dessen Durchsetzung in höchster Instanz bei einem europäischen Gericht gewährleistet ist. Es richtet sich unter anderem auf die Schaffung eines gemeinschaftlichen Marktes in Europa, die Errichtung einer Wirtschafts- und Währungsunion, die Reduktion des Energieverbrauchs, den Umweltschutz, die Verhinderung von Diskriminierung und den Schutz der Grundrechte. Öffentliche Interessen spielen bei privatrechtlichen Rechtsgeschäften im europäischen Recht also eine Rolle. Dies gilt ebenfalls für das Verbraucherrecht. Auch dieser Rechtsbereich fällt nicht mit dem Verbraucherschutz zusammen. Am Anfang des europäischen Privatrechts standen jedoch der Schutzgedanke und die europäischen Instrumente im Mittelpunkt, die diesen Schutz garantieren mussten. Insoweit haben die Ideen aus „Die soziale Aufgabe des Privatrechts“ von Gierke nicht nur in Deutschland und den Niederlanden Anklang gefunden, sondern in ganz Europa. Laut Gierke ließ sich das Privatrecht nicht losgelöst von der Politik und dem damit eng verbundenen öffentlichen Recht (insbesondere dem Verwaltungsrecht) betrachten.[9]

III. Die Wirkung des Leitgedankens „Unser Privatrecht wird sozialer sein, oder es wird nicht sein“ in den Niederlanden

Der erste Professor in den Niederlanden, der den Leitgedanken von Gierke verwendete, war H.L. Drucker (1857-1917) in seiner Leidener Rede 1889. Er wurde 1882 als Professor für römisches Recht nach Groningen berufen. 1889 zog er nach Leiden. Auch dort wurde er Professor für römisches Recht. Er trat sein Amt mit einer für das römische Recht wenig schmeichelnden Rede an. Sie trug den Titel „Begrip en dogma in de rechtsweten-

8 *Hartkamp 2017*, Nr. 17. Siehe auch *Hondius*, Consumentenrecht: de eerste tien jaar, in: van Maarseveen (Hrsg.), Recente rechtsontwikkelingen (1970-1980), Zwolle 1983, S. 49.

9 Siehe *Repgen* 2001; *De Pinto*, Rede, Weekblad van het Recht 1889/5783, S. 4; *Fokker/Heldt/Mouton*, Rapport over de vraag: hoe is het arbeidscontract in onze wetgeving te verbeteren, HNJV 1894, S. 203.

schap“. Sein gesamter Vortrag war von der Kritik durchtränkt, die Gierke, „dieser hervorragende Gelehrte“, auf den Entwurf des BGB ausübte. Er prangerte die Verwendung von leblosen, dem römischen Recht entlehnten Dogmen und den Vorrang des „Systems“ an, das dieses vor dem wirklichen Leben erhielt. Drucker bat ausdrücklich um die Aufmerksamkeit des Juristen für Probleme, die sich aufgrund der sozialen Frage ergaben. „Unser Privatrecht wird *sozialer* sein, oder es wird *nicht* sein“, so zitierte er Gierke zustimmend. Die Verwahrlosung dieses Gedankens wäre – so Drucker – „eine beleidigende Kränkung für die Rechtswissenschaft“.[10] Drucker erhielt Beifall von seinem liberalen Geistesverwandten M.F.W. Treub (1858-1931), Rechtsanwalt und Professor für Volkswirtschaftslehre und Statistik an der Universität Amsterdam von 1896 bis 1905. Er schrieb als Redakteur des Wochenblatts *Weekblad voor Notaris-Ambt en registratie* über die Mängel der juristischen Ausbildung. Die Studenten beschäftigten sich nicht mit gesellschaftlichen Fragen. Das Studium der modernen Gesellschaft müsse im Vordergrund stehen. Die Rechtswissenschaft gehöre zur Soziologie. Er hielt deshalb „sämtliche Rechtswissenschaft, die sich selbst nicht als einen Teil der Soziologie fühlt und anerkennt, für nicht mehr als eine von historischem Wissen durchzogene Schriftgelehrtheit“ und er sagte mit voller Überzeugung für das gesamte Recht, was Gierke vom Privatrecht gesagt hat: „Das Recht wird sozialer sein, oder es wird nicht sein“.[11]

Auch der Amsterdamer Rechtsanwalt Levy missbilligte die Tatsache, dass das (niederländische) Bürgerliche Gesetzbuch aus dem Jahr 1838 die Verbesserung des Schicksals armer und sozialwirtschaftlich schwächerer Menschen aufzuhalten schien. Er verwies auf den autoritären Charakter des französischen Code civil (1804) und des niederländischen BW (1838) und den Kniefall gegenüber der unbegrenzten Freiheit des Eigentümers und der asozialen Ausarbeitung der Regel *pacta sunt servanda* in diesen Gesetzbüchern. Gierke hatte – in Levys Worten – mit seinem Leitgedanken „Unser Privatrecht wird sozialer sein, oder es wird nicht sein“[12] dem römi-

10 *Drucker*, Begrip en dogma in de rechtswetenschap, Haarlem 1889, S. 12, S. 18, S. 23-24. Mit *Gierke* kritisierte *Drucker* scharf, dass sich der deutsche Gesetzgeber für den römischrechtlichen Grundsatz „Kauf bricht Miete“ entschied und nicht für den „modernen“ sozialen Ansatz „Kauf bricht keine Miete“ (S. 17-18). Auch: *De Pinto*, Het Ontwerp van een Burgerlijk Wetboek voor het Duitsche Rijk, Rechtsgeleerd Magazijn 1890, p. 92 ff.

11 *Treub*, Rechter en Wetgever, Weekblad voor Notaris-Ambt en Registratie 1894/1272, S. 210-211 und 1894/1287, S. 362-363.

12 *Levy*, Rede, HNJV 1904-II, S. 6. Siehe auch *Levy*, Interventie, HNJV 1918-II, S. 13.

schen Recht gegenüber den Gehorsam aufgekündigt, das laut ihm „die üblen Quelle“ des Code civil und des niederländischen BW war.

Drucker war der Ansicht, dass es hauptsächlich und in erster Linie Sache des Richters war, das bürgerliche Recht mit den sozialen Bedürfnissen der Gesellschaft und den entsprechenden „modernen“ Ansichten in der Gesellschaft in Einklang zu bringen. Die Verteilung des Reichtums war ein Spielball der Wirkung gesellschaftlicher Kräfte geworden. Dies widerstrebte ihm.[13] Der Richter musste verhindern, dass eine sozialwirtschaftlich starke Partei Missbrauch vom Zustand machte, in dem sich eine sozialwirtschaftlich schwache Partei befand.[14] Diese Auffassung wurde kritisiert, unter anderem vom Professor für römisches Recht in Groningen, N.K.F. Land (1840-1903).[15] Er bezweifelte, dass der Richter fähig sei, gutes Recht zu *bilden*. Die „Verbesserung“ des Gesetzes erforderte Kenntnisse der gesellschaftlichen Umstände und des Gesetzessystems. Diese Kenntnisse waren selten. Er besaß mehr Vertrauen in den Gesetzgeber, der solche Kenntnisse erwerben konnte. Es war in dieser Frage – wie Land schrieb – üblich, auf „die Redensart ‚Das Recht wird sozialer sein, oder es wird nicht sein‘“ von Gierke hinzuweisen. „Doch es ist mir schlichtweg ein Rätsel, wie jemand glauben kann, dass dies hier von Bedeutung sein, geschweige denn, dass es unserem Standpunkt schaden könnte. Ist es denn unbedingt der Gesetzgeber, der blind für die gesellschaftliche Bedürfnisse ist, und ein Nicht-Gesetzgeber dagegen (...) immer hellsichtig?“ Galt die Gefahr der Blindheit für die soziale Aufgabe des Rechts nicht auch für den Richter? Konnte ein Richter tatsächlich alle Interessen, die mitspielten, berücksichtigen? Der Gesetzgeber verfügte über einen demokratischeren Geist als der Richter.[16]

Zum Schluss dieses Abschnitts weise ich darauf hin, dass Gierke später von einigen deutschen (und später auch niederländischen) nationalsozialistischen Juristen vor ihren Karren gespannt wurde. Sein Ruf nach einem „sozialeren“ bürgerlichen Recht passte gut zu den Grundsätzen der nationalsozialistischen Rechtslehre. Ich zitiere den Rechtshistoriker G. Dilcher:

---

13 *Drucker*, Over den invloed der wetgeving op de verdeeling van den rijkdom, Sociaal Weekblad 1888, S. 146-148 und S. 155-156; *Drucker*, Sociale gezichtspunten in het burgerlijk recht, Sociaal Weekblad 1890, S. 5-7.

14 *Drucker*, Begrip en dogma in de rechtswetenschap, S. 23.

15 Über ihn: *Lokin*, De denkwereld van Nicolaas Karel Frederik Land, in: De Bruijn u. A. (Hrsg.), Een vreemde man, en die ons vreemd ontviel. Liber amicorum voor E.W.A. Henssen (1950-1999), Amsterdam 2000, S. 178 ff.; *Jansen* 2015, S. 156-159.

16 *Land*, Beschouwingen over de verbintenis uit onrechtmatige daad, 1896, S. 58 ff., S. 60, S. 63 (Zitat), S. 64, S. 67-68.

„Teile der NS-Rechtswissenschaft versuchten, unter einseitiger Betonung von germanistisch-nationalen, gemeinschaftsbezogen-sozialen und antiromanistischen Komponenten in der dreißiger Jahren eine ‚Gierke-Renaissance‘“.[17]

IV. Die soziale Aufgabe des Privatrechts und das neue niederländische Bürgerliche Gesetzbuch (1992)

Meijers hat sich beim Entwurf des neuen BW ausführlich in die neuen Erkenntnisse und Grundsätze vertieft, die er dem Gesetzbuch als Grundlage geben wollte. Aus der allgemeinen Einleitung zum Entwurf des Bürgerlichen Gesetzbuchs ging hervor, dass er die vom Richter entwickelten und angewendeten, ungeschriebenen Anstandsregeln, insbesondere die Regel von Treu und Glauben als einen der Grundsätze des Vertragsrechts im neuen Bürgerlichen Gesetzbuch aufzunehmen wünschte. Diesen Standpunkt leitete er auch aus den sozialpolitischen Ideen Gierkes ab, die auch Drucker – der übrigens der Schöpfer des niederländischen Arbeitsvertragsgesetzes (1907/1909) und ein politischer Geistesverwandter von Meijers war – begrüßt hatte (siehe vorheriger Abschnitt). Meijers hatte 1937 angeführt, der Leitgedanke, den Gierke in seiner Rede „Die soziale Aufgabe des Privatrechts“ ausgesprochen hatte, nämlich „Unser Privatrecht soll sozial[er] sein, oder es soll nicht sein“, habe noch immer nichts an Bedeutung eingebüßt.[18] Von diesem sozialen Gesichtspunkt aus wünschte er das gesamte Bürgerliche Gesetzbuch in Augenschein zu nehmen, um zu überprüfen, ob das allgemeine Interesse im neuen Gesetzbuch mehr Raum einnehmen musste als im alten. Dieses allgemeine Interesse setzte z. B. einer zügellosen Ausübung des Eigentums Grenzen. Der eine Bürger durfte vom

---

17 *Dilcher*, Gierke, Otto von, in: Stolleis (Hrsg..), *Juristen. Ein Biographisches Lexikon. Von der Antike bis zum 20. Jahrhundert*, München 1995, S. 234. Für die Niederlande: *Van Apeldoorn*, De fundamenten van een grootsch bouwwerk. Het Duitsche Volkswetboek. Grondregels en boek I, Het Rechtsfront 15.2.1943, S. 26 und Het Rechtsfront 1.3.1943, S. 38.

18 *Meijers*, Misbruik van recht en wetsontduiking (1937), in Meijers, Verzamelde Privaatrechtelijke Opstellen, I, Leiden 1954, S. 73. Vgl. auch *Meijers* in einer in Oxford gehaltenen Rede aus dem Jahr 1951: „A second argument in favour of revising the existing codes can be found in the new problems caused (...) by alterations in ideas about social justice.“, *Meijers*, Case law and codified systems of private law (1951), in: Meijers 1954, S. 188. Siehe auch *Jansen*, De wetenschappelijke beoefening van het burgerlijke recht tussen 1940 en 1992, Deventer 2016, S. 95 ff., S. 102.

anderen Bürger verlangen, dass sich dieser bei der Ausübung seiner Rechte und Befugnisse wie eine Person mit einem sozialen Bewusstsein verhielt.[19]

Der Regierungskommissar W. Snijders (1928 geboren) war, insbesondere gemeinsam mit Hartkamp, weit über den Tod von Meijers hinaus die treibende Kraft für das Zustandekommen und die Einführung des BW. Er gab in einigen kurzen Sätzen an, was für ihn bei seinem Beschluss ausschlaggebend gewesen war, um das BW zum Abschluss zu bringen. Seine Worte stimmten mit dem Leitbild von Meijers in Bezug auf den Nutzen und die Notwendigkeit eines neuen niederländischen BW überein. Snijders schrieb, dass er als Richter mit der Tatsache konfrontiert wurde, dass die Anwendung des BW aus dem Jahre 1838 zahlreiche Möglichkeiten bot.

> „Das Gleichgewicht zwischen demjenigen, das dem Richter zusteht, und demjenigen, was dem Gesetzgeber zusteht, ist darin [im BW] gründlich gestört. Es gibt allerlei Bereiche, die das Gesetz regelt, was jedoch dem Richter überlassen werden müsste. Andere Bereiche regelt das Gesetz nicht, während dazu eigentlich eine Regelung bestehen müsste. Wenn man als Richter die betreffenden Personen vor sich hat und mit ihnen die Sache bespricht und darüber urteilen muss, merkt man immer deutlich, dass sich gerade dieses Fehlen des Gleichgewichts im allgemeinen zum Vorteil derjenigen Personen auswirkt, die sozial stark dastehen, und zum Nachteil derjenigen, die sozial schwach sind“.[20]

V. *Schlussbetrachtungen*

Der Leitsatz von Gierke hat auch heutzutage noch wenig von seiner Wirkungskraft verloren. Der Amsterdamer Professor für bürgerliches Recht A. Pitlo (1901-1987) wies in seinem Buch „Evolutie in het privaatrecht“ darauf hin, dass „jedermann, wo auch immer auf der Welt“ den auf das Gemeinschaftsinteresse gerichteten Ansatz Gierkes, wie er in Die soziale Aufgabe des Privatrechts formuliert war, „verinnerlicht hatte“.[21] Das nieder-

19 *Meijers*, La réforme du Code civil néerlandais (1948), in: Meijers 1954, S. 161; *Meijers*, Voor- en nadelen van het samenstellen van een nieuw Burgerlijk Wetboek (1948), in Meijers 1954, S. 178; *Meijers*, Algemene Inleiding, Ontwerp voor een Nieuw Burgerlijk Wetboek, Toelichting, Eerste Gedeelte, 1954, Par. 4.

20 *Snijders*, in: Olthof/van Zeben (Hrsg.), Parlementaire Geschiedenis Boek 3, Vermogensrecht in het algemeen, Deventer 1981, S. 51. Auch *Bakels*, Rechter en codificatie van het burgerlijke recht, Justitiële Verkenningen 1988, S. 37-38.

21 *Pitlo*, Evolutie in het privaatrecht, Groningen 1972, S. 187.

ländische BW von 1992 stützt sich – wie gesagt – stark auf den Gedanken des Schutzes der sozialwirtschaftlich schwachen Partei. Die zahlreichen Generalklauseln im BW ermöglichen es dem Richter, neue soziale Erkenntnisse in der Gesellschaft zu berücksichtigen. Das BW will ein soziales Gesetzbuch sein. Der Gedanke, dass das Privatrecht keine absoluten Freiheiten umfasst und vom Gesichtspunkt des allgemeinen Interesses und des Gemeinschaftsbewusstseins aus Beschränkungen unterliegt, ist im niederländischen juristischen Gedankengut fest verankert. Vielmehr sind viele Lehrsätze des Privatrechts heutzutage nicht länger ausschließlich eine Domäne des Privatrechts.[22] Sie haben in einer immer größeren Anzahl von Rechtsbereichen ihre Grundlage im europäischen Recht (bzw. Privatrecht). Das heißt, wie erwähnt, dass öffentliche Interessen eine Leitlinie bei der Beurteilung privatrechtlicher Handlungen sind, auch wenn der Schutzgedanke weiterhin eine wichtige Rolle spielt. Ich verweise lediglich auf das Finanzrecht, wo die niederländische Rechtsprechung Banken im Kontakt zu ihren nicht professionellen Kunden umfangreiche Sorgfaltspflichten auferlegt hat. Die Europäisierung führt manchmal sogar zur öffentlich-rechtlichen Durchsetzung dieser Sorgfaltspflichten. So betrachtet, hat der Posaunenstoß von Gierke: „Unser Privatrecht wird sozialer sein, oder es wird nicht sein“ in den Niederlanden eine große Resonanz gefunden. Dies wird meinem hochgeschätzten Kollegen Reiner Schulze zweifellos Genugtuung verschaffen.

22 Zum Beispiel *Van Boom*, De Nederlandse privaatrechtswetenschap en de wetgever (1992-2012), RegelMaat 2012, p. 280 und *Busch*, MiFID II/MiFIR: nieuwe regels voor beleggingsondernemingen en financiële markten, Deventer 2015. Die Richtlinie 2013/34/EU verpflichtet zum Beispiel große Unternehmen in Bezug auf die Bekanntmachung nichtfinanzieller Information, einen inhaltlichen Lagebericht über Umwelt- und Personalangelegenheiten, die Einhaltung der Menschenrechte und die Bekämpfung der Korruption aufzunehmen.

Les codifications nationales comme appel au dialogue. Illustrations centrées sur le rôle de la rétroactivité dans le projet de réforme du droit belge des obligations

Rafaël Jafferali

I. Introduction

1. Objet de la présente étude. Le dédicataire du présent ouvrage a été et est encore tout à la fois un acteur majeur et un observateur privilégié de la construction du droit privé européen. Il pourrait dès lors sembler paradoxal de lui rendre hommage par une contribution consacrée à l'étude de la rétroactivité dans le tout récent projet de réforme du droit belge des obligations. En effet, un projet de codification nationale ne constitue-t-il pas l'antithèse d'une démarchée concertée d'harmonisation européenne ? Le paradoxe n'est toutefois qu'apparent, et ce pour deux raisons.

Premièrement, le Professeur Reiner Schulze est animé par « [u]ne vision optimiste de l'évolution future du droit des obligations en Europe », caractérisée par l'idée que « l'évolution du droit supranational et les réformes des droits nationaux s'encourageraient et s'enrichiraient mutuellement ». En effet, « [d]ans les dernières décennies, les principes du droit international de la vente et les innovations du droit européen sont devenus des sources d'inspiration et des points de repères communs pour les droits nationaux. Ils ont inspiré et influencé les projets de codification et de recodification. Cependant, ces projets nationaux développent leurs propres conceptions et mettent en œuvre des approches innovantes qui peuvent devenir des modèles pour les autres pays et pour l'ensemble des droits supranationaux ».[1] En d'autres termes, loin de témoigner d'un souverainisme nostalgique et de constituer un obstacle sur la voie de l'édification d'un droit civil européen, les recodifications nationales constitueraient plutôt une étape

1 *Schulze*, La réforme du droit des obligations en France. Propos introductif d'un point de vue extérieur, in: Schulze/ Wicker/ Mäsch/ Mazeaud (éd.), La réforme du droit des obligations en France. 5èmes Journées franco-allemandes, 2015, p. 24; voy. également *Schulze*, Changes in the Law of Obligations in Europe, in: Schulze/ Zoll (éd.), The Law of Obligations in Europe. A New Wave of Codifications, 2013, p. 20.

utile dans un processus de dialogue et de rapprochement progressif des solutions tant nationales qu'internationales. Cette hypothèse audacieuse mérite d'être confrontée au récent projet belge de réforme.

Deuxièmement, et sur une note plus personnelle, il me paraît naturel – puisque la taille restreinte de la présente étude ne permet pas traiter de la totalité du projet de réforme – de me concentrer sur le thème de la rétroactivité. Celui-ci se trouvait en effet au cœur de la thèse de doctorat qui m'a valu l'honneur et le plaisir de faire la connaissance du Professeur Reiner Schulze, qui fut membre de mon jury.[2] Puisse-t-il recevoir la présente étude en guise de remerciement pour la discussion exigeante et fructueuse que nous avons entamée dans ce cadre.

2. *Aperçu de l'état de la réforme du droit belge.* Avant d'examiner la place de la rétroactivité dans le projet de réforme du droit belge des obligations, il paraît utile de resituer brièvement celui-ci dans son contexte.

Au début de la législature 2014-2019, le Ministre belge de la Justice a fait part de sa volonté de recodifier la législation de base dans les trois domaines fondamentaux du droit pénal, du droit civil et du droit de l'entreprise.[3] Plusieurs groupes de travail ont ainsi été mis en place dès la mi-2015 en vue de préparer notamment une réforme du droit des biens, de la preuve, des obligations et de la responsabilité.[4] Ces différents groupes de travail ont par la suite été formellement constitués en commissions de réforme.[5] Les trois premières commissions mentionnées ont publié le premier résultat de leurs travaux le 7 décembre 2017 sous la forme de trois avant-projets de loi, accompagnés chacun d'un exposé des motifs détaillé.[6] Sur le modèle notamment de la pratique suivie par la Commission européenne en ce qui concerne la proposition de règlement relatif à un droit commun européen

2 *Jafferali*, La rétroactivité dans le contrat. Etude d'une notion fonctionnelle à la lumière du principe constitutionnel d'égalité, 2014, 1315 pages.

3 *Geens*, Le saut vers le droit de demain. Recodification de la législation de base, 2016, accessible sur https://bit.ly/droitdemain. Sur les justifications de la réforme du droit des obligations, voy. en particulier *Dirix/ Wéry*, Pour une modernisation du Code civil, Journal des tribunaux (JT) 2015, p. 625; *Stijns*, Faut-il réforme le Code civil ? Réponses et méthodologie pour le droit des obligations contractuelles et extracontractuelles: les obligations contractuelles, JT 2016, p. 305.

4 *Geens*, p. 49 et s.

5 Arrêté ministériel portant création des Commissions de réforme du droit civil, Moniteur belge (M.B.) 2017, p. 91600. Les opinions exprimées dans la présente étude le sont à titre personnel et n'engagent pas la Commission de réforme du droit des obligations.

6 Cette première version de l'avant-projet de réforme du droit des obligations est disponible sur https://bit.ly/Livre5APL2017.

de la vente, le Ministre de la Justice décida de soumettre ces textes à une consultation publique de deux mois, qui permit de recueillir l'opinion des milieux intéressés (académiques, magistrats, avocats, notaires, fédérations patronales, ordres professionnels, etc.). C'est en tenant compte de ces différentes réactions qu'une seconde version des textes fut publiée le 30 mars 2018.[7]

Les textes suivirent ensuite un parcours distinct. Ainsi, les projets « biens » et « preuve » furent déposés à la Chambre des représentants sous forme de projets de loi le 31 octobre 2018.[8] Le projet « preuve », une fois adopté, a donné lieu à la loi du 13 avril 2019[9] et le projet « biens » est actuellement examiné par la Commission de la Justice de la Chambre. Le projet « obligations » a, quant à lui, été approuvé en première lecture par le Conseil des ministres, fait l'objet d'un avis de la section de législation du Conseil d'Etat et été adapté en conséquence par la commission de réforme. Sans avoir été approuvé en seconde lecture par le Conseil des ministres, il a finalement été déposé à la Chambre des représentants sous la forme d'une proposition de loi[10]. Quant au projet « responsabilité », il est encore moins avancé dans le processus législatif puisque, après une première version soumise à consultation publique le 28 mars 2018, il a été adapté par la commission de réforme et republié en août 2018,[11] mais n'a pas encore été soumis au Conseil des ministres.

A l'exception du projet « preuve », déjà adopté, le sort de ces différents projets est actuellement incertain, compte tenu de la crise politique qui a conduit à la chute du gouvernement au mois de décembre 2018.[12]

---

7 Cette seconde version de l'avant-projet est disponible sur https://bit.ly/Livre5APL 2018. Pour une réaction critique sur ce texte, voy. *Storme*, Een nieuw verbintenissenrecht: oude wijn in oude zakken, Juristenkrant 27 juin 2018, p. 17, et la réponse de *Dirix/ Wéry*, Nieuw verbintenissenrecht: dogmatische discussies mogen noodzakelijke modernisering niet in de weg staan, Juristenkrant 12 septembre 2018, p. 16.

8 Projet de loi portant insertion du Livre 3 « Les biens » dans le nouveau Code civil, Doc. parl., Ch., s.o., 2018-2019, n° 54-3348/001; Projet de loi portant insertion du Livre 8 « La preuve » dans le nouveau Code civil, Doc. parl., Ch., s.o., 2018-2019, n° 54-3349/001.

9 M.B., 14 mai 2019.

10 Proposition de loi portant insertion du livre 5 "Les obligations" dans le nouveau Code civil, Doc. parl., Ch., s.o., 2018-2019, n° 54-3709/001 (http://bit.ly/Livre5PL2 019) et Doc. parl., Ch., s.e., 2019, n° 55-0174/001 (http://bit.ly/Livre5PL2019-2). Sauf indication contraire, c'est à cette dernière version qu'il est fait référence dans la suite du texte.

11 Le texte est accessible sur http://bit.ly/respo2018v 2.

12 *Dal*, Projets en péril, JT 2019, p. 1.

3. **Plan.** Compte tenu de la taille limitée de la présente étude, une présentation exhaustive du projet de réforme du droit belge des obligations n'est guère envisageable. Le lecteur intéressé est donc invité à consulter le texte de la proposition de loi ainsi que ses développements, dans l'introduction de laquelle il trouvera des précisions notamment sur les objectifs de la réforme, les sources d'inspiration de celle-ci et la structure du Livre 5 du futur Code civil, appelé à contenir les règles du droit des obligations.

Dans les lignes qui suivent, on se limitera à présenter le rôle dévolu à la figure de la rétroactivité dans le projet au travers plus spécialement d'institutions telles que la condition suspensive ou résolutoire (II), la nullité du contrat (III) et la résolution du contrat pour inexécution (IV).

II. La condition suspensive ou résolutoire

4. *Droit belge positif.* L'article 1179 du Code civil belge actuel correspond à celui du Code civil de 1804. L'effet rétroactif de la réalisation de la condition y est affirmé en des termes dénués de toute ambiguïté :

> « La condition accomplie a un effet rétroactif au jour auquel l'engagement a été contracté. Si le créancier est mort avant l'accomplissement de la condition, ses droits passent à son héritier. »

Malgré cela, les exceptions admises par la jurisprudence à cette règle sont nombreuses. En effet, en cas de réalisation de la condition, c'est pour l'avenir seulement que s'opère le transfert des risques[13] et des fruits,[14] que l'obligation devient exigible[15] ou que le contrat successif prend fin,[16] sans par ailleurs remettre en cause les actes d'administration normaux accomplis *pendente condicione.*[17]

En réalité, l'objectif poursuivi par l'effet rétroactif de la condition est à la fois limité et précis. Il se traduit très concrètement par la possibilité re-

13 Art. 1182 du Code civil.

14 Arg. art. 1673, al. 1er, du Code civil qui ne prévoit le remboursement que du « prix principal » par le vendeur à réméré, donc à l'exclusion des intérêts sur ce prix qu'il peut conserver.

15 Voy. Cass., 19 juin 2008, Pas., 2008, n° 384; Cass., 15 septembre 1983, Pas., 1984, I, n° 29, avec les conclusions de Mme le procureur général E. Liekendael, alors avocat général; et l'analyse de ces deux décisions dans *Jafferali*, n° 183 et s., p. 372 et s.

16 Cass., 1er octobre 2015, Pas., 2005, n° 574, point 4.

17 Arg. art. 1673, al. 2, du Code civil.

connue à l'acquéreur sous condition suspensive (ou au vendeur sous condition résolutoire), en cas de réalisation de la condition, de revendiquer en quelques mains qu'elle se trouve la chose dont il est censé être (re)devenu propriétaire depuis la conclusion du contrat, sous réserve des règles protectrices des tiers de bonne foi, telles que l'article 2279 du Code civil ou le respect des formalités de la loi hypothécaire.[18] Les droits qu'un second acquéreur ou un créancier du premier acquéreur aurait donc acquis dans l'intervalle se trouvent de la sorte rétroactivement anéantis[19] ou, plus précisément à mon sens, frappés d'inopposabilité.[20] L'objectif premier de la rétroactivité de la condition est donc de protéger l'acquéreur sous condition suspensive (ou le vendeur sous condition résolutoire) contre les actes de disposition ou – plus largement – l'insolvabilité de son cocontractant intervenus alors que la condition était encore pendante.[21] Réciproquement, la réalisation de la condition doit se voir refuser tout effet rétroactif chaque fois que celui-ci produirait des conséquences excédant le but visé.[22] Cela étant, on ne se dissimulera que la rétroactivité de la condition demeure, malgré ces indications, une source d'insécurité en droit positif.[23]

5. *Projet de réforme.* Le projet de réforme du droit belge des obligations se propose de résoudre le problème en deux étapes.

Tout d'abord, la rétroactivité de la condition est écartée par principe. Selon l'article 5.221 en projet:

> « La réalisation de la condition produit ses effets de plein droit et pour l'avenir.
> La réalisation de la condition résolutoire donne lieu à restitution de la prestation fournie conformément aux articles 5.118 à 5.125. Toutefois,

18 Voy. ainsi, en matière de condition résolutoire, Cass., 24 janvier 2011, Pas., 2011, n° 64, point 5, A.C., 2011, n° 64, avec les conclusions de Mme l'avocat général R. Mortier.

19 Voy. en ce sens l'art. 74 de la loi hypothécaire.

20 *Jafferali*, n° 200, p. 400.

21 *Jafferali*, n° 181, p. 368 et s., et réf. citées.

22 Voy. récemment en ce sens *Wéry*, Droit des obligations, v. 2, 2016, n° 374, p. 366.

23 Pour ne citer qu'un exemple, la Cour de cassation considère que « [l]'offre définitive, dont l'acceptation entraîne la formation du contrat, est celle qui n'est pas assortie d'une condition suspensive ou qui le devient à la suite de la réalisation de cette condition » (Cass., 18 mai 2012, Pas., 2012, n° 313). Faut-il dès lors considérer qu'une offre sous condition, acceptée alors que la condition est encore pendante, ne peut donner naissance à un contrat malgré la réalisation ultérieure de la condition ? Ou bien faut-il admettre la naissance du contrat à la date de la réalisation de la condition, voire de l'acceptation ? L'hésitation est permise.

les prestations de faire et de ne pas faire, ainsi que leur contrepartie, ne sont pas restituées. »

Toutefois, une solution fonctionnellement équivalente à celle admise en droit positif est atteinte par une disposition spéciale organisant la période d'attente précédant la réalisation ou la défaillance de la condition. Ainsi, l'article 5.220 est libellé comme suit :

> « § 1er. Tant que la condition est pendante, chaque partie doit s'abstenir de tout acte de nature à porter atteinte aux droits qui résulteraient pour l'autre partie de la réalisation de la condition.
> § 2. Sans préjudice des dispositions protectrices des tiers de bonne foi, en cas de réalisation de la condition suspensive, sont inopposables au créancier d'une obligation de donner une chose certaine, s'ils surviennent alors que la condition était pendante :
> 1° les actes de disposition et les actes anormaux d'administration accomplis par le débiteur; et
> 2° l'indisponibilité résultant d'une saisie ou d'une situation de concours, telle que la faillite, affectant le patrimoine de ce débiteur.
> L'alinéa précédent est d'application conforme à la condition résolutoire.
> § 3. Chaque partie peut accomplir tout acte conservatoire des droits dont elle bénéficierait en cas de réalisation de la condition. »

Le connaisseur du droit comparé aura reconnu un système directement inspiré du droit allemand[24] et, dans une moindre mesure, du droit néerlandais.[25] La comparaison peut également être faite avec le droit français. En effet, le nouveau Code civil français a également décidé de faire l'économie de la rétroactivité de la condition suspensive en la remplaçant par une réglementation plus précise des pouvoirs du débiteur conditionnel *pendente condicione*. Ainsi, l'article 1304-6, alinéa 1er, dispose que « L'obligation devient pure et simple à compter de l'accomplissement de la condition suspensive », excluant donc en principe tout effet rétroactif de celle-ci.[26] Mais, en contrepartie, l'article 1304-5, alinéa 1er, prévoit qu'« Avant que la condition

24 §§ 158-161 BGB.

25 Art. 3:38, al. 2, 3:84, al. 4, et 6:22 NBW.

26 La règle n'est que supplétive. L'alinéa 2 précise à cet égard: « Toutefois, les parties peuvent prévoir que l'accomplissement de la condition rétroagira au jour du contrat. La chose, objet de l'obligation, n'en demeure pas moins aux risques du débiteur, qui en conserve l'administration et a droit aux fruits jusqu'à l'accomplissement de la condition ».

suspensive ne soit accomplie, le débiteur doit s'abstenir de tout acte qui empêcherait la bonne exécution de l'obligation » et que « le créancier peut [...] attaquer les actes du débiteur accomplis en fraude de ses droits ». Même si l'exigence de fraude apparaît discutable,[27] le procédé mérite dans l'ensemble d'être approuvé. En effet, au mécanisme complexe de la rétroactivité assortie d'une multitude d'exceptions, se trouve substituée une règle, plus simple, qui n'altère pas substantiellement les solutions applicables en pratique.

Plus critiquable, en revanche, est l'approche adoptée par le nouveau Code civil français à l'égard de la condition résolutoire. De manière curieuse, en effet, l'article 1304-7 maintient son effet rétroactif tout en l'assortissant d'exceptions incomplètes,[28] rompant ainsi la symétrie avec la condition suspensive sans raison apparente. Tant qu'à faire l'économie de la rétroactivité, il eût été préférable – comme les droits allemand et néerlandais en ont fait le choix – de traiter à la même enseigne les deux espèces de conditions.

Quoi qu'il en soit, le droit comparé aura donc servi de sources d'inspiration aux solutions du projet belge de réforme, comme ses développements l'admettent expressément.[29]

III. La nullité

6. *Limitation des causes de nullité.* Tout comme le Code civil de 1804, le Code civil belge actuel ne comporte pas de théorie générale des nullités, laquelle a dû être échafaudée sur la base des fondations chancelantes des articles 6, 1131 et 1133. Il ne contient, en particulier, aucune énonciation claire des causes de nullité.

S'inspirant directement du nouvel article 1178 du Code civil français – dont l'alinéa 1er, 1ère phrase, est libellé en des termes identiques –, l'article 5.60, alinéa 1er, du projet belge prévoit qu'« Un contrat qui ne remplit pas les conditions requises pour sa validité est nul ». Lesdites conditions de validité sont énumérées limitativement à l'article 5.31 et recouvrent les exigences de consentement libre et éclairé, de capacité, d'objet déterminé et

27 Faut-il en conclure, par exemple, que l'acquéreur sous condition suspensive ne serait pas protégé contre les actes de disposition ou l'insolvabilité du débiteur résultant de sa négligence ?

28 Le sort des fruits n'y est en effet pas mentionné alors qu'il l'est à l'article 1304-6, alinéa 2.

29 Développements, pp. 168 et 170.

licite et de cause licite. On notera à cet égard que la fameuse question de la cause agite nettement moins la doctrine belge que son homologue française.[30]

La Commission de réforme du droit des obligations a toutefois souhaité répondre aux inquiétudes de la doctrine et de la jurisprudence, qui s'émeuvent de plus en plus souvent du prononcé de la nullité dans des hypothèses où l'application de cette sanction radicale irait à l'encontre des objectifs de la règle violée. Selon les développements de la proposition de loi :

> « On songe notamment à la violation de certaines normes régionales sur le bail (J. VAN MEERBEECK, « Le juge et l'ordre public : libres propos quant à l'impact des normes régionales sur le bail à l'aune de la théorie des nullités », *Le bail et le contrat de vente face aux réglementations régionales (urbanisme, salubrité, PEB)*, Bruxelles, Larcier, 2015, p. 156 ff.), aux infractions urbanistiques régularisables (Liège, 23 décembre 2014, *J.L.M.B.*, 2016, p. 292, obs. P. Wéry), aux règles de forme imposées en matière de contrats d'organisation et d'intermédiaire de voyages (Cass., 26 mai 2006, *R.G.D.C.*, 2007, p. 476, note P. Wéry) ou encore aux formalités prévues par la législation anti-blanchiment (Cass., 30 janvier 2015, *D.B.F.*, 2015, p. 260, note L. Cornelis) ».[31]

La solution trouvée consiste, en s'inspirant du § 134 du BGB et de l'interprétation qui lui a été donnée par la jurisprudence allemande, à écarter la sanction de la nullité « dans les cas prévus par la loi ou lorsqu'il résulte manifestement du but de la règle violée ainsi que des circonstances que la sanction de la nullité ne serait pas appropriée » (article 5.60, alinéa 2). Les développements précisent à cet égard que:

30 Les développements, p. 55, indiquent à cet égard: « La proposition opte pour le maintien de l'exigence de la cause. Certains codes modernes ont totalement abandonné le concept de 'cause'. Tel est notamment le cas du Code civil néerlandais (1992), bien que l'on retrouve ce concept dans la notion de 'portée' de l'acte juridique (article 3:40 du NBW), qui vise notamment les motifs connus de l'autre partie. La récente réforme française du droit des obligations a également abandonné ce concept. Les auteurs du projet sont toutefois d'avis que la notion de *causa* doit être maintenue, car elle s'inscrit dans une tradition bien ancrée et est utile pour la dogmatique (il suffit de penser à la distinction classique entre les obligations abstraites et les obligations causales) (H. DE PAGE, *L'obligation abstraite en droit interne et en droit comparé*, Bruxelles, 1957). En outre, l'on peut craindre que la suppression de cette notion ne la fasse, quand même, resurgir sous une autre forme ».

31 Développements, pp. 59-60.

« Afin de déterminer dans quels cas la nullité devrait être écartée – ce qui, s'agissant d'une question d'interprétation de la norme violée, constitue une question de droit soumise au contrôle de la Cour de cassation –, le juge pourra utilement s'inspirer des critères donnés à l'article II. – 7:302(3) DCFR ou à l'article 3.3.1, 3), PICC ».[32]

7. *Mise en œuvre de la nullité.* De nombreux systèmes juridiques connaissent la distinction entre les actes nuls de plein droit (*nichtig, nietig, void*) et les actes simplement annulables (*anfechtbar, vernietigbaar, voidable*). Toutefois, comme le droit français,[33] l'avant-projet belge ne consacre pas cette distinction puisqu'il prévoit que « Jusqu'à son annulation, le contrat entaché d'une cause de nullité produit les mêmes effets qu'un contrat valable » (article 5.62, alinéa 1er). En d'autres termes, tous les actes « nuls » sont en réalité simplement « annulables », même si le projet préfère s'en tenir à la terminologie traditionnelle.[34] Cela étant, l'importance de la distinction ne doit pas être exagérée, et ce pour deux motifs.

Premièrement, « L'annulation du contrat prive celui-ci d'effets depuis la date de sa conclusion » (article 5.65, alinéa 1er). La distinction entre, d'une part, un acte nul privé d'effet dès l'origine et, d'autre part, un acte sortissant provisoirement ses effets mais ensuite rétroactivement privé d'effets depuis l'origine, apparaît donc dans les faits fort ténue.[35]

Deuxièmement, l'écart entre nullité de plein droit et « annulabilité » se réduit encore plus lorsque, à la différence du droit français,[36] l'annulation peut être mise en œuvre de manière unilatérale et extrajudiciaire, comme c'est le cas en droits allemand[37] et néerlandais[38] ou dans diverses codifications internationales.[39] L'article 5.62, alinéas 2 et 3, prévoit à cet égard:

« L'annulation résulte d'un accord des parties ou d'une décision de justice qui admet l'existence de la cause de nullité.
A moins que le contrat ne soit constaté par un acte authentique, l'annulation peut également être mise en œuvre, à ses risques et périls, par toute personne habilitée à agir en nullité par la voie d'une notification

32 Développements, p. 60.
33 Voy. art. 1178, al. 1er, 2e phrase, du nouveau Code civil.
34 Développements, p. 63.
35 Quoique pas pour autant inexistante: voy. *Jafferali*, n° 228, p. 471 et s.
36 Qui n'admet que la nullité judiciaire ou constatée de commun accord (art. 1178, al. 1er, 2e phrase, du Code civil).
37 § 143 du BGB.
38 Art. 3:49 à 3:50 NBW.
39 Art. II. – 7:209 DCFR; art. 54.1 CESL; art. 3.2.11 PICC.

écrite aux parties au contrat indiquant la cause de nullité. Cette notification est inefficace si la cause de nullité qu'elle mentionne s'avère inexistante. »

L'exception relative aux actes authentiques:

« est justifiée à la fois par l'idée que la personne qui confère l'authenticité au contrat (telle qu'un notaire ou un juge) est tenue d'en vérifier au préalable la validité et par le souci de ne pas compromettre la force exécutoire de l'acte authentique. Une annulation amiable ou judiciaire demeure toutefois possible ».[40]

8. *Restitutions.* Les restitutions constituent à la fois la principale conséquence pratique du caractère rétroactif de la nullité et un domaine dans lequel la sécurité juridique s'avère particulièrement délicate à réaliser, spécialement si l'on tente de dégager un régime cohérent pour les différentes causes de restitution. En témoignent encore récemment deux arrêts de la Cour de cassation du 25 octobre 2018.

Le premier décide que « lorsque, ensuite de l'annulation d'une convention, les parties sont tenues de restituer des prestations réciproques dont chacune d'elles a joui, l'obligation de restitution ne s'étend pas aux intérêts ou aux fruits ».[41] Pourtant, une telle compensation forfaitaire des fruits à restituer n'était jusqu'alors défendue que par une minorité de la doctrine et paraît difficile à justifier au regard de l'objectif de rétablissement de la légalité.[42]

La seconde décision du même jour surprend pareillement en décidant que « [l]a résolution d'un tel titre translatif n'a, en application des articles 1183 ou 1184 du Code civil, pas pour effet que le titre serait vicié dès sa formation. Elle se situe dès lors en dehors du champ d'application des articles 549 et 550 de ce code (…) ».[43] Est-ce à dire que les parties à un contrat résolu pour inexécution seraient tenues de se restituer les fruits perçus entre la conclusion du contrat et la résolution de celui-ci sans pouvoir en au-

40 Développements, p. 64.

41 Cass., 25 octobre 2018, n° C.17.0391.F. Comp. Cass., 7 mai 2015, Pas., 2015, n° 295, avec les conclusions de M. l'avocat général J.-F. Leclercq, Cass., 5 janvier 2012, Pas., 2012, n° 9, point 4, et Cass., 2 octobre 2008, Pas., 2008, n° 521, qui ne font pas allusion à une compensation entre les intérêts du prix et les fruits de la chose à restituer.

42 Voy. *Jafferali*, n° 258, p. 555 et s.

43 Cass., 25 octobre 2018, n° C.17.0294.F.

cune manière exciper de leur bonne foi ?[44] Ou, néanmoins, que les intérêts et les fruits devraient également être compensés de manière forfaitaire dans ce cas comme le premier arrêt cité le décide en matière de nullité ?

C'est pour répondre à ces interrogations et à bien d'autres encore que le projet de réforme du droit belge des obligations fait le pari, comme d'autres avant lui,[45] de proposer un ensemble de règles, aussi claires que possible, destinées à régir les restitutions consécutives à l'annulation du contrat, à la résolution de celui-ci pour inexécution, à l'impossibilité d'exécution non imputable au débiteur, à la réalisation de la condition résolutoire ou encore – moyennant les adaptations nécessaires – à la restitution de l'indu (article 5.118).

Des règles communes sont ainsi proposées concernant le point de départ de la prescription (article 5.119), la définition de la bonne foi (article 5.120), l'ordre dans lequel les restitutions doivent intervenir (article 5.121),[46] la forme des restitutions (article 5.122), la perte de la chose à restituer (article 5.123), le sort des impenses (article 5.124), la restitution des fruits et des produits (article 5.125), le refus des restitutions à la partie coupable (article 5.126)[47] ou encore la protection des incapables (article 5.127).

La taille limitée de la présente étude ne permet cependant pas de rentrer dans le détail de ces dispositions fort techniques.

---

44 Solution qui apparaît peu justifiable au regard de la *ratio legis* de l'article 549, qui est d'éviter l'injustice consistant à réclamer la restitution des fruits au possesseur de la chose qui les a consommés de bonne foi au jour le jour: voy. *Jafferali*, n° 425, p. 954 et s.

45 Voy. ainsi les art. 1699 et s. du Code civil du Québec, applicables en cas de nullité ou de résolution du contrat, accomplissement d'une condition résolutoire, réception de l'indu, avènement d'une force majeure et même, à titre supplétif, dans les autres cas de restitution prévus par la loi (*Karim*, Les obligations, v. 2, 2015, n ° 3524); les art. 1352 et s. du Code civil français, applicables à la nullité (art. 1178), à la caducité (art. 1187), à la résolution pour inexécution (art. 1229) et au paiement de l'indu (art. 1302-3); les art. 172 et s. du CESL, applicable en cas d'annulation ou de résolution du contrat.

46 Disposition inspirée du § 348 du BGB.

47 Consécration et affinement de la règle généralement exprimée par l'adage *In pari causa turpitudinis cessat repetitio*.

IV. La résolution pour inexécution

9. Place de la résolution pour inexécution dans l'arsenal des sanctions. S'inspirant de l'article 1217 du Code civil français et, avant lui, de la Convention de Vienne sur les ventes internationales de marchandises (articles 45 et 61), le projet de réforme du droit belge des obligations tente d'offrir un panorama clair des sanctions ouvertes au créancier victime d'une inexécution contractuelle. C'est ainsi que l'article 5.86 prévoit :

> « Sauf volonté contraire des parties, le créancier dispose des sanctions suivantes en cas d'inexécution imputable au débiteur :
> 1° le droit à l'exécution en nature de l'obligation;
> 2° le droit à la réparation de son dommage;
> 3° le droit à la résolution du contrat;
> 4° le droit à la réduction du prix;
> 5° le droit de suspendre l'exécution de sa propre obligation.
> Les sanctions qui sont incompatibles ne peuvent être cumulées.
> La mise en œuvre des sanctions visées aux points 1° à 4° doit être précédée d'une mise en demeure, conformément aux articles 5.305 à 5.307. »

10. Effet rétroactif. L'effet rétroactif de la résolution pour inexécution est consacré à l'article 5.98 du projet, qui est rédigé comme suit:

> « La résolution prive le contrat d'effets depuis la date de sa conclusion. Toutefois, elle remonte jusqu'au manquement qui y a donné lieu pour autant que le contrat soit divisible dans l'intention des parties, eu égard à sa nature et à sa portée.
> Les prestations fournies depuis cette date donnent lieu à restitution dans les conditions prévues aux articles 5.118 à 5.125.
> A l'égard des tiers de bonne foi, la résolution ne prive le contrat d'effets que pour l'avenir. »

Le premier alinéa consacre donc le principe de la rétroactivité, tout en réservant la possibilité d'une « divisibilité temporelle » du contrat.[48] Ainsi, lorsque le contrat – par exemple un bail – a été exécuté à la satisfaction des deux parties pendant un certain temps et que la partie du contrat inexécutée (par exemple, les mois pendant lesquels le loyer n'a pas été payé) est divisible du reste du contrat dans l'intention des parties, rien ne justifie d'ef-

48 A ne pas confondre avec la divisibilité « matérielle » ou « personnelle » prévue à l'article 5.99.

facer rétroactivement la totalité du contrat; les effets de la résolution ne remonteront dès lors que jusqu'à la date du manquement (soit, en l'occurrence, la date à partir de laquelle le preneur a cessé de payer le loyer).[49]

Le deuxième alinéa consacre quant à lui un droit aux restitutions, soumises aux règles communes évoquées ci-avant (n° 8). A cet égard, il est permis de s'interroger sur le point de savoir si le maintien de la rétroactivité de la résolution pour inexécution était bien nécessaire. Sur ce point précis, la réforme française me paraît manquer de clarté. Entre le Projet Catala qui mentionnait expressément l'effet rétroactif[50] et le Projet Terré qui précisait au contraire formellement que la résolution ne vaut que pour l'avenir,[51] l'article 1229 du nouveau Code civil français entretient plutôt l'ambiguïté. Certes, en énonçant en son alinéa 1er que « La résolution met fin au contrat », on pourrait penser que ce mode de dissolution ne vaut – à défaut d'indication contraire – que pour l'avenir. Le doute s'insinue toutefois à la lecture de l'alinéa 2 qui, en fixant la date à laquelle la résolution est acquise, paraît laisser la porte ouverte à une rétroactivité limitée.[52] L'alinéa 3 achève de brouiller les pistes en distinguant les contrats à utilité globale (donnant lieu à restitution de l'ensemble des prestations depuis la conclusion du contrat) et ceux à utilité continue (donnant lieu à restitution des prestations n'ayant pas reçu de contrepartie) tout en précisant que, dans ce second cas, « la résolution est qualifiée de résiliation ». Or, cette terminolo-

---

49 Développements, p. 115.

50 Art. 1160-1 (du moins pour les contrats instantanés).

51 Art. 115.

52 Selon cette disposition, « La résolution prend effet, selon les cas, soit dans les conditions prévues par la clause résolutoire, soit à la date de la réception par le débiteur de la notification faite par le créancier, soit à la date fixée par le juge ou, à défaut, au jour de l'assignation en justice ». On croit donc comprendre que la résolution pourrait remonter à une date antérieure à sa notification lorsque l'accord des parties le prévoit, et qu'en cas de résolution prononcée en justice, elle remonterait toujours à la date du manquement constaté par le juge, présumée coïncider avec la date de l'assignation (voy. en ce sens *Chantepie/ Latina*, La réforme du droit des obligations, 2e éd., 2018, n° 669, p. 618 *in fine*). N'y a-t-il pas toutefois dans la rédaction de cette disposition une confusion entre la date d'existence de la résolution (à savoir la date de son prononcé en justice ou de sa notification) et celle à laquelle elle prive le contrat de ses effets, le cas échéant rétroactivement ? Sur la distinction entre ces deux dates, voy. déjà. *Storme*, Het ingaan en de terugwerkende kracht van de ontbinding van wederkerige overeenkomsten, Revue générale de droit civil (R.G.D.C.) 1991, p. 101 et s.

gie – discutable[53] – est d'ordinaire utilisée pour souligner le caractère non rétroactif de ce mode de dissolution. Il n'en fallait pas plus pour convaincre les premiers commentateurs qu'*a contrario*, le Code aurait, sans le mentionner, entendu conserver l'effet rétroactif de la résolution dans les contrats à utilité globale.[54]

Si l'on prend maintenant ses distances avec le cas français, que penser de la rétroactivité de la résolution pour inexécution ? Je suis d'avis que, sans être indispensable, elle n'en demeure pas moins utile.

Indispensable, elle ne l'est certainement pas. En effet, l'exemple des droits allemand[55] et néerlandais[56] est là pour nous rappeler qu'il est parfaitement concevable que la résolution ne fasse naître que pour l'avenir un droit à la restitution des prestations effectuées antérieurement. On peut y voir, si on le souhaite, une forme de rétroactivité au sens large:[57] sans être dotée *en droit* d'un effet rétroactif, la résolution ne tend pas moins *en fait* à remettre les parties dans une situation antérieure, de même par exemple que les dommages-intérêts octroyés à la victime d'une faute.[58] En d'autres termes, la rétroactivité n'est pas indispensable sur le plan technique pour justifier les restitutions auxquelles elle donne lieu.[59] Ce constat ne prive toutefois pas de toute justification la rétroactivité de la résolution. En effet, celle-ci implique encore certaines conséquences sur le plan technique,

53 *De Page*, Traité élémentaire de droit civil belge, t. II, 1964, n° 876, p. 836 et s., qui recommande de réserver le terme « résiliation » à l'hypothèse où le contrat prend fin par la volonté de l'une des parties en dehors de toute inexécution de la part de l'autre partie.

54 Voy. *Chantepie/ Latina*, n° 669, p. 618; *Choné-Grimaldi*, « Article 1229 », in: Douville (éd.), La réforme du Droit des contrats, 2016, p. 235; *Deshayes/ Genicon/ Laithier*, Réforme du droit des contrats, du régime général et de la preuve des obligations, 2e éd., 2018, p. 585 et s.; *Terré/ Simler/ Lequette/ Chenédé*, Droit civil. Les obligations, 12e éd., 2018, n° 819, p. 881, et n° 825, p. 887.

55 § 346 BGB

56 Art. 6:269 et 6:271 NBW.

57 Sur la distinction entre rétroactivité s.s. et s.l., voy. *Jafferali*, n° 58, p. 107.

58 Selon la formule consacrée, celui qui, par sa faute, a causé à autrui un dommage est tenu de le réparer, ce qui implique que le préjudicié soit replacé dans la situation qui eût été la sienne si l'acte illicite n'avait pas été commis (voy. récemment Cass., 16 février 2018, n° C.16.0344.F).

59 Voy. déjà la pénétrante analyse de *Wintgen*, Regards comparatistes sur les effets de la résolution pour inexécution, Revue des contrats 2006, p. 543.

principalement envers les tiers,[60] mais aussi entre parties.[61] En outre, la rétroactivité de la résolution pour inexécution me paraît mériter d'être conservée pour ses vertus explicatives et analytiques. On peut dire en effet que, fût-elle même superflue sur le plan technique, la rétroactivité rend assez bien compte de la logique sous-jacente à l'institution. Par ce biais, le contrat se trouve en effet effacé dans la mesure du déséquilibre dans l'exécution provoqué par le débiteur; et cet effacement se voit reconnaître un effet rétroactif afin de renforcer l'efficacité de la sanction octroyée au créancier.[62]

Dans la mesure où elle est conforme à la logique de l'institution, la rétroactivité de la résolution ne me paraît donc pas être problématique. La tendance des premiers commentateurs du Code civil français à l'y réintroduire alors qu'elle n'y apparaît pas clairement s'explique d'ailleurs, pour partie, par le souci de trouver une justification aux restitutions auxquelles elle donne lieu.[63]

11. Protection des tiers de bonne foi. Tout en maintenant l'effet rétroactif de la résolution, l'article 5.98, en son alinéa 3, introduit toutefois une dérogation à celui-ci au profit des tiers de bonne foi. Il vise, ce faisant, à rencontrer une difficulté épinglée par la doctrine,[64] comme l'expliquent les développements de la proposition de loi en ces termes:

> « L'effet rétroactif de la résolution a en effet pour conséquence, sur le plan réel, de permettre au créancier de la restitution de revendiquer la chose entre les mains des tiers, tel qu'un sous-acquéreur, lequel n'a pas nécessairement connaissance du risque auquel il s'expose en acquérant la chose. Certes, ces inconvénients sont limités par des dispositions particulières protectrices des droits des tiers (telles que l'article 2279 du Code civil en matière mobilière ou, en matière immobilière, les articles 28 et 30 de la loi hypothécaire qui visent à informer le sous-acquéreur du risque auquel il s'expose en imposant au vendeur impayé la transcription du titre constatant que tout ou partie du prix lui est en-

60 Voy. *infra*, n° 11.

61 Voy., pour plus de détails, *Jafferali*, n° 375, p. 865. Voy. ainsi, par exemple, Cass. fr., 22 juin 2005, Bull., 2005, III, n° 143 (la résolution de la vente consentie par un bailleur à son locataire fait renaître le contrat de bail qui s'était éteint dans le chef de celui-ci par confusion); Cass. fr., 7 juin 1989, Bull., 1989, V, n° 428 (« la résolution de la transaction a pour effet de restituer au créancier ses droits primitifs ») et, dans le même sens, Cass. b., 23 mai 2019, n° C.16.0254.F.

62 Voy., pour plus de détails, *Jafferali*, n° 375, p. 864 et s.

63 Revoy. les auteurs cités *supra* à la note n° 54.

64 Voy. *Baeck*, Restitutie na vernietiging of ontbinding van overeenkomsten, 2012, n ° 138 et s., p. 97 et s.; *Jafferali*, n° 550 et s., p. 1153 et s.

core dû pour conserver son privilège et en prévoyant l'inopposabilité de l'action résolutoire au cas où le vendeur impayé a perdu son privilège). Ces dispositions ne protègent cependant pas le tiers de bonne foi en toutes circonstances (ainsi par exemple, en matière immobilière, l'effet rétroactif de la résolution demeure opposable au sous-acquéreur lorsque la vente principale a été résolue en raison d'un manquement de l'acheteur à une obligation de faire ou de ne pas faire, ou en raison d'un manquement du vendeur). Il paraît dès lors souhaitable de couvrir ces hypothèses par une disposition générale. En effet, les intérêts privés du vendeur ne paraissent pas préférables en soi à ceux du sous-acquéreur de bonne foi. La situation se distingue ici de celle de la nullité du contrat principal, le souci de restauration de la légalité l'emportant en principe sur les intérêts privés du sous-acquéreur, fût-il même de bonne foi ».[65]

V. Conclusion

12. Conclusion. Les quelques lignes qui précèdent n'avaient pas pour but d'offrir une vision exhaustive du projet de réforme du droit belge des obligations, ni même des dispositions de celui-ci consacrées aux institutions jouissant d'un effet rétroactif. L'objectif, plus modeste, était de montrer comment ces dispositions, prises pour leur valeur exemplative, sont révélatrices de la méthode suivie par la Commission de réforme du droit belge des obligations et de l'apport que le droit comparé a présenté pour les travaux de celle-ci.

A cet égard, on croit pouvoir conclure que l'hypothèse « optimiste » formulée par le Professeur Reiner Schulze (voy. *supra*, n° 1) en sort renforcée. Ainsi, si les recodifications nationales du droit des obligations constituent certes la manifestation d'un acte de souveraineté qui peut dans certains cas contribuer à renforcer les particularismes locaux, elles constituent surtout une tentative de proposer, à un moment déterminé, une synthèse voulue par ses auteurs comme étant la plus cohérente et la plus juste possible des règles appelées à régir les rapports entre particuliers. Ainsi conçue, et indépendamment de degré plus moins grand de réalisation de cet objectif ambitieux, une telle tentative présente nécessairement, par les qualités auxquelles elle aspire, une vocation à l'universalité, et peut dès lors être vue

65 Développements, p. 116 et s.

comme une invitation adressée à d'autres systèmes juridiques à entamer un dialogue quant aux meilleures règles à adopter.[66]

On en a vu, très concrètement, la preuve dans la manière dont les droits allemand, français et néerlandais ont su inspirer les dispositions du projet belge. Ainsi, le droit allemand et, dans une moindre mesure, le droit néerlandais ont constitué une importante source d'inspiration lorsqu'il s'est agi d'abolir l'effet rétroactif de la condition tout en préservant les droits de l'acquéreur conditionnel (voy. *supra*, n° 5), de limiter les causes de nullité (voy. *supra*, n° 6) ou d'admettre l'annulation par voie de notification (voy. *supra*, n° 7). Pour d'autres questions, le droit français aura été jugé préférable pour les solutions qu'il consacre en matière de restitutions (voy. *supra*, n° 8), d'ordonnancement des sanctions (voy. *supra*, n° 9) ou encore d'effet rétroactif de la résolution pour inexécution (voy. *supra*, n° 10). De manière plus générale, les codifications internationales (Convention de Vienne, DCFR, CESL et PICC) ont également inspiré les rédacteurs du projet.

Bien sûr, certains des choix qui ont ainsi été faits ne reposaient pas sur l'idée qu'une solution serait en soi meilleure qu'une autre, mais plutôt sur l'idée – toute pragmatique – qu'il ne convient de s'écarter d'une solution traditionnellement admise dans un ordre juridique donné que lorsque les avantages d'un changement l'emportent manifestement sur ceux du *statu quo*.[67] Cela étant, d'autres choix – comme celui d'énumérer de manière claire les sanctions à la disposition du créancier d'une obligation inexécutée, ou de traiter de manière uniforme la condition suspensive et la condition résolutoire – constituent des décisions réfléchies qui pourront, on l'espère, inspirer d'autres réformes nationales ou internationales ou, plus modestement, nourrir les discussions à l'origine de telles réformes.

66 Ceci renvoie à une fonction classique du droit comparé comme outil à la disposition du législateur: voy. *Zweigert/ Kötz*, Introduction to Comparative Law, 3e éd., 1997, p. 16 et s.

67 Je songe ainsi, par exemple, au choix de ne pas introduire la distinction entre nullité et annulabilité (voy. *supra*, n° 6) ou de conserver un effet rétroactif à la résolution pour inexécution bien qu'il ne soit pas indispensable sur le plan technique (voy. *supra*, n° 10).

Civil Liability in the Criminal Code: a Spanish Peculiarity[1]

Manuel Angel Bermejo Castrillo

I. Non-contractual civil liability in the Civil Code

In the field of liability, the Spanish Civil Code embraces within its system a distinction between the contractual and non-contractual dimensions, which is accepted without argument by the majority of authors from a purely theoretical standpoint. Nevertheless, maintaining a different legal regime for each one of them awakens conflicting positions in the doctrine since it gives rise to frequent and important difficulties when deciding the assignment of one or another type of liability of many specific cases; problems which can be related both to matters of a material nature and to other procedural aspects.

The regulatory precepts of liability of a non-contractual origin are located in chapter II, title XVI, book IV that deals with the obligations that arise from fault or negligence. Article 1902 establishes as a general principle the requirement of redressing any damage caused to another subject by action or omission incurring in fault or negligence.[2] Nevertheless, article 1903 also extends this obligation to the acts and omissions carried out by persons who should answer for others because of being minors or in a situation of dependence. It refers expressly to parents regarding the children still under their care, tutors in relation to the minors or legally incapacitated persons under their guardianship and that live with them, to the owners or directors of establishments or companies for the acts carried out by their subordinates or employees and to the individuals or entities in charge of educational institutions for the damages caused by the students during the time that they should be under the control and watch of the teachers while participating in school or extracurricular activities. Although with the exception, in all cases, that they manage to prove that they acted with

---

1 The main matters dealt with in this article have already been addressed in *Bermejo Castrillo*, Responsabilidad civil y delito en el derecho histórico español, Madrid 2017.

2 *Código Civil*, [artículo 1902]: 'El que por acción u omisión causa daño a otro, interviniendo culpa o negligencia, está obligado a reparar el daño causado'.

due care – that is, what would be expected of a good father of family – to attempt to avoid the damage,[3] and also permitting the transfer of the amount paid by them to the dependents, as well as, in the case of the teachers, when there were damages caused by their having acted with criminal intent or serious fault in the exercise of their functions.[4]

Completing this chapter, in articles 1905 to 1910, a set of specific circumstances is described in which responsibilities also arise, acting as a factor of imputation the concurrence of fault or lack of due care from the person obligated to assume the damaging consequences resulting from this conduct. This category includes possessors of animals held responsible for the damages that these may cause when they escape or are lost, except when those harmed have contributed to these damages with their own conduct;[5] the owner of a hunting reserve regarding the harm suffered by the owners of nearby properties, if he has not impeded the growth of the game species and their invasion of the contiguous properties or has hampered their persecution by the neighbours affected;[6] the holder of a building in ruins that has not undertaken the necessary repair work to avoid the

3 *Código Civil*, [artículo 1903]: '1. La obligación que impone el artículo anterior es exigible, no sólo por los actos u omisiones propios, sino por los de aquellas personas de quienes se debe responder. 2. Los padres son responsables de los daños causados por los hijos que se encuentren bajo su guarda- 3. Los tutores lo son de los perjuicios causados por los menores o incapacitados que están bajo su autoridad y habitan en su compañía. 4. Lo son igualmente los dueños o directores de un establecimiento o empresa respecto de los perjuicios causados por sus dependientes en el servicio de los ramos en los que tuvieran empleados, o con ocasión de sus funciones. 5. Las personas o entidades que sean titulares de un Centro docente de enseñanza no superior responderán por los daños y perjuicios que causen sus alumnos menores de edad durante los períodos de tiempo en que los mismo se hallen bajo el control o vigilancia del profesorado del Centro, desarrollando actividades escolares, extraescolares y complementarias. 6. La responsabilidad de que trata este artículo cesará cuando las personas en el mencionadas prueben que emplearon toda la diligencia de un buen padre de familia para prevenir el daño'.

4 *Código Civil*, [artículo 1904]: '1. El que paga el daño causado por sus dependientes puede repetir de estos lo que hubiese satisfecho. 2. Cuando se trate de Centros docentes de enseñanza no superior sus titulares podrán exigir de los profesores las cantidades satisfechas, si hubiese incurrido en dolo o culpa grave en el ejercicio de sus funciones que fuesen causa del daño'.

5 *Código Civil*, [artículo 1905]: 'El poseedor de un animal, o el que se sirve de él, es responsable de los perjuicios que causare, aunque se le escape o extravíe. Sólo cesará esta responsabilidad en el caso de que el daño proviniera de fuerza mayor o de culpa del que lo hubiese sufrido'.

6 *Código Civil*, [artículo 1906]: 'El propietario de una heredad de caza responderá del daño causado por ésta en las fincas vecinas, cuando no haya hecho lo necesario

damage caused;[7] the proprietors for the explosion of machines lacking the necessary diligence for its maintenance, for the burning of explosive substances that have not been stored safely and properly, for allowing the emission of fumes that are noxious to persons or things, for trees falling when located in areas of passage, except if they were felled due to *force majeure*, and for the noxious vapours originating from sewers or tanks of infectious products constructed without taking adequate precautions;[8] finally, the head of the family will be considered responsible for damages caused by things falling or being thrown from the house where he lives.[9] Therefore, we can observe, together with evident cases of subjective liability due to fault or negligence, other situations in which the damage is not necessarily caused by the person obligated to redress it, but rather he is held to a type of objective responsibility.[10]

para impedir su multiplicación o cuando haya dificultado la acción de los dueños de dichas fincas para perseguirla'.

7 *Código Civil*, [artículo 1907]: 'El propietario de un edificio es responsable de los daños que resulten de la ruina de todo o parte de él, si ésta sobreviniere por falta de las reparaciones necesarias'.

8 *Código Civil*, [artículo 1908]: 'Igualmente responderán los propietarios de los daños causados: 1º Por la explosión de máquinas que no hubiesen sido cuidadas con la debida diligencia, y la inflamación de sustancias explosivas que no estuviesen colocadas en lugar seguro y adecuado. 2º Por los humos excesivos, que sean nocivos a las personas o a las propiedades. 3º Por la caída de árboles colocados en sitios de tránsito, cuando no sea ocasionada por fuerza mayor. 4º Por las emanaciones de cloacas o depósitos de materias infectantes, construidos sin las precauciones adecuadas al lugar en que estuviesen. No obstante, si los daños fuesen producidos por defectos en la construcción, el perjudicado podrá repercutirlos contra el arquitecto'. *Código civil*, [artículo 1909]: 'Si el daño de que tratan los dos artículos anteriores resultare por defecto de construcción, el tercero que lo sufra sólo podrá repetir contra el arquitecto, o, en su caso, contra el constructor, dentro del tiempo legal'.

9 *Código Civil*, [artículo 1910]: 'El cabeza de familia que habita una casa o parte de ella, es responsable de los daños causados por las cosas que se arrojaren o cayeren de la misma'.

10 In particular, in art. 1905, regarding the damages caused by animals, art. 1908, 2nd and 3rd, refer, respectively, to the excessive fumes and trees falling in areas of passage, and art. 1910, on objects falling or being thrown from buildings, it is assumed today that it corresponds without the necessity for fault, even though the doctrine contemporary to the Civil Code did not point in that direction. *Basozabal Arrue*, Responsabilidad extracontractual objetiva: parte general, Madrid 2015, pp. 13-16.

II. Ex delicto civil liability

Nonetheless, the Civil Code not only separates contractual and non-contractual liability into two different regimes, it also creates within the latter a specific modality when article 1902 remits the regulation of the obligations derived from the commission of offenses and infractions to what is established in criminal law,[11] which in the wording currently in force, generally, extends the reach of responsibility to the duty of restitution, redressing the damages and compensating the material and moral losses caused;[12] while, as we have seen, those that proceed from acts or omissions in which there is fault or negligence, but are not punishable under the law, are reserved for article 1903 of the Code.

These two precepts in reality constitute a further development of article 1089, where the sources of the obligations are enumerated, making mention of four different categories, grouped in two binomials: on the one hand, those arising from the law and from contracts and quasi-contracts, and on the other – the division created within the non-contractual – those from illicit acts and omissions and those where any form or fault or negligence intervenes.[13] That is to say, that, perhaps without actually calculat-

11 *Código Civil*, [artículo 1092]: 'Las obligaciones civiles que nazcan de los delitos o faltas se regirán por las disposiciones del Código Penal'. Therefore, currently this reference affects art. 109 to 122 of the 1995 Criminal Code in force (Ley Orgánica 10/1995, 23rd November). The general principle is formulated in [artículo 109]: '1. La ejecución de un hecho descrito por la ley como delito o falta obliga a reparar, en los términos previstos en las leyes, los daños y perjuicios por él causados. 2. El perjudicado podrá optar, en todo caso, por exigir la responsabilidad civil ante la jurisdicción civil'. And [articulo 116.1] stresses that 'Toda persona criminalmente responsable de un delito lo es también civilmente si del hecho se derivaren daños y perjuicios (...)'.

12 *Código Penal de 1995*, [artículo 110]: 'La responsabilidad establecida en el artículo anterior comprende: 1º La restitución. 2º La reparación del daño. 3º La indemnización de perjuicios materiales y morales'.

13 *Código Civil*, [artículo 1099]:'Las obligaciones nacen de la ley, de los contratos y cuasi contratos, y de los actos y omisiones ilícitos o en que intervenga cualquier género de culpa o negligencia'. This division essentially kept the classification of the sources of the obligations contained in the French *Code civil*, [art. 1370]. The essential difference lies in that the Civil Code deviated from the historical distinction between offenses and *quasi-delictos,* due to the necessity of accommodating the infractions, substituting the *quasi-delictos* for the expression 'acts in which whatever type of fault or negligence intervene', which, surely favoured the aforementioned dispersal in the regulation of types of non-contractual liability. On this aspect: *Alonso-Cortés Concejo*, Fundamento de la responsabilidad civil delictual, Valladolid 1960, p. 20; *Font Serra*, Reflexiones sobre la responsabilidad civil

ing the practical consequences of this decision, the codifier introduced a clear and artificial separation between the illicit acts of a criminal nature that, upon causing recoverable damages, generate civil obligations subject to that provided for in criminal law, and those that, likewise giving rise to harmful effects for the patrimony of another subject, do not arise from a conduct that is a punishable offense and therefore are submitted to civil regulations.

With support in this duality consecrated in the Civil Code, the practice of designating, with certain imprecision,[14] as civil liability derived from an offense (*ex delicto*) that one contemplated in article 1092, has prospered in Spanish doctrine, tending to present it, not only as a different modality, but rather as a separate source of obligations in regards to the simple or pure civil liability provided for in article 1093. A conclusion which, in the opinion of numerous authors, is clearly debatable when the approach is taken from a conceptual angle, because what is activated in both cases is civil liability linked to the production of damage, without it being relevant, regarding the nature of the obligation generated, that the action from which it arose also constitutes an illicit offense.[15] In reality, the civil conse-

---

en el proceso penal, 87 Revista Jurídica de Cataluña 1988, 939-959, p. 942; *Navajas Laporte*, Algunas consideraciones en torno a la responsabilidad civil derivada de hecho punible, 393 Revista General de Derecho 1977, 493-500, p. 493.

14 The inadequacy of this denomination to its real nature has been underscored on numerous occasions. For example, *Díaz Alabart*, La responsabilidad por los actos ilícitos dañosos de los sometidos a patria potestad o tutela, 40 Anuario de Derecho Civil 1987, 795-894, p. 796; *Casino Rubio*, Responsabilidad civil de la administración y delito, Madrid 1998, pp. 194-195; *Llamas Pombo*, Reflexiones sobre el derecho de daños, Las Rozas 2010, pp. 41-43, dedicates one of his comments to the 'badly named and worse understood "ex delicto" civil liability'.

15 In this sense, *Silva Melero*, El problema de la responsabilidad civil en el derecho penal, Madrid 1951, p. 38; *Gómez Orbaneja*, Comentarios a la Ley de Enjuiciamiento criminal de 14 de diciembre de 1882 con la legislación orgánica y procesal complementaria, vol II, Barcelona 1951, pp. 318-322; *Santos Briz*, La responsabilidad civil. Derecho sustantivo y derecho procesal, 7th ed., Madrid 1993, p. 278. Among others, these authors have also written on the civil nature of these precepts contained in the criminal codes, *de Ángel Yágüez*, La responsabilidad civil, Bilbao 1988, p. 30; *Antón Oneca*, Derecho Penal, 2nd ed., Madrid 1986, p. 645; *Díaz Alabart*, 40 Anuario de Derecho Civil 1987, p. 796; *Mir Puig*, Sobre el problema de la naturaleza de la responsabilidad extracontractual, 1 Actualidad Civil 1991, 101-107, p. 104; *González Rus*, El artículo 444 del Código penal y el régimen general de la responsabilidad civil derivada del delito, 32 Anuario de Derecho Penal y Ciencias Penales 1979, 381-426, p. 391; *Rodríguez Devesa*, Responsabilidad civil derivada del delito o falta y culpa extracontractual, Libro homenaje a Jaime

quences do not arise from the offences or infractions, but rather from the act or omission that turns out to be criminal.[16]

This position, inclined to underscore the civil nature of this type of responsibility, is not unanimously shared since there is another sector of the doctrine that defends its criminal nature with arguments based on both the inclusion of its regulation in the Criminal Code,[17] as well as its criminal origin and in the necessity for punitive law to restore the totality of legal order that has been disturbed as a consequence of the illicit act.[18] In any case, it should be noted that, in its current legal configuration, these are autonomous elements, of distinct content and effects since the offense is, in essence, a harmful act for the community and for the State, so that the damage produced is evaluated from the point of view of the protected collective legal interest,[19] in its civil dimension it implies harm to a private and individualisable interest, whether it be patrimonial or moral, that requires for its characterisation as such to be susceptible to redress.

Guasp, Granada 1984, 511-527, p. 511; *Rodríguez Ramos*, Compendio de Derecho Penal, Madrid 1984, p. 120; *Sainz-Cantero Caparrós*, El ilícito civil en el Código penal, Granada 1997, pp. 3-4; *Mapelli Caffarena*, Las consecuencias jurídicas del delito, Madrid 2005, pp. 403-404; *Alastuey Dobón*, La responsabilidad civil y las costas procesales, in: Gracia Martín (ed.), Tratado de las consecuencias jurídicas del delito, Valencia 2006, pp. 596-601; *Arnaiz Serrano*, Las partes civiles en el proceso penal, Valencia 2006, pp. 59-70.

16 *López Beltrán de Heredia*, Efectos civiles del delito y responsabilidad extracontractual, Valencia 1997, p. 16.

17 Art. 1902 of the Civil Code expresses this responsibility as civil. And it is equally recognized in this way by the very Criminal Code in force since 1995, book I, title V: 'De la responsabilidad civil derivada de los delitos y faltas y de las costas procesales'.

18 Among those that have proven to be in favour of the criminal nature of the liability derived from these precepts are: *Reyes Monterreal*, Acción y responsabilidad civil derivadas de delitos y faltas, Madrid 1955, p. 45; *Molina Blazquez*, La responsabilidad civil en el proyecto de Código Penal de 1994, 38 Poder Judicial 1985, 127-154, pp. 147-148, although the list of authors taking this position is quite ample. An intermediate position has been supported by *Quintano Ripollés*, La 'acción tercera' o 'cuasi criminal', propia de la llamada responsabilidad civil dimanante del delito, 30 Revista de Derecho Privado 1946, 935-942, p. 939, who wrote of its mixed nature with the argument that, although civil liability is made up of a set of obligations of a patrimonial nature, its exercise and development are criminal.

19 This without forgetting that the private interests of the victim are as justified for criminal law as for social interest. Furthermore, apart from punishing the criminal, its primary aim should be to obtain the complete satisfaction of the individual interests of those who have suffered antisocial behavior. *López Beltrán de Heredia*, Efectos civiles del delito y responsabilidad extracontractual, pp. 16-17.

III. Effects of its regulation in the Criminal Code

The practical consequences of placing *ex delicto* civil liability within the criminal law system are of remarkable importance. Because this means that, unless the victim of the offense renounces or reserves the possibility to utilize, in accordance with article 109.2 of the Criminal Code,[20] the corresponding action to claim for the compensation for the damages suffered in a later civil proceeding, the judge of criminal court that issues the conviction or, in the case, the Public Prosecutor, find themselves before the situation of having to rule in regards to the reparation for damage.[21] This may offer certain advantages procedurally,[22] upon permitting the injured party to combine in the same process both the offense suffered and the compensation for the patrimonial loss, facilitating a limitation on the delays and a reduction in the cost.[23] But, in contrast, this brings some very serious disadvantages: it places the burden of resolving matters of a strictly

---

20 *Código Penal de 1995*, [artículo 109.2]: 'El perjudicado podrá optar, en todo caso, por exigir la responsabilidad civil ante la jurisdicción civil'.

21 This pursuant to what the experts in procedural law have named 'adhesive civil competency'. About this matter, *Yzquierdo Tolsada*, Alcance real de la competencia del juez penal para conocer cuestiones civiles: responsabilidad civil y más cosas. En concreto, la tutela civil del crédito en el proceso penal, in: Moreno Martínez (ed.), Perfiles de la responsabilidad civil en el Nuevo Milenio, Madrid 2000, 607-636.

22 *Conde-Pumpido Ferreiro*, La responsabilidad civil *ex delicto* en el Código penal de 1995, Homenaje al Dr. Mariano Barbero Santos, Cuenca 2001; 935-965, p. 936, points out that the accumulation of the civil and criminal proceedings and the obligation of the Public Prosecutor to present both jointly constitutes a peculiarity in our system, which is infrequent in comparative law, and which, although it brings with it some distortions, its pragmatism and high level of protection of the rights of the injured party has been praised by some authorities in procedural law.

23 The benefits that this possibility of accumulating the attempt to obtain compensation in the criminal proceeding generates have been underscored by: *Del Rosal*, Código Penal con jurisprudencia, concordancias y comentarios, Madrid 1964, p. 153; *Galiana Uriarte*, Problemas de la responsabilidad civil delictual, 19 Anuario de Derecho Penal y Ciencias Penales 1966, 199-214, p. 200; *Fenech*, El proceso penal, 3rd ed., Madrid 1978, pp. 7-9; *Gómez Orbaneja/Hercé Quemada*, Derecho procesal penal, 10th ed., Madrid 1984, pp. 116-118; *Díaz Alabart*, 40 Anuario de Derecho Civil 1987, pp. 798-799; *Font Serra*, 87 Revista Jurídica de Cataluña 1988, p. 948; *Gimeno Sendra*, La reforma del proceso penal en el actual sistema democrático español, 3 Revista de Derecho Procesal 1992, 502-527, p. 505; *Antón Oneca*, Derecho penal, p. 648. See, *Sainz-Cantero Caparrós*, El ilícito civil en el Código penal, pp. 2-3 and note 3, and *Roig Torres*, La reparación del daño causado por el delito, Valencia 2000, pp. 94-95.

civil nature on the criminal court; the frequent necessity of resorting to the Civil Code to close the loopholes on this matter that can be found in the criminal code; and finally, it impedes the application of the civil precepts, articles 1903 to 1910, regarding cases of liability stemming from fault or negligence when the events causing the damage are simultaneously classified as offense or infraction.[24]

In support of the opinion that upholds the necessity of putting an end to this current anomalous situation is also the existence of important differences between criminal liability and civil liability derived from a conduct which can be classified as a criminal offense. In this sense, article 34 of the Criminal Code in force excludes that the reparation sanctions established by the civil or administrative laws are regarded as punishments.[25] The most important of such differences are the following: both forms of liability have as an essential element the breaching of a legal rule, but criminal liability is characterised by the principle of legality, for which the criminal act must be previously contemplated in the law for it to give rise to sanctions, while the conducts that carry civil liability are not legally categorized, although they are linked to actions or omissions that are legal categories, but not necessarily associated to causing damage to legitimate external legal interests; civil liability depends on the objective premise of causing damage to another person, but does not always require the subjective premise of culpability, which is essential in the criminal terrain; the punishment pursues satisfying a public interest, that is, the sanction of the author of the illicit act, while civil reparation only seeks to satisfy the private interest of the injured party, even though some tendencies now also attribute to it an orientation in favour of a social interest; the punishment combines its repressive nature with the aim of restoring the altered situation and a dissuasive or preventative purpose, whilst the reparation essentially performs a compensatory purpose, that intends to reintegrate the full patrimony to the victim, even though its additional preventive function is

24 *Yzquierdo Tolsada*, La responsabilidad civil en el proceso penal, in: Reglero Campos (ed.), Tratado de Responsabilidad civil, vol. I, 4th ed., Madrid 2008, 1068-1199, p. 1069, also points out as a negative effect the tendency of the judges to assign a punitive nature to the civil sanction, which converts it in a type of appendix to the sentence.

25 *Código Penal de 1995*, [artículo 34]: 'No se reputarán penas: (…) 3. Las privaciones de derechos y las sanciones reparadoras que establezcan las leyes civiles o administrativas'.

gaining ground among the doctrine and in judicial rulings,[26] thus also making heard voices that defend its function as a private punishment;[27] the civil sanction implies a material transfer from the patrimony of the one responsible for the offense to the injured party, while the punishments of an economic character, although they also suppose a loss of patrimony for the one punished, they cannot be understood as a rendering of an obligatory nature in favour of the State, but rather a type of seizure founded in the application of *ius puniendi* attributed to it; the magnitude of the punishment had been previously set by the legislator equally for all offenses of the same type, so that civil redress is established in every case in regards to the amount of the damage; the punishment can only be imposed throught a jurisdictional channel after the corresponding criminal process, but the reparation can be settled out of court; the punishment is qualified as personal and cannot be applied to anyone other than the perpetrator of the offense, which is admissible in the civil scope, where the submission to objective patterns of the criteria of imputation does have a place, as well as the transmissibility of the sanction to another person, which in the absence of the one obligated can be claimed from the heirs; the criminal proceedings that arise from the offense cannot be waived, except in the cases contemplated in article 106 of the Law of Criminal Procedure, but the civil proceedings that arise from the damage caused by a criminal conduct are regulated by the principles of civil procedure, including that of opportunity, discretion and congruence; civil liability is insurable, which permits the potential author of the damage to be excluded *a priori* from his obligation, and the company with whom he has contracted the insurance being left to pay the compensation; lastly, the proceedings to make claims have a public nature in the criminal field and private in the civil context.[28]

---

26 This has been indicated very recently, for the Italian case, by *Visintini*, ¿Qué es la responsabilidad civil? Fundamentos de la disciplina de los hechos ilícitos y del incumplimiento contractual, translation by M. Cellurale, Bogota 2015, p. 18, in reference to various judgments of the *Corte di Cassazione*, which demonstrate the consolidation of principles, such as that of precaution, of Community origin. Even the appearance of a punitive orientation regarding moral damages is noted, upon confirming a tendency to carry out an evaluation of the amount of compensation in relation to the gravity of the offense more than to the reparation.

27 That is the case, in French civil law, of *Carval*, La responsabilité civile dans sa function de peine privée, Paris 1995.

28 See, *Juan Sánchez*, La responsabilidad civil en el proceso penal, Madrid 2004, pp. 22-27; *Mapelli Caffarena*, Las consecuencias jurídicas del delito, Madrid 2005, pp. 404-405; *Roig Torres* 2000, pp. 101-137.

IV. The weight of historical tradition

It is especially relevant that the insertion of civil liability linked to committing an offense in the criminal code has a historical origin apart from the justifications of systematic rationality or of material adscription to this legal branch. On the contrary, is the mere product of a circumstantial decision, anticipated in its precedent of 1822 by the legislator of the Criminal Code of 1848, who – given the absence of a Civil Code, whose materialization seemed very complicated and far off[29] – decided to incorporate a series of civil rules destined to submit civil liability associated with criminal acts to a regime that was more adequate for the new times, trying to overcome its subordination to the old Roman conceptions.[30]

The most surprising thing is, perhaps, that when the long road to the enactment of the Civil Code was finally at an end, instead of rescuing these rules until then accommodated in the criminal context, the codifier, assuming the mandate expressed in the Law of Bases of 1888, opted to give continuity to this anomalous situation,[31] which apparently had arisen with a transitory nature and oriented precisely towards solving problems and

29 This is the justification that was offered regarding the motives of the codifier by *Pacheco*, El Código penal, concordado y comentado, 2nd ed., Madrid 1856, I, p. 279: '3. Algunos han pensado que por más cierta y más útil que esta doctrina fuese, se hallaba fuera de su lugar en el Código que examinamos. La Ley penal, según ellos, no debía comprender estas responsabilidades, que ella misma proclama como no procedente del delito, aunque lo sean de hechos que tienen su apariencia. Solo el Código civil debe ocuparse de tales obligaciones [.] No llevamos tan allá, por nuestra parte, las ideas del rigorismo; sobre todo cuando no existe, y tardará todavía algún tiempo, el Código civil que se invoca. No vemos ningún mal en que se complete, y perfecciones aquí esta materia'.

30 It has been highlighted by *Yzquierdo Tolsada*, El perturbador artículo 1902 del Código Civil: Cien años de errores, in Centenario del Código civil (1889-1989), vol. II, Madrid 1990, 2019-2135, pp, 2109-2111. But this historical origin of the problem also has been recognised by many other authors, among which we can cite *Díaz Alabart*, 40 Anuario de Derecho Civil 1987, p. 798; *Gómez Colomer*, Constitución y proceso penal. Análisis de las reformas procesales más importantes introducidas por el nuevo Código penal de 1995, Madrid 1996, p. 249; *Pantaleón Prieto*, Comentario al artículo 1902 Cc., in: Código Civil Comentado, Madrid 1993, 1971-2003.

31 There is no news in the Law of Bases of May 11, 1888 nor in the discussion that preceded the enactment of the Civil Code about the reasons that led the legislator to opt for maintaining the two different orders of non-contractual civil liability. Although there were voices of protest such as that expressed by Senator Rodríguez San Pedro in the preparatory debate on the Civil code: 'Las obligaciones civiles que nazcan de los delitos o faltas se regirán por las disposiciones del Códi-

delays that the civil codification had been carrying for a long time. While it is also not easy to explain why this arguable permanence in the Civil Code provided impetus for an inertia, which was respected in the successive criminal codes approved later,[32] prolonging this situation to date, since it has been maintained in the 1995 Criminal Code in force today.[33] Nevertheless, despite the predominant opinion among modern Spanish civil doctrine that coincides in its rejection to the persistence of this duality and in the assertion of treating both forms of non-contractual civil liability jointly in civil law,[34] nothing augured, considering as well the little

---

go Penal (...) Esto es de una gravedad extraordinaria, (,...) de modo que dos órdenes de responsabilidades (...) van a tener regulación completamente diferente, no ya en su extensión, sino en su principio de obligar, en su propio nacimiento y en su razón de ser', '(...) excluyendo del Código Civil la responsabilidad civil proveniente del delito (...) se mantiene con ello (...), que no obstante ser propia del Código Civil se deja allá perdida entre las disposiciones del Código penal (...)', *Diario de sesiones del Congreso de los Diputados*, 16th April 1889, pp. 2576-2577. Also in *Herrero Gutiérrez/Vallejo Úbeda*, El Código Civil: debates parlamentarios 1885-1889/ Senado, preliminary study by J. L. De los Mozos, vol. II, Madrid 1989, pp. 1783-1784. The objections are echoed in *M. Yzquierdo Tolsada*, in: *Reglero Campos* (ed.), p. 1073.

32 The absorption of rules of a civil nature destined to regulate the liability linked to the commission of offenses or infractions, that had been recognised in the Criminal Codes of 1822, 1848 and 1870, was not altered by those that were enacted later, although they did include some noteworthy modifications. Therefore, in the Criminal Code of 1928 some important advances were introduced in regards to the assurance of civil liability. And, although the Criminal Code of 1932 did not add any substantial changes, the Criminal Code of 1944 brought with it two important developments: on the one hand, in art. 104, for the first time in Spanish criminal law, compensation for moral damages was introduced, already recognised in practice by a judgment in 1912 ('Sentencia de 6 de diciembre de 1912', in 125 Revista General de Legislación y Jurisprudencia 1912, vol. III, sentencia núm. 95, 582-606); and on the other hand, also for the first time, art. 22 provided for *ex delicto* civil liability of the State. *Arnaiz Serrano*, Las partes civiles en el proceso penal, pp. 35-36, and note 21.

33 Its regulation is contained in art. 109 to 126. The Preamble offered no explanation as to the reasons that justified the insistence in absorbing regulations of an essentially civil nature.

34 The list of authors that have expressed themselves in this sense is long. Without wanting to be exhaustive, together with *Yzquierdo Tolsada*, we can cite *Pantaleón Prieto*, Responsabilidad extracontractual y responsabilidad civil 'derivada del delito'. Muerte del responsable. Prescripción de la acción responsabilidad, plazo de prescripción, in 6 Cuadernos Civitas de Jurisprudencia Civil 1984, 1953-1964, who has argued for a unification in accordance with comparative law, but leaving the option of maintaining the competency of the criminal courts through a sim-

inclination toward this position shown by the jurisprudence,[35] an imminent correction of this fragmentation of the applicable regimen.

It should, nevertheless, be underscored that the referral of the regulation of this type of civil liability to criminal law does not constitute an original occurrence of the civil codifier of the end of the 19th century. The confusion, regarding the offenses, between the criminal and private spheres, dominant in Roman law and in medieval law, still remained in force in criminal doctrine in modern centuries, represented for example, by Castillo de Bovadilla, a jurist very experienced in court practice, who, faithful to the traditional postulates and based on the legal standing to present the accusation, distinguished between public offenses such as

---

ple declaration in the Criminal Code or the Law of Criminal Procedure. The following have also opined in this sense: *Soto Nieto*, La responsabilidad civil derivada de ilícito culposo, vinculaciones solidarias, Madrid 1982, p. 92; *Castán Tobeñas*, Derecho civil español, común y foral, vol IV, Madrid 1991, p. 1005; *Díez-Picazo/Ponce de León*, Derecho de daños, Madrid 1999, p. 283; *Llamas Pombo*, Reflexiones sobre el derecho de daños, pp. 41-43; *Ossorio Serrano*, Lecciones de derecho de daños, Las Rozas 2011, pp. 27-28.

Nevertheless, there are authors who, with support in Base 21 of the Law of Bases of 1888, defended at that time that this disassociation was justified given the distinct legal nature that was attributed to civil liability derived from an offense and pure non-contractual civil liability. Among these, *Gil Estellés*; La responsabilidad civil derivada de la pena en la doctrina y en la legislación, Valencia 1949, p. 34; *Moreno Moncholi*, La responsabilidad civil por culpa extracontractual y la penal por delito o falta de daños por imprudencia, in Revista de Derecho Privado 1950, 628-640, p. 630; *Reyes Monterreal*, Acción y responsabilidad civil derivada de delitos y faltas, Madrid 1955, p. 45; *Luzón Domingo*, Derecho Penal del Tribunal Supremo. Síntesis crítica de la moderna jurisprudencia criminal, T. II. Parte General, Barcelona 1964, pp. 314-315, and more recently *Rodríguez Devesa/Serrano Gómez*, Derecho Penal español. Parte general, 18th ed., Madrid 1995, p. 10. Although he has joined the criticism of the duality of the regimes, he has also expressed objection to their unification, *López Beltrán de Heredia*, Efectos civiles del delito y responsabilidad extracontractual, pp. 21-23. On this matter, these others have also dwelt: *Arnaiz Serrano*, Las partes civiles en el proceso penal, pp. 36-44 and *Roig Torre*, La responsabilidad civil derivada de los delitos y faltas, pp. 77-78, who devotes pp. 79-90 to challenge the main arguments on which the doctrinal tendency that has questioned the civil nature of 'ex delicto' obligations has been based; However, in pp. 94-95, this last writer supports the opinion, as the majority of criminal law experts, of maintaining the systematic criteria that is currently in force in Spanish law.

35 Some legal rulings have contributed to increasing the confusion over the civil nature of these obligations, upon making affirmations such as that civil liability arises from the offense, or that it is a civil consequence of this. *Roig Torres* 2000, pp. 87-89, analyses this matter.

homicide and treason, and private offenses such as defamation, theft and unjust damage, in which the filing could only be done by the interested party.[36]

This same division was supported, almost two centuries later, by I. J. De Asso and M. de Manuel, who pointed out among the offenses a differentiation between the so-called 'true offense' or '*malfetria*', which was executed with criminal intent, and the '*quasidelito*' originating in a culpable omission, together with the existing one between public offenses, in which the judge was granted the power to proceed ex officio, and the private ones, reduced exclusively to the offense of damage, in which the judge depended on the presentation of the accusation by the aggrieved party.[37]

Already in the 19th century, Marcos Gutiérrez made reference to the cases of damages contemplated in the *Siete Partidas* as a specific genre of offenses against individual property, although he clarified that when they were not done with intent or evil motive, but rather fault or unexcused negligence, approaching the sphere of the authentic offense, they deserved to be integrated within the category of *quasi-delicts.*[38] For his part, Juan Sala, in his well-known treatise on Spanish royal law, alluded to the offenses and *quasi-delicts* as sources of obligations, together with contracts and quasi-contracts. And he explained later that the offenses produce an obligation of the offender in favour of the aggrieved party, distinguishing it from the rest of obligations in the fact that in no case could the perpetrator be spared. Although, true to the Roman tradition, he reduced his catalogue to the four great civil offenses: theft, looting, *iniuria* and unjust damage,[39] and the four figures classified as *quasi-delicts* recognised in the compilation of Justinian,[40] even though he stated that the Roman system was then insufficient to regulate this matter.[41]

---

36 *Castillo de Bovadilla*, Política para corregidores y señores de vasallos, en tiempos de paz, y de guerra y para jueces eclesiásticos y seglares, Madrid 1976, 2 vols., [3, 15, 96].

37 *De Asso/de Manuel Rodríguez*, Instituciones del Derecho Civil de Castilla, Madrid 1792 (ed. facsimile, Valladolid 1975), pp. 234-235.

38 *Marcos Gutiérrez*, Práctica criminal de España, 2nd ed., Madrid 1819, III, pp. 107-113.

39 *Juan Sala*, Ilustración del derecho real de España, Madrid 1839, II, pp. 12-13.

40 *Juan Sala*, Ilustración del derecho real de España, II, pp. 23-24.

41 *Juan Sala*, Ilustración del derecho real de España, II, pp. 17-18.

V. Criminal Code of 1822

Meanwhile, the eventful itinerary of the Spanish codifying process had begun and its first fruit was precisely the 1822 Criminal Code, which, although of ephemeral validity, would exercise a noteworthy influence over later codes.[42] A code in which a rare combination of respect for the historical legislative tradition and the assimilation of the renovated criminal conceptions of the enlightened was present. Ideas taken from authors who are present in the text, such as Bentham, and that were an answer to the modern tendency to characterise the offense as an attack against the social order, in which the interest of the person harmed, and with it the aim of reparation, were displaced in favour of an overriding preventative interest, for the sake of keeping the peace. Nevertheless, despite the clearly settled need to disassociate criminal liability from the civil nature of the obligation to compensate the private damage resulting from the offense, the latter was embraced in the heart of the criminal codification. The primary reason resided, as has been mentioned, in the absence of a civil code that offered the logical niche for this type of liability. But, the persistence of certain visible zones of confusion between the public sphere and the private dimension converging in the offense had to have weighed in this.

Yet, it is true, that because of the effect of the principle of legality, the determination of the applicable penalties for each offense was completely closed, leaving no margin for the participation of the victim. In this sense, article 28 provided that punishments different from those stipulated in the precept[43] could not be applied under any circumstance, which definitely cancelled the margin of choice offered to the plaintiff in the *Siete Partidas*. Furthermore, the line between the pecuniary fines, always earmarked for the public treasury,[44] and the reparation measures was very clearly drawn

---

42 *Antón Oneca*, Historia del Código Penal de 1822, 18 Anuario de Derecho Penal 1965, 263-278. *Casabó Ruiz*, La aplicación del Código Penal de 1822, 32 Anuario de Derecho Penal y Ciencias Penales 1972, 333-344; *Alonso Alonso*, De la vigencia y aplicación del Código Penal de 1822, 11 Revista de la Escuela de Estudios Penitenciarios 1946, 2-15.

43 *Código penal de 1822* (*Lasso Gaite*, Crónica de la codificación española, 5. Codificación penal, Madrid 1970, II, appendix I pp. 10-132), [artículo 28]: 'A ningún delito, ni por ningunas circunstancias, excepto en los casos reservados a los fueros eclesiástico y militar, se aplicarán en España otras penas que las siguientes (...)':

44 *Código penal de 1822*, [artículo 88]: 'El importe de las multas y de todo lo que se aplique como tal conforme a la ley, se destinará íntegramente para auxiliar al erario nacional en los gastos que exige la administración de justicia'.

upon pointing out that, apart from the punishment, the compensation for harm and the reparation for damages should be contemplated.[45]

Nevertheless, when regulating the functioning of these resources, the wording chosen sowed serious doubts about its viability. Thus, article 93, in the satisfaction of both concepts, implicated perpetrators, accomplices and aiders severally, and subsidiary receivers and abettors.[46] At the same time, in article 27, the civil obligation was extended, in certain special cases, to other persons not connected with the offense, either subsidiary (parents, grandparents, great-grandparents, children, grandchildren and great-grandchildren, guardians, curators, headmasters of schools and teachers with minors of less than 17 years of age under their care, and guardians of those of unsound mind), or jointly (masters and heads of establishments regarding servants, clerks and operators, and owners of taverns and inns for guests); to these were added the husband for the wife to the point that the goods that belonged to her, and the guarantor for the guarantee.[47] This provision was completed with certain measures oriented at assuring compliance with the obligation, such as the preference granted to reparation and compensation against court costs and fines, when making payments,[48] the persistence in executing judgment in the case of insanity of the accused

45 *Código penal de 1822*, [artículo 28]: '(…) entendiéndose estas penas sin perjuicio de la indemnización de perjuicios y resarcimiento de daños, y del pago de costas judiciales'.

46 *Código penal de 1822*, [artículo 93]; 'También se debe imponer de mancomún a los reos cómplices, auxiliadores y autores, sin perjuicio de que se pueda gravar á unos más que á otros, como queda expresado, el resarcimiento de todos los daños, y la indemnización de todos los perjuicios que hayan resultado del delito, así contra la causa pública como contra los particulares, y lo que aquellos no puedan pagar los satisfarán también de mancomún, con la misma circunstancia, los receptadores y encubridores. Del propio modo se hará en todos los casos la restitución libre de lo robado ó sustraído, y la reparación de lo dañado, destruido ó alterado, siempre que se pueda verificar'.

47 *Código penal de 1822*, [artículo 27]: 'Además de los autores, cómplices, auxiliadores y receptadores de los delitos, las personas que están obligadas á responder de las acciones de otros serán responsables, cuando estos delincan ó cometan alguna culpa, de los resarcimientos, indemnizaciones, costas y penas pecuniarias que correspondan; pero esta responsabilidad será puramente civil, sin que en ningún caso se pueda proceder criminalmente por ella contra dichas personas responsables. Los que están obligados a responder de las acciones de otros son los siguientes: Primero: el padre, abuelo o bisabuelo (…)'.

48 *Código penal de 1822*, [artículo 95]: 'Si el reo ó reos, ó los que deban responder por ellos no tuvieren bastantes bienes para pagar toda la condenación pecuniaria, se aplicará el importe de lo que tengan hasta donde alcance en el orden siguiente. Primero: para el resarcimiento é indemnización de perjuicios á quienes los hayan

or of the pardon of the offender[49] and the transfer of the civil liability to the authorities of the district, if they had shown a tolerant or negligently culpable attitude in preventing robbery and in pursuing criminals.[50] In addition, if the person liable was completely insolvent, it was established that, once the principle punishment was carried out and lacking an agreement with the creditor, the convict could be put under arrest for no more than two years, to work until the debt was paid.[51]

In absence, nonetheless, of the formulation of general principles on the mechanisms of action on civil liability, the codifier paused over some specific cases: the payment of a pension to the widow and the children of the deceased person by the person who caused the death, estimating the amount according to the financial possibilities of the manslayer, the earnings during the lifetime of the deceased and the number of beneficiaries;[52] the payment of damages and the medical costs of the person whom he has

---

sufrido, y para reintegrar el importe de los alimentos que se hubieren suministrado al reo, á prorrata de los bienes que tenga. Segundo: para el pago de las costas. Tercero: para el de las multas'.

49 *Código penal de 1822*, [artículo 96]: '(…) Pero si la demencia durare más de quince días después de la sentencia que cause ejecutoria, se notificará esta a un curador que se nombre al demente, y se llevara á efecto en solo lo relativo á resarcimientos, indemnizaciones y pago de alimentos y costas'; [artículo 163]: 'El indulto particular, aunque sea concedido en los casos en que puede serlo, se aplicará y entenderá siempre sin perjuicio de la causa pública y de terceros interesados en cuanto á las restituciones, reparaciones y resarcimiento de daños, indemnizaciones de perjuicios, multas y costas'.

50 *Código penal de 1822*, [artículo 744]: 'Las personas á quienes e hubiese hecho un robo de cualquiera clase, tendrán acción para reclamar su importe y la indemnización de perjuicios contra las autoridades locales del distrito en que se les hubiere causado el daño; las cuales serán responsables mancomunadamente siempre que hubieren procedido con tolerancia, omisión ó negligencia culpable en el cumplimiento de las obligaciones que les impongan las leyes y reglamentos para precaver los delitos y perseguir á los delincuentes'.

51 *Código penal de 1822*, [artículo 94]: 'El que esté constituido en absoluta insolvencia, no será molestado en su persona por las costas. Por lo relativo al resarcimiento de daños é indemnización de perjuicios que hubiere causado, podrá el reo insolvente, después que sufra la pena principal, y si en el caso de que no se conviniere con el acreedor, ser puesto en un arresto donde pueda trabajar hasta que pague; pero este arresto no podrá pasar nunca de dos años'.

52 *Código penal de 1822*, [artículo 631]: 'Todo el que mate á otro de cualquier manera que sea, excepto en los casos en que la ley le exima de toda pena ó responsabilidad, sufrirá como parte de castigo el de pagar, si tuviere bienes, una pensión á la viuda é hijos de la persona muerta, mientras no lleguen á casarse, equivalente al importe de uno á tres jornales comunes, según sean las facultades del homicida, las ganancias que hiciere el muerto, y el número y situación de su familia';

injured or mistreated involuntarily,[53] and also, a pension for the amount of three days' wages when the harm had been caused intentionally and the victim had been temporarily incapacitated to work;[54] and, finally, the requirement of a public retraction to anyone falsely accused of some action that was dishonourable or damaging to his good name.[55]

Finally, it should be underscored that the 1822 Criminal Code remained faithful to the distinction between public and private offense, these being characterised by the fact that the initiation of the criminal process was reserved to the persons wronged or harmed.[56]

VI. Criminal Code of 1848

The decisive moment of breaking with the old conceptions was marked by the adoption in 1848 of a new Criminal Code, very favourably evaluated by the doctrine. As a salient feature, it should be noted that, while born of an initiative of an authoritarian government, although liberal, the Code reflected a slightly more modern spirit in its structure and conception than its predecessor, but combined a notable preoccupation for the protection of personal rights with severe treatment for certain offenses, especially those of a political nature.

In the aspect that captures our attention, the main novelty incorporated in the 1848 Code consisted in that civil liability occupied its own space

53 *Código penal de 1822*, [artículo 657]: 'El que involuntariamente hiera ó maltrate de obra á otro por ligereza, descuido ú otra causa que pueda y deba evitar, ó tenga del mismo modo la culpa, aunque involuntaria, de que otro sea herido ó maltratado, pagará también los perjuicios y gastos de la curación y será reprendido (…)'.

54 *Código penal de 1822*, [artículo 654]: 'En cualquiera de los casos precedentes en este capítulo el agresor pagará no solamente todos los perjuicios y gastos de curación, sino también una pensión al herido ó maltratado durante su incapacidad para trabajar como antes, equivalente al importe de uno á tres jornales comunes, con la consideración indicada en el artículo 631'.

55 *Código penal de 1822*, [artículo 699]: 'El que en discurso ó acto público, en papel leído, ó en conversación tenida abiertamente en sitio ó reunión pública, ó en concurrencia particular numerosa, calumnie á otro imputándole voluntariamente un hecho falso, de que si fuere cierto le podría resultar alguna deshonra, odiosidad ó desprecio en la opinión común de sus conciudadanos, ó algún otro perjuicio, sufrirá una reclusión de uno á seis años, y se retractará públicamente de la calumnia (…)'.

56 *Código penal de 1822*, [artículo 137]: 'Los demás delitos y culpas pertenecen á la clase de privados, cuya acusación no toca sino á las personas particulares agraviadas ó perjudicadas, con arreglo á lo prescrito por la ley (…)'.

within the systematic articulation of a codified legal body for the first time, which demonstrates that they had become aware of its substantivity in contrast to the merely accessory nature regarding the criminal sanction[57] with which it had been configured in other previous projects. However, J. F. Pacheco warned in his well-known commentary for this code, that there was a current of opinion that held that these matters should be dealt with outside the criminal law sphere; its more adequate location was in his opinion in the Civil Code, although he justified its inclusion because of the lack of it, which, in his accurate prediction, would still be some time in coming.[58] Specifically, the precepts dedicated to this matter were found in two different sections: chapter II of title II of book I, and title IV of this same book.

Focusing on chapter II of title II, entitled 'Of the persons civilly liable for offenses and infractions', the pillar on which all of the building of civil liability was supported was article 15, which with laconic eloquence laid down a fundamental principle, that until then had not been articulated, upon pointing out that any person criminally liable for an offense or infraction is also liable in civil law.[59] By doing so, it retrieved an essential dimension of the harm generated by the offense, which with the eagerness to assure the punitive repression had been relegated to an almost marginal position among the worries of the codifier. Nevertheless, the wording chosen to give shape to this principle[60] contained a seed of a later unending doctrinal controversy, upon transmitting the impression that civil liability,

57 However, in the drafting phase of the code, *Seijas Lozano*, who was responsible for writing book I, had inserted civil responsibility within the catalogue of the punishments, as it was set out in the 2nd base approved by the *Comisión General de Codificación*, that when enumerating, included 'la indemnización del daño causado, el abono de gastos ocasionados por el juicio; el pago de costas procesales' (*Lasso Gaite, Crónica de la codificación española, 5. Codificación penal*, I, pp. 261-262).

58 *Pacheco*, El Código penal, concordado y comentado, I, p. 279.

59 *Código Penal de 1848 (Código penal de España*, edición oficial reformada, Madrid, Imprenta Nacional, 1850), [artículo 15]: 'Toda persona responsable criminalmente de un delito o falta, lo es también civilmente'. *Pacheco*, El Código penal, concordado y comentado, I, p. 277, admitted, however, that there are punishable acts with which this type of liability is not possible, such as would be the case with a political conspiracy.

60 The original wording proposed by *Seijas Lozano* was the following: 'Es civilmente responsable la persona que ejecute un hecho penado por la ley, aunque se exima de pena a su autor por hallarse comprendido en los artículos 6º, 7º y 13º'. *Lasso Gaite*, Crónica de la codificación española, 5. Codificación penal, II, p. 547.

far from having its own origin, private harm, arises as a derivation of the unlawful criminal act.[61]

Once established this central principle, the following article sets about to determine the situations in which, while existing an exemption from criminal liability, persisted the requirement to comply with the obligation of a civil nature. Firstly, the persons who had them under their legal guardianship answered for the acts committed by the insane, while the actual perpetrator of the offense was assigned subsidiary liability in the absence of a guardian.[62] However, it is surprising that no degree of negligence was required of the guardians, although Pacheco sustained that the presumption of this lack of care was the basis of this provision;[63] and this explained why the 1850 reform had introduced the absence of fault or negligence as a cause for exemption. The second rule referred to criminals less than nine years old, who were not civilly liable either, and those between this age and fifteen years of age, altering, in this case, the order of liabilities, upon making it fall on them and subsidiary liability for their parents or guardians, unless they could prove that they had not incurred in fault or negligence.[64] Civil liability extended also to whom had obtained some benefit from the harm caused in a state of necessity, attributing to the courts to assign the corresponding proportional quota to each of the interested parties, with the precision of when the public authority had intervened, the liability also affecting the State or a majority of the population, the compensation should be adjusted to what was established in the laws

---

61 That its origin and nature were different seemed to be clear to the contemporary doctrine. *Vizmanos/Álvarez Martínez*, Comentarios al nuevo Código Penal, Madrid 1848, I, p. 187; *Aramburu/Arregui*, Instituciones de Derecho Penal español (arregladas al Código reformado en 30 de junio de 1850), Oviedo 1860, p. 50.

62 *Código Penal de 1848*, [artículo 16 reformado]: '1. La exención de responsabilidad criminal declarada en los números 1º, 2º, 3º, 7º, y 10º del artículo 8º no comprende la de la responsabilidad civil, la cual se hará efectiva con sujeción a las reglas siguientes: 1º En el caso del número 1º son responsables civilmente por los hechos que ejecuten los locos ó dementes, las personas que los tengan bajo su guarda legal, á no hacer constar que no hubo por su parte culpa ni negligencia [.] No habiendo guardador legal responderá con sus bienes el mismo loco ó demente, salvo el beneficio de competencia en la forma que establece el Código civil'.

63 *Pacheco*, El Código penal, concordado y comentado, I, p. 281.

64 *Código Penal de 1848*, [artículo 16.2]: 'En los casos de los números 2º y 3º responderán con sus propios bienes los menores de quince años que ejecuten el hecho penado por la ley [.] Si no tuvieren bienes, responderán sus padres ó guardadores, a no constar que no hubo por su parte culpa ni negligencia'.

and special regulations.[65] The last section was concerned with the offense carried out as a reaction to an insurmountable fear, making liable first, the person causing this irrational dread and, in the absence of this, the one who carried out the deed;[66] this meant dealing differently with this conditioning psychological factor as opposed to pure physical duress, which when it was compelling entailed deactivating all types of liability, both civil and criminal.[67]

Article 17 tackled a situation that brought echoes of an old Roman *quasi-delict*. In its first paragraph, it preached the subsidiary civil liability of innkeepers, tavern owners and other people in charge of establishments of similar dedication for offenses committed in them, when the regulations of the police had been infringed. The second paragraph specified this liability, demanding restitution or compensation for the missing personal effects that belonged to their guests, as long as the owners had previously notified them of having made the deposit, although the case of robbery with the use of violence or intimidation was excluded, except if carried out by those dependents under the supervision of the innkeeper.[68] Article 18 also transferred this imputation to the masters, teachers and persons dedicated

65 *Código Penal de 1848*, [artículo 16.3]: 'En el caso del número 7º son responsables civilmente las personas en cuyo favor se haya precavido el mal, á proporción del beneficio que hubieren reportado [.] Los tribunales señalarán, según su prudente arbitrio, la cuota proporcional de que cada interesado deba responder [.] Cuando no sean equitativamente asignables, ni aun por aproximación, las personas responsables ó sus cuotas respectivas, ó cuando la responsabilidad se extienda al Estado ó á la mayor parte de una población, y en todo caso, siempre que el daño se hubiere causado con intervención de la autoridad, se hará la indemnización en la forma que establezcan las leyes ó reglamentos especiales'. *Pacheco*, El Código penal, concordado y comentado, I, p. 284, cited the examples of the person who cut trees to isolate a fire or who threw part of a shipment into the sea to save the ship and the lives of the passengers.

66 *Código Penal de 1848*, [artículo 16.4]: 'En el caso del número 10 responderán principalmente los que hubieren causado el miedo, y subsidiariamente y en defecto de ellos, los que hubieran ejecutado el hecho'.

67 *Pacheco*, El Código penal, concordado y comentado, I, p. 286, supported this distinction, arguing that fear excuses as much as violence, but justifies less, while this takes away the personality and converts the free man in a mere instrument, and that in fear will subsist, so that the person who acted one way could act in a different way.

68 *Código Penal de 1848*, [artículo 17]: '1. Son también responsables civilmente, en defecto de los que lo sean criminalmente, los posaderos, taberneros, ó personas que estén al frente de establecimientos semejantes, por los delitos que se cometieren dentro de ellos, siempre que por su parte intervenga infracción de los reglamentos de policía. 2. Son además responsables subsidiariamente los

to any type of industry for the offenses committed by their servants, disciples, officials or apprentices in the performance of their obligations and services;[69] although it was not required that such illicit behaviours had taken place in the business or workplace. We see, then, that in all of these cases, the intention was to sanction the lack of care of the owner of the inn or of the industry, or of the subordinates, even though in the first of them it was associated with a very determined culpable conduct, linked to breaking the applicable regulations. Nevertheless, as the relationship with complying with rules related to closing hours was not specified, in the end the liability was, eventually, configured as having an objective nature.[70] And, something similar happened in other cases since, although it would seem to indicate that its rationale lay in the lack of care or a *culpa in eligendo* of the dependent persons, in reality it was that the subsidiary responsible party was not offered the possibility of escaping by supplying the proof of having observed the due care.[71] From a positive angle, it should be highlighted that with these legal solutions the liability for actions of others was restricted to the civil sphere, and to stress the suppression of the subsidiary liability of the husband for the wife and the guarantor for the guarantee.

Also of interest is article 21 that negated the pardon of the person harmed a discontinuance of the criminal liability, but did admit it in civil liability if the grievant renounced expressly, although only regarding those

posaderos de la restitución de los efectos robados ó hurtados dentro de sus casas á los que se hospedaren en ellas, ó de su indemnización, siempre que estos hubiesen dado anticipadamente conocimiento al mismo posadero ó sus dependientes del depósito de aquellos efectos de la posada. Esta responsabilidad no tendrá lugar en caso de robo con violencia ó intimidación en las personas, á no ser ejecutado por los dependientes del posadero'.

69 *Código Penal de 1848*, [artículo 18]: 'La responsabilidad subsidiaria que se establece en el artículo anterior, será también extensiva á los amos, maestros y personas dedicadas á cualquier género de industria, por los delitos ó faltas en que incurran sus criados, discípulos, oficiales, aprendices, ó dependientes, en el desempeño de su obligación ó servicio'.

70 It was *Seijas Lozano* who proposed making an express mention of the closing hours. *Lasso Gaite*, Crónica de la codificación española, 5. Codificación penal, II, p. 551. *Groizard/Gómez de la Serna*, El Código Penal de 1870 concordado y comentado, Madrid 1902-1914, I, pp. 727-728, alerted us about the incongruence of this provision since the owner of the establishment could be responsible in application of police regulations that had nothing to do with the spirit of this article.

71 *Roig Torres*, Algunos apuntes sobre al evolución histórica de la tutela jurídica de la víctíma del delito, Estudios penales y ciminológicos 1999, pp. 229-230.

offenses liable to prosecution at the initiative of the victim.[72] Likewise, article 48 established an order of priority in the meeting of the financial obligations, in which preference was given to the reparation of the damage and the compensation of the harm as opposed to the court costs, procedural costs and fines.[73] Completing the foregoing, article 49 provided for the accused who could not afford these payments, with the exception of the court costs, a prison term for a period not greater than two years, although the product of the daily work done was destined firstly to cover the private obligation, which permitted the defendant to release himself from this burden at the same time that he served the prison sentence; a solution that the 1822 Criminal Code did not permit.[74]

Now identified the persons liable to be held responsible in civil law, in title IV 'Of civil liability' it was dealt with generically. The title opened with article 115, in which its content was defined, comprising restitution and, if unfeasible, reparation of the harm, in what concerned offenses against property, and compensation for the damage suffered,[75] which was operative with offenses against persons, although the three mechanisms could converge in the same situation.[76] Then, article 116 dealt with restitution, pointing out that, if it were possible, the same thing should be re-

72 *Código Penal de 1848*, [artículo 21]: 'El perdón de la parte ofendida no extingue la acción penal; extinguirá solo la responsabilidad civil en cuanto al interés del condonante, si este renunciare expresamente. 2. Lo dispuesto en este artículo no se entiende respecto á los delitos que no pueden ser perseguidos sin previa denuncia ó consentimiento del agraviado'.

73 *Código Penal de 1848*, [artículo 48]: 'En el caso de que los bienes del culpable no sean bastantes para cubrir todas las responsabilidades pecuniarias, se satisfarán éstas por el orden siguiente: 1º La reparación del daño causado é indemnización de perjuicios. 2º El resarcimiento de gastos ocasionados por el juicio. 3º Las costas procesales. 4º Las multas'.

74 *Código Penal de 1848*, [artículo 49]: '1. Si el sentenciado no tuviese bienes para satisfacer las responsabilidades pecuniarias comprendidas en los números 1º, 2º y 4º del artículo anterior en que se le condenare, sufrirá la prisión correccional por vía de sustitución ó apremio, regulándose á medio duro por día de prisión, pero sin que ésta pueda exceder nunca de dos años. 2. El sentenciado á pena de cuatro años de prisión u otra más grave, no sufrirá este apremio'.

75 *Código Penal de 1848*, [artículo 115]: 'La responsabilidad civil, establecida en el capítulo 2º, título 2º de este libro, comprende: 1º La restitución. 2º la reparación del daño causado. 3º La indemnización de perjuicios'.

76 This same framework was defended by *Pacheco*, El Código penal, concordado y comentado, I, p. 491 '(…) El que ha robado, deberá ante todo restituir, y solo cuando la restitución no pueda verificarse, es cuando tendrá efecto la reparación para reemplazarla. El que ha causado una lesión, una muerte, un daño material cualquiera, deberá indemnizar los perjuicios; éste no tiene que reparar ni que

turned, along with paying for any deterioration or loss suffered according to the estimation of the court, which meant admitting its petition simultaneously with the recovery of damages.[77] It was added, furthermore, that the restitution would proceed although the thing was found in the power of a third party who had acquired it legitimately, except when the legal timeframe for the acquisitive prescription[78] in their favour[79] had expired. Referring to reparation, article 117 stated that it should be carried out in agreement with the assessment of the court, based on the real price of the thing and the sentimental value that it had for the aggrieved.[80] While arti-

---

restituir. Más aun es posible que se reúnan los tres hechos, cuando ninguno de ellos satisfaga plenamente el mal causado'. Along the same lines, *Groizard/Gómez de la Serna*, El Código Penal de 1870, II, p. 613.

77 The doctrine understood that the losses derived from the deprivation of availability of the goods involved were integrated into this concept. *Aramburu/Arregui*, Instituciones de Derecho Penal español, p. 141. *Groizard/Gómez de la Serna*, El Código Penal de 1870, II, p. 616.

78 On this aspect there was at that moment a doctrinal debate between those that understood that the acquisitive prescription of the stolen objects was not admissible and those that, basing it on the *Siete Partidas*, accepted the application of the prescription at 30 years. *Aramburu/Arregui*, Instituciones de Derecho Penal español, p. 141. *Vizmanos/Álvarez Martínez*, Comentarios al nuevo Código Penal, I, p. 374, deemed especially adequate the solution adopted by the codifier on this point. On this matter, *Roig Torres*, Estudios penales y ciminológicos 1999, p. 235.

79 *Código Penal de 1848*, [artículo 116]: '1. La restitución deberá hacerse de la misma cosa, siempre que sea posible, con abono de deterioros y menoscabos á regulación del tribunal. 2. Se hará la restitución aunque la cosa se halle en poder de un tercero y éste la haya adquirido por medio legal, salva su repetición contra quien le corresponda. 3. Esta disposición no es aplicable en el caso de que el tercero haya prescrito la cosa, con arreglo á lo establecido por las leyes civiles'. *Pacheco*, El Código penal, concordado y comentado, I, p. 493, praised the content of this precept, which, in his opinion, was simple and complete, and did not present any problems of interpretation. He only asked how the matter would be resolved if, in place of detriment, the thing had experienced an improvement, responding that the rules of civil law would have to be applied.

80 *Código Penal de 1848*, [artículo 117]: 'La reparación se hará valorándose la entidad del daño a regulación del tribunal, atendido al precio natural de la cosa, siempre que fuere posible, y el de afección del agraviado'. *Pacheco*, El Código penal, concordado y comentado, I, p. 494, recognised that reparation and compensation were two equivalent concepts 'solo que se usa de esta palabra por lo común en los daños que recibimos en la persona, y de la primera cuando los recibimos en los bienes ó en la propiedad'. *Groizard/Gómez de la Serna*, El Código Penal de 1870, II, p. 623, expressed his disagreement with the mention of the sentimental value of the aggrieved. The article was the object of an intense debate in the Commission. *Lasso Gaite*, Crónica de la codificación española, 5. Codificación penal, II, pp. 608-609.

cle 118 defined compensation of damages in very elastic terms by including not only the harm caused to the victim, but also the results of the offense for the family or for third parties,[81] arbitrating the same procedure of assessment by the courts provided for reparation;[82] in the opinion of the doctrine, pursuant to this formulation, its scope integrated any type of patrimonial loss, including both the consequential damages and lost profits.[83]

Likewise, article 119 recovered the principle, present in the *Siete Partidas* and omitted in the 1822 Criminal Code, of the transmissibility both of the obligation of reparation for the heirs of the person liable and of the claim for compensation of the heirs of the injured,[84] which is proof of a clear dissociation of the criminal and civil liability spheres. Article 120, with a succinct statement, confined only to pointing out that when there were various persons civilly liable, the courts should establish the quota corresponding to each one of them.[85] Nonetheless, this precept was developed, with a much more confusing drafting, in the following article, making the distinct participants in the offense, that is, perpetrators, accomplices and abettors, liable severally, although, in reality, the rules of distribution among

81 Such a broad mention of 'third parties' was the object of controversy regarding which persons and what harm could be claimed for damages. *Pacheco*, El Código penal, concordado y comentado, I, p. 496, dealt with an extraordinarily broad criterion. In contrast, *Groizard/Gómez de la Serna*, El Código Penal de 1870, II, p. 626, was in favor of the third party having a relationship with the offender analogous to that of the family with the victim, in the sense that his/her subsistence depended on him.

82 *Código Penal de 1848*, [artículo 118]: 'La indemnización de perjuicios comprende, no solo los que se causen al agraviado, sino también los que se hayan irrogado por razón del delito á su familia ó á un tercero. 2. Los tribunales regularán el importe de esta indemnización en los mismos términos prevenidos para la reparación del daño en el artículo precedente'.

83 Of this opinion were, for example, *Gómez de la Serna/Montalbán*, Elementos del Derecho civil y penal de España, p. 189.

84 *Código Penal de 1848*, [artículo 119]: '1. La obligación de restituir, reparar el daño, ó indemnizar los perjuicios, se transmite a los herederos del responsable. 2. La acción para repetir la restitución, reparación, ó indemnización se transmite igualmente a los herederos del perjudicado'. *Pacheco*, El Código penal, concordado y comentado, I, p. 498 called attention to the fact that both liabilities had their limit in the content of the inheritance.

85 *Código Penal de 1848*, [artículo 120]: 'En el caso de ser dos ó más los responsables civilmente de un delito ó falta, los tribunales señalarán la cuota de que deba responder cada uno'.

them of the amounts of those insolvent were closer to a joint obligation.[86] Less problems were posed by article 122 that laid down a criterion of direct proportionality between the gain obtained by each of the co-participants from the effects of the offense and their corresponding contribution to the redress;[87] the doctrine interpreted that it was a requirement for application of this rule that the lucrative repercussion was beneficial for the one implicated.[88] Lastly, the innovative and controversial article 123 entrusted to a future special law the determination of the cases and manner in which the State should compensate the aggrieved in those cases in which the perpetrators and others involved were in no condition to confront this burden.[89] A praiseworthy foresight, about which, however, Pacheco would ask 'When will this *desideratum* become reality?',[90] his fear coming true later since, in fact, the law would never materialize.[91]

In addition to these rules of a general nature, the 1848 Criminal Code contained other provisions of interest in its special part. For example, arti-

---

86 *Código Penal de 1848*, [artículo 121]: '1. Sin embargo de lo dispuesto en el artículo anterior, los autores de un delito ó falta son siempre mancomunadamente responsables por sus respectivas cuotas. 2. Los autores de un delito son además responsables por las de los cómplices y encubridores, salva la repetición recíproca entre los mismos por sus responsabilidades respectivas. 3. Los cómplices de un delito son mancomunadamente responsables entre sí; y subsidiariamente por las cuotas de los autores y encubridores. Esto mismo se observará en su caso para con los últimos, relativamente á sus cuotas, y las de los autores y cómplices del mismo delito'. The contradiction between the definition of the obligation as a joint undertaking and its fragmentation in quotas was brought forward within the Commission by *Pérez Hernández*. *Lasso Gaite*, Crónica de la codificación española, 5. Codificación penal, II, p. 1047.

87 *Código Penal de 1848*, [artículo 122]: 'El que por título lucrativo participe de los efectos de un delito ó falta, está obligado al resarcimiento hasta la cuantía en que hubiere participado'.

88 These, among others, opined accordingly, *Vizmanos/Álvarez Martínez*, Comentarios al nuevo Código Penal, I, p. 380; *Aramburu/Arregui*, Instituciones de Derecho Penal español, p. 144. *Groizard/Gómez de la Serna*, El Código Penal de 1870, II, p. 635. *Roig Torres*, Estudios penales y ciminológicos 1999, p. 239.

89 *Código Penal de 1848*, [artículo 123]: 'Una ley especial determinará los casos y forma en que el Estado ha de indemnizar al agraviado por un delito o falta cuando los autores y demás responsables carecieren de medios para hacer la indemnización'.

90 *Pacheco*, El Código penal, concordado y comentado, I, p. 502,

91 Nevertheless, *Roig Torres*, Estudios penales y ciminológicos 1999, pp. 240-241, underscored the importance of this precept that considers the legal precedent of the public aid recognized currently for the victims of some offenses, not for reasons of responsibility of the State, but rather of social solidarity.

cle 361, reformed in 1850, dealt with rape, statutory rape and abduction as private offenses, stating that the procedure could not be initiated unless at the behest of the party, and legitimizing the aggrieved person, the guardian and the parents or grandparents, unless the victim did not have the capacity to act in a trial and did not have family or guardians who could present the criminal complaint for her. In this case, the public prosecutor could verify the veracity of the act. Yet, it is surprising that it still contemplated the possibility that the offender could escape the punishment by marrying the women harmed,[92] which entered into an open contradiction with all of the previous regulation.[93] Article 362 added that the reparation included paying the dowry, if the woman was single or a widow, and the acknowledgement and support of the progeny.[94] Another original solution of reparation not of a material nature was, similarly, that contemplated in article 358 by offering to the person who had won the case against his slanderer the possibility that the judgment be published in the official newspapers;[95] as well as in article 377 it was imposed on the editors who had propagated the slander or defamation the obligation of in-

92 *Código Penal de 1848*, [artículo 361]: '1. No puede procederse por causa de estupro, sino a instancia de la agraviada, ó de su tutor, padres o abuelos. 2. Para proceder en las causas de violación, y en las de rapto ejecutado con miras deshonestas, bastará la denuncia de la persona interesada, de sus padres, abuelos ó tutores, aunque no formalicen instancia. 3 Si la persona agraviada careciese por su edad ó estado moral de personalidad para estar en el juicio, y fuere además de todo punto desvalida, careciendo de padres, abuelos, hermanos, tutor ó curador que denuncien, podrán verificarlo el procurador síndico ó el fiscal por fama pública. 4. En todos los casos del presente artículo, el ofensor se libra de la pena casándose con la ofendida, cesando el procedimiento en cualquier estado de él en que lo verifique'. The original drafting was the following: 'Los reos de violación, estupro, ó rapto ejecutado con miras deshonestas, no podrán ser penados sino á instancia de la parte agraviada. El ofensor quedará relevado de la pena impuesta casándose con el ofendido'.

93 *Pacheco*, El Código penal, concordado y comentado, III, p. 158, understood that the offer of matrimony was not sufficient, but that the aggrieved person must also accept it. Furthermore, in his opinion, in cases of abduction and rape, it should only mean a reduction in the punishment and not the cancellation.

94 *Código Penal de 1848*, [artículo 362]: 'Los reos de violación, estupro o rapto serán también condenados por vía de indemnización: 1º A dotar á la ofendida, si fuere soltera o viuda. 2º A reconocer la prole, si la calidad de su origen no lo impidiere. 3º En todo caso, á mantener a la prole'.

95 *Código Penal de 1848*, [artículo 368. 2]: 'La sentencia en que se declare la calumnia, se publicará en los periódicos oficiales, si el calumniado lo pidiere'. *Pacheco*, El Código penal, concordado y comentado, III, p. 177, declared that this was one of those decisions of flagrant justice about which there was nothing to be said.

serting, according to the terms established by the law or decided by the court, the statement of retraction or verdict of guilty, when the injured party so requested.[96] Likewise, it should be underlined that article 394 stipulated that in illicit marriages, the contracting one that acted with criminal intent would be condemned to provide for the woman who had acted in good faith.[97] And it can also be mentioned that regarding fraud of literary works or industrial property, article 457 established that the volumes, machines or objects obtained illegally should be returned to the victim, or failing this, the payment of a fine of double the value of the fraud.[98]

VII. Criminal Code of 1870

We will finally make an allusion to the 1870 Criminal Code, the last one enacted before the appearance of the Civil Code and its ensuing definite confirmation of the installation in criminal terrain of the regulation of civil liability linked to the commission of offenses. In this sense, the primordial objective pursued with this new Code resided in an adaptation of the postulates of its precedent to the new political scene arising from the revolution of 1868, and to the profound turning point marked with the Constitution of 1869, which translated into a general humanization of the punishments. However, in terms of civil liability, the content of the version of the 1848 Criminal Code reformed in 1850 remained essentially unaltered with hardly any modifications of importance.

Among these were included the equating of the civil liability of the parents and guardians of minors, that was previously subsidiary, to the direct

---

96 *Código Penal de 1848*, [artículo 377]: 'Los editores de los periódicos en que se hubieren propagado las calumnias o injurias, insertaran en ellos dentro del término que señalen las leyes, ó el tribunal en su defecto, la satisfacción ó sentencia condenatoria si lo reclamare el ofendido'.

97 *Código Penal de 1848*, [artículo 394]: 'En todos los casos de este capítulo el contrayente doloso será condenado a dotar, según su posibilidad, á la mujer que hubiere contraído matrimonio de buena fe'.

98 *Código Penal de 1848*, [artículo 457]: '1. Incurrirán asimismo en las penas señaladas en el art. 455, los que cometieren alguna defraudación de la propiedad literaria ó industrial. 2. Los ejemplares, máquinas ú objetos contrahechos, introducidos o expendidos fraudulentamente, se aplicarán al perjudicado; y también las láminas o utensilios empleados para la ejecución del fraude, cuando solo pudieren usarse para cometerle. 3. Si no pudiere tener efecto esta disposición, se impondrá al culpable la multa del duplo del valor de la defraudación, que se aplicará al perjudicado'.

liability held by the guardians of the insane and demented. Moreover, the situation of insolvency of the main person liable was introduced as a factor of activation of the subsidiary liability.[99] All in all, greater interest can be found in the classification of the companies as subsidiary liable subjects, which was introduced in article 20 regarding the offenses committed by third parties in their establishments, with the condition, already provided for in the 1848 Criminal Code, when some rule of the police had been broken;[100] which in article 21 was extended to those carried out by their apprentices, servants, disciples, officials or subordinated in the performance of their duties.[101] On the other hand, the liability of inn and tavern keepers for the theft or robbery suffered by their customers was submitted to the additional requirement that the victims had observed the prevention formulated by the keeper of the lodge on the care and vigilance of their belongings.[102]

---

99 *Código Penal de 1870* (*Nuevo Código Penal de España* anotado nuevamente para su más clara inteligencia y seguido de un apéndice por un abogado del colegio de Madrid, Imprenta Guijarro, 1895), [artículo 19]: '1. La exención de responsabilidad criminal declarada en los números 1º, 2º, 3º, 7º y 10º del art. 8 no comprende la de la responsabilidad civil, la cual se hará efectiva con sujeción a las reglas siguientes: 2. Primera. En los casos 1º, 2º y 3º son responsables civilmente por los hechos que ejecutare el loco ó imbécil y el menor de nueve años ó el mayor de esta edad y menor de 15 que no haya obrado con discernimiento, los que los tengan bajo su potestad ó guarda legal á no hacer constar que no hubo por su parte culpa ni negligencia. 3. No habiendo persona que los tenga bajo su potestad ó guarda legal, ó siendo aquella insolvente, responderán con sus bienes los mismos locos, imbéciles ó menores, salvo el beneficio de competencia en la forma que establezca la ley civil (…)'.

100 *Código Penal de 1870,* [artículo 20.1]: 'Son también responsables civilmente, en defecto de los que lo sean criminalmente, los posaderos, taberneros y cualesquiera personas o empresas por los delitos que se cometieran en los establecimientos que dirijan, siempre que por su parte ó la de sus dependientes haya intervenido infracción de los reglamentos generales ó especiales de policía'.

101 *Código Penal de 1870,* [artículo 21.1]: 'La responsabilidad subsidiaria que se establece en el artículo anterior, será también extensiva á los amos, maestros, personas y empresas dedicadas á cualquier género de industria, por los delitos ó faltas en que hubiesen incurrido sus criados, discípulos, oficiales, aprendices ó dependientes en el desempeño de sus obligaciones ó servicio'.

102 *Código Penal de 1870,* [artículo 20.2]: 'Son además responsables subsidiariamente los posaderos de la restitución de los efectos robados o hurtados dentro de sus casas á los que se hospedaren en ellas , ó de su indemnización siempre que éstos hubiesen dado anticipadamente conocimiento al mismo posadero ó al que lo sustituya en el cargo, del depósito de aquellos efectos en la hospedería, y además hubiesen observado las prevenciones que los dichos posaderos ó sus sustitutos les hubiesen hecho sobre cuidado y vigilancia de los efectos (…)'.

Nor were there very substantial modifications concerning the content on civil liability. If anything, it should be noted that, as grounds for exemption for the obligation to restitution, together with compliance with the term of prescription, it was also added that the good affected had to have been acquired according to the legal requirements established for converting it into something irrevocable.[103] Although of greater reach was the correction of the system of distribution of liability among perpetrators, accomplices and abettors, that article 127 now, in a manner more adequate to its true nature, described as jointly, moving away from its qualification in article 121 of the previous code as severally.[104] All reference to the subsidiary compensatory liability of the State for insolvency of the offender also disappeared; a suppression that the codifier of 1848 had already dared to announce.

VIII. Epilogue

This was, in essence, the regulation regarding civil obligations arising in connection with offenses and infractions committed that was applicable in the face of the inhibition of the civil codifier in respect to the incorporation to its set of articles of an important sector of civil liability. It was confirmed, thus, this banishment from what would be considered its natural framework, the Civil Code, which has continued to present day, generat-

103 *Código Penal de 1870,* [artículo 121]: '2. Se hará la restitución aunque la cosa se halle en poder de un tercero, y este la haya adquirido por un medio legal, salva su repetición contra quien corresponda. 3. Esta disposición no es aplicable en el caso de que el tercero haya adquirido la cosa en la forma y con los requisitos establecidos por las leyes para hacerla irreivindicable'. This addition supposed an adaptation to the recent legislative developments generated after the enactment of the 1848 Criminal Code, which introduced some new ways of definite acquisition of the good by third parties. *Roig Torres*, Estudios penales y ciminológicos 1999, p. 251, cited the cases provided for in the Law of 30 March of 1861, the effects to the carrier that had been negotiated pursuant to that provided for in the Law of 29 August of 1873 and the banknotes and also what was prescribed in art. 34 of the Law of Mortgages regarding the good faith acquirer, who had recorded his right in the Registry. The later appearance of the Commercial Code, the Civil Code and the Law of Civil Procedure would add other applicable precepts.

104 *Código Penal de 1870,* [artículo 127]: 'Sin embargo de lo dispuesto en el artículo anterior, los autores, los cómplices y los encubridores, cada uno dentro de su respectiva clase, serán responsables solidariamente entre sí por sus cuotas y subsidiariamente por las correspondientes a los demás responsables'.

ing, as we have indicated, an intense doctrinal debate, which has been fuelled by the noteworthy consequences and problems with which this dispersion of its location in the civil and criminal spheres have become evident at the moment of its application in practice.

In general, among civil law experts – although not among a sector of criminal law colleagues – the tendency is to interpret that by refusing to rescue the regulation of this area, the Civil Code came to perpetuate an artificial bifurcation, whose birth has to be linked with the peculiar historical development of the process of codification in Spain, but that lacked a true systematic and material rationale. In this sense, I am strongly inclined to subscribe to the opinion that supports that, in the Spanish legal system, there is no civil liability derived from offense differentiated from another pure non-contractual liability, but rather simply a liability so civil and so pure as the latter, but under the circumstance that the harm has been caused by the commission of an offense or infraction.[105] That said, even the acceptance of its civil nature and, maybe, of the inappropriateness of locating its regulation in the Criminal Code, does not imply the negation that the liability derived from an offense constitutes a modality of non-contractual liability defined by the intentionality and the criminal classification of the illicit conduct from which it emanates, that it is, therefore, different from the non-contractual liability that the Civil Code characterises for originating from acts and omissions in which blame or negligence concur. And if we are speaking of historical conditioning factors to explain this supposed anomaly, perhaps it behooves us to take into account that, for many centuries, before the progressive decanting of its autonomy in the path that led to its transposition in the French codification, to which the Spanish one is indebted, civil liability was associated with the offense and had its field of insertion in the criminal territory.

105 Yzquierdo Tolsada, in: Reglero Campos (ed.), p. 1072.

Towards a European Culture of Legal Clinics: Transplanting the American Clinical Model

Cristina Amato and Elise Poillot

I. Introduction

1. Methodology (C. Amato)

I am honoured to have met Prof. R. Schulze in 2011, though I regret not having met him years before, during my education, when his visionary idea of Europe struck me and guided me through the unknown and uncertain world of European private law. His vision has been clear since the 'nineties of the past century, when he started writing in favour of a 'made in Europe' legal culture, according to which European private law cannot be rooted only on comparative law concerning national systems: instead, it may find its meaning in an European context and in European positive law.[1] 'It thus seems not to be very beneficial to attempt to transfer national structures to the European level or to suggest abstract 'best solutions' entirely independent from this *acquis communautaire* and the underlying tasks and competences of the European Union. […] In other words, the growth of EU law and its 'coalescence' in several fields of private law requires legal science to make its contribution to giving greater coherence to the agglomerate of EU norms created by the European legislator'.[2]

---

1 *Schulze*, Allgemeine Rechtsgrundsätze und Europäisches Privatrecht, ZEuP 1993, p. 442 ff.; *Schulze*, Le droit privé commun européen, RIDC 1995, p. 7 ff. This was also the method upon which the Acquis group has worked: *Schulze/Schulte-Nölke*, Europäisches Vertragsrecht im Gemeinschaftrecht, in: Schulze/Schulte-Nölke/Bernardeau (eds.), Europäisches Vertragsrecht und Gemeinschaftsrecht, Cologne 2002, p. 229 ff. ; *Schulze*, I principi Acquis. Situazione attuale e prospettive future della ricerca, in: De Cristofaro (ed.), I <<principi>> del diritto comunitario dei contratti. Acquis communautaire e diritto privato europeo, Turin 2009, p. 2. See the English version: *Schulze*, The Academic Draft of CFR and the EC Contract Law, in: Schulze (ed.), Common Frame of Reference and Existing EC Contract Law, Munich 2008.

2 *Schulze*, Countours of European Private Law, in: Schulze/Schulte-Nölke (eds.), European Private Law- Current Status and Perspectives, Munich 2011, p. 7.

This vision can be tagged as a philosophy and a methodology going *beyond* comparative law, promoting the growth of an independent EU law,[3] at present concentrated on the future of EU private law, i.e. the Digital Single Market and the Digital Revolution,[4] but always on the same path: made in Europe.[5]

We shall therefore try to propose a 'visionary' idea of teaching and learning law in a European context. In line with Prof. Schulze's innovative methods regarding comparative and European law, we assume that legal pluralism has characterized Europe both in ancient medieval society, as well as nowadays. We accept the task of acting as an interpreter, serving two masters (his own legal system and the European system), and shall try to apply Prof. Schulze's teaching on the Europeanisation of jurisprudence[6] to the issue of promoting an innovative legal teaching method, based on a common European culture and context, and therefore different both from the national contexts and from the original North-American model.

2. *Legal Context (E. Poillot)*

I was lucky enough to meet Reiner Schulze when I was still a PhD student. For a young French researcher, who was struggling to convince the French academia that research in European law should cross the national borders and the boundaries of public law, as the influence of European legislation on domestic private law, more specifically contract law, was increasing to a point that ignoring it would have been not only a non-sense but also a sci-

3 See in particular: *Schulze*, in: Schulze/Schulte-Nölke (eds.), p. 3 ff. (in particular pp. 5-6); *Schulze*, European Private Law and the Existing EC Law, ERPL 2005, p. 3 ff.

4 Schulze/Staudenmayer/Lohsse (eds.), Contracts for the Supply of Digital Content: Regulatory Challenges and Gaps: Münster Colloquia on EU Law and the Digital Economy II, Baden Baden 2017; Schulze/Staudenmayer/Lohsse (eds.), Trading Data in the Digital Economy: Legal Concepts and Tools, Münster Colloquia on EU Law and the Digital Economy III, Baden Baden 2017; Schulze/Staudenmayer/Lohsse (eds.), Liability for Artificial Intelligence and the Internet of Things: Münster Colloquia on EU Law and the Digital Economy, Münster Colloquia on EU Law and the Digital Economy IV, Baden Baden 2019.

5 Schulze/Zoll (eds.), European Contract Law, Baden Baden 2018: "In particular [the following volume] attempts to outline the qualities of this supranational law and its innovative feature in comparison to traditional contract law concepts" (Foreword, p. v).

6 Colonna/Schulze/Troiano (eds.), L'interpretazione del diritto privato europeo e del diritto armonizzato, Napoli 2004, p. 9 ff., 26.

entific mistake, this encounter was more than a privilege. The conversations I had with Reiner Schulze not only gave me the strength to pursue a difficult research path but also provided me with several analytic tools to understand the development of European private law and the influence it could have on national legislations. I am extremely grateful to Reiner for the opportunity he offered me to take part in incredibly stimulating scientific activities and networks. I owe him much. This contribution is imbued with Reiner's vision of research, a research that should not only focus on understanding legal concepts in the primary context of a comparison of national laws but should also look at the European legal and social context[7] in order to understand the current developments of the law and its dynamics. Yet, the context of the development of legal clinics in Europe is quite similar to that of European contract law.

Legal clinics were born as such on the North American continent, where they were named "clinics". Nevertheless, the teaching methods they use were not ignored on the European continent, as will be demonstrated in this contribution. On the European continent, at some point in history there existed a moment in which legal education was common to all European universities, as there was a *ius commune* in the field of contract law.[8] This should be kept in mind when one discusses transplanting the American model of legal clinics into continental European curricula. It is certainly true that several educational systems do exist in Europe, as do exist several contract legislations. The diversity of legal education in Europe should however not be an obstacle to the development of a common European approach of legal clinics, just as the diversity of contract law did not impede the development of some EU contractual legislation, though in a different manner than contract law was presented in the 19th century codes. This is particularly true because of the great emphasis that European institutions put on education (one can think of the Bologna process) and students' mobility (the Erasmus program has been a huge success and has allowed millions of students to study in another European country, including the author of this section). The development of legal clinics should therefore take a European path, rather than a domestic one. The transplant of legal clinics in Europe should be adapted to the European context, without of course neglecting the domestic features of each Member State's social context and educational system. But above all, the spirit of the implementation has to be European. With regard to the didactic methods, this

7 *Schulze*, in: Schulze/Schulte-Nölke (eds.), p. 3.
8 See *Schulze*, RIDC 1995, p. 7 ff.

transplant will certainly be a relative challenge, since a common pedagogical European ground already exists. It may be more difficult when it comes to adapting the American model to the social and economic context of the EU.

II. A Relative Challenge: Implementing the Didactic Methods (C. Amato)

1. Academic Teaching Between Theory and Praxis

Though the balance between theory and praxis is still in question, in the Western legal tradition the law has never lost its intrinsic characteristic of social science. Law is not (only) made out of concepts and universal principles, but it has been translated into social needs: legal science and praxis have been strictly joint, even during the second medieval era.[9] The argument hereby put forward is that before the positivistic era, legal science taught at University benefited of a didactic methodology that had much respect of the practical goals of the law, and a great concern for the professional training of the students.[10]

Since the 12th century, the importance of an ordered method in teaching had been stated by jurists. According to the classical method adopted by the *Commentatori*, as described by Cino da Pistoia,[11] the lecture was strictly structured into: *lectio literae* (reading of the legal text); *divisio legis* (logical distinctions of the different components of the law); *expositio* (critical exposition of the legal text); *positio casum* (presentation of a particular case with pedagogical aims); *collectio notabilium* (presentation of the main issues raised by the law); *contraria* (possible objections); *quaestiones* (controversial issues). The pivot of the medieval legal *lecturae* was the final part: the *contraria* and *quaestiones. Contraria* would consist of a discussion

9 *Grossi*, L'ordine giuridico medievale, Rome 2006, p. 151, 191; Macario/Lobuono (eds.), Il diritto civile nel pensiero dei giuristi, Padova 2010, pp. 102 – 104.

10 For a description of the evolution of the didactic method in European universities, see *Amato*, Experiential Learning from the Continental Viewpoint. If the cap fits…, in: Grimes (ed.), Rethinking Legal Education under the Civil and the Common Law, Milton 2017, 13 ff.

11 *Lectura super Codice*, 1314: see extensively: *Padoa Schioppa*, Storia del diritto in Europa. Dal medioevo all'età contemporanea, Bologna 2009, p. 153; *Padovani*, 'Tenebo hunc ordinem'. Metodo e struttura della lezione nei giuristi medievali (secoli XII-XIV)', The Legal History Review (LHRev) 2011, pp. 353-354; *Calasso*, Medioevo del diritto, I: Le fonti, Milan 1954, p. 594.

of different possible constructive solutions offered by previous or contemporary scholars, in order to solve an apparent legal inconsistency. Usually the *Magister* (the professor) would supersede such opinions according to his own construction, often adopting the technique of the distinguishing. *Quaestiones*, on the other hand, were raised by the legal texts' ambiguities: the *Magister* himself would highlight such ambiguities offering his own solution to cases not envisaged by the legal text. *Contraria* and *quaestiones* would thus give the Magister the possibility of discussing pros, cons, and eventually providing the best solution (or the solution that might be considered as more probable among others, in compliance with a 'probabilistic logic'), according to the typical dialectic method (*ars opponendi et respondendi*).[12] The *quaestiones*, in particular, would often be disputed not only in the classroom during the lecture (*lectura de mane*); but in separate seminars (usually held once a week, in the afternoon) dedicated to young apprentice scholars as well. In the latter case (public *disputatio*) the Magister would pose the questions to the participants a few days before the discussion; *doctores* and students participating in the discussion, would then dispute the questions following a structured hierarchy (imposed by the University bylaws), in pros and cons; and the *Magister* would eventually disclose the solution by the end of the debate.[13] To the purposes of this paper, there are two considerations involving the teaching method: first, the ancient Roman texts where accurately learnt by the students,[14] even by heart, as they were considered the very essence of any legal reasoning. Second, the essence of a *questio facti* depended on the construction of the *casus legis*, that is of a similar case faced and solved by the Roman texts.

In sum, the didactic method was very advanced at this stage: knowledge, dialectic skills and professional abilities were eventually transmitted to students, who would therefore participate actively to the lessons. The title of *doctor iuris* would also certify their professional skills.[15] Because students

---

12 *Bellomo,* Legere, repetere, disputare. Introduzione ad una ricerca sulle "quaestiones" civilistiche, in: Bellomo (ed.), Medioevo edito e inedito, I: Scholae, universitates, studia, Rome 1988, p. 53 ff., 68-70.

13 A detailed description of the different literary forms of the *Quaestiones disputata* (treaties, selected extracts) can be found in: *Bellomo*, pp. 75-97.

14 From the beginning of the 13th century the lectures on the medieval five parts of the *Corpus Iuris* lasted two years, and were repeated even twice. Therefore, the education of a jurist might last for 7-8 years: *Padoa Schioppa*, A History of Law in Europe. From the Early Middle Ages to the Twentieth Century, Cambridge 2017, p. 127.

15 *Padoa Schioppa* 2017, pp. 128-129.

and teachers gathered in Italy,[16] first, and later on all over Europe (using Latin as vehicular language), the *mos italicus* spread everywhere in the continent: Universities – as 'Republics of legal culture' - offered a pedagogical model of legal education that would have lasted for centuries, as a scientific, international and uniform didactic methodology.

From the 16th to the 17th century the *usus modernus pandectarum*, originally circumscribed to Germany and the Netherlands, and subsequently expanded all over continental Europe,[17] had as its main mission to highlight the *positive law* represented by the local/national uses, as opposed to the roman *ius commune*. By the end of the 17th century the distinction between academic and practical teaching, theory and praxis, was claimed: theory should be taught at University, while praxis should be acquired in the Tribunals. This change stays at the root of the reason why the continental (or civilian) legal tradition has been described by historian, as well as by comparative scholars, as cultivated and academic, in contrast with the common law legal tradition borne and grown in England in the Inns of Courts.[18] In truth, before this age, the training of lawyers and practitioners was not clearly assigned to the guilds: while the education of a jurist had been entrusted to the Universities, the vocational course – though existing - had never acquired an autonomous dignity. A separate training course, in fact, did exist even in Italy and from the medieval ages, but it was originally entrusted into Universities. By the beginning of the 12th century, a first guild of practitioners (advocates) was registered in Bologna, with the entrustment of the Pope Honorius III in 1219 (*Collegio dei Giudici*),[19] that also had the role of a law school board within the University. Since then, legal

16 It is acknowledged that the legal teaching started in Bologna, by the middle of the 12th century. According to some documents, Irnerio taught from 1112 to 1125, and after him his students Bulgaro, Martino, Iacopo and Ugo, well-known as the four doctors; Naples followed in 1224, and later on Padova (1222) and Rome (1244). Outside Italy, the legal teaching at Universities spread out in the south of France first (Montpellier), and later on in Paris, Reims, Oxford, Prague, Ireland, Spain, Germany: *Padoa Schioppa* 2009, p. 124 ff.

17 See *Birocchi*, Alla ricerca dell'ordine. Fonti e cultura giuridica nell'età moderna, Turin 2002, p. 58 ff.

18 On the historical foundations of the *common law* and the rise of the central courts: *Pollock/Maitland*, The History of English Law Before the Time of Edward I, Vol. I, Cambridge 1968, pp. 1 – 176 ; *Milsom*, Historical Foundations of the Common Law, London 1981, pp. 11-81; *Baker*, An Introduction to English Legal History, 4th ed., London 2002, pp. 12-52.

19 *Padoa Schioppa*, 2017, pp. 128-129; *Padoa Schioppa*, Brevi note sull'avvocatura nell'età del diritto comune, in: Alpa/Danovi (eds.), Un progetto di ricerca sulla storia dell'avvocatura, Bologna 2003, p. 10 ff.. The access to the College of Jurist

profession had a corporate structure present in almost every Italian city, subject to the accomplishment of legal studies at Universities,[20] provided that the candidate passed an admission test to the bar, and satisfied the social status as well as the possession of the citizenship in the shire where the bar was located. Later on, and in particular during the 15th and 16th centuries in Northern Italy, the guilds acquired largest educational powers even in Italy, that was eventually abolished during the 18th century, when special statutes gave back to Universities the monopoly of legal education, as an essential condition to join the guild.[21] It is only after the Napoleonic reforms, that the bar's autonomous role in legal training was recognized: in order to be admitted to the entry test to the bar, besides a University degree the new regulations[22] required a *vocational course*, that is a training period during which the candidate would acquire the necessary practical skills under the supervision of a lawyer.[23]

The more the separation of the training of practitioners would become clear, the more the academics became indifferent to the practical skills of their students. From the 17th century, the spreading of natural law first, and positivism later on, would radically change the role of the academic teacher vis-à-vis the society. The shift towards natural law and positivism (17th - 18th centuries) created a severe turn in the didactic methodologies. The strict link between the school of natural law and abstract legal thinking became a pedagogical tool to entrust the individual conscience and

---

was reserved to the cleverest students, who had to pass a '*tremendus et rigorosum examen*'. Later in the next centuries the conditions to enter the College became more and more restrictive.

20 In 1158 the bylaws of the University of Bologna stated that the law profession was reserved only to practitioners who had successfully studied law at University for five years; subsequently, though, the Universities bylaws would impose different duration of the legal teaching, up to a maximum of seven years: *Padoa Schioppa*, 2017, p. 137 ff.

21 *Zorzoli*, La formazione dei giuristi lombardi nell'età di Maria Teresa: in: Tarello (ed.), Materiali per una storia della cultura giuridica, Vol. XII, Bologna 1982, p. 3 ff.

22 *Nuovo metodo giudiziario, April 14,* 1804: *Parini Vincenti*, Ad Auxilium Vocatus. Studi sul praticantato da Napoleone alla Legge professionale del 1874: l'esperienza normativa, in: Padoa Schioppa (ed.), Avvocati e avvocatura nell'Italia dell'Ottocento, Bologna 2009, p. 59 ff.

23 The length of the vocational period has changed over the centuries: since the 19th century several reforms concerning the training period have been passed. At present, in Italy the vocational course has been reduced to 18 months.

enhance the raising middle class privileges.[24] According to the philosophy of natural law, private law should be interpreted and taught as pure science, based on reason and on social contract, laical, separated from its historical expertise and factual needs: because the law provides rational answers to any social problem, it is possible to identify a set of rules detached from history, and not embedded in current and transitional problems, but valid for ever and for any society.[25] This tight link between rules and abstract principles would have conditioned legal teaching in Italy and Europe, until the first half of the 20th century.

The need for a scientific order was eventually delegated to a *national absolute* authority. Law became synonymous of the King's will, later on embodied into national (civil) codes. Codes were in fact promoted and promulgated as the supreme expression of the acknowledgement of the State authority, as a complete collection of rules and principles, in compliance with ideals of science and order. Codes fulfilled the request of logic and became models of formalism. Later on, through the 19th and 20th centuries, jurists (especially private law jurists) still drowned into the natural school education, lost their historical awareness of being fundamental protagonists and vehicles of the development of the law within *real* context.[26] In other words, codes provoked a passive attitude of jurists who gave away their delicate role of serving the real needs of a growing society. By the second half of the 19th century, a severe gap between legal 'scientists' and socio-economic reality appeared on the scene, deeply influencing legal education. The role of private law jurists was to construe the most formal and purest legal science, an abstract knowledge without any contamination with social and economic ethic.[27] The same task of producing the best possible analysis of the Code civil was assumed by the French legal doctri-

---

24 This basic historical assumption is clearly explained by: *Grossi*, La cultura del civilista italiano. Un profilo storico, Milan 2002, pp. 1 – 2.

25 *Padoa Schioppa* 2017, p. 491 ff.

26 *Grossi* 2002, pp. 12 – 14. The opposition between the philosophical and historical movements (Thibaut v. Savigny) provides a clear synthesis of different approaches: the second would in fact consider the law as a natural product rooted into the people's culture and history, that develops naturally (like the language or customs) into the historical and social context: *Del Giudice*, Storia del diritto italiano. Fonti: legislazione e scienza giuridica: dal secolo decimosesto ai giorni nostri, Vol. II, Milan 1969, p. 313 ff.

27 Thus the father of the Pandectist school in Germany: *Windscheid*, Die Aufgaben der Rechtswissenschaft, in: Oertmann (ed.), Gesammelte Reden und Abhandlungen, Leipzig 1904.

ne (*école de l'exégèse*).[28] 'University courses of law were strictly tied to the analysis of the [Napoléon] code and the legislative norms, going so far as to have the title of the text, such as Cours de Code civil, rather than specifying the branch of the law'.[29]

By the end of the 19th century, the first signs of crisis emerged: scholars started to be concerned with social issues, questioned individualism and often assumed a collective perspective (the growing of intermediate entities, like business corporations and non-profit associations, gives evidence of these emerging ideologies). This movement would increase during the 'thirties of the 20th century, in tune with the American realistic movement. Abstract, pure principles and rules left slowly way to a different approach. Nevertheless, during the 1950s, the majority of civil law scholars in Italy would still indulge into a formalist, positivistic and conceptual research approach applied to the methodology in educating young lawyers, where norms were observed, interpreted and taught as *dogma*,[30] without any reference to specific facts, and with a strong compliance to statutory provisions. The dogmatic method was still the lighthouse in the scientific and didactical approach during the first half of the 20th century, as the only possible way to develop private law in compliance with the tradition of legal science.[31] It was the method adopted after the German school of 'Pandette' (or 'new critical school') that prevailed during the elaboration of the second Civil Code in Italy, passed in 1942. According to this perspective, the task of jurists and legal science was limited to construe the law through abstracts concepts and strict legal categories: any attempt to evaluate the law, by attributing goals of social justice, or searching for a more rational or convenient setting of the rules should belong to the domain of the phi-

28 *Locré*, Esprit du Code Napoléon tiré de la discussion, ou Conférance historique analytique et raisonnée du projet du Code civl, 7 vols., Paris 1805-1814; *Toullier*, Le droit français suivant l'ordre du Code, 10 vols., Paris 1829-1834; *Duranton*, Cours de droit français suivant le Code civil, 12 vols., Paris 1841. A second waive of representative of the *école de l'exégése* linked this method to the dogmatic method coming from the Pandectistic school of Germany: *Aubry, Rau*, Cours de droit civil francais d'après la méthode de Zachariae, Paris, 1936.; *Demolombe*, Cours de droit civil, 15 vols., 1845-1888.

29 *Padoa Schioppa* 2017, p. 513.

30 In Italy, a smart and appreciated representative of the civilian dogmatic approach was *Santoro Passarelli*, Dottrine generali del diritto civile, Napoli 1944.

31 See *Santoro Passarelli*, La mia università, in: Santoro Passarelli (ed.), Ordinamento e diritto civile. Ultimi saggi, Napoli 1988, p. 15; *Santoro Passarelli*, Senso di un insegnamento, in: Santoro Passarelli (ed.), Libertà e autorità del diritto civile, Padua 1977.

losophy or sociology of law.[32] There is still a positivistic perception, in the name of certainty, though some authors were conscious that positivism should now involve not only *written statutes*, but also *unwritten social conscience* shared by a national community. An approach, though, that might be considered as culturally insensitive.[33] Meanwhile, legal guilds were acknowledged everywhere in Europe as the places where practitioners could learn lawyering skills.

Notwithstanding a persisting formalism, new reflections on the importance of pedagogical methods and on the role of the jurists can be found in much sensitive scholars, who preached the impossibility of adapting rigid legal forms into a flowing and turbulent reality, claiming that what jurists need is courage.[34] In this perspective, the jurist's role returns to be active; he is not expected to provide a passive construction of the written law, but a sensitive understanding of the socio and economic context, as well as a wise applications of norms to such context, in order to achieve reasonable solutions.

Soon after the Second World War, the great conquest was the so called 'factual approach': principles and rules began to be embedded into a real world through real cases.[35] The contribution of the fathers of comparative studies has been fundamental. The dogmatic and formalistic method in approaching private law, in particular, has been criticized by some famous private law scholars, who proposed a functional approach, addressing real problems through the application of effective rules provided by case law, and through the construction of positive provisions aiming at enhancing the social and economic background of legal rules, instead of formal *concepts.*[36]

Such a revolution was supported by a new legislative era characterized by the appearance of numerous special statutes (most of them implemen-

32 *Santoro Passarelli*, Quid jus? In: Santoro Passarelli (ed.),1988, p. 25.

33 *Grossi* 2002, p. 56.

34 *Vassalli*, Studi giuridici, Turin 1960, in particular: Arte e vita nel diritto civile, Vol. II, pp. 401 ff.

35 An approach that can also describe at present the European private law: *Grossi*, Il diritto civile italiano alle soglie del terzo millennio, in: Macario/Lobuono (eds.) 2010, pp. 417f. On the factual approach, see *Schlesinger*, Formation of Contracts. A Study of the Common Core of Legal Systems, Vol. I, New York/London 1968, pp. 1 ff, 31-34, where the A. gives detailed results on a research project carried on at the Law School of Cornell University, whereas the research method consisted in using 'fact situations'.

36 Reference in particular is to: *Gorla*, Il contratto, 2 vols., Milan 1954; *Sacco*, Il contratto, in: Trattato di diritto civile diretto da F. Vassalli, Turin 1975.

ting European legislation) that took away rules and prestige (mainly) from the civil codes. The result is a current fragmentation of traditional categories, and a final admission of the complexity of the law.[37] Certainty of law, rationality and a preference to the traditional systematic approach were delegated to scholars, in particular those having a civil law background, to whom jurists would acknowledge the delicate task of interpreting and applying the new complex legislative scenarios.

2. *From a Dogmatic to a Problematic Approach: Clinical Teaching in Action*

The current era can be described as the turning point from a dogmatic to a problematic approach, however and finally interconnected: the latter allows the former to evolve, in compliance with social rules and economical demands. A problematic approach moves from real cases springing from new and pressing needs; whereas a dogmatic analysis gives the interpreter rational and critical tools of control, in order to reach the correct solution.[38]

The Bologna process[39] has also been conceived in the name of the social dimension of academic teaching. In particular, according to the 'Dublin Descriptors',[40] qualifications that represent the completion of the first cycle are awarded to students who '...have the ability to gather and interpret relevant data (usually within their field of study) to form judgments that include reflection on relevant social, scientific or ethical issues'.

---

37 Vettori (ed.), Persona e mercato – Lezioni, Padova 1996, p. 1.

38 Macario/Lobuono (eds.) 2010, p. 373; *Mengoni*, Problema e sistema nella controversia sul metodo giuridico, in: Mengoni/Modugno/Rimoli (eds.), Diritto e valori, Bologna 1985, p. 55 ff.; *Mengoni*, Ermeneutica e dogmatica giuridica, Milan 1966; *Mengoni*, Diritto e tecnica, Rivista trimestrale di diritto e procedura civile (RTDPC) 2001, p. 1.

39 The Bologna process, started in 1999 as intergovernmental on-going agreement. Its main feature is to draw the new architecture for academic teaching, not only in Europe. The most relevant achievement of this agreement is the two-tier structure of the new academic teaching, represented by a first level *Bachelor* (three years) and a *Master* at a second level (two years). About the European intervention on academic education, see more extensively: *Amato*, Il modello clinico bresciano, in: Maestroni/Brambilla/Carrer (eds.), Teorie e pratiche nelle cliniche legali, Turin 2018, 145 ff.

40 The Dublin's descriptors for Bachelors and Masters complete the *Framework for the Qualifications of the European Higher Education* (2005), one of the most important document implementing the Bologna process.

According to the dogmatic approach privileged so far in traditional academic lectures, the teaching method provides students with abstract and rational knowledge tools and expects them to use critical control over the legal data. A problematic approach, on the contrary, moves from the analysis of real cases raised by new and pressing needs, and asks the student to be able to propose coherent and useful solutions. This is the 'learning-by-doing'[41] approach that clinical teaching intends to promote in favor of the care for the effective study of law, alongside (neither against, nor in total substitution of) the traditional deductive method.[42]

This is the pedagogical aim pursued by the clinics in Europe, in tune with the most recent international and European guidelines regarding the educational system, from which the change of perspective clearly emerges.[43] Moving from the contents of the disciplinary programs to the learning outcomes,[44] enhancing skills and abilities (in addition to the knowledge) of students, also measuring the quality of study courses to ensure transparency of educational qualifications, in a precise student-centered perspective. Within this new framework of European education, the Dublin Descriptors provide students – in the second cycle of higher studies or Master – not only with the acquisition of 'knowledge and understanding', but also with applicative skills, as well as problem solving abilities in new or unfamiliar environments, communication and learning skills.

Furthermore, the attention to an 'alternative' didactic method is of crucial importance today in order to help the understanding of the crisis that

41 *Pascuzzi*, Giuristi si diventa, Bologna 2013, p. 26; before him: *Carnelutti*, Clinica del diritto, Rivista di diritto processuale (RivDirProc) 1935, p. 169 ff., 170.

42 "If we want to express with a formula the primary aim of legal education at university, we could say that, in a very dynamic historical phase - in which not only the regulatory framework but the entire political and social context are continually transformed – it is necessary to transmit to the future jurist not only mere knowledge, but also and above all skills, orientation and learning skills. First of all it, is necessary to teach them how to use legal arguments and to teach them how to learn law": *Padoa-Schioppa*, Il modello dell'insegnamento del diritto in Italia, Foro italiano (FI) 1995, c. 415.

43 *Pascuzzi*, Avvocati formano avvocati. Guida all'insegnamento dei saperi forensi, Bologna 2015, p. 77; *Luzzatto*, La progettazione della didattica universitaria per risultati di apprendimento, in: Galliani/Zaggia/Serbati (eds.), Apprendere e valutare competenze all'università, Lecce 2011, p. 35 ff.

44 Recommendation of the European Parliament and of Council of 23 April 2008 on the establishment of the European Qualifications Framework for Lifelong Learning, 2008/C 111/01, OJ C 111, 6.5.2008, pp. 1-7.

has upset the world of academic education and professional training,[45] in the new era of technological and social revolution. In this new era, in which there is an explicit request for legal intervention in order to protect the rights of persons, theory as well as praxis need a methodology capable of considering both the difficulties generated by a multilevel legal system, and the different roles assigned to the academic jurists and to practitioners. Academics and lawyers are both expected to have the keys to understanding society, in its complexity of values and inconsistencies: they can no longer play a merely mechanical role in the interpretation of the rules, but, on the contrary, have a delicate task of cultural mediation, which is socially controlled.

In the overall European educational landscape, therefore, the pedagogical goal of European clinics can be considered the strong accent of a European model of clinical teaching, thereby reversing the order of the goals proposed by the North American model. Among the most relevant and crucial 'new' didactic methods, the legal clinic would use: *problem solving*, lawyering and client care (often involving professional psychologists during simulations), *fact finding* techniques (using videos or structured simulations), reflective learning. The goal is to convey a reasoned knowledge of the law; the purpose of the course is not the mere illustration of the rule through the norms or case law, but to understand *how* the rules can be found, and *how* it is reasonable to apply them to the real case. The clinical teaching method is mainly inductive, with recourse to cooperative learning and team building. Sometimes the recourse to the traditional academic lesson is necessary, although it is preferred only once the legal issues related to the case have been identified by students through problem solving techniques. The final result is that, at the end of the term, students have always been enthusiastic about the effectiveness derived from reflexive and experiential learning. When real cases are handled, clients are grateful for the prompt, attentive, participated and free legal assistance provided to them by the clinical group. Teachers are gratified by the awareness of having transmitted to their students not only notions and knowledge (of very short duration), but also legal skills and competences, that shall rest forever in the professional knowledge of young jurists. This is certainly true for any teacher operating within the legal clinic framework, whatever the country or the continent. Some other aspects of clinical education are,

45 About the crisis involving the legal professions in Europe see, *ex multis*: Sommerland/Harris-Short/Vaughan/Young (eds.), The Futures of Legal Education and the Legal Profession, Oxford/Portland, 2015.

on the contrary, specific to the context in which the clinics are established. This is the reason why transplanting the American model can be seen as a challenge with regard to the role played by legal clinics in the social context.

III. A Real Challenge: Contextualising the American Legacy (E. Poillot)

If European lawyers are already well equipped with didactic methods, the implementation of both as entities within a law faculty (the expression law faculty rather than law school is used on purpose in order to correspond to the European continental model) and part of a student curriculum may be more complicated. Indeed, implementing clinical legal education in continental Europe cannot be done without doing comparative law as clinics seem to be 'genetically' American. Although such a statement can be discussed – especially because there are several studies which demonstrate that the concept of legal clinics may well not be North American[46] –, nevertheless, the development of clinical legal education took place in the US where clinics are now well established and exist in most North American law schools. Therefore, rather than talking about implementation, one should talk about transplantation. And transplantation in the field of a legal system is not easier than it is in the field of surgery. In the field of legal clinics, as in any area where comparative law is to be used, contextualisation is of extreme importance. The differences existing between the common law and the civil law tradition must certainly be taken into account when contextualising what can be referred to as the American legacy, as the distinctive features of each Member State's legal system have to be taken into account when it comes to drafting a proposal in the field of European Private Law. They are well known[47] and for the purpose of this contribution we would like to insist on what seems to us as even more crucial, that is the differences existing between the European and the North American social contexts as well as the features distinguishing the US and the continental European academic worlds.

46 See *Pimont*, La place de l'enseignement clinique dans les facultés de droit, in: Poillot (ed.), L'enseignement clinique du droit, expériences croisées et perspective pratique, Brussels 2014.

47 See *Poillot*, Comparing Legal Clinics: is there a way to a European Clinical Culture? The Luxembourg Experience, European Journal of Comparative Law and Governance 2017, pp. 111-139.

1. *The Distinctive Social Features of European Clinics*

Talking about social contexts is always hazardous. For the purpose of this paper, the expression will have a limited meaning that takes into account the factors that have an immediate influence on the role of legal clinics in a society, such as social security, legal aid and healthcare systems. Since this contribution does not aim at completing a sociological study of the differences between social environments in Europe and in the US, it will rely on several reports and articles providing information regarding this environment.[48] As highlighted by these documents, redistributive policies are more important in Europe than in the US. Poverty relief, healthcare systems and programmes as well as legal aid are more developed, creating a more favourable social context for poor people in Europe than in the US. With special regard to legal aid, it is relevant that, in a report on 'practical operation of legal aid in the EU', it clearly appears that no European continental State relies on private systems, whereas in the US, legal aid for civil cases is currently provided by a variety of public interest law firms and community legal clinics. Besides, in the US, civil legal aid does not handle cases for money damages such as medical malpractice, car accident cases or traffic violation cases, or criminal cases, which is not the case in Europe. If the European system taken as a whole is not free of criticism (many practitioners from European countries report long and bureaucratic processes, as well as low compensation for legal aid lawyers), broadly speaking the European legal aid context is more favourable to poor people than the American one. However, besides this reason, one may also identify an ideological one, related to the history of legal clinics in the US. Clinical education was a reaction to the 'emptiness of rules without facts' and urged law schools

48 See *inter alia*, *OECD Social Expenditure Update*, November 2014, available at: https://www.oecd.org/els/soc/OECD2014-Social-Expenditure-Update-Nov 2014-8pages.pdf; *Alesina,/Glaeser/Sacerdote*, Why Doesn't The US Have A European-Style Welfare State?. Harvard Institute of Economic Research. Discussion Paper No. 1933, November 2001, available at: www.scholar.harvard.edu/files/glaeser/files/why_doesnt_the_u.s._have_a_european-style_welfare_state.pdf; on legal aid: 'The practical operation of legal aid in the EU', Fair Trials International, July 2012, available at: www.fairtrials.org/wp-content/uploads/2012/09/Legal_Aid_Report.pdf; Le Sénat, Note de synthèse du Sénat français sur l'aide juridique, available at: www.senat.fr/lc/lc1/lc1_mono.html#toc6, last accessed on 3.3.2017; on North American legal aid: Report form the Legal Services Corporation, 'Documenting the Justice Gap in America. The Current Unmet Civil Legal Needs of Low-Income Americans', September 2009 available at www.lsc.gov/sites/default/files/LSC/pdfs/documenting_the_justice_gap_in_america_2009.pdf.

to give consideration to the 'problem of turning legal or human knowledge into action'.[49] According to Jerome Frank, the 'father of legal educations': the clinics should teach students to be sensitive to the place of the lawyer in the social process, and to the behaviour of juries, witnesses and judges as well as to appreciate the 'uncertainty of facts' in litigation and develop the skills of negotiation, draftmanship, and planning.[50]In Frank's view on clinical legal education, nothing seemed however to enhance the social justice function of clinics, social justice being here considered, according to Rawls' theory, as a way to assure the protection of equal access to liberties, rights, and opportunities, as well as taking care of the least advantaged members of society.[51]

The social justice shift of clinical legal education is dated in the 1960's. A concern for the conditions of the poor emerged at a governmental level and the holding of the Supreme Court in *Gideon v. Wainright*, which made the counsel for defendants in felony criminal cases mandatory,[52] certainly can be regarded as an important step in the reflection of lawyers as to their roles. As a consequence, it became a standard motto of the times that professional responsibility applies not only to the ethics involving the individual attorney's relationship with his client, but also the responsibility of the profession as a whole to see to it that legal services are made available to all segments of society.[53] Many lawyers then felt 'that the evident social concern of students should be harnessed and student manpower should be used to aid the legal profession in meeting the sudden new demands for legal assistance to indigents'.[54] In the late 1960's/early 1970's, the civil rights movement came out on top of the poor's legal assistance. Clinical education had become a legal expression of social justice. Clinical legal education is about ideology. But this is an American story. And the contemporary European context is not the one of the civil rights era.

The development of clinical legal education in continental Europe takes place in a complex political and regional context. Today, the regional context is that of the European Union, its single market and its harmonised

---

49 *Llewellyn*, On what's wrong with So-called Legal Education, 35 Columbia Law Review, 1935, pp. 651 ff.

50 *Frank*, Why not a Clinical Law School?, 81 University of Pennsylvania Law Review 1933, pp. 917 ff, p. 918.

51 See *Rawls*, Justice as Fairness, 67 The Philosophical Review 1958, pp. 164 ff.

52 372 U.S. 335 (1963).

53 *Grossman*, Clinical Legal Education; History and Diagnosis, 26 Journal of Legal Education 1974, pp. 162 ff., p. 173.

54 *Ibid.*

legislation, while the political context is the one of the Middle-Eastern crisis and the wave of refugees fleeing the war in Syria. Combined with the fact that Europe is not a single State, but a supranational entity with many different economic contexts,[55] this creates a very different environment than the one in which American clinics were developed. A report by Clelia Bartoli report provides a good point of view on this actual European 'clinical landscape'. It demonstrates that the main areas of European clinics are the protection of asylum seekers and refugee law, consumers' protection, women and LGBT people, for gender issues.[56] It is undisputable that these topics are highly related to social justice, at least if the definition of the latter is derived from the Rawlsian tradition.[57] However, both the emergence of refugees and non-discrimination clinics are also related to a specific political context.

The massive arrival of asylum-seekers caused by the Syrian war and the ensuing generated humanitarian crisis[58] has provoked an important extra demand on legal support, which cannot always be easily dealt with by the responsible institutions, at least in the short term. Clinics were thus naturally considered as alternative solutions, whether they operate independently[59] or in collaboration with associations.

---

55 There is, for example, a difference between the so-called social democracies in France and Germany and post-soviet blocks countries where legal policies are much more free market oriented, though State interventionism also exists, whereas in the US there is a common free market oriented policy implemented at the federal level through various regulations and no real distinct Sates approaches from this one.

56 See the chart in *Bartoli*, Legal clinics in Europe: for a commitment of higher education in social justice, Diritto & questioni pubbliche 2016, p. 53, available at: www.dirittoequestionipubbliche.org/page/2016_nSE_Legal-clinics-in-Europe/index.htm.

57 See *Rawls*, 67 The Philosophical Review 1958, pp. 164 ff.

58 See for example the statement on the webpage of the Clinique du droit de Paris I. 2016. « La Clinique s'engage dans l'accueil des réfugiés Syriens par l'Université Paris I ! », retrieved 15 July 2016, www.cliniquejuridiquedeparis. See United Nations High Commissioner for Refugees (UNHCR), Guide on Establishing a Refugee Law Clinic, 2014, retrieved 6.3.2017, available at: www.helsinki.hu/wp-content/uploads/Refugee-Law-Clinic-Guide_ENGLISH.pdf.

59 For example, in France, since 2015, the Clinique juridique de Paris provides assistance to refugee students coming to the University of Paris I. Within the programme Migrations, the Clinique de l'École de Droit de Sciences Po collaborates with 'France terre d'asile', an association specialised in supporting refugees and asylum seekers. EUCLID, the clinic of the University of Nanterre drafted a paper on Protection of Foreign Isolated Minors for the Groupe d'information et de soutien des immigrés (GISTI).

Regarding non-discrimination questions and the clear gender oriented issues dealt with by many clinics, one could also argue that the issue at stake is in line with an historically opportunist environment. Gender issues were first legally tackled in the European context (EEC and the ECHR) in the mid 1950's on the ground of the prohibition of discrimination on the basis of sex in the context of employment.[60] From a more social perspective, if the emergence of the gay rights movement is said to have started in the US in 1969 with the Stonewall Riots,[61] in Europe it is however only in the year 2000 that the scope of antidiscrimination went far beyond the context of employment and social security[62] and the ground of sexual orientation and gender identity started to be more frequently invoked and applied in litigation. It thus took a long time before discrimination could be considered as a real legal issue. This is also an area that can be seen as more political than legal and is still in the hands of legal militants (mainly associations) for its treatment.[63] There again, the relative lack of official means facilitated in the last 15 years the development of legal actions that could have been considered as overlapping the activity of the bar, an issue of utmost importance in Europe 'where the reserved areas of legal practice (subject to a monopoly of legal advice) might be considered excessive and pose a hindrance to the emergence of legal clinics with lawyers (and Bars) opposing the emergence of legal clinics because they conflict with the lawyers' monopoly.'[64]

The political European context demonstrates that the history of legal clinics is quite different in Europe than in the US. That does not mean that

60 *European Union Agency for Fundamental Rights*, Handbook on Europe non-Discrimination Law, 2010, pp. 11-12.

61 It is said to have started when a group of transsexuals, lesbians, drag queens, and gay male patrons at a bar in New York resisted a police raid, *Bullough*, When Did the Gay Rights Movement Begin?, History News. Network of George Mason University, 17.4.2005, retrieved 3.3.2017, available at: www.historynewsnetwork.org/article/11316.

62 See Protocol 12 (2000) to the ECHR, not yet ratified by all EU Member States; Council Directive 2000/78/EC of 27 November 2000 establishing a general framework for equal treatment in employment and occupation; Council Directive 2000/43/EC of 29 June 2000 implementing the principle of equal treatment between persons irrespective of racial or ethnic origin, OJ L 303, 2.12.2000, pp. 16-22.

63 For instance, the legal clinic of the Université de Nanterre, EUCLIDE which deals with discrimination cases does it to support the work of associations like 'Choisir la cause des femmes' or le 'Haut Conseil pour l'égalité entre les femmes et les hommes'.

64 *Lonbay*, in: Bartoli 2016, p. 70.

social justice is not a relevant argument. The title of Clelia Bartoli's report, *'Legal clinics in Europe: for a commitment of higher education in social justice'*[65] clearly shows that, on the contrary, many actors of legal clinics are convinced of the dominance of this factor in the reasons for developing clinics. Whether or not this is the reality is another question. There are two main reasons for suggesting that the clinical experience is mainly such may be misleading. The first one leads us back to the historical context of clinics in the US. To demonstrate it, the French example will be relied on. In France, when the first articles on legal clinics were published, the reasons invoked for implementing the American model were primarily pedagogical.[66]

The second one can be derived from the study of European consumer law. Consumers in Europe have many rights. Their access to them is neither worse nor better than access to rights for any other categories of citizens. Among them, there are certainly vulnerable persons, as there are again among any other categories of citizens. Besides, consumer legislation, which is mostly derived from a political action of the EU,[67] did not only deal with individual interests but also tackled the issue of collective redress[68] in order to ensure an efficient protection of consumers. Consumer law could be thus considered as a branch of legislation that both guarantees equal access to rights and takes care of weak parties who can be considered as economically disadvantaged compared to stronger economic ones.

There are two issues that are fundamental with regard to consumer protection's effectiveness. The first one is effective information, as 'while the legal system creates a battery of measures that are designed to protect consumers, there can be no meaningful protection unless those rights are rea-

65 *Bartoli*, Legal clinics in Europe: for a commitment of higher education in social justice, Diritto & questioni pubbliche 2016, p. 53, available at: www.dirittoequestionipubbliche.org/page/2016_nSE_Legal-clinics-in-Europe/index.htm..

66 This is very clear in the two articles that first addressed the issue: *Croze*, Recherche juridique et professionnalisation des études de droit. Pour une filière hospitalo-universitaire en matière juridique, Recueil Dalloz 2005, p. 908; *Hennette-Vauchez/Roman*, Pour un enseignement clinique du droit, Les Petites Affiches 218-219, 2006.

67 See, *inter alia*, for an overview of EU legislation, *Weatherill*, EU Consumer Law and Policy, 2nd. ed., Cheltenham 2013.

68 The Injunctions Directive 2009/22/EC ensures the defence of collective interests of consumers in the internal market. It provides the means to bring an action for the cessation of infringements of consumer rights granted by EU law.

dily accessible'.[69] The second one is the implementation of their rights. This has been a concern expressed at the CJEU level after several preliminary rulings related to the effectiveness of the protection granted by EU legislation were referred to the Court. To make a long story short,[70] according to the jurisprudence of the Court the exercise in practice of the rights conferred on consumers by the European Union must not be impossible or excessively difficult. At a jurisdictional level this means that 'the imbalance which exists between the consumer and the seller or supplier may be corrected only by positive action unconnected with the actual parties to the contract'.[71] Such a position led to awarding national judges an *ex officio* power they may or must exercise in many consumer disputes.[72] Outside the jurisdictional frame, the effectiveness of consumer law is often related to the amount of the dispute and to the fact that consumers are unlikely to go to court for an amount below 500 euros.[73] At the legislative level, alternative dispute resolution procedures (ADR) were considered as a remedy to such a problem. Consumers' clinics certainly are another way to address the issue. Running in parallel with consumer associations, they have the undeniable advantage to be supervised by academics specialised in consumer protection. While it is not disputable that consumers' associations also have highly qualified lawyers, it must however be stressed that many employees or volunteers in these entities have no legal training. As a matter of fact, consumer clinics or clinics acting in the field of consumer law often collaborate with them.[74]

In Europe, consumer clinics therefore operate in a specific context. Again, it would certainly not be appropriate to dissociate their activities from social justice concerns. To some extent, consumer law effectiveness is

---

69 *McCabe*, The effectiveness of the legal system in protecting the rights of consumers, 7 The National Legal Eagle, 2001.

70 *Beka*, The ex officio doctrine in European consumer law, a procedural tool reinvigorating individual consumer litigation, 2017.

71 See for instance ECJ Case C-240/98 Océano Grupo Editorial and Salvat Editores, ECLI:EU:C:2000:346, para. 27.

72 There is a faculty to raise legal issues regarding out of premisses contracts and an obligation when it comes about unfair terms, consumer sales and consumer crédit. See Beka, *op. cit.*

73 European Commission. 2004. *European Union Citizens and Access to Justice*. Special Eurobarometer www.medsos.gr/medsos/images/stories/PDF/eurobarometer_11-04_en.pdf.

74 This is the case in France for EUCLID, the legal clinic of the University of Nanterre, as well as the Clinique de l'École de Droit de Sciences Po and in Luxembourg for the Clinique du droit de la consommation.

a matter of social justice. It is, however, not only and not primarily a matter of social justice.

This being said, another important factor should be taken into account – that of the ideological frame in which clinical legal education is now integrated in Europe. As already stated, the social justice ideal is perceived among the European community of clinical lawyers as one of the main goals of clinical legal education. This is very clear in the interviews of many clinicians reported by Clelia Bartoli. José García Añón, for example, talks about the necessity to solve 'lots of needs and injustices' and this 'also not just in Europe, because clinics have a universal perspective'.[75] Dissenting opinions have, however, already been expressed. In the words of Filip Czernicki, legal clinics should focus on improving teaching methodology and pay more attention to the teaching component than to solving social problems. This is mostly true in Western Europe where there are already well developed state organised systems of access to legal aid and every citizen most probably knows where to go in order to get free legal advice.[76]

Given the political context in which legal clinics were developed in Europe, such orientation certainly results from a 'doctrinal' influence of the large body of American literature existing in the field of clinical education and the personal interactions between clinicians from the two continents. This being said, Bartoli's report also clearly shows that legal clinics serve teaching purposes, enhancing the fact that 'legal clinics put law into a practical context and allow for experiential learning'[77] and that 'through legal clinics, universities serve not only the traditional role of spreading knowledge, but also the modern role of developing practical skills to enhance competitiveness of their alumni on job market, but, even more significantly, clinics are probably the best teaching method to develop professional ethics and professional values'.[78]

This must be kept in mind when creating clinics in Europe. As the traditional role of academia is to educate students, the first goal of clinics should be an educational one. Too much focus on social justice could take away from this purpose. Clinics train students to become lawyers, *i.e.* to solve real life issues on a legal basis. Clinics should raise their awareness about real life issues, economic difficulties and injustice, yet particular attention should be paid in order to teach students the significance of their

75 Bartoli 2016, p. 66.
76 *Ibid* , p. 71.
77 *Lonbay*, in: Bartoli 2016, p. 70.
78 *Tomoszek*, in: Bartoli 2016, p.71.

role as lawyers. At times, lawyers cannot solve a client's problems with the tools provided for within the legal framework. An over-emphasis on social justice could derail this goal, potentially leading to disillusioned students who may miss the complete benefits of clinical education. Additionally, there is a danger (at least in Europe where governments are charged with a duty to provide social benefits) that if clinics were to be considered as social justice tools, this would encourage States to disengage from acting in this field – the refugees' issue is, in my opinion, a good example of such a risk.

In the end, that social justice is or is not the most relevant issue in developing and providing clinical teaching may not be the most crucial point as long as legal clinics, 'focus on social impact does not impede [the] goal to train and educate great [...] lawyers', as stated by an American clinician.[79] And as always, when doing comparative law, one realises that if all roads lead to Rome, the regional/national landscapes are different. Because these landscapes are different, there is a necessity to adapt the American model to the European – continental – context. Such adjustment will then give the opportunity to re-think the role and the position of legal clinics in academia in order to build a European model.

2. *The Distinctive Academic Features of European Clinics*

In the US, there is a rather strict separation between clinical professors and academic law professors. While both have often practiced the law, clinicians generally have not attained a PhD degree and their teaching is different from that which is offered in other areas of a law faculty. Several reasons can explain this compartmentalisation. Among them is that although the acquisition of professional skills is of the utmost importance in the curriculum, there is still an important gap existing between academia and practice, the academia serving the purpose of teaching knowledge and the clinics the purpose of teaching skills. Reconciling the two ways of teaching would not make sense because 'clinical training would be burdened by excessive collaboration with legal writing or analytical faculty'[80] and because the 'separation between each component of legal education is vital to a law

79 *Kosuri*, Losing My Religion: The Place of Social Justice in Clinical Legal Education, 32 Boston College Journal of Law & Social Justice 2012, pp. 342 ff.

80 *Lamparello/MacLean*, No Shoehorn Required: How a Required, Three-Year, Persuasion-Based Legal Writing Program Easily Fits Within the Broader Law School Curriculum, 23 Perspectives: Teaching Legal Research and Writing 2014, p.14 ff.

student's step-by-step progression from thinker (analytic), to writer (practical), to lawyer (application)'.[81] It ought to be left up to American specialists to decide whether or not this argument is convincing in the US context. In the continental European environment however, it would be a real risk to separate clinics from the rest of law schools and to leave them to practitioners or researchers only specialised in legal teaching. In Europe, most of the time, there is 'a true academic' ('PhD Professor') supervising the clinic, which also demonstrates that clinics were not only born in the mind of academics willing to reform legal training but that clinics could also be a way to reform academia and the way legal research is done. This may be seen as a utopian approach of continental European clinics, but within the community of young researchers participating in legal clinics and who are the breeding ground of European legal education such a wind of change is blowing. This being said and to go back to the issue of separating clinics from the rest of law schools, such a move would be both a mistake and a danger. Universities are still the bastion of legal science. Skills transfer is often perceived as something that should not be part of initial education. It is seen as a burden, which has to be placed on professional schools (that of the bar or that of specific schools training judges existing in some countries)[82] but it is also sometimes disregarded by universities that believe that they should be dedicated to the noble duty of transferring knowledge. Legal clinics are tools that allow connecting students to real life, a necessity, if one recalls that law does not operate in a vacuum. In other words, 'legal rules and legal doctrine cannot be understood outside of the lawyer's activities in which rules are actualized in the world'[83] as it would be hard to understand medicine outside a doctor's activities. Interestingly, the medical field never suffered such a disconnection between teaching and practicing, knowledge and skills, for the reason that these different aspects of medical science are combined when it comes to medical education (and one may well remember that there is a medical reason for which clinics are called clinics). This may come from the fact that the doctors are educated only in academia. The practical part of their education is

81 *Ibid.*

82 For example, in France, judges are trained in the frame of the Ecole Nationale de la Magistrature: http://www.enm.justice.fr/; in Italy at the Scuola Superiore della Magistratura: http://www.scuolamagistratura.it/

83 *Shalleck/Muneer*, Towards a Jurisprudence of Clinical Thought: Investigating the Contours, Urges and Trajectories: Focusing on Clinical Stance, Paper presented at the annual meeting of The Law and Society Association, San Francisco, CA, 30.5.2011, p. 10.

still considered as part of their curriculum whereas this is not the case in law. As mentioned previously, this part of lawyers' education is performed by professional organisations, outside academia.

In continental Europe, academia and legal practice are two worlds that never or hardly meet. Clinics could and should be places where they will not only meet, but also talk and reflect together. This should contribute to a better perception of the law both on the side of academics and practitioners. One should add that in the clinical context the term 'lawyers' should be widely understood. Judges, prosecutors, police officers, employees of legal departments of businesses and mediators are lawyers. None of them should be excluded from clinics, as anyone who can have an influence on the legal world and who could contribute to clinical programmes should not be excluded. Depending on the legal field covered by clinics, psychologists, economists, financial traders, entrepreneurs and specialists of marketing etc. are more than welcome to participate in clinical programmes.

In this multidisciplinary legal environment, academics should, however, have a fundamental role to play. They are those who have the skills and the time to step back and look at the overall picture of 'the law factory' and reflect on it. Clinics are law laboratories where research can be stimulated by a real-world context. It is a place where academics have the privilege to look at how 'at more subtle yet pervasive levels, lawyers participate in the creation and interpretation of law'.[84] Clinics can and should challenge the way we do research. This brings back to one of the recommendations formulated by a French working group report to give up the distinction between academic and 'professional oriented' research.[85] Clinics and 'clinical legal education [have] great potential for strengthening another traditional role of universities, which is to be a centre of research and science'.[86] Indeed, 'legal clinics encourage academics to involve in research with practical application, using data from real cases and addressing pressing issues'.[87]

Clinical education has been a fertile field of research on methods of legal teaching and conceptualisation of 'lawyering skills'. Continental Europe will undoubtedly benefit from the emphasis that clinical education 'puts on skills development, including legal writing, legal analysis and other skills, involvement in a legal clinic requires that clinical teachers master these skills'[88] who will not 'only transfer them to students, but also

84 *Ibid* p. 21.
85 *De Cruz*, Comparative Law in a Changing World, 2nd. ed., London/Sydney, 1999.
86 *Tomoszek*, in: Bartoli 2016, p 71.
87 *Ibid.*
88 *Ibid.*

apply them in their own academic work and especially research'.[89] Besides, 'with growing international collaboration in the area of legal clinics, there are several international research projects dedicated to clinical legal education already being carried out and even more are being designed. This definitely creates Europe-wide and possibly even world-wide communication about how we teach law and how can we improve'.[90] Of utmost importance as to the impact it will have on legal education of students, this process does not need to be adapted to the European model. On this issue the transplant will be direct and will not need any kind of methodological circumvolutions.

Outside this area, however not much has been done yet to build a bridge between clinics and legal research, may it be applied, or fundamental research. The links between clinics and applied research are obvious. Applied research, which – assuming the French working group considers it under the name of professional research – aims to solve specific problems, and thus findings of applied research do have immediate practical implications. By working on practical problems with their students, academics face the reality of law, turn the deep knowledge of law's impact resulting from clinical activities into a capacity to identify where problems arise, and suggest how to reform the law. If not much reflection has been conducted as to the links of legal clinics with such research, the consultation of several clinics' web pages demonstrates that many of them do applied research,[91] not to mention the fact that sometimes applied research is the core activity of the clinic.[92] Still, no real reflection has been elaborated as to the methods[93] or the problems that may arise from such research (how

89 *Ibid.*

90 *Ibid.*

91 See for example the report drafted by the Clinique de l'École de Droit de Sciences Po and France terre d'asile, 'L'effet de la retention administrative sur les parcours migratoires', Les Cahiers du droit social n°36, January 2015 ; see also the paper drafted by The Clinic of the University of Nanterre (EUCLID) for the Groupe d'information et de soutien des immigrés (GISTI), 'On the Protection of Foreign Isolated Minors'.

92 For instance EUCLID or the clinique juridique of HEC Paris and New York University School of Law.

93 For example, the paper drafted by EUCLID, the clinic of the University of Nanterre on the Protection of Foreign Isolated Minors for the Groupe d'information et de soutien des immigrés clearly follows the classical French academic method of a two sections paper always subdivided in two parts subsections and perfectly matches the form of an academic master thesis, while the report drafted in colla-

to choose the associations supported by clinics, how to deal with conflicts of interests etc.).

Despite this empirical approach, from that perspective, the development of applied research in the civil law tradition through clinics is interesting. It clearly demonstrates how the legal tradition has consciously or unconsciously adapted legal clinics to its environment, not to say its culture, by pointing out the potential of clinics to operate at the level of concepts, may they be used for practical purposes.

In the civil law tradition, however, applied legal research has not been far developed by academics and is still not much practiced.[94] Clinics can create the perfect context to develop it but, in my opinion, unless a link will have been established with fundamental research, the integration of clinical education will not be totally successful as it will be considered as a professional training tool more oriented toward the benefit of practitioners both from a training and research point of view.

Fundamental research mostly serves the purpose of becoming part of the academic world and the outcome of research is mostly books published on theoretical arguments. Doctorate theses in France, 'Habilitationsschriften' in Germany and monographs in Italy are clearly designed to make a specific contribution to the academic body of knowledge in the research area. They therefore belong to what is considered as fundamental research, i.e. research that is driven by curiosity and the desire to expand knowledge in a specific research area, a type of studies that is often described as 'gathering knowledge for the sake of knowledge'. Even articles serve this purpose. Research in the civil law tradition is a matter of expanding legal knowledge by systematising the legal rules and their interpretation in an attempt to answer the question of how we can reconstruct the law and its interpretation in order to keep the legal system's unity and coherence – something rather incomprehensible for a common lawyer. Thus, to comply with the vision of academia of what teaching the law is, which is also part of the civil law tradition, clinics should be able to prove that they can

boration by Sciences Po students and France terre d'asile looks more like an empirical research which presents the criteria applied to the research in its introduction.

94 Though it has been increasing lately under the influence of EU institutions and especially the EU Commission, which often launches 'research tenders', most of the time to assess the effectiveness of EU regulations. See for example the Review of EU Consumer law (Fitness Check) launch of contracts to assist the Commission in the gathering and assessment of relevant information and evidence for the Fitness Check.

benefit fundamental research. Achieving this goal may not be as difficult as one could think. In the frame of clients clinics, *i.e.* clinics which deal with real cases, the solving of the cases often implies that students ask themselves very theoretical questions, which may not be essential to the final solution, but demonstrate that concepts that have long been considered as undisputable may not be so and that the coherence of the legal system cannot resist a deeper analysis of the issue. From that perspective, the contribution of legal clinics to fundamental research is crucial, as it will contribute to dispelling the myth of a necessary unity and coherence of legal systems in the civil law tradition world.

With regard to research, one last thing should be said. Clinics can very positively influence European continental research, both applied or fundamental, because of the transdisciplinary and interdisciplinary context in which they can operate.

Transdisciplinarity is complementary to legal practice. There are very few cases that involve only one branch of law. Most of the time, to solve a case, students must appeal to their theoretical knowledge in different areas such as civil, commercial, criminal and public law. For many years, scholars in the civil law tradition tended to approach research in a compartmentalised manner. Clinical legal teaching will modify this vision and impact both applied and fundamental research. The same can be said about interdisciplinarity. In the real world, a lawyer often needs an expert to get a full picture of the facts. When dealing with a client, a lawyer equipped with psychological training will better handle an interview than one who was never taught how to deal with clients' feelings. Though interdisciplinarity will certainly fit more into applied research, it cannot be excluded that it could also be integrated in fundamental research.

The last important point related to the adaptation of the American model to the continental European environment concerns the stage of the curriculum in which students can attend clinical programmes. In the US, there is no official position as to this issue. In my opinion, there are several reasons why in continental Europe clinical programmes should only be proposed to mature students, *i.e.* students from the third to fifth year of law studies,[95] as well as PhD students. The main reason for this is the style of the civil law tradition, which is seen as a method of social organisation and operates in terms of general principles. But maturity of students is another issue. Law school students completing their JD degree are older

95 Or equivalent for the Member States that did not enter the LMD frame established by the Bologna process.

than their European counterparts. American students normally finish their secondary education when they are 18 years old. When entering law school they have already completed a four-year Bachelor degree and are usually 22 years old. First year law students in continental Europe are in between 18 and 20 years old. They are neither sufficiently mature, nor equipped with the appropriate theoretical knowledge in order to apply rather abstract and conceptual rules to real cases or, if the clinic is counsel oriented, to draft legal memoranda on complex issues. The marriage between thinking and applying works best when students have a core foundation of legal knowledge.

This is the way towards a European identity for legal clinics and towards a European culture of legal clinics. If clinics become places of active transdisciplinary and interdisciplinary collaboration between full law professors, young researchers and practitioners involved in the clinical programmes, then they will not only be able to contribute to the reshaping of academia in Europe, they may also breathe new life into the legal system and to European private law, a field where law faculties may lose their influence if they are not able to develop more interdisciplinary and applied research. This does not mean that fundamental research should be disregarded; on the contrary, legal science should not disappear. Legal science provides an overarching vision of the legal system and is therefore extremely important. It allows an in-depth understanding and critical approach of the law, which is of extreme importance when law reforms are conceived and drafted. But such an understanding of the law and of the legal systems cannot be developed only by scrutinizing concepts, theories and abstract rules. Research performed in the field of legal clinics could help bringing into fundamental research the missing social drop of oil needed to comprehend the interactions of rules that constitute the law.

IV. Final Remarks (E. Poillot)

Let us close this contribution by a positive note. Being aware of all these challenges will help clinical education to gain its own identity in Europe. And in fact, we are already on our way towards a European culture of legal clinics that is part of the broader concept of a European legal culture, to which Professor Schulze greatly contributed by his teaching and his research. We are grateful to him for what he did in this field and we hope to be able to pursue part of our mentor's work by developing and collaborating with European networks of legal clinics,[96] because, as we attempted to demonstrate in this contribution, legal clinics are one of the many faces of European private law.

96 The STARS project (Skills Transfers in Academia: a Renewed Approach ran by five European Universities [Brescia and Rome 3, Italy ; Luxembourg, Olomuc, Czech Republic, and the Romanian-American University of Bucharest]) situates itself in the context of clinical legal education, a legal teaching method based on experiential learning, which fosters the growth of knowledge, personal skills and values of law students, as well as the promotion of social justice at the same time. To achieve these goals, the project renews teaching strategies within law schools by developing clinical legal education in Europe and stimulates innovative practices in legal teaching; formalizes existing clinical legal education through the development of digital tools and the establishment of evaluation criteria; and promotes the development of innovative legal research. More on this project at: http://www.lawstars.eu/.

Author Index

Prof. Cristina Amato
Professore Ordinario of Diritto comparato del lavoro and Diritto anglo-americano at the Università degli Studi di Brescia

Prof. Esther Arroyo Amayuelas
Professor of Civil Law and Jean Monnet Chair at the Universitat de Barcelona

Prof. Jürgen Basedow
Director Emeritus at the Max-Planck-Institut für ausländisches und internationales Privatrecht Hamburg

Prof. Manuel Ángel Bermejo Castrillo
Professor of Historia del Derecho y de las Instituciones at the Universidad Carlos III de Madrid

Prof. Stefano Delle Monache
Professore ordinario at the Dipartimento di Diritto Privato e Critica del Diritto (DDPCD) of the Università degli Studi di Padova

Prof. Larry A. DiMatteo
Huber Hurst Professor of Contract Law and Legal Studies at the Warrington College of Business Administration at the University of Florida

Prof. Edoardo Ferrante
Professor at the Dipartimento di Giurisprudenza of the Università degli Studi di Torino

David de Groot
PhD student at the National Center of Competence in Research – the Migration-Mobility Nexus (NCCR on the move) at the Universität Bern

Prof. Gerard de Groot
Professor of Rechtsvergelijking/Internationaal Privaatrecht at the Universiteit Maastricht

Prof. Geraint Howells
Professor of Commercial Law at the University of Manchester

Prof. Rafaël Jafferali
Professor of Droit des obligations at the Université libre de Bruxelles

Prof. Corjo Jansen
Professor of Rechtsgeschiedenis en Burgerlijk Recht at the Radboud Universiteit Nijmegen

Prof. André Janssen
Professor of Burgerlijk Recht, in het bijzonder de Europeesrechtelijke aspecten daarvan at the Radboud Universiteit Nijmegen

Prof. Matthias Lehmann
Professor at the Institut für Internationales Privatrecht und Rechtsvergleichung of the Universität Bonn

Prof. Ulrich Magnus
Professor Emeritus of Zivilrecht, Internationales Privatrecht und Rechtsvergleichung at the Universität Hamburg

Prof. Barbara Pasa
Professore ordinario of Diritto Privato comparato at the Università Iuav di Venezia

Prof. Francesco Paolo Patti
Professore Associato di Diritto Privato at the Università Bocconi in Milan

Prof. Salvatore Patti
Ordinario di Diritto Privato at the Università „Sapienza" in Rome

Prof. Elise Poillot
Professor of Droit Civil at the Université du Luxembourg

Prof. Hans Schulte-Nölke
Professor of Bürgerliches Recht, Europäisches Privat- und Wirtschaftsrecht, Rechtsvergleichung und Europäische Rechtsgeschichte at the Universität Osnabrück

Prof. Pietro Sirena
Professore ordinario at the Istituzioni di Diritto Privato of the Università Bocconi in Milan

Prof. Dirk Staudenmayer
Head of Unit Contract Law, DG Justice and Consumers, European Commission and Honorary Professor at the Westfälische Wilhelms-Universität Münster

Prof. H.L.E. Verhagen
Professor of Internationaal privaatrecht, rechtsvergelijking en burgerlijk recht and Romeins recht en samenleving at the Radboud Universiteit Nijmegen